KB039520

EXPERIMENTAL ECONOMICS
AND ECONOMIC VALUATIONS

제 2 판

실험경제학과 경제적 가치평가

한두봉 · 이지용
이상현 · 서상택

박영사

제2판 머리말

「실험경제학과 경제적 가치평가」초판에 많은 성원을 보내주신 독자들과 집필에 도움을 주신 모든 분들께 감사드린다. 저자가 이 책을 쓰게 된 동기는 미시경제학에 기반하에서 새롭게 시장에 출하할 신상품의 가격 결정과 시장에서 거래되지 않는 공공재 등 비시장재의 경제적 가치를 정확하게 평가하기 위한 실험방법론을 소개하는 데 있었다. 독자들의 호응 덕분에 초판이 나온 지 1년 만에 제2판을 내게 되었다. 본서의 초판이 2022년 대한민국학술원 우수도서에 선정되는 영광도 있었다.

본서를 집필하고 강의하는 과정에서 놀랍게도 2019년, 2020년, 2021년 노벨경제학상 수상자들이 이 책에서 중점적으로 다루는 분야에서 나왔다. 2019년 노벨경제학상은 개도국에서 현장실험을 통해 정책효과를 분석한 바네르지, 듀플로, 크레이머 교수, 2020년은 자원의 가치평가와 배분에 관한 경매이론을 연구한 밀그럼과 윌슨 교수가 받았다. 2021년에는 자연적 실험을 통해 최저임금, 이민, 교육의 정책효과를 분석한 카드교수와 실험과 준실험을 이용한 정확한 인과관계를 밝히기 위한 계량경제 방법론을 개발한 앵그리스트와 임번스 교수가 수상하였다. 학생들은 특정 경제정책의 인과관계를 분석하는 데 자연과학에서만 사용되던 다양한 실험방법이 경제학과 사회과학 연구에 널리 활용될 수 있다는 점에 많은 흥미를 느꼈다.

제2판은 이 책으로 강의하고 실험경제학 연구를 함께 했던 강원대 이지용,

고려대 이상현, 충북대 서상택 교수가 새로 참여하였다. 제2판은 초판의 차례를 그대로 유지하면서 독자들의 이해를 돕기 위해 문맥을 수정하고 일부 내용을 추가하였다. 이지용 교수는 제7장 비시장적 가치평가의 제2절 실험경매와 경매방식을 보완하였으며, 제3절 실험경제의 설계에 있어서 6. 실험경매 관련 추가 이슈와 제4절 실험경매 사례3: 인지적 능력과 2차가격경매 입찰행동을 새로 집필하였다. 이상현 교수는 제3장 실험경제학의 발전과 방법론의 제7절 실험의 설계를 새로 집필하였다. 서상택 교수는 강의하면서 초판의 오탈자를 수정하고, 선택실험법을 보완하였다. 한두봉 교수는 행동경제학과 현장실험에 관한 내용을 보완하였으며, 독자들의 이해를 돕도록 책을 수정하였다.

저자들은 본서로 강의하면서 학생들이 경제학의 새로운 분야인 실험경제학을 즐겁게 공부하고, 다양한 실험방법을 통한 정책 분석과 실험경매를 통해 신상품의 가치를 찾아가는 실증적인 연구에 적극적으로 참여한 데 보람을 느꼈다. 2판에 새롭게 참여한 교수들은 실험경제에 관한 지속적인 연구와 강의를 통하여 이 책을 계속 보완해 나갈 것이다.

초판을 읽고 조언을 해주신 독자들과 학자들 특히 저자들의 강의를 수강한 학생들에게 깊은 감사를 드리며, 제2판 출판에 도움을 주신 박영사 관계자분들께도 감사드린다. 독자들이 본서의 내용에 대해 문의해 주시면 저자들이 성실하게 답변드릴 것을 약속드린다. 본서가 실험경제학과 경제적 가치평가를 공부하고 연구하는 학생, 연구자, 교육자들에게 도움이 되길 기원한다.

2023년 2월
한두봉, 이지용, 이상현, 서상택

머리말

본인은 1990년 이후 농산물 시장개방이 우리나라에 미치는 영향에 관한 다양한 연구를 수행하였다. 관세 및 무역에 관한 일반협정(GATT)의 우루과이라운드 협상, 세계무역기구(WTO)의 도하라운드 협상이 국내 경제와 농산물 시장에 미치는 영향, 한미 자유무역협정(FTA)이 국내 농업에 미치는 영향 등이다. GATT체제 하에서 농산물은 관세화 예외가 인정되었다. 농산물의 국제경쟁력은 인간이 통제할 수 없는 자연조건과 기후 등에 의해 좌우되기 때문이다. WTO의 출범으로 농산물도 예외 없는 관세화로 시장개방이 되었다.

농산물 시장개방 연구를 수행하면서 가장 어려웠던 점은 국내 농산물과 수입 농산물간의 품질과 가격의 차이를 어떻게 반영하느냐는 것이다. 농산물이 수입되었다면 시장에서 가격의 차이를 발견할 수 있지만, 그 당시 대부분 농산물이 수입되지 않았기 때문에 국내 농산물과 수입 농산물간의 품질과 가격 차이를 직접 비교할 수 없었다. 국내 농산물과 수입 농산물의 품질이 같다고 가정하고 분석하면 농산물 수입이 국내에 미치는 파급 영향이 과대평가될 것이다. 따라서 경제학자들은 국내 농산물과 수입 농산물의 차이를 고려하기 위해서 가상의 시나리오를 설정하고 분석하였다. 저자는 국내 농산물과 수입 농산물의 품질이 차이가 없다거나, 50%, 100% 정도 우월하다는 시나리오를 설정해 분석했다. 아니면 가상가치법에 의한 설문 조사를 통해 응답자들에게 미국산 냉장 삼겹살이 수입되어 100g에 1,500원에 판매될 경우 구매할 것인가를 묻고 가치를 평가하였다. 문제는 가상가치법에 의한 소비자의 답변이 실제 지불의사액이 아니라는 것이다. 소비자들은 설문에 답변했지만, 현금을 지급하고 미국산 냉장 삼겹살을 구매하지 않았기 때문이다.

한미 자유무역협정의 타결과 함께 정부는 광우병 발생으로 2004년 이후 수입이 중단된 미국 쇠고기를 2008년 다시 수입하기로 했다. 소비자들은 광우병 위험이 있는 미국 쇠고기 수입을 반대하는 촛불집회를 3달 이상 열었다. 정부는 안전한 미국 쇠고기를 수입하고자 수입 쇠고기 이력추적제라는 새로운 정책수단을 도입하기로 했다. 수입 쇠고기에 대한 이력추적제를 도입한다면 소비자는 세금을 추가로 내야 할 것이다. 2010년까지 우리나라 경제학에서 실험을 별로 이용하지 않았다. 저자는 2009년 수입 쇠고기 이력추적제에 따른 소비자의 실제 지불의사액을 실험을 통해서 추정하였다. 이 연구를 시작으로 본인이 실험을 이용해 신상품과 새로운 정책에 대한 다양한 가치평가를 수행한 것이 이 책을 쓰게 된 동기가 되었다.

이 책은 실험경제학과 행동경제학을 활용한 경제적 가치평가를 다루고 있다. 이 책의 구성을 보면 전통적 수요이론과 가치평가의 한계를 극복하고자 하는 실험경제학과 행동경제학을 먼저 설명한다. 신상품과 비시장재의 가치를 평가하는 가설적 가치평가법과 사례, 가설적 편의의 문제점을 제시하고 이를 해결하기 위한 실험을 이용한 비가설적 가치평가법에 대한 이론과 사례를 다룬다. 마지막으로 실험경제학의 한계와 향후 과제로 마무리한다. 이 책이 응용경제학과 마케팅을 전공하는 학부생, 대학원생들과 새로운 재화와 비시장재의 가치를 평가하고자 고민하고 연구하는 분들과 교육자분들에게 작은 도움이 되었으면 좋겠다.

이 책을 쓸 수 있었던 것은 지난 10년간 실험경제학을 함께 공동 연구했던 Texas A&M University의 Rodolfo Nayga 교수, 강원대학교 이지용 교수, 고려대학교 이상현 교수 덕분이다. 이 책이 나오기까지 많은 분의 도움을 받았다. 원고를 검토하고, 표와 그림 작업을 도와준 대학원생 주준형, 강전상, 연광훈, 강민성과 학부생 오수진, 신슬아, 박현주의 도움을 받았다. 특히 초고를 정리해 준 주준형 군과 최종 원고를 읽고 꼼꼼하게 검토해 준 박현주 양에게 고마운 마음을 전한다. 한국연구재단은 저술출판지원사업을 통해 책을 쓰는 데 도움을 주었다. 본서를 출판해 준 박영사와 편집과정을 진행해 주신 전채린 과장님과 직원분들께 감사드립니다. 마지막으로 늘 옆에서 기도해 주는 아내 광임과 자녀 희은, 석문의 믿음과 사랑에 감사한 마음을 전한다.

이 책의 방향과 내용은 본인 혼자서 구상하고, 집필하여 미흡한 부분도 많다고 생각한다. 본서는 초판을 발간하지만 앞으로 실험경제학을 가르치고 연구하는 분들과 공동작업을 통해서 계속 보완해 나가겠다.

2021년 8월
한 두 봉

CONTENT 차례

제5장 가설적 가치평가

제6장 가설적 편의의 해결방안

제7장 비가설적 가치평가

제8장 경제적 가치평가의 사례

제9장 실험경제학의 비판과 과제

(부록)

제 1 장

서론

제1절 가치평가의 실험경제학적 접근

소비자들은 매일 새롭게 개발된 수많은 상품에 대한 뉴스와 홍보물을 접한다. 기술이 빠르게 발전함에 따라 상품의 특성도 빠르게 변화되고 있다. 상품의 수요와 가격도 특성에 따라 달라지고 있다. 소비자는 상품을 구매할 때 가격 외에도 상품의 특성을 자세히 살펴보게 된다. 예를 들어, 소비자가 핸드폰을 구매할 때는 가격, 모델, 화면크기, 해상도, 터치 감, 카메라 기능 등을 자세히 살펴보고 결정한다. 소비자가 자동차를 구매할 때도 여러 가지를 고려한다. 차종이 세단인지, 스포츠형 다목적 차량(SUV)인지, 국산차, 수입차, 브랜드, 배기량, 하이브리드, 운전편의 옵션, 가격 등을 보고 결정한다. 새로 개발된 상품에 대한 경제적 가치를 평가하는 것은 소비자와 생산자 모두에게 중요하다. 소비자는 시장에서 판매되지 않은 신상품에 대해서는 다른 소비자의 평가와 선호를 알 수 없어서 쉽게 구매를 결정하기 어렵다. 자동차나 핸드폰을 보면 소수의 기업이 고정된 시장을 놓고 치열한 경쟁을 벌인다. 기업은 고객을 확보하고, 시장점유율을 유지하기 위해서 제품을 차별화하고 새로운 상품을 개발한다. 상품에 대해 적정한 가격을 결정하는 것은 신상품의 성패는 물론 기업의 미래 수익을 결정한다.

소비자들은 시장에서 재화와 서비스를 선택하고, 소비자 선택은 재화와 서비스의 가치를 결정한다. 소비자가 쌀을 감자보다 많이 구매하고, 지하철을 버스보다 많이 이용하는 것으로부터 재화 간의 상대적 가치를 알 수 있다. 경제학자들은 한 재화에 대해 다른 재화로의 교환비율을 결정함으로써 이들의 경제적 가치를 발견한다. 일반적으로 상품의 경제적 가치인 가격은 시장에서 다수의 판매자와 구매자 간의 교환이나 경매를 통해 실현된다. 구매자는 재화와 서비스의 가격이 최대 지불의사액(Willingness to pay)보다 낮으면 구매하고, 판매자는 가격이 최소 수용의사액(Willingness to accept)보다 높으면 판매한다.

시장에서 거래되지 않는 재화와 서비스는 가격이 존재하지 않는다. 시장에서 거래되지 않는 비시장재(Nonmarket goods)에는 사적재(Private goods)(예 신상품인 코로나 치료제)와 공공재(Public goods)(예 설악산 경관)가 모두 있다.[1) 비시장재는 시장이 존재하지 않기 때문에 비시장재의 상대적 가치를 알 수 없다. 그러나 기업의 경영자와 정책담당자들은 비시장재의 잠재적 수요에 대한 정보와 소비자들이 비시장재를 소비함으로써 얻을 수 있는 편익과 이를 제공하는 데 드는 비용을 비교해 의사결정을 한다.

경제학, 마케팅, 심리학 분야의 학자들은 소비자들이 평가하는 시장재와 비시장재의 가치를 밝히고자 한다. 경제학자들은 비시장재의 가치를 추출하여 공공재의 비용편익분석, 기술혁신과 공공정책에 대한 후생분석에 이용한다. 행동경제학자와 심리학자들은 소비자들의 비시장재에 대해 가치가 소비자의 선호와 일치하는지를 연구하고 경제이론을 현실에 맞게 개선하고자 한다. 마케팅 전문가들은 비시장재인 신상품에 대한 가치를 추정하고, 소비자 선호를 분석해 신상품의 실패율을 줄이고, 홍보전략의 효율성을 제고시킨다.

지난 50년 동안 연구자들은 사람들이 다양한 재화와 서비스에 대해 어떻게 가치를 평가하는지 알아내고자 다양한 가치추출방법을 개발하였다. 경제적 가치추출방법은 현시선호법(Revealed preference methods)과 진술선호법(Stated preference methods)으로 구분된다. 전통적인 현시선호법은 헤도닉가격법, 여행비용법과 같이 존재하는 재화의 시장자료를 이용하여 비시장재의 암묵적 가치를 간접적으로 추출하였다. 예를 들면 설악산의 경관은 사고팔 수가 없으므로 설악산을 방문하는 데 드는 교통비와 시간의 기회비용을 이용해 간접적으로 설악산을 가치를 추정하는 것이다. 다른 예로는 한강을 볼 수 있는 아파트 가격과 볼 수 없는 동일한 조건의 아파트 가격을 비교함으로써 한강의 경관 가치를 평가하는 것이다. 현시선호법의 장점은 실제로 선택이 이루어진 것을 가지고 가치를 추출한다는 것이다. 단점으로는 간접적인 가치추출방법으로 시장재의 거래 자료를 기반으로 비시장재의 가치를 추론한다는 것이다.

---

1) 사적재는 소비에 경합성과 배제성을 가진 재화로서 시장을 통해 공급된다. 공공재는 비경합성(Non-rivalry)과 비배제성(Non-excludability)을 가진 재화로서 시장을 통해 공급하기 어려운 공익성을 가진 재화이다.

　　진술선호법은 소비자 설문조사(Survey)나 선택실험(Choice experiment)을 통해서 새로운 재화와 서비스의 가치를 응답자가 직접적으로나 간접적으로 진술하게 하는 방법이다. 진술선호법의 장점은 연구자가 원하는 재화와 서비스에 대해 가상의 시장을 만들 수 있다는 것이다. 또한, 시장 또는 외부의 환경 변화에 따른 수요의 변화를 파악하기 위한 다양한 가상의 시나리오를 신축적으로 구축할 수 있다는 장점도 있다. 진술선호법의 단점은 잘 디자인된 설문지로 조사한다고 해도 가상의 시장에 대해 응답자의 진술에만 의존해서 재화의 가치를 추정한다는 것이다. 가상의 시나리오를 설정하여 비시장재의 가치를 추출하므로 응답자들은 예산제약이나 대체재에 대해 진지하게 고려하지 않고 답변하므로 추정된 가치가 실제 가치인지 의심된다. 가설적인 조사를 통해서 추출된 비시장재의 가치는 일관성이 보이지 않는 경우가 많다. 과거 사례들을 살펴보면 응답자가 진술한 지불의사액이 실제 시장에서의 지불액보다 높거나, 규모와 범위에 대해 민감하게 반응하지 않는 경우가 많았다. 따라서 진술선호법에 의한 가치평가는 결과의 실현성(Consequentiality)이 낮아서 실제 마케팅 전략이나 공공정책으로 이어지지 않는 경우가 많다.

　　전통적인 경제적 가치추출방법은 여러 가지 단점을 갖고 있다. 기존의 현시선호법은 시장재의 가치를 이용해 새로운 상품의 특성이나 비시장재의 가치를 간접적으로 추정한다. 신상품의 가치를 직접적으로 평가하기 위해서는 실제 시장 거래와 같이 응답자들이 충분히 생각할 시간을 가진 후의 가치를 평가하여야 한다. 신상품이나 비시장재를 평가하기 위한 경제적 실험은 실험실 실험에서 출발하였다. 현실성을 제고하고자 실험실 실험은 현장실험으로 진화되었으며, 경제적 가치평가를 위한 현장 실험경매도 널리 활용되고 있다. 실험은 전통적인 현시선호법과 달리 경제적 가치를 직접적으로 평가한다. 경제적 실험은 실제 상품과 화폐를 이용해 가치를 추정하므로 유인합의적(Incentive compatible)이다. 경제적 실험은 진술선호법에 의한 가치평가와 달리 효용함수에 대한 가정이 필요하지 않고, 피실험자의 이질성(Heterogeneity)을 고려할 수 있다. 경제적 가치평가에 있어서 소비자의 이질성을 고려하는 것은 기업이 시장세분화를 통해 가격차별화 전략을 수립하고, 정부가 공공정책의 후생효과를 정확히 분석하고, 경제학자들이 경제이론을 검증하는 데도 중요하다.

　본서의 핵심은 실험경제학 방법론을 이용해 시장에서 가격이 존재하지 않는 비시장재와 신상품의 가치를 발견하는 것이다. 2019년, 2020년 노벨경제학상은 이 책의 주제인 실험경제와 경매를 연구한 경제학자들이 수상했다. 2019년 노벨 경제학상은 바네르지(Banerjee) 교수, 듀플로(Esther Duflo) 교수, 크레이머(Kremer) 교수 등 3명이 공동으로 수상했다. 이들은 글로벌 빈곤을 완화하는 방안 모색에 있어 실험경제학적 접근을 활용함으로써 큰 업적을 이뤘다. 현장실험을 통한 빈 곤퇴치 정책효과 분석은 개발경제학의 발전을 이끌었다. 특히 빈곤의 근본적인 문제들을 해결하기 위해서 무작위배정(Random assignment)[2]을 통한 실험 분석을 통하여 현실적 정책대안을 제시하였다. 노벨상위원회는 "이들의 연구가 앞으로 전 세계 빈곤층의 삶을 개선하는 데 지대한 역할을 할 것"이라고 설명했다. 2020년 노벨경제학상은 경매이론을 연구한 폴 밀그롬 교수와 로버트 윌슨 교수 가 수상했다. 노벨상위원회는 "경매는 어디에서든 벌어지고, 우리 일상생활에 영향을 준다"면서 "이들은 경매이론의 발전과 새로운 경매 방식을 고안했다"고 선정 배경을 설명했다. 경매이론은 상품 가격을 시장으로부터 알 수 없을 때 경 매를 통해 적정 가격을 발견하는 이론이다. 이들은 어떻게 경매를 설계하면 합 리적인 가격에 거래를 성사시키고, 판매자나 매수자는 물론 사회적 후생을 극대 화하는지에 관한 연구를 진행했다. 본서에서 다루는 실험과 경매는 비시장재와 신상품의 경제적 가치를 발견하고, 자원의 효율적 배분은 물론 공공정책의 효과 를 제고시키는 데 기여할 것이다.

---

2) 피실험자가 처치집단과 통제집단에 배치될 확률을 동일하게 하는 방법이다.

본서의 구성

본서는 경제적 가치평가와 실험경제학이라는 상호 연관된 두 주제를 다루고 있다. 전통적인 수요이론에 있어서 재화의 가치는 가격으로 평가된다. 비시장재와 신상품은 시장이 존재하지 않아서 가치를 알 수 없다. 본서는 시장에서 거래되지 않아 가격을 알 수 없는 신상품과 비시장재의 가치를 발견하는 방법론과 실례를 설명하고자 한다. 이 책은 크게 3파트로 나누어진다. 제1파트는 전통적 수요이론과 실험경제학을 다룬다. 제2파트는 경제적 가치평가를 위한 가설적 가치평가와 실험을 활용한 비가설적 가치평가 방법론을 다룬다. 제3파트는 경제적 가치평가의 연구사례와 실험경제학의 한계와 과제를 다룬다.

제1파트는 효용이론과 현시선호이론에 바탕은 둔 수요이론과 가치이론을 설명한다. 1장은 본서의 핵심 주제와 내용을 개략적으로 설명한다. 2장은 전통적인 수요이론, 현시선호이론, 가치이론을 다룬다. 소비자의 효용을 극대화하는 수요이론을 설명하고, 현실에서의 한계점을 살펴본다. 소비자 선호에 대한 가정을 하지 않고 시장에서 관찰된 소비자 선택행위로부터 수요이론을 도출하는 현시선호이론을 전통적 수요이론과 비교해 설명한다. 현시선호이론은 비가설적 가치평가법의 이론적 기반이다. 신고전학파 경제학에서 재화와 서비스의 가격은 구매자의 최대 지불의사액과 판매자의 최소 수용의사액이 일치하는 점에서 결정된다. 하지만 실제로 지불의사액과 수용의사액은 일치하지 않는다. 구매자는 낮은 가격으로 구입하고자 하고, 판매자는 높은 가격으로 판매하기 원한다. 가치이론에서는 지불의사액과 수용의사액이 차이가 나는 이유와 비시장재의 가치에 대한 시사점을 살펴본다. 3장에서는 실험경제학의 발전과 분류, 실험경제학, 행동경제학, 신경경제학 간의 상호 연관관계를 살펴본다. 이와 더불어 실험실 실험과 현장실험의 이론적 발전과 정책적 활용에 대해 설명한다.

　　제2파트에서는 비시장재의 경제적 가치평가 방법론을 다룬다. 4장에서는 진술선호법과 현시선호법으로 대별되는 경제적 가치평가 방법론에 대해 비교 설명한다. 5장은 가설적 가치평가인 진술선호법의 가상가치법, 컨조인트 분석, 선택실험법의 이론과 실증분석 방법론을 다룬다. 6장은 진술선호법에 의해 비시장재의 가치가 과대 평가되는 가설적 편의 문제를 해결하는 사전적, 사후적 방법론에 대해 살펴본다. 7장은 비시장재의 가치평가에 있어서 현시선호이론에 기초한 비가설적 가치평가법인 실험경매와 실질선택실험에 대한 이론과 실증 분석을 설명한다.

　　제3파트는 경제적 가치평가의 사례와 실험경제학의 비판과 과제에 대해 설명한다. 8장은 경제적 가치평가의 실증적인 사례로서 가설적 가치평가인 가상가치법과 선택실험법, 현장실험, 비가설적 가치평가인 실험경매와 실질선택실험법의 사례를 설명한다. 마지막으로 9장에서는 경제적 가치평가가 실험을 기반으로 한 비가설적 가치평가의 활용이 많아짐에 따라 실험경제학의 비판과 과제에 대해 설명하고자 한다.

　　비시장재와 신상품에 대한 경제적 가치평가는 응용경제학인 식품경제학, 환경경제학, 마케팅, 보건경제학, 개발경제학, 교통학 등에 다양한 분야에서 활용되고 있다. 경제적 가치평가와 실험경제학적 접근방법은 학계는 물론 기업과 공공기관에서 신상품의 시장개척과 새로운 정책의 타당성 분석에도 활용되고 있다. 본서는 이 분야에 관심이 있는 응용경제학 등 학계의 학부생과 대학원생은 물론 기업 마케팅 전문가와 정책담당자들에게도 활용될 수 있을 것이다.

제 2 장

전통적 수요이론과 가치평가

제1절 전통적 수요이론과 한계

전통적 수요이론은 인간이 합리적(Rational)이라고 가정하기 때문에 소비자들이 최적화된 소비를 한다고 본다. 즉, 소비자들은 주어진 소득과 가격하에서 효용을 극대화하는 상품 조합을 선택한다. 신고전학파 수요이론은 합리성(Rationality)에 대한 가정과 더불어 개인의 선호(Preference)가 고정되어 있다고 가정한다. 따라서 소비자들이 선택한 상품이 바로 소비자가 가장 원하는 상품이 된다. 경제학에서 상품의 선택(Choice)은 선호(Preference)를 결정하고, 소비자의 선호는 주어진 가격과 소득, 시간 등 제약 여건하에서 상품의 선택을 결정한다. 따라서 상품의 선택과 선호는 상호 영향을 미치게 된다. 경제학에서는 경제주체들이 완전히 합리적인 선택을 하며, 자신만 생각하는 이기적인 존재라고 가정한다. 신고전학파 경제학(Neoclassical economics)에서는 시장은 개인이 합리적인 선택을 함으로써 사회적으로 효율적인 분배가 이루어진다고 설명한다. 따라서 정부의 개입은 경제주체의 자유 의지와 합리적인 선택이 시장 실패(Market failures)로 인해 방해받을 때만 필요하다.

소비자 행동에 관한 이론은 현실을 반영하여야 하기에, 소비자가 다양한 재화와 서비스를 어떻게 선택하는지를 다루는 소비자의 선택이론이 개발되었다. 소비자 행동(Behavior)을 결정하는 두 가지 요소는 소비자 선호(Preference)와 소비자 기회(Opportunity)이며, 명확히 구분되어야 한다. 소비자 기회는 소비 가능한 재화와 서비스이며, 예산(또는 소득)에 의해 결정된다. 소비자 선호는 소비 가능한 재화와 서비스 중 무엇을 소비할지 결정하는 것이다.

신고전학파 수요이론에 효용이란 개념이 있다. 소비자들은 그들이 구매한 재화와 서비스에 효용을 얻는다. 효용을 측정이 가능한 효용함수(기수적 효용함수, Carinal utility)로 나타낼 수 있다고 가정하자. 예를 들어 철수의 피자(P)와 장난감(T)에 대한 효용함수가 $U(P,\ T)=2P+T$ 라고 가정하면, 철수가 피자 2판과 장난감 3개가 있다면 $2(2)+3=7$의 효용이 발생한다. 정량적 제약요소로는 예산 제약이 있는데, 이는 소비자에게 주어진 사용가능한 금액이라 정의할 수 있다. 소비자들은 주어진 예산(소득) 제약하에서 그들의 취향이나 선호, 원하는 상품의 가격에 맞춰 합리적으로 소비함으로써 효용을 극대화하려고 한다.

개인이 재화의 소비로 얻는 효용은 주관적이므로 객관적인 단위나 숫자로 측정할 수는 없다. 신고전학파 효용이론에서는 소비자의 재화와 서비스의 조합에 대한 선호 순서(Preference order)만을 고려하는 서수적 효용(Ordinal utility)을 이용한다.

소비자의 행동을 분석하기 위해서 단순화하여 두 재화(X, Y)만 존재한다고 가정하자. 소비자 선호의 특성에 대해 살펴보자. 소비자 선호체계는 4가지 특성을 만족한다고 가정한다.

- 특성 1: 완전성(Completeness)이다. 상품조합 A, B에 있어서 A>B, B>A, A~B 중 하나가 성립한다. A>B는 상품조합 A를 B 보다 선호한다. A~B는 상품조합 A와 B가 무차별하다. 소비자 선호가 완전하다면 소비자는 두 개의 상품조합에 대한 선호나 무차별을 표현할 수 있다. 소비자 선호가 불완전하다면 기업 경영자들은 소비자의 소비패턴을 정확히 예측할 수 없다.

- 특성 2: 단조성(Monotonicity)이다. 많을수록 더 좋다(More is better). 상품조합 A가 B보다 최소한 한 재화라도 더 많다면 상품조합 A가 B보다 선호된다는 것이다. 무차별곡선은 소비자에게 동일한 수준의 만족(효용)을 주는 재화 X와 Y의 조합이다. <그림 2-1>과 같이 효용은 일련의 무차별곡선들로 나타내어질 수 있다. 동일한 무차별곡선상에 있는 모든 상품조합은 동일한 수준의 만족을 주고, 선호가 무차별하다. 반면, 주어진 무차별곡선의 상품조합보다 우측(또는 위쪽)에 위치한 무차별곡선상의 상품조합은 항상 선호된다.

- 특성 3: 무차별곡선은 원점에 대해 볼록(Convex)하다. 이는 한계대체율이 체감한다는 것이다(Diminishing marginal rate of substitution). 한계대체율이란

소비자가 동일한 수준의 효용을 유지하면서 한 재화를 다른 재화로 교환하는 비율이다. 한계대체율이 체감한다는 것은 소비자가 X 재화를 많이 가지면 가질수록, 이 소비자가 X 재화 1단위를 Y 재화로 대체하는 비율이 감소한다는 것이다.

• 특성 4: 이전성(Transivity)이다. 상품조합 A, B, C에 있어서, 만약 A>B이고, B>C이면, A>C가 된다. A~B이고, B~C이면 A~C가 된다. 단조성과 이전성 가정으로 무차별곡선은 서로 교차하지 않는다.

소비자 선호의 4가지 특성은 다음과 같이 요약된다. <그림 2-1>에서 무차별곡선 I_1 상의 모든 상품조합은 무차별곡선 I_0 상의 모든 상품조합보다 선호되며, 무차별곡선 I_0 상의 모든 상품조합은 무차별곡선 I_2 상의 모든 상품조합보다 선호된다. 세 무차별곡선 I_0 ,I_1 ,I_2는 원점에 볼록하고, 서로 교차하지 않는다. 무차별곡선이 원점에서 멀어지면 멀어질수록 높은 수준의 효용을 준다.

소비자들이 의사결정을 할 때 예산적, 법적, 윤리적 제약 등 여러 가지 제약에 직면한다. 소비자 행동을 제약하는 가격과 소득에 초점을 맞추어 보자. 예산제약은 소비자가 구입능력 안에서 재화와 서비스를 구입하도록 소비자 행동을 제약한다. 예산은 상품 공간 내에 예산선(Budget line)으로 나타내어질 수 있

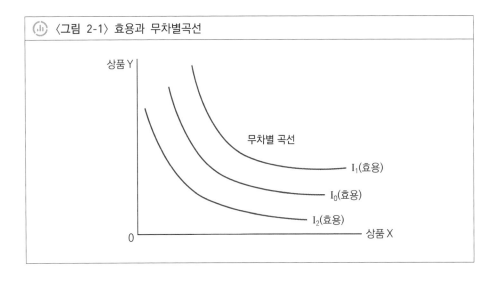

〈그림 2-1〉 효용과 무차별곡선

상품 Y

무차별 곡선

I_1(효용)

I_0(효용)

I_2(효용)

상품 X

0

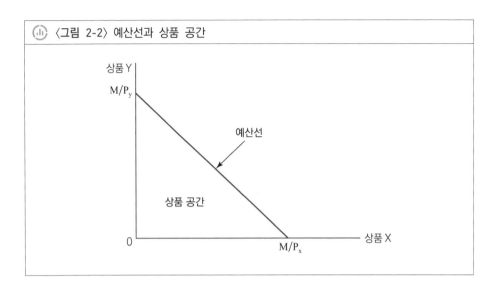

〈그림 2-2〉 예산선과 상품 공간

상품 Y

M/P_y

예산선

상품 공간

0

M/P_x

상품 X

다. <그림 2-2>에서 M은 소득(Income), P_x는 상품 x의 가격, P_y는 상품 y의 가격을 나타낸다. 여기서 상품 x의 구매량을 Q_x, 상품 y의 구매량을 Q_y라고 할 때, 예산선은 $P_x Q_x + P_y Q_y = M$ 로 표현된다. 소비자 기회는 예산선 안에서 제약된다. 따라서 이를 기회집합(Opportunity set) 또는 예산집합으로 부른다. 예산집합은 소비자가 <그림 2-2>와 같이 상품 X, Y를 구입한다고 하면, 필요한 지출이 소득을 초과하지 못한다는 것이다. 소비자가 세금, 월세, 교육비, 교통비를 제외하고 남는 금액이 100만원이라면 100만원 이상 식비에 지출할 수 없다는 것이다.

소비자의 목적은 효용을 극대화하는 상품조합을 선택하는 것이다. 상품의 희소성이 없다면 소비자들은 무한대의 상품조합을 소비하고자 할 것이다. 소비자는 예산제약이라는 기회의 희소성에 제약을 받는다. 따라서 소비자는 소비자 선호와 소비자 기회인 예산선을 결합하여 효용을 극대화하는 상품 X, Y를 선택하여야 한다. <그림 2-3>에서 보는 바와 같이 무차별곡선과 예산선이 접하는 지점에서 소비자의 효용을 극대화시키는 소비자 상품선택의 균형(Equilibrium)이 결정된다.

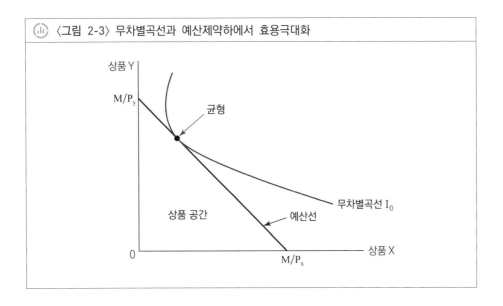

〈그림 2-3〉 무차별곡선과 예산제약하에서 효용극대화

<그림 2-4>에서 보는 바와 같이 무차별곡선과 예산선이 만나는 점에서 소비자들이 가장 선호하는 상품 X와 상품 Y의 조합인 소비자균형이 결정된다. 예산제약하에서 구매가능한 상품조합은 예산선 아래에 위치한다. 소비자의 주어진 예산하에서 효용을 극대화하는 상품조합은 예산선과 무차별곡선의 접점에서 결정된다. 소비자균형의 중요한 특징은 균형점에서 무차별곡선의 기울기와 예산선의 기울기가 같다는 것이다. 가격이 변동함에 따라 예산선의 기울기가 달라져서

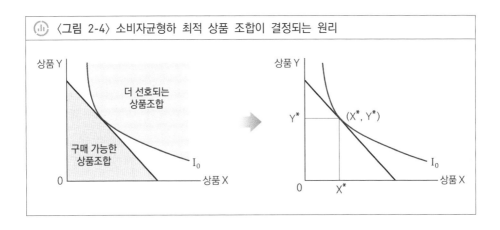

〈그림 2-4〉 소비자균형하 최적 상품 조합이 결정되는 원리

소비자 균형이 달라진다. 따라서 가격 변동에 따라 상품에 대한 소비자의 새로운 균형점이 달라진다. 이에 따라 균형 가격과 균형 소비량이 달라진다. 이 과정을 통하여 상품에 대한 균형 가격과 균형 소비량의 함수인 수요함수를 도출할 수 있다. 예산선은 소득과 관련되어 있으며, 무차별곡선과 예산선의 접점에서 도출되는 상품의 수요는 가격과 소득의 함수인 것이다.

경제학자들은 다양한 재화와 서비스의 수요 관계를 분석하기 위해 노력했다. 수요분석이란 소비자의 소득과 상품 가격의 변화에 따라 상품의 수요량이 어떻게 반응하는지 분석하는 것을 말한다. 가격과 소득 변화에 따른 소비자들의 수요반응은 식(2-1)의 수요의 가격탄력성과 식(2-2)의 수요의 소득탄력성에 의해 결정된다.

$$E_P = \frac{\Delta Q/Q}{\Delta P/P} = \frac{P}{Q}\frac{\Delta Q}{\Delta P} \qquad (2-1)$$

$$E_M = \frac{\Delta Q/Q}{\Delta M/M} = \frac{M}{Q}\frac{\Delta Q}{\Delta M} \qquad (2-2)$$

식 (2-1)과 식 (2-2)에서 E는 탄력성(Elasticity), P는 가격(Price), M은 소득(Income), Q는 수요량(Quantity), Δ는 변화량(Delta)을 나타낸다. 수요의 가격탄력성인 식 (2-1)은 상품 가격 변화율에 대한 수요량 변화율(%)을 나타내며, 수요의 소득탄력성인 식 (2-2)는 소득 변화율에 대한 수요량 변화율(%)이다. 소비자들은 상품 가격이 낮아질수록, 그리고 소득이 높아질수록 소비를 늘린다. 따라서 수요의 가격탄력성은 음(-)의 값을 갖는 반면, 수요의 소득탄력성은 양(+)의 값을 갖는다.

소비자 행동이론(The theory of consumer behavior)은 소비자 개개인의 수준에서 분석이 이루어진다. 개별 소비자들은 상품과 서비스에 대한 고유의 선호를 가지고 있으며, 소득제약하에서 자신의 효용을 극대화함으로써 상품과 서비스의 수요함수를 도출한다. 단, 이때 상품 수요에 영향을 미치는 개인의 취향과 선호를 반영할 수 있는 변수가 필요하게 된다. 소비자들의 선호는 사회적, 심리적,

문화적 요인에 영향을 받는다. 그러나 신고전학파 모형(Neoclassical model)은 소비자들의 취향이나 선호는 일정하다고 가정한다. 따라서 신고전학파 경제학은 상품의 가격, 소득, 정보(Information)의 변화에 기인한 선호의 변화만을 다룰 수 있다. 따라서 정부와 기업은 소비자의 행동을 변화시키기 위해 상품 정보를 제공하는 광고와 홍보 활동을 한다.

인간의 선호와 취향이 고정되어 있다고 가정한 것이 신고전학파 경제학의 한계이다. 인간의 심리, 태도, 학습, 기억, 성격과 같은 비경제적인 내부적 요인(Internal factors)은 소비자의 행동을 변화시킨다. 소비자들의 선택은 다른 사람들의 행동과 선택에 영향을 받는다. 우리가 입는 옷, 핸드폰, 헤어스타일 등의 선택은 비경제적 심리적 요인에 의해 좌우된다. 소비자의 구매 동기, 성격, 심리, 감정과 같은 여러 가지 내부적 요인들이 재화와 서비스의 선택에 영향을 준다. 소비자들은 구매 경험이 늘어남에 따라 상품 정보를 가장 효율적으로 찾을 수 있는 출처를 알아내거나 최적의 쇼핑 장소, 최고의 브랜드 제품들과 그렇지 않은 제품들을 구별한다. 행동경제학(Behavioral economics)은 소비자의 선호와 취향(Tastes)이 고정되어 있지 않고, 다른 사람이나 심리적 요인에 의해 영향을 받는다고 본다.

소비자 선호의 특성에서 살펴본 바와 같이 무차별곡선은 자유롭게 원래 상태로 복원될 수 있다는(Reversible)[1] 가정하에서 서로 교차하지 않는다. 하지만 행동경제학의 소유효과(Endowment effect)와 손실회피(Loss aversion)로 인하여 인간은 소유하고 있는 재화에 더 높은 가치를 두기 때문에 복원 가능하다는 가정은 성립하지 않으며, 무차별곡선이 서로 교차할 수 있다 (Knetsch 1990, Kahneman 1992). 네치(Knetsch)는 두 그룹을 나누어 한 그룹에는 펜을, 다른 한 그룹에는 화폐를 준 후 교환에 관한 실험을 통해서 무차별곡선을 도출하였다. 이 실험에서 펜을 소유한 그룹의 소유효과가 크기 때문에 무차별곡선이 교차하였다. 즉, 펜을 소유하지 않았을 경우와 소유했을 경우 무차별곡선의 기울기가 변화하기 때문이다. 전통적 경제학에서 소비자의 선호(Preference)와 기호(Taste)는 변하지

---

1) 신고전학파 수요이론은 암묵적으로 복원가능하다고 가정(Reversible assumption)한다. 이는 재화 A를 보유하거나 재화 B와 교환하는 것이 무차별하다면, 재화 B를 보유하거나 재화 A와 교환하는 것도 무차별하다는 가정이다.

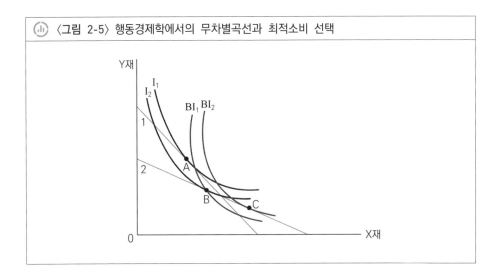

〈그림 2-5〉 행동경제학에서의 무차별곡선과 최적소비 선택

않는다. 행동경제학에서는 소비자의 무차별곡선이 기준점(Reference point)을 중심으로 소유효과와 손실회피를 보인다. 청년 '김' 군의 패션과 음식 소비는 기준점인 좋아하는 연예인인 '박'의 패션과 음식 소비패턴에 의해 많은 영향을 받는다. 연예인 '박'의 선호가 변하거나, 또는 패션과 음식에 대한 상대가격이 변하여 가격선이 변화하면 '김' 군의 기준점이 바뀌고 무차별곡선도 변하게 된다.

<그림 2-5>에서 보는 바와 같이 전통경제학에서 재화 간의 상대가격인 가격선이 1에서 2로 변화하면 소비자의 최적 소비균형점은 무차별곡선 I_1의 A에서 무차별곡선 I_2의 B로 변동한다. 행동경제학에서는 상대가격 변화에 따라 기준점이 B로 변하여 새로운 기준점 B를 중심으로 손실회피와 보유효과가 나타나기 때문에 무차별곡선의 기울기가 변동하여 최종적으로 무차별곡선 BI_2와 가격선 2가 접하는 최적소비점은 C에서 결정된다. 따라서 상대가격 변화 이전의 무차별곡선(I)과 상대가격 변화 후 무차별곡선(BI)이 교차한다. 행동경제학의 핵심인 소비자들의 심리적, 내부적 요인은 식품안전 및 건강과 관련하여 유전자변형식품(GMO), 동물복지(Animal welfare), 식품조사(Food irradiation), 복제된 음식(Cloned food)의 분야에서 연구되었다.

전통적 경제학은 인간이 자신의 효용을 극대화하기 위해 최적의 소비조합을 선택하는 합리적 존재라고 가정한다. 따라서 전통적 경제학자들은 소비자 주권

과 시장의 역할을 중시하지만, 정부의 시장 개입을 부정하지는 않는다. 이들은 시장 실패의 상황에서 시장이 제 기능을 제대로 수행할 수 없을 때 정부가 개입해야 한다고 생각한다. 시장실패는 외부효과(Externalities)[2]나 공공재[3]가 존재하는 상황이거나, 정보의 비대칭이 존재하거나 독과점 기업이 시장을 장악할 때 발생하게 된다. 정부는 시장실패를 방지하기 위해 다양한 정책을 시행한다. 이를테면, 정부는 세금 부과, 벌칙, 보조금 지급 등 경제 주체들의 유인 체계(Incentive)를 조정하거나, 시장에 필요한 정보를 제공함으로써 시장실패를 해결하고자 한다. 최근 정책담당자들은 전통적 경제학에서 다른 모든 조건이 일정하다는 가정하에 무시되었던 행동과학이나 심리학을 경제학과 연계하여 소비자의 선호를 직간접적으로 변화시키는 정책을 추진하고 있다.

---

2) 외부효과는 한 그룹의 사람들의 경제적 또는 사회적 활동에 대한 이익이나 비용이 다른 그룹의 사람들에게 영향을 미치는 것이다. 즉 경제활동의 당사자들에 의한 이익이나 비용이 완전히 당사자에게 전가되지 않기 때문에 발생한다. 즉, 시장가격이 재화와 서비스의 가치를 적절히 반영하지 못하는 시장실패이다. 외부효과는 외부경제와 외부불경제로 나누어진다. 석탄과 같이 오염으로 인한 사회적 한계비용이 석탄 가격인 사적 한계비용을 초과하는 것은 외부불경제이다. 외부경제는 논농사를 통해 쌀을 생산함과 동시에 푸른 공간을 제공하는 것이나, 교육과 같이 재화나 서비스의 사회적 한계이익이 사적 한계이익을 초과하는 경우이다.

3) 공공재는 비배제적(non−exclusive)이고, 비경합적(non−competitive)인 재화이다. 공공재는 개인이 대가(또는 가격)를 지불하지 않더라도 소비와 이익을 배제할 수 없거나, 어떤 사람이 재화를 사용한다고 하더라도 다른 사람의 소비를 제한하지 못하는 비경쟁적 재화이다. 즉, 사적재와 달리 여러 사람이 동시에 사용해도 이용하는 데 제한을 받지 않는 재화이다. 공공재로는 국가안보, 지식, 통계정보, 신호등, 홍수조절시설 등을 예로 들 수 있다.

제2절   현시선호이론

전통적인 수요이론은 소비자 선호체계의 4가지 특성인 완전성, 단조성, 원점 볼록성, 이전성의 가정과 예산제약하에서 소비자 효용을 극대화하는 상품선택인 수요곡선을 도출했다. 하지만 소비자 선호체계와 개별 소비자의 주관적 효용은 관측할 수 없는 것이 문제이다. 관찰할 수 없는 효용함수에 대하여 가정에 의존해 수요함수를 도출한다는 것은 논리적으로 이해하기 어렵다. 소비자 선호체계의 가정이 현실에서도 성립하는지는 알 수 없다. 앞에서 살펴본 바처럼 소유효과와 손실회피를 고려할 때 무차별곡선이 서로 교차할 수 있기 때문에 소비자 선호체계의 가정은 지켜지지 않는다.

사무엘슨(Samuelson)은 1940년대 말 관찰된 소비자 행동으로부터 합리성 원칙을 정의하고, 효용함수를 도출하는 소비자 선택에 관한 다른 접근법인 현시선호이론(Revealed preference theory)을 고안했다. 그는 소비자들이 합리성 원칙을 따를 경우 효용을 극대화하고, 수요곡선이 음($-$)의 기울기를 갖는다는 것을 보였다. 현시선호이론은 전통적 소비자이론의 출발과 반대로 시장에서 관찰되는 소비자의 선택행위로부터 무차별곡선과 효용함수를 유도하고 소비자 선호체계의 특성을 도출한다.

현시선호이론의 합리성 원칙은 다음과 같다. 상품조합 A, B가 있을 때 주어진 소득과 가격하에서 소비자가 A, B를 모두 선택할 수 있는데 A를 선택하였다면 A가 B보다 선호된 것이다. 합리성 원칙은 다른 가격과 소득에서도 소비자는 B를 A보다 선호할 수 없다는 것이다. 만약 다른 가격과 소득에서 B가 선택되었다면, 소비자가 A를 선택할 수 없기 때문이다. 합리성 원칙은 <그림 2-6>에서 보는 바와 같다.

소비자는 예산 M_1에서 A 또는 B를 구입할 수 있지만, A를 구매하면, A는 B

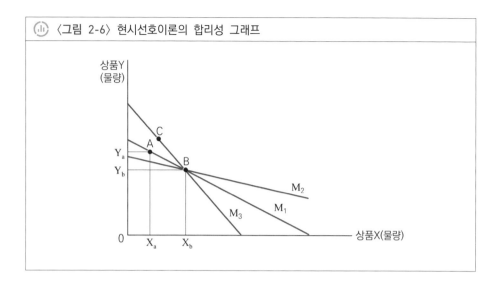

〈그림 2-6〉 현시선호이론의 합리성 그래프

보다 현시 선호된 것이다. 다른 예산제약 M_2에서 B를 선택했다면, A는 구매할 수 없는 상황이기 때문이다. 다른 예산제약 M_3에서 B가 선택되면 합리성 원칙을 위배한 것이다. 왜냐하면, M_3에서는 A, B 모두가 구입 가능하기 때문이다. M_3에서는 A나 B가 아닌 C를 구매할 것이다. 합리성 원칙은 소비자 선호에 대한 가정 없이, 예산이 변화함에 따라 상품의 선택순위가 어떻게 바뀌는지를 보여준다. 합리성 원칙은 무차별곡선이 원점에 대해 볼록인 것도 보여준다.

한 소비자는 두 상품조합인 C(상품 X_C와 상품 Y_C로 구성됨)와 D(상품 X_D와 상품 Y_D로 구성됨)의 선택에 무차별하다고 가정하자. P_x^C, P_y^C는 상품조합 C가 선택되었을 때의 가격이고, P_x^D, P_y^D는 상품조합 D가 선택되었을 때의 가격이다. 이 소비자는 상품조합 C와 D사이에 무차별하기 때문에 만약 이 사람이 C를 선택하면 식 (2−3)와 같이 D의 지출액은 C의 지출액보다 크거나 같다.

$$P_x^C X_C + P_y^C Y_C \leq P_x^C X_D + P_y^C Y_D \qquad (2-3)$$

만약 이 소비자가 D를 선택하면 식 (2−4)와 같다.

$$P_x^D X_D + P_y^D Y_D \leq P_x^D X_C + P_y^D Y_C \qquad (2-4)$$

식 (2−3)과 식 (2−4)는 식 (2−5)와 식 (2−6)과 같이 전환될 수 있다.

$$P_x^C(X_C - X_D) + P_y^C(Y_C - Y_D) \leq 0 \qquad (2-5)$$

$$P_x^D(X_D - X_C) + P_y^D(Y_D - Y_C) \leq 0 \qquad (2-6)$$

식 (2−5)와 식 (2−6)를 합하면 식 (2−7)과 같다.

$$(P_x^C - P_x^D)(X_C - X_D) + (P_y^C - P_y^D)(Y_C - Y_D) \leq 0 \qquad (2-7)$$

이제 상품 X의 가격만 변한다고 가정하자. Y재 가격은 $P_y^C = P_y^D$로 같다고 가정하면 식 (2−8)이 도출된다.

$$(P_x^C - P_x^D)(X_C - X_D) \leq 0 \qquad (2-8)$$

식 (2−8)은 상품조합 C와 D가 무차별하여 효용이 일정하게 유지된다면 가격과 수요량이 반대 방향으로 움직인다는 것을 보여준다. 따라서 현시선호이론은 소비자 선호의 가정 없이도 수요곡선이 음(−)의 기울기를 가진다는 것을 보여준다. 현시선호이론은 본서의 4장과 7장에서 설명될 현시선호에 의한 비가설적 가치평가법인 헤도닉가격, 여행비용법, 실험경매, 실질선택실험의 이론적 기반이다.

제3절 가치이론

　소비자들의 선택은 재화의 가치와 수요를 결정한다. 소비자가 재화에 대해 얼마만큼 지불할 것인지에 관한 주관적인 의사는 재화의 가치를 평가하는 데 있어서 중요하다. 시장에서 거래되지 않는 비시장재[4]의 가치는 가격이 존재하지 않기 때문에 적절한 방법론을 활용하여 이를 추정할 필요가 있다. 비시장재는 가격이 없으므로 사람들에게 직접 가치를 물어보거나, 시장재의 가격을 이용하여 간접적으로 비시장재와 환경재의 가치를 추정한다. 기업이 신상품을 시장에 출하할 때 소비자들에게 신상품에 대한 지불의사액을 물어보거나, 상품에 대한 소비자의 선택을 이용해 새로운 상품의 특성에 대한 가치를 추정한다.[5] 기업이 끊임없이 새로운 상품을 개발하고 출시하지만, 신상품의 실패율은 80∼90%에 달한다.[6] 기업의 입장에서 신상품의 높은 실패율하에서 시장에 내놓는 신상품의 객관적 가치를 파악하는 것은 가격을 결정하는데 중요한 정보이다. 환경이나 산지를 보존할 것인지 개발할 것인지를 결정하기 위해서 훼손되는 환경과 산지의 가치를 추정하는 것은 정책 평가의 기본이다.[7]

---

4) 비시장재(Non－market goods)란 시장에서 직접 거래(판매, 구매)가 되지 않는 재화로서, 경제적 가치인 가격이 존재하지 않는 재화이다. 예를 들면 환경재인 깨끗한 공기와 물, 희귀 생물종, 자연경관 등을 들 수 있다.

5) 환경재에 대해서는 평균 지불의사액과 총후생의 변화에 초점을 두고 있으며, 신상품에 대해서는 효용증가를 추정하기 위한 시장의 보상수요곡선(Compensated demand curve)에 초점을 두고 있다(Lusk and Hudson, 2004).

6) 시장에 새로 출시되는 새로운 식품의 성공률은 10%에 미치지 못한다.

7) 경제학에서 정의하고 있는 가치에 대한 개념의 형성 과정에 대해서 알아보자. 현대 경제학의 시초라고 볼 수 있는 아담 스미스(Adam Smith)는 사물이 가지고 있는 객관적 성질에 주목하였고 이를 "사용가치"라고 불렀다. 가장 직관적으로 떠올릴 수 있는 가치이지만, 다이아몬드와 물의 가격 차이와 같은 현상을 사용가치로 설명할 수 없다. 사용가치는 객관적으로 평가하기 어렵다. 이후 벤담의 공리주의 영향을 받게 되면서 주관적인 쾌락의 정도를 가치

경제학에서는 가치에 대해 3가지의 개념이 사용된다. 첫째, 어떤 재화나 서비스의 본질적 성질에서 기인하는 본원가치, 둘째, 시장 거래 시 재화나 서비스를 제공하고 받는 보상으로서 수취하고자 하는 시장가치, 셋째, 사람들이 재화나 서비스를 사용하거나 사용할 것을 예상할 때 느끼는 주관적인 쾌락으로서의 사용가치이다. 소비자가 시장을 통해 구입한 재화와 서비스를 소비해 얻는 주관적 효용은 가격을 통해 해당 재화의 객관적인 가치로 나타난다.

비시장재나 신상품의 가격을 어떻게 결정할 것인가가 가치평가의 핵심이다. 즉 경제학의 가치라는 개념을 살펴본 후, 전통적 가치평가 방법론과 더불어 새로운 방향을 제시하고 접근법들에 대해 살펴볼 것이다. 소비자 선호와 선택은 소비자들의 행위를 이해하거나 예측하고, 정책효과를 분석하는 데 이론적 기초를 제공한다. 하지만 설문조사를 통해 조사할 경우 소비자들이 선호한다고 진술한 것과 실제 행동이 반드시 일치하지는 않기 때문에 문제가 발생하게 된다. 특히 설문조사를 통해서 소비자들이 실제 시장에서 어떻게 행동할지 정확히 알 수 없다. 예를 들면, 신상품, 기술혁신, 비시장재, 공공재 또는 새로운 정책에 대한 소비자의 선호를 사전적으로 알 수 없다. 경제학자들은 소비자들의 선호와 선택을 모르기 때문에 신상품이나 비시장재에 대한 가치를 평가해 왔다. 새로 개발되어 가격이 존재하지 않은 신상품이나 비시장재의 가격을 설정하기 위하여 경제학자들은 지불의사액(Willingness-to-pay)을 추정하였다. 경제학자들에 의해 추정된 지불의사액은 다음과 같이 이용된다. 첫째, 가격 결정, 홍보 결정, 신상품 생산 등과 같은 기업의 의사결정에 도움을 준다. 둘째, 기술혁신과 공공정책과 관련된 비용편익분석을 수행한다. 셋째, 개인의 의사결정을 더 잘 이해하고, 경제이론을 검증하며, 발전시키는 데 활용한다. 신상품에 대한 소비자의 선택과 주관적인 지불의사액은 상품의 가치를 결정한다. 지금부터는 지불의사액과 동전의 양면과도 같은 수용의사액의 개념을 비교하고, 현실에서 두 개념 간에 발생

로 평가하기 시작했다. 쾌락이 바로 효용의 개념이 되며 궁극적으로 사람의 주관적인 효용이 재화의 객관적 가치에 반응한다는 것을 이론화시킨 학자는 에지워드(Edgeworth)와 제본스(Jevons)이다. 1930년대에 들어서면서 실증주의의 영향으로 과학적으로 측정할 수 없는 주관적인 쾌락을 효용의 개념으로 설명할 수 없었고, 서수적 효용으로 수요곡선을 도출할 수 있는 효용이론이 개발되었다.

하는 괴리의 원인을 살펴보도록 하자.

1. 지불의사액과 수용의사액의 정의

지불의사액(Willingness-to-pay)은 재화에 대한 소유권이 다른 사람에게 있는 경우 이를 구입하기 위해 판매자에게 지불하고자 하는 최대 금액이다. 수용의사액(Willingness-to-accept)은 본인이 재화의 소유권을 갖고 있는 경우 재화를 판매하기 위해 구매자에게 받고자 하는 최소 금액이다. 수요곡선은 시장 상품에 대한 한계지불의사액의 함수를 나타낸 것이다. <그림 2-7>에서 곡선 위 각각의 가격들은 상품의 특정 수량에 대한 한계지불의사액을 나타낸다. 총지불의사액은 구입량까지의 한계지불의사액의 합으로 <그림 2-7>의 사다리꼴의 영역이다.

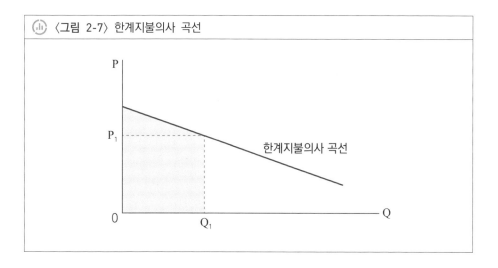

〈그림 2-7〉 한계지불의사 곡선

(1) 지불의사액

소비자들은 예산 제약하에서 주어진 상품의 소비를 통해 효용을 극대화하려 한다.

$$\text{Max}\, U(X,\, q)$$
$$s.t.\, XP = Y \tag{2-9}$$

식 (2−9)에서 U는 효용(Utility), q는 품질 수준(Qality), X는 상품의 구매량, P는 상품 자체의 가격과 대체재 가격을 의미하며, Y는 소득, 즉 예산을 의미한다. 상품의 품질 q가 고정되어 있다고 가정하면, 소비자는 예산 제약하에서 그들의 효용을 극대화하는 상품의 구매량 X를 선택한다. 여기서 도출된 상품 m의 수요곡선 X_m은 가격(P), 소득(Y), 품질(q)의 함수로 식 (2−10)과 같다.

$$X_m(P,\, Y,\, q) \tag{2-10}$$

식(2−9)의 직접효용함수(Direct utility function)는 소비자가 상품(재화와 서비스) 소비로부터 얻을 수 있는 효용을 구매량과 품질의 함수로 표현한 것이다. 즉 직접효용함수는 U(X,q)이고, X는 상품의 벡터, q는 상품의 품질이다. 예산 제약하에서 직접효용함수를 극대화하여 도출한 (2−10)의 수요함수를 다시 직접효용함수에 대입하면 간접효용함수(Indirect utility function)를 도출할 수 있다. 즉, 상품 구매량과 품질의 함수인 직접효용함수에 수요함수를 대입하면 상품 가격(P), 소득(Y), 품질(q)의 함수인 간접효용함수가 식 (2−11)과 같이 유도된다.

$$U(P,\, Y,\, q) \tag{2-11}$$

상품의 품질이 q_0에서 q_1으로 개선되었다고 가정하자. 현실적으로 효용의 기수적 변화를 알 수 없으므로 품질의 개선이 효용을 얼마나 변화시키는지도 알기 어렵다. 다른 모든 요인이 일정하다고 가정할 경우, 상품의 품질 향상을 위해 개인이 최대 얼마만큼을 지불해야 품질을 개선하지 않았을 경우와 동일한 효용 수준을 느끼는지 물어볼 수 있다. 이것이 바로 상품 품질에 대한 지불의사액이다. 소비자의 입장에서 품질 개선의 가치는 아래 식 (2-12)와 같이 두 효용이 같다는 조건하에서 지불의사액의 크기로 나타낼 수 있다.

$$U(P, \ Y - WTP, \ q_1) = U(P, \ Y, q_0) \qquad (2-12)$$

상품의 품질 향상에 대한 소비자들의 지불의사액(WTP)은 소득에서 일정 금액을 줄였을 때 얻는 효용이 품질 향상 이전의 효용과 같게 되는 금액이다. 다른 변수들은 모두 일정하고 비시장재의 품질만이 개선된 경우를 보자. 지불의사액은 비시장재의 품질을 개선한 후 얻는 효용과 개선하기 전 효용이 동일하도록 품질 개선을 위해 지불할 수 있는 최대 금액이다. 지불의사액은 개인의 소비에 초점을 맞춰서 정의되고 있으나, 비시장재의 질 향상을 위해 최대한으로 포기할 수 있는 기업의 이윤 등과 같이 여타 경제 주체에게도 적용될 수 있는 포괄적인 개념이다.

(2) 수용의사액

수용의사액은 지불의사액이 거울에 비친 상과 같은 대칭적 개념이다. 수용의사액은 비시장재의 질이 하락한다고 할 때, 이로 인해 개인이 보상받고자 하는 최소한의 금액이다. 재화 A를 소유한 사람이 이를 판매할 때 받을 최소한의 금액이 수용의사액이다. 재화 A에 대한 수용의사액은 식(2-13)에서 보는 바와 같이 재화 A를 소유한 사람이 재화 A를 소유했을 때 얻는 효용과 이를 판매 후의 효용이 동일하도록 하는 금액이다. 수용의사액은 지불의사액과 달리 상황 설정의 변화 방향을 반대로 잡고, 똑같은 질적 변화분에 대한 가치 평가를 묻는 것이다. 예를 들면 마을에 쓰레기소각장이 들어온다고 했을 때 마을 공기의 질이 나빠지므로, 이로 인해 주민이 보상받고자 하는 최소 금액이다. 즉, 비시장재의 질이 악화되기 이전과 이후의 효용을 같게 만드는 최소보상액이다. 수용의사액은 지불의사액과 상황 설정의 방향을 반대로 잡고, 비시장재의 질적 변화에 대한 가치를 묻는 것이다. 만약 상품의 품질이 q_1에서 q_0로 낮아진다면, 소비자들은 품질 하락에 대해서 어느 정도의 금액을 보상받아야 하는 것이다.

품질이 q_0으로 낮아진 상품과 동일한 효용을 갖기 위해서 소비자가 일정 금액의 소득을 보상받아야 한다. 식 (2-13)은 품질의 차이가 나는 두 효용이 같아지기 위한 소비자들의 수용의사액(WTA)을 보여준다.

$$U(P,\ Y+WTA,\ q_0) = U(P,\ Y,\ q_1) \qquad (2-13)$$

즉, 제품의 품질이 q_0인 상태에서 수용의사액 만큼의 추가적인 소득이 더해질 경우, 제품의 품질이 q_1인 것과 소비자의 효용이 같게 되는 것이다.

지불의사액과 수용의사액은 같은 상황을 다른 관점에서 보는 것이므로 두 개념은 이론상으로는 같아야 한다. 그러나 현실에서는 지불의사액과 수용의사액은 일치하지 않고 차이를 보인다.

2. 불확실성하에서의 가치평가

지불의사액과 수용의사액의 차이를 설명하기에 앞서 불확실성하에서의 가치평가에 대해 살펴보자. 지불의사액 또는 수용의사액에 대한 가치평가에 관한 질문을 받는 사람들은 비시장재의 질적 변화가 정확히 어느 정도일지 확실히 알 수 있다고 가정한다. 확실성 조건은 가치평가에 있어서 위험 요소를 배제한 것으로 현실성이 떨어진다. 위험은 사건과 확률이라는 두 가지 정보에 좌우되는 복권과 같은 개념으로, 지불의사액과 수용의사액에 적용될 수 있다. 현재 상황 1에서 상황 2로 변하면 이전보다 좋은 결과가 나올 수도 있지만 나쁜 결과가 나올 위험이 존재한다.

상황 2에서 상황 1보다 나쁜 결과가 나오는 경우를 A, 좋은 결과가 나오는 경우를 B라 하자. 위험이라는 개념을 적용하여 기존의 가정을 완화하면, 좋은 결과가 나올 주관적 확률(p)과 지불의사금액 또는 수용의사금액은 역의 상관관계를 가진다. 위험을 고려할 경우 이를 반영한 확실성등가액(Certainty equivalent), 즉 불확실한 기대수익과 동일한 효용을 제공하는 확실한 수익을 보장하는 금액이 지불의사액이다. 즉 위험을 회피하기 위하여 지불할 수 있는 최대 금액을 묻는 보험료(Insurance premium)와 같다. 이는 식 (2-14)로 표현된다.

$$U(Y - WTP; B) = p \times U(Y; B) + (1-p) \times U(Y; A) \quad (2-14)$$

위험을 감수하는 것에 대한 대가로 보상받는 최소수용의사액(WTA)은 식 (2-15)와 같다.

$$U(Y; B) = p \times U(Y + WTA; B) + (1-p) \times U(Y + WTA; A) \quad (2-15)$$

현실은 불확실한 상황이므로 지불의사액과 수용의사액의 개념을 확률적 관점으로 살펴보는 것은 의미가 있다. 그러나 확실성등가액은 불확실성하에 있는 재화에 대한 가치이고, 위험을 회피하기 위한 위험프리미엄(Risk premium)은 위험을 회피하기 위한 지불의사액으로 이해해야 한다.

재화의 가치를 평가하는 데 있어서 소비자들은 상황 변화의 불확실성뿐만 아니라, 시장(예 경매시장의 운영방식)과 재화에 대한 불확실성을 마주하게 된다. 재화의 가치에 대한 불확실성은 지불의사액과 수용의사액의 불일치를 초래한다. 재화의 가치에 대한 확신이 없을 때 구매자는 본능에 의존하는 전략적 편의(Strategic bias)[8]를 범하여 재화의 가치 분포 중 낮은 지점에서 가치를 평가하고, 판매자는 재화 가치분포의 높은 지점에서 가치를 평가하기 때문이다. 불확실성으로 인한 지불의사액과 수용의사액의 불일치는 가치학습과정(Value learning)을 통해 줄일 수 있다. 리스트(List, 2003, 2004)는 현장실험을 통해서 시장과 재화에 대한 경험이 많은 경제 주체들이 지불의사액과 수용의사액에 차이가 나지 않는 가치학습과정을 보였다.

---

8) 전략적 편의는 응답자들이 원하는 특정한 결과로 응답함으로써 발생하는 편의이다.

3. 지불의사액과 수용의사액의 불일치

신고전학파 경제학에서 이론적으로 지불의사액과 수용의사액은 일치하지만, 다양한 실증 연구에서 이 두 금액은 불일치한다. 특히 수용의사액이 지불의사액 보다 큰 것으로 나타났다. 실제로 공공기관[9]에서는 비용편익 분석을 할 때 수용 의사액이 부정확하고, 과장된 경우가 많아 일반적으로 지불의사액을 많이 사용 하고 있다. 지불의사액과 수용의사액이 불일치하는 이유는 다음과 같다.

(1) 소득과 대체재 유무

한 상품을 구매하는 경우 지불의사액은 소득에 의해 제약되지만, 상품을 포 기한 대가로 받고자 하는 수용의사액(보상액)은 예산 제약이 없다. 따라서 예산 제약이 존재하지 않는 수용의사액이 지불의사액보다 크다. 상품의 대체재 유무 도 지불의사액과 수용의사액에 영향을 미친다. 소비자가 원하는 상품의 대체재 가 없는 경우 지불의사액이 크고, 수용의사액이 지불의사액보다 월등히 높다. 예를 들면 유명 브랜드의 명품 시계는 대체재가 없으므로 지불의사액이 높다. 또한 유명한 화가의 그림은 이를 대체할 그림이 존재하지 않기 때문에 대체재가 존재하는 재화에 비해 수용의사액이 지불의사액을 웃도는 정도가 크다. 즉, 일 반적인 사적재보다 시장이 존재하지 않는 비시장재와 공공재 있어서 지불의사 액과 수용의사액의 차이가 크게 나타난다(Horowitz et al., 2002).[10]

(2) 거래비용

거래비용(Transaction costs)은 수송비용(Transportation cost), 탐구비용(Search cost)과 같이 구매와 판매가 이루어지는 데 들어가는 비용이다. 구매자와 판매자 간 비대칭적 정보로 인하여 거래비용이 다를 경우 수용의사액과 지불의사액 사 이에 불일치가 발생할 수 있다. 구매자는 재화를 탐색하므로 판매자보다 거래비

---

9) 미국의 관리예산청(U.S. Office of Management and Budget)은 수용의사액의 부정확성에 대한 우려를 표명했다.

10) 가설적 실험과 비가설적 실험에서도 지불의사액과 수용의사액의 차이가 크게 나타났다.

용이 크기 때문에 지불의사액을 낮게 제시하고, 수용의사액은 상대적으로 높으므로 괴리가 발생한다. 연구자들은 통제된 실험설계를 통해서 관찰된 거래비용을 최소화하려고 한다.

(3) 암묵적 가치

무언가를 사고팔려는 시도는 일종의 신호로 나타난다. 암묵적 가치(Implied value)는 상품을 판매하려는 행위 자체가 상품을 원치 않음을 암시하기 때문에 상품가치를 하락시킨다. 반면 누군가가 상품을 구매하려는 행위는 그 상품이 가치있는 것이라는 암시를 던져 상품의 가치가 향상될 수 있다. 하지만 슈퍼마켓과 같이 거래가 빈번하게 형성되는 곳에서는 암묵적 가치가 발생하지 않는다. 그러나 예상하지 못한 비시장재나 신상품의 거래에 있어서는 암묵적 가치가 반영되어 지불의사액과 수용의사액의 괴리가 발생한다.

(4) 이윤동기

이윤동기는 실제 상거래의 핵심이다. 희소품이나 골동품은 사전에 정해진 가격이 없다. 희소품의 가치는 일반적으로 일정 범위 안에서 거래된다. 시장가치를 발견하기 어려운 상품 거래에 있어서 구매자는 가능한 한 낮은 가격으로 구매하고자 하고, 판매자는 높은 가격을 받고자 하는 이윤동기가 있다. 이와 같은 행위는 합리적이고 예측 가능하다. 따라서 구매자는 상품 가치 범위의 하한을 지불하고자 할 것이고, 판매자는 가치 범위의 상한에서 판매하려는 이윤동기로 인하여 지불의사액과 수용의사액의 차이가 발생한다. 지불의사액과 수용의사액의 차이는 외부적 자료(다른 사람이 구입하려는 가격과 판매하려는 가격)와 내부적 자료(자신이 평가하는 가치)가 얼마나 큰 차이를 보이는가에 비례한다. 시장경험이 풍부한 판매자와 구매자 간의 거래에는 지불의사액와 수용의사액의 차이가 작아진다.

(5) 소유효과

소유효과(Endowment effect)란 사람들이 자신이 소유하고 있는 상품을 포기하는 상황에서, 이를 얻기 위해 기꺼이 지불할 금액보다도 더 높은 가치를 부여한다는 것이다. 즉, 한 상품의 가치는 개인이 소유하는 순간 증가한다. 소유효과는 미국의 행동경제학자이며 2017년 노벨경제학자인 테일러(Richard Thaler)에 의해 제시되었다. 소유효과에 따른 지불의사액과 수용의사액의 차이는 이익과 손실에 대해 비대칭적으로 평가하는 행동경제학의 전망이론(Prospect theory, Kahneman and Tversky, 1979)에 기반을 두고 있다. 인간은 손실을 싫어하기 때문에 동일한 크기의 손실로 인한 효용의 감소(고통)가 동일한 크기의 이익에 대해 얻는 효용의 증가(쾌락)보다 크다는 것이 전망이론이다. 테일러는 한 병에 5달러에 구매한 와인을 50달러가 넘는 데도 팔려고 하지 않는 심리를 통해 소유효과를 설명하고 있다. 이처럼 소유효과는 자신이 소유한 재화의 가치가 실제보다 더 크다고 생각하는 성향으로, 이로 인해 지불의사액보다 수용의사액이 크다는 것을 이해할 수 있다. 다시 말해 지불의사액의 질문에 답하는 사람은 재화의 질적 변화의 사전적 단계에 있다. 반대로 수용의사액에 관한 질문을 받은 사람은 질적 변화의 사후적 단계에 있다. 사후적 단계란, 현재의 좋은 상태에서 예전의 열등한 상태로 회귀할 경우 얼마의 보상이 필요한가를 고민한다는 것이다. 사람들은 자신이 현재 소유하고 있는 것에 대해 강한 애착을 보이기 때문에 지불의사금액과 수용의사금액의 괴리가 있을 수 있는 것이다.

소유효과의 대표적인 예는 부동산 시장에서 볼 수 있다. 일반적으로 주택보유자가 원하는 수용의사액이 구입자의 지불의사액보다 크다. 축구 챔피언스리그 결승전 티켓 가격도 한 예이다. 챔피언스리그 티켓을 소유한 사람이 티켓을 판매할 때 기대하는 수용의사액은 구매자의 지불의사액보다 훨씬 크다. 이 같은 현상들은 소유효과가 반영되었기 때문이다. 시카고 대학의 리스트(List) 교수는 스포츠카드에 대한 소유효과를 2003년 현장실험(Field experiment)을 통해 연구하였다. 실험참가자들은 스포츠카드 전문판매자와 일반 소비자로서, 시장경험이 풍부한 전문판매자(딜러)의 경우 일반 소비자보다 소유효과가 작은 것을 보였다. 실험과정은 다음과 같다. 1단계로 전문판매자와 일반 소비자에게 설문지 작성에 응해달라고 요청한다. 2단계는 설문지 작성에 대한 대가로 그들에게 A 상품과 B 상품 중 하나를 준다. 3단계, 그들에게 다른 상품(예 B상품을 A상품으로)으로 교환하기를 원하는지 질문한다. 실험결과를 보면 다른 상품으로 교환을 원하는 사람은 평균 32.8%(B상품으로 교환), 34.65%(A상품으로 교환)로 나타났다. 하지만 피실험자가 일반 소비자일 경우 교환을 선택한 비율은 20%(B상품으로 교환)와 25.6%(A상품으로 교환)인 반면, 전문판매자의 경우 교환을 선택한 비율은 각각 45.7%(B상품으로 교환), 43.6%(A상품으로 교환)로 나타났다. 즉, 실험결과는 시장 경험이 많을수록 소유효과를 감소시키는 경향이 존재함을 보여준다.

(6) 합법성

특정 재화와 서비스의 교환에 있어서 윤리적인 측면인 합법성(Legitimacy)을 고려해야 하는 경우가 있다. 인간의 건강과 안전이 개입된 경우, 또는 안전을 포기하는 대가로 금전적 보상을 제공하는 거래에 대한 강한 사회적 규범을 그 예로 들 수 있다. 인간의 생명을 담보로 한 불법적인 장기매매에 있어서 수용의사액은 지불의사액보다 월등히 높다. 추가적인 안전을 확보하기 위해 구매자가 많은 돈을 지불하지 않는다고 가정하더라도, 신장 이식과 같이 다른 사람의 건강, 생물종(種)의 보전, 미래 세대의 안전을 거래의 대상으로 삼는 것은 준법적인 측면에서 일반적으로 받아들여지지 않는다.

(7) 모호성과 위험회피

상품거래에 있어서 구매자와 판매자가 상품의 가치를 정확히 알지 못하는 모호성(Ambiguity)이 존재한다. 이로 인해 위험회피적 소비자는 상품의 가치를 과소평가하는 경향이 있으며, 위험수용적 판매자는 상품의 가치를 과대평가하는 경향이 있다. 따라서 이 같은 경향으로 인해 상품 가치에 대한 평가에 있어서 지불의사액과 수용의사액 간의 불일치가 발생한다.

상품의 구매와 판매는 잠재적인 후회를 동반할 수 있다. 구매자가 본연의 가치보다 상품을 더 비싸게 구매하거나, 판매자가 더 싸게 판매할 경우 거래 후

후회(효용의 감소)할 수 있다. 이를 피하고자 상품 거래에서 구매자는 낮은 지불의사액을 제시하고, 판매자는 높은 수용의사액을 제시한다. 반면 구매자(판매자)가 원하는 상품을 구매(판매)하지 못했을 경우 상품을 구매(판매)하지 못함에 대한 후회가 발생한다. 따라서 상품의 구매자는 더 낮은 지불의사액, 판매자는 더 높은 수용의사액을 제시함으로써 지불의사액과 수용의사액의 불일치가 발생한다. 이러한 잠재적인 후회를 줄이려면 상품의 가치에 합당한 지불의사액과 수용의사액을 제시하여야 한다.

(8) 책임

책임감(Responsibility)을 가지고 있는 경우 잠재적으로 해로운 결과가 발생할 가능성이 있는 행동을 하기보다는 하지 않는 것에 대한 선호가 높을 것이다. 합리적 인간은 자신에게 해로운 결과가 발생할 가능성을 최대한 피하려 한다. 동일한 해로움이 발생하였더라도, 개인들은 타인에 의한 해로움보다 자신이 자초한 해로움에 대해 더 큰 효용 감소를 느낀다. 같은 해로움이더라도 개인들은 자신으로 인해 해로움이 발생하는 것보다 외부적인 요인에 의한 해로움에 기분 나쁨을 덜 느낀다. 특히 식품의 판매에는 상품의 도덕적 측면이 더욱 강조된다. 식품판매행위에는 소비자의 생명, 건강과 영양에 대한 책임감이 내재해 있기 때문이다. 그러므로 식품기업은 생산한 식품이 안전하지 않다면 책임감을 느껴서 판매를 꺼리게 된다. 하지만 구매할 때는 그러한 책임감을 갖지 않기 때문에 판매자의 수용의사액이 구매자의 지불의사액보다 크게 된다.

(9) 약정비용

지불의사액과 수용의사액 간에 차이가 발생하는 이유를 자오(Zhao 등, 2004)는 약정비용(Commitment cost)으로 설명하였다. 현실 세계에서 구입의사결정은 동태적이다. 약정비용이란 구매자가 더 많은 정보를 얻기 위해 소비를 연기함으로써 발생하는 비용이다. 미래에 관한 확실한 정보를 가지고 있으면 현재 소비를 고민하는 상품에 대한 가치를 정확히 평가할 수 있으므로 약정비용이 감소한다. 불확실성이 줄어들면 약정비용이 줄어들어 상품에 대한 지불의사액이 상승한다. 반대로 약정비용이 줄어들면 수용의사액은 하락하게 된다. 불확실성이 증가하면 약정비용은 증가한다. 미래에 대한 불확실성이 크면 상품에 대한 기대치는 일정하더라도 지불의사액과 수용의사액의 괴리는 커지게 될 것이다.

(10) 지불의사액과 수용의사액의 불일치에 관한 소결

이론적으로 동일한 재화에 대한 지불의사액과 수용의사액은 동일해야 하지만 현실적으로 경제주체의 인식 차이, 비가역적인 불확실성 등으로 인해 괴리가 발생할 수 있다. 이익과 손실에 대한 인간의 반응 차이는 실제 현실에서 나타나고 있다. 특정 상황에 따른 지불의사액과 수용의사액의 불일치에 대한 원인은 아직까지 해결해야 할 과제이다. 비시장재나 신상품의 가치평가에 있어서 상황에 맞게 지불의사액 또는 수용의사액을 선택해야 한다. 일반적으로 재화의 가치평가는 보수적으로 수행되므로 지불의사액이 상대적으로 많이 사용된다. 앞서 설명한 바와 같이 수용의사액은 상대적으로 과대 평가되는 경향이 있기 때문이다. 과대 평가를 막기 위해 재화나 비시장재 질의 악화와 같은 가치 손실을 평가할 때 지불의사액을 사용할 경우 편의가 발생한다는 것은 보편적으로 인식되고 있다. 그럼에도 불구하고 비시장재의 손실이나 피해의 가치평가에 지불의사액이 사용되고 있다. 앞으로 비시장재 가치평가에 관한 질문 형식이 개선되고, 손실과 피해에 대한 올바른 가치평가를 위한 방법론도 지속적으로 발전되어야 한다.

제장

실험경제학의
발전과 방법론

실험경제학과 경제적 가치평가 Experimental Economics and Economic Valuations

실험경제학의 발전

일반적으로 실험은 무한정 반복할 수 있으며, 객관적 결과를 갖는다. 동전을 10번 던져서 앞면이 몇 번 나오는지 세어보는 것도 실험의 한 예이다. 동전은 반복해서 던질 수 있고, 10번 던졌을 때 앞면이 나오는 숫자가 0에서 10 사이에 존재하므로 잘 정의된 결과를 갖는다. 과학적 실험은 변수 간의 인과관계를 규명하기 위해 활용하는 통제된 조사방법론이다. 실험을 수행하기 위해서는 잘 설계된 실험디자인을 통하여 자료를 체계적으로 수집하고, '다른 모든 조건이 일정하다면(Ceteris paribus)'이라는 조건을 만족시켜야 한다. 자연과학에서는 실험을 방해하는 요인들을 통제하며 실험을 진행한다. 예를 들어 실험을 오염시키는 실험실의 모든 오염원을 철저히 통제해야 한다. 생물학, 물리학, 화학, 심리학 등은 통제된 실험실 실험을 통해 현상과 증거를 수집하고 관측할 수 있는 실험과학의 장점을 갖고 있다고 알려져 있다. 경제학자들은 인간의 행동을 이해하기 위하여 자연과학에서 이용되던 실험을 이용하기 시작했다. 실험경제학은 '실험과학'의 방법을 경제학에 도입한 것이다. 경제학에서 실험을 가능하게 한 것은 무작위(Randomization) 설계이다. 경제학에서는 자연과학과 같이 다른 요인(오염원)을 완벽히 통제할 수 없다. 하지만 무작위배정(Random assignment)을 통해 처치집단과 대조집단 간의 관측 가능한 요인뿐만 아니라 관측 불가능한 요인들의 균형을 맞춘 후 인과관계를 분석한다. 프리드만(Friedman)은 사회 현상에 관한 예측과 이에 대한 검증을 위해서는 실험을 통해 관찰되는 증거에 의존할 수밖에 없다고 주장했다.

실험경제학은 사람들이 어떻게 통제되고 의사결정을 하는가를 과학적 실험을 통하여 분석한다. 연구실 실험의 일환인 시장거래 실험에서는 실험참여자에게 판매자와 구매자의 역할을 부여하고, 이들이 실험 거래에서 신중히 의사결정

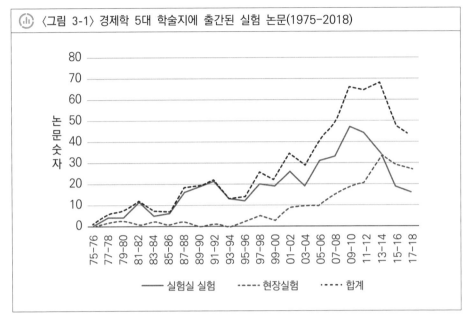

출처: Nikiforakis and Slonim, Fig. 1, 2019

을 하도록 금전적 유인을 제공한다. 연구자는 실험과정을 통해 거래규칙과 인센티브 등의 정책 변화에 실험참여자의 행동이 어떻게 변하는지 분석한다. 또한 학생들은 강의실 실험을 통하여 실제 현실에서의 시장행위, 인센티브의 효과, 경제정책에 대한 이해를 높인다. 실험경제학을 활용한다면 정부가 음식물 쓰레기에 대한 새로운 규제를 도입하였을 때 해당 규제가 경제 전반에 미치는 영향도 분석할 수 있다. 실험경제학은 이처럼 다양한 정책분석에 활용될 수 있다는 장점을 갖는다.

실험경제학은 현대 경제학의 한 분야로 1980년대 이후 괄목할 만한 성장을 보였다. 실험경제학의 논문은 <그림 3-1>과 같이 경제학 저널에 기하급수적으로 증가하였다.[1] 이제는 경제학도 실험과학의 한 분야라고 칭할 수 있게 된

---

1) 1975년 이후 40년 이상 경제학 5대 저널에서 실험경제학 논문은 기하급수적으로 증가했다. 경제학 상위 5개 저널(American Economic Review, Econometrica, Journal of Political Economy, Quarterly Journal of Economics, and Review of Economic Studies)에서 2009년 이후 실험실 실험이 감소하는 반면 현장실험의 논문은 2000년 이후 지속적으로 상승하였다. (Nikiforakis and Slonim, 2019)

것이다. 2002년 버논 스미스(Vernon Smith)와 대니엘 카네만(Daniel Kahneman) 교수는 실험경제학과 행동경제학으로 노벨상을 공동수상하였다. 스미스 교수[2]는 실험실 실험(Lab experiment)을 도입하였으며 다양한 실험을 통해 경제이론의 타당성을 검증해 실험경제학 방법론을 체계화하였다. 카네만 교수는 경제학에서 고려하지 않았던 심리적인 요인이 인간의 의사결정에 미치는 영향과 비합리성을 전망이론에 관한 실험을 통하여 분석하였다.

경제학의 실증연구에 있어서 오랜 도전은 정책 변화의 경제적, 사회적 영향과 경제적 현상 변화의 원인을 명확하게 식별하는 것이었다. 예를 들면 교육을 추가로 받으면 소득이 높아진다는 가설을 검증하고자 한다. 교육과 소득과의 인과관계를 정확히 분석하기 위해서는 추가 교육을 받는 처치그룹과 받지 않는 통제그룹에 있어서 추가 교육을 제외한 모든 조건이 같은 사람들을 두 그룹에 무작위로 배정해야만 한다. 하지만 외부적, 내부적 모든 조건이 같은 두 그룹의 사람들을 찾아서 무작위 배정하는 것은 매우 어려운 일이다.

2019년 노벨경제학상 수상자인 아브히지트 바네르지(Abhijit Banerjee) 교수, 에스더 듀플로(Esther Duflo) 교수, 마이클 크레이머(Michael Kremer) 교수는 개도국에 대한 정확한 정책평가를 위한 무작위통제실험(Randomized controlled trial)을 위해 현장실험(Field experiment)을 수행했다. 이제 실험은 경제학에 있어서 중요한 실증분석 방법론으로 자리잡았다.

2021년 노벨경제학상은 실험을 이용해 경제사회 문제의 인과관계를 밝히는 실증연구를 발전시킨 3명의 교수가 공동 수상하였다. 자연적 현장실험을 활용해 노동경제학 실증연구에 기여한 데이비드 카드(David Card) 교수와 선택편의를 줄이기 위한 준실험적 방법(Quasi-experimental methods)을 발전시킨 계량경제학자 조슈아 앵그리스트(Joshua D. Angrist), 휘도 임번스(Guido Imbens) 교수이다.

카드 교수는 자연적 실험을 이용하여 최저임금, 이민, 교육이 노동시장에 미치는 영향을 분석하였다. 최저임금 인상과 고용 간의 인과관계를 다룬 연구에서는 경제학에서 일반화된 이론과 달리 저임금 노동시장(패스트푸드)에 있어서 최

---

2) Vernon Smith 교수는 경제학에서 통제된 실험실 실험을 통해 1976년 American Economic Review에 "Experimental Economics: Induced Value Theory", 1982년에는 "Microeconomic Systems as an Experimental Science,"를 발표하였다.

저임금 인상이 일자리 감소에 미치는 영향이 적다는 결과를 보여주었다.[3] 앵그리스트 교수와 임번스 교수도 실험과 준실험에 있어서 인과관계 분석을 위한 계량경제 방법론을 발전시켰다. 이들은 자연적 실험의 장점과 한계를 밝히고 올바른 인과관계를 분석하는 데 이바지하였다.

경제적 실험(Economic experiment)의 중요한 특징을 살펴보면 다음과 같다. 첫째, 경제적 실험은 실제 시장과 같은 실험 환경을 만들어 피실험자들이 실제 가격을 지불하고 재화를 얻는다. 둘째, 실험에 관한 모든 규칙과 방법들은 재현(반복)될 수 있어야 한다. 셋째, 경제적 실험에서는 기만(속임)이 허용되지 않는다. 예를 들면, 동물복지 우유와 일반 우유에 대한 소비자의 지불의사액을 조사하는 실험을 한다고 하자. 피실험자에게 일반 우유에 동물복지 표기를 한 후 실험을 하는 것과 같은 기만행위는 경제실험에서 허용되지 않는다. 넷째, 실험 규칙이나 실험이 가정하는 시장 환경은 명확히 정의되어야 한다. 다섯째, 초기의 실험(Smith, 1976)은 경제이론과 게임이론의 구조에 초점을 맞춰서 실험내용을 정확히 알 수 없는 상태(Context free)로 진행되었다. 하지만 최근의 실험들은 실험내용을 알 수 있는 상태(Context framed)로 진행된다.[4] 실험내용을 알 수 없는 실험이란 피실험자를 단순히 참가자1, 참가자2 등으로 명명하며 진행하는 실험이다. 반면, 실험내용을 알 수 있는 실험이란 피실험자들에게 구체적인 용어를 사용한 명칭을 부여하며 진행하는 실험이다. 예를 들어, 두 명의 피실험자를 대상으로 실험을 진행하는 경우, 실험내용을 정확히 알 수 없는 실험에서는 피실험자들은 개인1, 개인2 등으로 표기된다. 반면, 실험내용을 알 수 있는 실험에서는 피실험자들은 판매자, 구매자와 같은 용어로 표기된다. 일반적으로 피실험자 간의 구분이 중요하지 않거나, 같은 결과가 기대될 때 실험내용을 정확히 알 수 없는 실험을 설계한다. 피실험자 간의 역할 또는 성향의 구분이 필요할 때에는 실험내용을 알 수 있는 실험을 설계한다.

---

3) Card, David and Alan B. Krueger. 1994. "Minimum Wages and Employment: A Case Study of the Fast-Food Industry in New Jersey and Pennsylvania." *American Economic Review* Vol. 84, No.4, 772-793.

4) 실험의 내용(context)은 실험 환경에 대한 이해를 높이고 혼란을 줄여 주므로, 실험참가자(피실험자)로부터 보다 정확한 응답을 유도할 수 있다.

예를 들어 서울에서 실험한 동물복지 우유와 일반 우유에 대한 지불의사액 실험은 울산에서 실행한 실험과 다른 결과를 보일 것이다. 그 이유는 도시1과 도시2라는 실험내용을 정확히 알 수 없는 것과 달리 서울과 울산, 일반 우유, 동물복지 우유와 같이 도시명과 우유 속성이 명확히 제시된 실험이기 때문이다. 서울과 울산처럼 실험내용(Context)이 정확히 제시됨으로써 실험 환경의 이해와 피실험자들의 혼선을 줄일 수 있다. 특히 인간의 행동에 관련된 연구에서 실험 내용의 정확한 설정이 중요하다.

경제적 실험은 실험실 실험이나 현장실험 모두에서 이루어지며 학생은 물론 일반인도 피실험자로 선정된다. 동물복지 우유에 대한 소비자들의 지불의사액을 추정하는 실험을 한다고 하자. 이 실험은 일반 우유와 동물복지 우유에 대한 소비자의 지불의사액의 차이를 조사하는 통제된 실험이다. 통제된 실험이란, 실험 대상을 두 집단으로 나누고, 실험을 통해 판별하고자 하는 차이를 각 집단에 부여하는 것이다. 지불의사액 실험에서 판별하고자 하는 것은 동물복지 우유의 지불의사액이 일반 우유의 그것과 차이가 있는지의 여부이다. 따라서 실험의 관심 대상인 동물복지 우유를 처치집단에게 할당하고, 일반 우유를 통제집단에 할당한 후 두 집단의 지불의사액을 비교하면 될 것이다.

통제된 실험에서 정책의 효과를 평가할 때 중요한 것은 처치그룹(예 동물복지 우유 피실험자)과 통제그룹(예 일반 우유 피실험자)이 마치 쌍둥이처럼 해당 정책을 제외하고는 모든 면에서 동질적이어야 한다는 점이다. 일반 우유와 동물복지 우유의 지불의사액의 차이를 처치효과(Treatment effect)라고 한다. 만약 피실험자들이 자신이 어느 그룹에 속할지 고르게 된다면 선택편의(Selection bias)가 발생한다. 선택편의란 피실험자들의 선택이 실험결과에 영향을 미치는 문제를 뜻한다. 따라서 연구자는 피실험자들을 무작위배정하여 처치집단과 통제집단의 속성들을 유사하게 함으로써 선택편의 문제를 해결한다.

비가설적 실험방법론(Experimental methods)은 가설적 비시장재 가치평가(Non-market valuation)나 이중차분법(Difference-in-Difference), 매칭(Matching), 회귀불연속성(Regression discontinuity), 통제집단합성법(Synthetic control method)과 같은 준실험적 방법(Quasi-experimental methods)을 활용하는 실증분석을 보완할

수 있다. 가설적 가치평가(Hypothetical valuation)는 피실험자들의 진술에 의존해 가설적 편의가 발생하는 문제가 있다. 준실험적 방법은 시간과 비용을 절약할 수 있다는 장점을 갖고 있지만, 원자료가 무작위(Randomization) 배정된 것이 아니고, 사후적으로 무작위배정과 유사하게 원자료를 가공한 것이므로 한계가 있다. 왜냐하면 실험자료가 아닌 2차 자료를 가공하여 처치그룹(Treatment group) 및 통제그룹(Control group)과 관련된 모든 변수를 사후적으로 무작위배정이 되도록 통제하기는 불가능하기 때문이다. 국민건강영양조사 등 2차 자료를 가지고 특정 정책이나 사건을 제외한 모든 변수를 동일하게 통제하는 무작위배정은 실현하기가 불가능하다.

경제학자들이 실험을 활용하는 이유를 살펴보자. 첫째, 경제이론을 검증하거나, 이론 간의 차이를 정확히 구별하기 위해서 활용한다. 둘째, 경제이론에 오류가 발생하는 원인을 규명하기 위해 사용한다. 셋째, 새로운 이론에 대한 실증적인 규칙성(Regularities)을 찾기 위해서 사용한다. 넷째, 다양한 실험 환경하에서 동일한 실험 조건(예 동일한 종류의 경매 방식)을 진행했을 때 실험결과의 일관성(Robustness), 즉 내부유효성(Internal validity)을 갖는지 확인하기 위해서 사용한다. 내부유효성인 실험 결과의 논리적 일관성을 갖기 위해서는 처치그룹과 통제그룹의 무작위배정은 필수적이다. 다섯째, 동일한 실험 환경하에서 여러 종류의 실험 방식들을 실행, 비교하는 방식으로 상이한 시장의 교환규칙이나 메커니즘을 비교하기 위해 사용한다. 여섯째, 다양한 정책적 목표를 위한 시장 메커니즘 분석과 정책 대안을 평가하기 위해 사용한다. 예를 들면 식품 기업들에게 영양성분 표시 의무화에 따른 식품의 수요 변화를 평가할 수 있다. 일곱째, 새로운 실험 설계나 실험구조하에서 실험 결과의 보편적 일관성을 검증하기 위한 외부유효성(External validity)을 검증하기 위해 사용된다. 외부유효성은 실험의 결과가 상이한 실험 환경하에서도 적용되는지, 동일한 결과를 예측할 수 있는지를 분석함으로써 실험결과의 응용가능성을 검증하는 것을 말한다.

실험경제학은 다른 실증분석 방법들에 비해 우수한 두 가지 장점을 갖는다. 첫째, 반복가능성(Replicability)이다. 이는 자연과학 분야의 실험과 같이 다른 실험자들이 해당 실험을 반복하여 실험 결과를 다시 재현할 수 있다는 것이다. 비

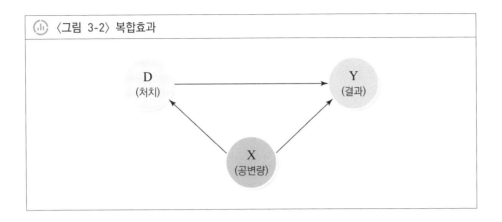

〈그림 3-2〉 복합효과

실험적인 조사나 연구의 문제점은 동일한 반복가능성이 낮다는 것이다. 둘째, 통제성(Control)이다. 통제의 의미는 연구자가 측정할 수 없는 외부요인에 의해 실험이 영향을 받지 않도록 복합효과(Componding effects)를 통제한 것이다. 복합효과는 <그림 3-2>와 같이 처치(정책)와 정책결과가 동일한 공변량(Covariates)을 가질 때 존재한다. 복합효과가 존재하면 처치(정책)와 정책결과의 관계는 더 이상 인과관계를 의미하지 않는다. 공변량이 정책 결과와 처치(정책)에 동시에 영향을 미치기 때문이다. 예를 들면 공변량인 가구의 소득은 처치(정책)인 학교 급식보조에 영향을 미치고, 학생의 영양상태에 영향을 미치는 것이다. 무작위통제실험(Randomized control trials)은 가구의 소득과 학교급식보조의 영향을 단절하여 복합효과를 차단한다. 따라서 학교급식보조가 학생의 영양상태에 미치는 인과관계를 분석할 수 있다. 실험은 공변량이 처치에 영향을 미치지 못하도록 실험을 통제할 수 있다.

경제적 실험은 실험주관자가 통제된 실험설계를 통해 도출한 피실험자들의 실험 결과나 행동을 이용해 경제이론이나 방법, 대안적 정책을 평가하고 검증한다. 통제성은 실험자에게 연구 결과를 과장하거나 왜곡할 유인도 제공하므로, 실험자는 이러한 비윤리적인 행위를 지양해야 한다. 인간을 대상으로 하는 실험 및 행동연구에 있어 피실험자인 인간의 윤리, 권리, 복지, 안전을 보호하기 위해 기관심사위원회(Institutional Review Board: IRB)를 통과하여야 한다. 기관심사위원회의 통과는 주로 건강분야, 생명과학, 심리학, 사회학, 인류학은 물론 경제학에서 실험 및 조사연구에 있어서 필수요건이다. 기관심사위원회의 승인을 받지 않은 연구는 윤리적 문제로 인해서 실험의 객관성을 인정받지 못함은 물론 국제 학술지에 논문을 출간할 수 없다.

제2절 실험경제학과 행동경제학

실험경제학은 행동경제학(Behavioral economics)과 연계되어 큰 발전을 이루었다.[5] 행동경제학은 소비자가 현실에서 어떻게 선택하는지를 다룬다. 왜냐하면, 소비자들은 현실에서 경제학 이론이나 모형에서 가정하는 합리적 행동을 하지 않는 경우가 많기 때문이다. 행동경제학은 인간의 의사결정과 행동이 인지적 한계, 타인의 행복을 위한 배려, 심리적 편의, 공정성, 감정 등에 의해 어떻게 영향을 받는지 분석한다. 행동경제학에서 다루는 심리적, 행동적 요인이 인간의 경제행위에 미치는 영향은 실험경제학을 통해서 검증되었다. 행동경제학에서는 주관적, 심리적 요인이 경제주체의 선호와 의사결정에 미치는 영향을 식별하기 위해서 실험을 사용한다. 실험은 통제된 환경하에서 원인과 결과 사이의 인과관계를 분석할 수 있기 때문이다. 경제학은 인간 행동을 실증 분석하기 위해서 계량경제방법론을 이용해 정보 변화에 따른 소비자 의사결정의 차이를 간접적으로 분석하였다. 하지만 행동경제학은 인간에 대한 실험을 이용해 경제이론의 가정을 최소화하면서 경제주체의 행동과 선호를 직접적으로 분석한다.

행동경제학은 <그림 3-3>에서 보는 바와 경제학과 심리학의 공통부분으로 이루어진 교집합이다. 2000년대 들어 행동경제학은 큰 주목을 받고 있다. 2002년 다니엘 카네만(Daniel Kahneman), 2013년 로버트 쉴러(Robert J. Shiller)가 행동경제학으로 노벨경제학상을 받았다. 2017년 노벨경제학상은 심리학과 경제학을 바탕으로 행동경제학에 기여한 리처드 테일러(Richard Thaler)에게 돌아갔다. 행동경제학은 경제학을 심리학을 비롯한 사회과학과 연계시켜 경제 이론을 실제 인간의 행동과 일치하게 한다.

---

5) 2002년 실험경제학자 버논 스미스(Vernon Smith)와 행동경제학자 다니엘 카네만(Daniel Kahneman)이 노벨경제학상을 공동 수상했다.

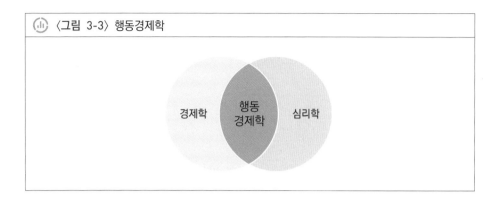

〈그림 3-3〉 행동경제학

행동경제학은 인간이 손실 회피적(Loss averse)이고, 객관적 확률을 왜곡하는 경향이 있다는 데 주목한다. 예를 들면 당첨될 확률이 적은 복권을 사거나, 비행기 사고 확률이 아주 적은데도 비행기 탈 때만 여행자 보험을 사는 행위이다.

인간은 본래 행동하던 방식으로 계속 행동하려는 관성과 미래보다 현재의 보상에 더 큰 가치를 부여하는 현재지향편의(Present bias)를 가지기도 한다. 그리고 인간은 오늘 할 일을 내일로 미루는 것이나 무언가를 선택해야 할 때 다른 사람들을 의식하는 것과 같이 꾸물거림(Procrastination)의 특성을 갖는다.

행동경제학은 인간이 합리적이기보다 경험적(Heuristic)으로 결정한다고 본다. 철물점에서 $20에 팔리던 눈삽을 폭설 이후 $40로 인상하였다면, 사람들은 철물점의 가격 인상을 어떻게 평가할 수 있을까? 설문 조사를 통해 이를 평가하기 위해 '완전히 정당하다', '받아들일 만하다', '부당하다', '매우 부당하다'는 선택지를 가지고 사람들에게 질문하였다. 응답자의 약 82%가 폭설 이후 철물점의 눈삽 가격 인상이 부당하다고 응답했다(Kahneman et al., 1986). 하지만 전통적인 경제학 관점에서는 눈삽의 수요가 증가해 가격이 인상된 것이고, 합리적인 인간은 자연스러운 경제현상에 대해 부당하다는 의견을 제시하지 않아야 한다.

인간의 행동에 영향을 미치는 요인은 크게 내부적 요인(Internal factors)과 외부적 요인(External factors)으로 구분할 수 있다. 먼저 내부적인 요인에는 선호, 믿음, 인지력(Cognitive ability), 성격, 감정, 열정, 의지와 같은 것들이 있다. 외부적인 요인의 예로는 소득이나 유동성 제약(Liquidity constraint)과 같은 사회·경제적 조건, 사회적 지위, 기준집단(Reference group), 정보의 제약, 사회적 규범이나

(📊) 〈그림 3-4〉 테일러와 선스테인의 저서 넛지

Nudge

Improving Decisions
About Health,
Wealth, and
Happiness

*New York Times
Bestseller*

가치, 인구통계학적 변화나 고령화 사회의 도래, 법률과 규정이 있다.

신고전학파 경제학은 인간의 경제적 행위를 설명하는 데 내부적, 심리적 요인을 고려하지 않았다는 이유로 비판을 받아 왔고, 이는 행동경제학이 등장하는 계기가 되었다. 행동경제학의 주요한 정책적 함의는 인간의 행동에 있어 합리성(Rationality)에 기반한 금전적 유인(Financial incentives) 또는 정보의 제공에 기반을 둔 전통적인 정책 방식이 비효율적일 수 있다는 것을 보여준 것이다. 따라서 정책 입안자들은 내부적인 요인(Internal factors)들에 영향을 주는 개인과 사회의 심리학적 유인을 활용해야 한다. 이러한 정책적 유인은 <그림 3-4>에서 보는 바와 같이 노벨경제학자 테일러(Thaler)와 선스테인(Sunstein)이 명명한 대로 주로 팔꿈치로 쿡쿡 찌른다는 뜻의 넛지(Nudge)라는 이름으로 불린다.

인간의 행동을 분석할 때 고려해야 할 특성들로는 인지적 한계(Cognitive limitations), 다른 사람들의 복지(Well-being), 심리적 편의(Psychological biases), 감정(Emotions)이 있다. 사람들은 완벽하지 않아 편의(Bias)를 범하고, 시장은 편의를 가진 사람들로 구성된다. 인간은 모두가 아인슈타인처럼 똑똑하지는 않고, 간디처럼 스스로 자기통제를 잘하지 못한다. 많은 사람이 새해 들어 운동, 금연, 금주, 다이어트를 결심하지만, 대부분 실패로 돌아가는 것은 대표적인 자기통제의 문제이다. 은퇴 후를 대비한 저축이나 연금가입에 가입하지 않고 현재의 소비만을 즐기는 사람들이 많다.

넛지는 사람들이 선택할 수 있는 대안에 제약을 가하거나 실질적인 유인을 바꾸지 않으면서도 특정 방향으로 사람들의 행동을 유도하는 선택설계(Choice architecture)의 한 방법이다. 테일러와 선스테인은 강요 없이도 사람들의 행동에 영향을 미치는 것을 자유온정주의(Libertarian paternalism)라고 하며, 이를 실행한 사람을 선택설계자(Choice architects)로 칭했다.

많은 OECD 국가들은 행동 과학의 통찰력을 이용하여 정부 정책을 보다 효율적으로 시행하려고 한다. 대표적인 예로 영국의 행동통찰력팀(Behavioral Insights Team), 미국 오바마 정부의 행정 명령으로 2015년부터 활동 중인 사회 행동과학팀(Social and Behavioral Science Team), 덴마크의 넛징네트워크(Nudging Network), UN의 소비자 정책설계(Design of Consumer Policies), 싱가폴의 CPF 장수보험(CPF Longevity Insurance Plan), 뉴질랜드의 키위세이버 저축계획(Design of KiwiSaver Savings Plan)이 있다.

행동경제학은 현장실험과 연계하여 많은 연구를 진행하였다. 넛지의 예로 지니(Gine et. al., 2010)는 일본에서 금연 약속의 효과를 분석하였다. 이 연구에서 흡연자들은 "CARES"라 명명된 금연 약속을 일종의 계약 형태로 제안받았다. 이 "계약"을 맺은 흡연자들은 6개월 동안 특정 계좌에 돈을 입금하고, 6개월 이후 니코틴과 코티닌을 검출하기 위한 소변 검사를 받은 후 해당 물질들이 검출되지 않는다면 그들은 자신들이 예금했던 돈을 반환받는다. 하지만 해당 물질들이 검출되었다면 입금했던 돈은 자선 단체에 기부가 되는 방식으로 프로그램이 진행되었다. 이 금연 약속 "CARES"를 제안받은 흡연자들이 소변 검사를 통과하는 비율이 계약을 맺지 않은 통제집단과 비교했을 때 3%나 높게 조사되면서 금연 약속은 지속적인 금연 효과가 있다는 것이 입증되었다.

다른 넛지의 예를 살펴보자. 사람들은 은퇴를 대비하여 충분히 저축하려고 노력하는데, 연금 계획에 대한 재설계를 통해서 연금가입을 높일 수 있다. "내일 더 저축하십시오(Save More Tomorrow)"라는 슬로건을 내세운 SMarT 프로그램은 대표적인 재무적 넛지(Financial nudge) 사례라 할 수 있다. 넛지를 기반으로 한 SMarT 프로그램은 매우 효과적이었다. 계획 기간이었던 40개월의 기간 동안

SMarT 프로그램 참가자의 평균 연금가입률은 3.5%에서 무려 13.6%까지 증가한 것으로 나타났다.

행동경제학의 연구 주제로는 전망이론(Prospect theory), 기준점(Reference point), 손실회피(Loss aversion), 소유효과(Endowment effect), 프레이밍효과(Framing effect), 정박효과(Anchoring effect), 현재지향편의(Present bias), 자기통제(Self-control), 자만심(Overconfidence), 확률가중치(Probability weighting) 등이 있다.

전망이론(Prospect theory)은 위험하에서 경제주체들의 의사결정을 다룬 이론이다. 전망이론은 카네만과 트버스키(Kahneman and Tversky, 1979)에 의해 기대효용이론이 맞지 않는 현상을 설명하기 위한 이론으로 처음 제시되어 행동경제학의 출범이 되었다. 신고전학파 소비자이론에서는 소비자가 구매하는 한 상품에 대해 하나의 가치를 둔다고 가정한다. 전망이론은 소비자의 한 상품에 대한 선호와 가치는 기준점(Reference point)에 따라 변화한다고 본다. 기준점은 재화와 서비스에 대한 과거의 소비, 기대 가격, 경험 등에 의해 형성된다. 효용이 부(Wealth)의 크기에 의해 좌우되는 신고전학파의 기대효용이론(Expected utility theory)과 달리 전망이론은 경제주체의 기준점을 중심으로 이익과 손실에 따른 가치를 측정한다. 이 이론에 따르면 가치함수(Value function 또는 효용함수)는

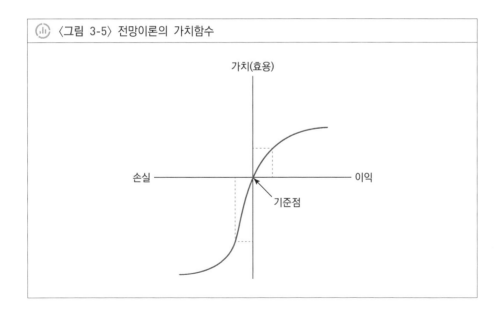

〈그림 3-5〉 전망이론의 가치함수

<그림 3-5>에서 보는 바와 같이 기준점을 중심으로 비대칭적 S형의 형태를 보인다. 즉, 동일한 이익과 손실을 보았을 때 손실로 인한 가치의 감소폭이 이익으로 얻는 가치의 증가폭보다 크다는 것을 설명한다. 기준점을 중심으로 가치함수는 이익구간에서는 오목(Concave)하고, 손실구간에서는 볼록(Convex)하다. 이는 경제주체가 기준점을 중심으로 이익을 얻었을 때는 위험회피(Risk averse) 행위를 하지만, 손실에서는 위험선호(Risk loving) 행위를 함을 의미한다.

전망이론에 의하면 인간은 심리적으로 이익보다는 손실에 민감하게 반응한다. 카네만(Kahneman)과 트버스키(Tversky)는 실험을 통하여 동일한 금액을 손해봤을 때 가치의 감소폭은 동일한 금액을 이익이 실현되었을 때 얻는 가치의 증가폭보다 1.5~2.5배가 된다는 것을 보였다. 주식 투자자들이 주가가 하락하였을 때 주식을 팔지 않고, 주가가 상승할 때 즉시 파는 행위도 손실회피의 한 유형으로 처분효과(Disposition effect)로 부른다(Shefrin et al., 1985). 즉, 투자가들은 손실을 싫어하여 손실이 발생하는 영역에서 도박적(위험선호적)으로 행동한다는 것이다. 주식시장에서 기준점은 과거 구입 시기의 주가, 투자 기간의 최고가 등 투자자의 성향에 따라 달라진다.

소유효과(Endowment effect)란 인간은 자신이 소유한 물건에 더 높은 가치를 두는 성향을 의미한다. 예를 들어, 열렬한 축구 애호가인 홍길동 씨가 2020년 K리그 챔피언십 티켓을 인터넷에서 3만 원에 구입했다고 하자. 홍길동 씨에게 이 티켓은 본인이 소유함에 따라 가치가 증가해서 주변에서 20만 원에 팔라고 해도 팔지 않는다. 하지만 실제로 이 티켓을 구매하고자 하는 사람은 5만 원도 비싸서 사지 않을 것이다. 티켓을 보유한 사람에게 그 가치는 챔피언십 경기를 관람하였다고 하는 인생의 자랑거리가 되고 매우 귀중한 경험이기 때문이다.

앞 장에서 이미 언급한 바 있는 리스트(List, 2001)의 스포츠카드(Sport cards shows) 실험을 다시 살펴보자. 스포츠카드 거래 경험이 부족했던 일반 소비자들은 소유효과로 인해 카드거래를 주저하였다. 반면, 스포츠카드 거래 경험이 많은 전문 판매자들은 거래에 있어 주저함이 없다는 것을 발견했다. 풍부한 시장 경험은 사람들로 하여금 본인이 소유한 재화의 가치를 객관화하여 소유효과를 극복하도록 돕는다.

　프레이밍효과(Framing effect)란 인간의 의사결정에 있어서 같은 대상에 대한 긍정적, 부정적 표현방식에 따라 소비자의 선택이 달라지는 효과를 의미한다. 행동경제학은 전통적 경제학과 달리 인간의 선호와 선택은 고정적이지 않다고 가정한다. 프레이밍효과는 이익관점에서 혹은 손실관점에서 표현되는지에 따라 소비자의 선택이 달라진다는 것으로 전망이론과 연관된다. 트버스키와 카네만(Tversky and Kahneman, 1981)은 인간의 선호변환(Choice reversal)으로 인한 위험선택 프레이밍효과(Risk choice framing effect)를 설명하기 위해 아시아 질병을 예로 제시했다. "아시아 질병으로 인해 600명이 사망할 것으로 예상되어 대책을 강구했다. 다음 보건 대책 중 하나를 선택하시오"라는 설문에 대해 1) 200명 생존한다. 2) 600명 중 1/3이 생존하고, 2/3는 사망할 것이다. 이렇게 긍정적 프레이밍을 먼저 질문할때 답변은 1) 대책을 72%가 선택했고, 2) 대책을 28%가 선택했다. 질문의 형식을 바꾸어 다른 그룹에게 물어보았다. A) 400명이 사망한다. B) 600명 중 1/3은 죽지 않고, 2/3는 사망할 것이다. 동일한 사망자가 발생함에도 부정적 프레이밍이 우선되는 질문형식에서 22%가 A)를 선택했고, 78%가 B)를 선택했다. 인간은 손실회피 성향으로 인하여 긍정적 프레이밍(72%)을 부정적 프레이밍(22%)보다 훨씬 선호한다. 레빈, 슈나이더, 게스(Levin, Schneider, and Gaeth, 1988)는 속성프레이밍의 한 예로 다진 쇠고기의 속성에 대한 포장표시제에 있어서 긍정적 프레이밍인 "75% 살코기" 표시제가 부정적 프레이밍인 "25% 지방" 표시제보다 선호됨을 보였다. 또 다른 예인 목표프레이밍에서는 여성근로자에게 자가유방테스트를 권장하기 위해서 이로 인한 긍정적인 프레이밍 정보를 주었을 때 부정적인 정보보다 테스트 참여를 높일 수 있었다.

　정박효과(Anchoring effect)는 경제주체가 초기에 제시된 기준, 가격, 이미지에 의존함으로써 합리적인 의사결정을 하지 못한다는 것이다. 정박효과로 인하여 경제주체들은 기준점을 설정할 때 오류를 범한다. 예를 들면 소비자들이 백화점에서 세일하는 특정 브랜드의 가방을 사려고 할 때, 다른 브랜드 가방의 가격이나 할인율보다는 세일하는 해당 브랜드 가방의 정상가격을 기준점으로 삼고 구입을 결정하는 것이다. 소비자들은 상품의 첫 자리 가격에 민감하게 반응한다. 같은 이유로 슈퍼마켓에서 많은 상품의 가격이 990원로 표기되어 있는 것은 소비자들이 1,010원보다 훨씬 싸게 느껴 구매동기를 유발할 수 있기 때문이다.

현재지향편의(Present bias)는 현재 실현되는 가치를 훨씬 높게 생각하는 것이다. 비만과 당뇨 등의 건강 문제가 발생하는 원인도 인간의 현재지향편의로 설명할 수 있다. 인간은 현재지향편의를 가지고 있기 때문에 금연이나 단 음식을 절제하는 데 어려움을 느끼므로, 이러한 건강 문제가 발생한다. 스탠포드 대학의 심리학과 미셸(Mischel) 교수 등은 마쉬멜로우 실험을 통해 현재지향편의가 적고 참을성이 있는 아이일수록 성공할 확률이 높다는 것을 밝히기도 하였다 (Mischel et. al., 1972).

확률가중치(Probability weighting)는 인간이 발생할 확률이 낮은 현상에 민감하게 반응하고, 발생할 확률이 높은데도 둔하게 반응하는 성향을 뜻한다. 사람들은 비행기를 탈 때는 여행자보험을 사지만, 실제 비행기보다 사고가 발생할 위험이 높은 버스를 이용할 때는 여행자보험을 사지 않는 것을 볼 수 있다. 따라서 스카이스캐너(Skyscanner), 익스페디아(Expedia) 등 여행업체는 인간이 확률가중치를 계산하는 데 오류를 범한다는 것을 알기 때문에 비행기 표를 판매할 때 여행자보험을 함께 끼워 팔고 있다.

자기통제(Self-control)의 대표적인 예는 비만과 흡연이다. 사람들은 새해 아침 다이어트나 금연을 결심하지만 자기통제를 하지 못해 대부분 실패한다. 사람들은 자기통제를 잘 못하므로 넛징(간접적 개입)을 통해 금연을 장려하는 프로그램들이 개발되었다. 기업은 직원들의 금연을 장려하기 위해 6개월간 금연 성공 시 인센티브를 제공하며, 실패할 경우는 벌금을 물게 한다. 헬스클럽에서도 다이어트에 성공하면 헬스장 등록 비용을 환급해 주거나, 무료 운동권을 주고 있다.

자만심(Overconfidence)은 일이나 사업을 하는 데 미래 성과에 대해 과신하거나, 자신의 능력을 과대평가하는 경향이다. 본인에 대한 지나친 자만심으로 건강을 해치는 경우를 우리는 종종 본다. 자만감으로 인해 경제주체는 객관적인 자료나 평가보다 본인의 주관적 평가에 비중을 높이 둔다. 자만심을 갖은 투자자는 평범한 투자자보다 특정 주식의 성공에 확신해서 과대하게 투자하지만, 투자에 성공하는 사람은 극소수이다.

행동경제학은 다양한 정책에 활용되고 있다. 영국의 신경제학재단(New

economics foundation)은 정책담당자를 위한 행동경제학의 7대 원칙을 발간하였다. 행동경제학 7대 원칙은 인간이 합리적이고 자기 이익을 극대화한다는 가정에 기초한 신고전학파 경제학과 대조된다. 정책담당자가 고려해야 할 행동경제학의 7대 원칙은 다음과 같다.

제1원칙: 사람들은 다른 사람들의 행동에 의해 영향을 받는다. 우리는 다른 사람들의 행위를 모방한다. 예로서 사람들은 타인의 패션과 헤어스타일 등 유행을 따르며, 공공장소에서 금연과 차를 탈 때 안전벨트를 매는 것이 사회규범이 된 것을 들 수 있다. 제2원칙: 습관이 중요하다. 즉, 습관은 변화시키기 어렵다. 예로서 사람들은 핸드폰 회사를 변경하기 어렵다. 사람들이 구독하는 신문을 바꾸지 않기 때문에 신문사들이 선물이나 현금을 주며 판촉 활동을 한다. 일회용 비닐백을 줄이기 위해 슈퍼마켓에서 작은 비용을 부과한다. 제3원칙: 인간은 올바른 일을 행하려는 동기가 있다. 금전적 대가는 올바른 일을 하려는 동기를 저해한다. 예를 들면 자원봉사나 헌혈하는 사람들에게 돈을 지급하면 자원봉사와 헌혈이 감소한다. 제4원칙: 인간의 자기 기대(Self-expectation)는 행동에 영향을 미친다. 사람들은 말보다는 글로 약속한 것을 지킨다. 흡연자가 공개적으로 금연 약속에 서명하면 금연에 성공할 확률이 커진다. 투표 전에 투표할 것인가를 조사하면 투표율을 높일 수 있다. 제5원칙: 인간은 손실 회피적이다. 예를 들면 주식시장에서 주가가 하락하는 데 투자자들이 손실을 보고 싶지 않아 주식을 팔지 않아서 미래 손실이 더 커지는 것을 볼 수 있다. 납세자들은 본인이 부담하는 소비세보다는 생산단계에서 부과한 세금에 덜 민감하다. 아파트를 팔려는 사람이 받아들일 수 있는 수용의사액이 사려는 사람들의 지불의사액보다 큰 이유이다. 제6원칙: 인간은 계산을 잘하지 못한다. 사람들은 단기적인 현재의 만족감을 미래에 발생하는 이익보다 높게 평가한다. 그래서 흡연은 절제하기 어렵기 때문에 많은 직장은 직원들의 금연을 높이기 위해 경제적 인센티브를 제공한다. 인간은 사고 확률이 낮은 비행기 여행보험을 사고 당첨된 확률이 아주 낮은 복권을 산다. 제7원칙: 인간은 효과적인 변화를 만들기 위해 자신이 기여하기를 바란다. 새로운 정책이 효과를 발휘하기 위해서는 경제주체가 정책변화에 주도적임을 인지하게 해야 한다. 지나치게 많은 정보나 선택 옵션은 역효과를 낳는다. 아침에 빵에 바르는 어떤 종류의 잼이 더 좋은지 조사를 할 때 선택할 잼이 너무 많으면 사람들이 조사에 응하지 않는다. 이는 전통적인 경제학이 강조하는 정보의 효과에 있어서 소비자에게 너무 많은 정보를 제공하면 역효과를 내는 이유이다.

인간은 합리적이지만은 않기 때문에 정책담당자는 행동경제학의 7대 원칙을 고려해 정책을 집행해야 한다. 특히 행동경제학 7대 원칙의 상호 연관성, 실현성을 고려해 정책을 집행해야 한다. 이를 위해 정책담당자들은 인간의 합리성과 경제적 유인을 제한하는 심리적, 행동적 요인을 고려해 정책을 추진해야 할 것이다.

제3절 실험경제학과 신경경제학

행동경제학은 신고전학파 경제학에서 일정하다고 가정하는 내부적 요인(감정, 윤리, 도덕, 가치, 친구 관계 등)이 경제주체의 선택에 미치는 영향을 분석한다. 하지만 인간의 선택에 영향을 미치는 내부적 요인에 관한 자료를 가격, 소득과 같이 공식 통계자료나 2차 자료로부터 얻을 수는 없기 때문에 행동경제학자들은 인간 행위에 대한 심리적, 행위적 요인을 분석하기 위해 실험을 활용하였다.

실험경제학은 인간 행위의 내부적 요인에 대해 분석하는 행동경제학(Behavioral economics), 신경경제학(Neuroeconomics)과 연계되어 활용되고 있다. 신경경제학(Neuroeconomics)은 뇌과학, 뇌신경학, 심리학, 경제학을 연결하는 학제 간(Interdisciplinary) 연구로 정의된다(Brocas and Carrillo, 2008). 신경과학자들은 인간에게 질문하지 말고, 뇌에 질문하라고 한다. 뇌 활동은 모든 것을 인식하기 때문이다. 신경경제학은 인간이 의사결정을 할 때 뇌가 어떤 활동을 하며, 뇌의 어떤 특정한 영역들과 어떻게 연관되어 있는지를 연구한다. 클리데로, 탠커슬리, 휴텔(Clithero, Tankersley, and Huettel, 2008)은 신경경제학을 '보상에 대한 의사결정의 예측과 이해를 위한 신경과학과 사회과학의 접목'이라고 정의한다. 신경경제학은 여러 학문이 연계된 학제 간 학문으로서 <그림 3-6>과 같이 신경과학(Neuroscience), 경제학(Economics), 심리학(Psychology)의 교집합이다. 이와 더불어 신경경제학을 보조하는 학문으로는 생물학, 수학, 컴퓨터 과학이 있다.

신경경제학 연구는 양전자 방출 단층 촬영 (Positron emission tomography, 이하 PET), 기능적 자기 공명 영상(Functional magnetic resonance imagining, 이하 fMRI), 뇌파 검사(Electroencephalography: 이하 EEG), 그리고 경두개 자기 자극(Transcranial magnetic stimulation, 이하 TMS) 등의 뇌 스캔(Brain scanning)이나 영상 기법에 부분적으로 의존한다. 이러한 방법들은 뇌의 특정 영역에서의 전기

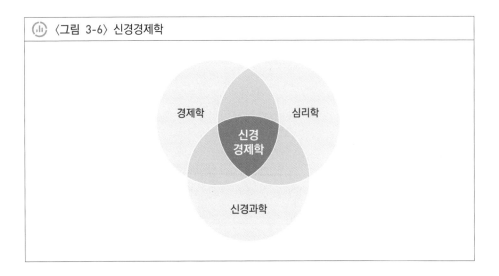

〈그림 3-6〉 신경경제학

신호나 혈류량 증가를 감지한다. 특히 fMRI 사용이 인기가 많은데, 이는 MRI 스캔을 이용하여 뇌 특정 영역의 혈류량 증가를 감지한다.[6] 다른 요인들이 통제된 중립적 환경에서 실험간의 비교를 위하여 평상시의 혈류량에 대한 기준이 필요하다. 즉, fMRI를 시행 중에 경제학에 관련된 여러 질문을 던짐으로써 전기 신호나 혈류량의 증가를 감지한다. 다양한 경제적 자극에 대하여 두뇌의 어떤 부분이 작동하는지 관찰할 수 있다. 신경과학자들은 피실험자의 안전을 보장하며 고해상도로 뇌를 관찰하는 새로운 기술을 기대한다. 신경과학자들은 어떻게 자극이 다양한 신경전달물질과 호르몬에 영향을 미치는지도 연구한다. 신경전달물질들은 도파민, 세로토닌, 옥시토신, 아드레날린, 테스토스테론, 코르티솔을 포함한다. 신경전달물질의 효과뿐만 아니라 어떤 사건이 신경전달물질을 증가 또는 감소시키고, 우리의 두뇌와 행동에 미치는 영향을 미치는지 분석한다. 신경경제학의 연구방법에 대한 일반적 합의가 이뤄졌음에도 연구의 목적과 범위, 결과의 해석과 경제가설을 검증하는 신경경제학의 역할에 대한 논쟁은 아직 진행

---

6) MRI는 뇌에게 손상을 끼치지 않으며 뇌 사진을 찍을 수 있는 기술이다. 머리의 정점인 두정(Coronal), 시상봉합(Sagittal), 횡단면 축(Axial Transverse)의 사진을 세 측면에서 촬영하는 기술로, 뇌의 존재를 알 수 있다. fMRI는 MRI에서 찍은 뇌의 사진에서 두 실험조건 간의 혈액−산소 수준 의존성을 사진에서 진한 색으로 표시되거나 다른 색으로 표시한 부분으로 대비하여 확인시킨다.

중이다.

    실험경제학과 관련된 신경경제학(Neuro–economics)은 활발하게 연구되고 있지만, 기능적 자기공명영상(fMRI)을 사용하기 때문에 아직까지 연구비용이 가장 많이 드는 분야이다. 주요 연구자들은 콜린 캐머러(Colin Camerer), 에른스트 페르(Ernst Fehr), 알도 루스티치니(Aldo Rustichini), 데이비드 라입슨(David Laibson), 조지 로웬스타인(George Loewenstein) 등이 있다.[7]

    신경경제학(Neuro–economics)은 인간의 의사결정을 평가하고, 위험과 보상 및 상호작용에 관한 뇌의 역할을 연구하는 학문이다. 이 신경경제학을 잘 나타내주는 식은 식 (3–1)과 같다.

$$y = f(x,\ w) = x\beta + \varepsilon(w) \qquad\qquad (3-1)$$

    신경경제학(Neuroeconomics)의 목표는 의사결정 벡터(Decision vector) y와 환경조건(Environmental conditions) x 간의 인과 관계를 분석한다. 이 과정에서 w는 관측할 수 없는 조건(Unobservable conditions)들에 대한 집합이다. 신경경제학의 목표는 뇌의 프로세스를 연구하여 내재된 인간 행동을 이해하는 것이다. 이 과정에서 인간의 의사결정에서의 신경프로세스를 연구하는 것이다. <그림 3–7>과 <그림 3–8>에서 보는 바와 같이 fMRI를 이용해 뇌 사진을 찍어 보면 위험회피와 위험선호의 뇌프로세스는 명확히 다른 것으로 나타난다.

    신경경제학자, 행동경제학자, 심리학자들은 뇌와 손실회피(Loss aversion) 또는 소유효과(Endowment effect) 사이의 관계를 fMRI를 이용해 연구하였다. 손실회피란 사람들이 동일한 크기의 이익보다는 손실에 민감하게 반응한다는 것이었다. 즉, 사람들은 자신의 기준점에서 동일한 크기의 이익을 얻는 것보다 동일한 손실이 나는 것을 싫어한다. 따라서 기준점을 중심으로 사람들은 이익을 얻

---

7) 이론경제학자들인 Gul과 Pensendorfer, Rubinstein, Harrison은 신경경제학을 의미없는 경제학으로 비판하였다. 뇌 분석을 통한 인간의 행위의 상관관계 분석에 대해 회의적이었고, 경제학에서 신경적 연구의 유용성을 평가절하했다. 신경경제학은 전통적 경제이론을 비판하거나 의문시하기 위해 경제학이 아닌 신경과학의 증거나 발견에 의존한다는 것이다. 특히 경제분석은 현시선호에 바탕을 두기 때문에 경제주체의 생각이 중요한 것이 아니라, 무엇을 하느냐가 중요하다고 비판한다.

〈그림 3-7〉 위험 회피 시 뇌의 복내측(Ventromedial) 활동

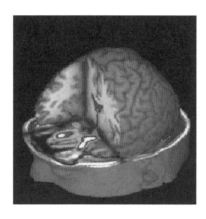

〈그림 3-8〉 위험 선호 시 뇌의 배내측(Dorsomedial) 활동

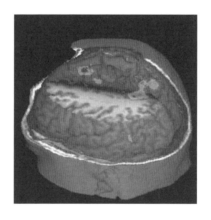

기 위해서보다는 동일한 크기의 손실을 회피하기 위해 더욱 노력한다. <그림 3-7>과 <그림 3-8>에서 보는 바와 같이 손실회피와 소유효과는 부정적 감정에 연루된 뇌의 복내측 활동이 있고, 위험선호는 뇌의 배뇌측 영역과 관련이 있다. 웨버 외(Weber et al., 2007)는 소유한 자산을 판매할 때, 뇌에서 더 높은 단계로 편도체(Amygdala)가 활성화되는 것을 발견하였다. 이 편도체는 소유한 것을 잃어버리는 것에 대한 두려움과 같은 부정적인 감정과 관련이 있다.

러스크 외(Lusk et al., 2016)는 신경경제학을 통한 뇌의 활동을 이용해 소비자 선택을 예측하고자 하였다. 이 연구는 소비자가 상이한 속성의 상품을 보았을 때 관찰된 fMRI 자료를 이용해 소비자 선택에 관한 확률효용모형(Random utility model)의 유효성을 평가하였다. 이를 위하여 뇌의 특정한 영역인 vmFPC(뇌전전두피질)에 초점을 맞추고, 이 영역에서의 활성화가 상품 속성의 한계효용과 소비자 선택을 신호하는가를 검정하였다. 이 연구는 실험대상인 계란 속성의 수준으로 가격(높음, 낮음)과 축사방식(개방형, 폐쇄형)이 사용되었다. 연구 결과에 따르면 속성 수준에 따른 뇌전전두피질(vmFPC)의 변동은 소비자가 상품을 선택하는 데 중요한 결정을 하였다. fMRI 자료가 속성에 대한 한계효용의 직접적인 증거를 제공함으로써 수동적인 뇌 활동으로 피실험자의 계란에 대한 지불의사액의 변화를 설명하였다. 이 결과는 속성기반 선택실험의 신경적 정당성(Neural justification)을 제공한다. fMRI 자료의 사용은 속성(Attributes), 인구통계(Demographics), 정신측정학(Psychometrics) 등에 대한 자료와 외부 예측력을 증가시킨다. 따라서 신경영상화 방법론(Neuroimaging methodology)은 실험경제학 연구에 도움이 될 것이다.

실험경제학의 분류

경제학 등 사회과학에 있어서 실험을 통하여 정부 정책의 변화와 같은 외생적 사건이 개인, 가정, 기업, 농촌 환경에 미치는 영향을 분석할 수 있다. 실험은 잠재적 혼합요인으로부터 인과관계를 분명하게 구분하는 방법이다. 실험에 따른 효과를 분석하기 위해서는 정책변화에 영향을 받지 않는 통제그룹(Control group)과 정책변화에 영향을 받는 처치그룹(Treatment group)이 최소한 하나씩 필요하다. 실험에 있어서 정책변화 이외에 모든 요인을 통제하기 위해서 통제그룹과 처치그룹이 무작위로(외생적으로) 배분되어야 한다.

실험실 실험(Lab experiment)과 현장실험(Field experiment)의 선택은 실험에 대한 통제와 현실성에 달려있다. 즉, 실험에 대한 평가는 내부유효성과 외부유효성에 좌우된다(Roe and Just, 2009). 실험실 실험은 실험에 대한 높은 수준의 통제가 가능하다. 이와는 달리 현장실험은 실제 상황과 시장 정보를 고려하지만, 실험을 통제하기가 쉽지 않다. 연구자들이 실험실이 아닌 현장에서 실험을 수행할 경우 많은 혼선이 발생하고 실험 절차에 대한 통제력이 감소하기 때문에 정교한 분석모델이 필요하다(Gneezy, 2016; Vecchio and Borrello, 2018). 최근 마케팅 연구의 동향은 실험실 실험에서 소비자가 실제 구매 결정을 내리는 현장실험으로 이동했다. 그니지(Gneezy, 2016)는 마케팅 연구에서 현장 데이터를 바탕으로 한 현장실험의 비중을 높여야 한다고 주장한다. 베치오와 보렐로(Vecchio and Borrello, 2018)는 식품 소비자행동 연구를 위한 실험경매도 실제 시장 환경에서 많은 연구가 수행되어야 한다고 지적했다. 실험실 실험에서 현장실험으로 이동할 때 고려해야 하는 요소는 실험 비용과 이와 관련된 규모의 경제다. 실험경매는 피실험자에 대한 교육과 훈련이 필요하다. 실험자가 개별적으로 또는 소규모 그룹으로 훈련을 반복해서 실시해야 하는 실험경매는 실험실 실험에서 많은 경매 참가자를 모집하여 경매를 진행함으로써 실험에 대한 규모의 경제를 실현할 수 있다.

실험실 실험은 제한된 공간이나 실험실에서 시행된다. 실험자는 실험실 실험이 피실험자들의 현장에서의 행동을 잘 예측하는가에 대한 외부유효성(External validity)을 검증하여야 한다. 실험실 실험을 실행할 때 주의할 점과 한계를 살펴보자. 첫째, 학생들을 피실험자 집단으로 삼는 것을 주의해야 한다. 실제 시장 참여자들은 실험실 실험의 피실험자들인 학생들과 다르게 생각하고 행동할 수 있다. 이에 따라 실험실 실험은 실험의 유용성보다 피실험자들의 선정에 대한 논란이 많다. 둘째, 실제 시장은 단순한 실험실 환경과 달리 복잡하다는 것이다. 실험도 경제이론과 같이 많은 비판을 받는다. 경제이론은 종종 실제 시장의 중요한 특징을 생략한 가정을 전제로 한다. 실험실 실험을 통하여 경제이론을 검증하고자 할 때 간단한 실험실 실험 내에서도 이론이 적용되지 못한다면, 더 복잡한 현실의 세계에서 이론이 작동될 수 없을 것이다. 따라서 실험실 실험이 현장 실험과 함께 시행될 경우보다 정확하고 설득력 있는 추론이 가능하다. 즉, 현장 실험은 실험실 실험을 보완할 뿐만 아니라, 실험실 실험을 올바르게 설계하는 데 도움이 된다.

현장 실험은 실험참여자가 이동하는 실험실 실험과는 달리 실험참여자가 있는 장소로 실험자가 찾아가므로 실험참여자에 대한 참가비 지출을 줄일 수 있다. 현장실험 참여자에 대한 보상으로 식품이나 쿠폰도 이용된다. 현장실험에는 현장 관리자나 경영자와의 실험 협력에 대한 합의가 필요하다. 일반적 설문 조사는 현장인 슈퍼마켓이나 식료품점에서 잘 수용하지만, 슈퍼마켓에서 판매되는 상품과 관련된 현장 실험은 통제할 수 없는 고객 불만을 우려하는 매장 관리자의 반대에 직면할 수 있기 때문이다.

현장실험을 계획할 때 고려해야 할 중요한 요소 중 하나는 표본 추출방법과 절차이다. 실험실 실험은 무작위로 선택한 피실험자에 의존할 수 있지만, 현장에서 무작위로 표본을 선택하기 어려우므로 편향된 표본을 추출할 가능성이 높다(Belot and James, 2014). 현장실험의 실행에 있어서 유의사항은 다음과 같다. 첫째, 현장 실험은 실험 환경에 대한 통제력이 낮으므로 응답자의 부담을 줄일 수 있도록 실험지침은 한 페이지 이내로 짧아야 하며, 실험시간도 짧아야 한다. 연구자들은 현장실험 진행자를 훈련하는 데 상당한 시간과 노력을 기울여야 한다. 둘째, 현장에서 실험경매를 진행할 때는 소수의 인원(2~3명의 피실험자)을 대상으로 2차 가격경매와 단순한 경매방법을 이용해야 한다. 셋째, 연구 목적과 범위, 모집단에 따라 적절한 표본 규모를 결정하고, 현장실험을 위해 다양한 지역에서 표본을 추출함으로써 선택편의를 줄여야 할 것이다. 만약 예산과 시간 제약으로 인해 충분한 현장실험 표본을 얻기 불가능한 경우에는 가설적 가치평가(예 가상가치법, 선택실험)와 현장실험(예 실험경매)의 결과를 이용해 가설적 가치를 보정하는 것이 바람직하다(예 Fox et al., 1998; Alfnes and Rickertsen, 2007; Lusk, 2010). 넷째, 현장실험에 있어서 다른 환경요인들의 영향을 최소화하도록 실험 장소 선택에 유의하여야 하며, 대체재도 고려해야 할 것이다. 다섯째, 현장(예 매장 또는 레스토랑) 관리자와의 협력하에 실험 계획을 수립하고, 경매 상품의 구매, 연구 결과의 공유, 실험 관리, 비용 등에 관해 계약해야 한다.

해리슨과 리스트(Harrison and List, 2004)는 실험실 실험과 현장 실험은 서로 특성이 달라서 실험실에서 작동하는 것이 현장에서는 작동하지는 않을 수 있으며, 그 반대의 경우도 마찬가지일 가능성이 있으므로 두 실험방식은 서로 보완되어야 한다고 했다. 현장실험을 결정하는 6가지 요소는 피실험자의 성격(학생, 일반인), 실험 정보, 상품, 거래규칙, 입찰액, 실험 환경이다. 러스크와 폭스(Lusk and Fox, 2003)는 실험실 실험에서 현장 실험(제과점)으로 이동할 때 식품에 대한 입찰가가 증가할 수 있다는 것을 보여주었다. 소비자들은 상품 구매를 목적으로 현장에 들어가고, 현장에서는 경매 상품의 많은 대체품도 쉽게 구할 수 있다. 현장 실험에서는 다양한 요인과 공변량의 효과가 실험결과에 중대한 영향을 미칠 수 있다. 리스트(List, 2004)는 스포츠카드 거래에서 경험이 많은 거래자(Experienced traders)는 소유효과(Endowment effect)가 낮다는 것을 보였다. 리스트(List, 2003)는 실험실 실험에서 경험 많은 피실험자들이 이타적으로 행동하였지만, 자연적 현장 실험에서는 자신의 이익(Self−interest)에 따라 행동하는 것을 발견했다.

실험실에서의 실험을 통해 피실험자들의 실제 행동을 정확히 예측할 수 있느냐를 나타내는 개념이 외부유효성(External validity)이며, 실험실 실험이 직면하는 문제이다. 해리슨과 리스트(Harrison and List, 2004)는 실험실 실험(Lab experiment)과 현장 실험(Field experiment)을 동시에 시행할 때, 보다 정확한 실험결과를 도출할 수 있다고 했다. 현장실험은 피실험자를 슈퍼마켓이나 거리와 같은 현장에서 무작위적으로 모집해 수행하는 실험이므로 실험실 실험의 설계에 도움이 되고, 현실성과 적용 가능성이 부족한 실험실 실험의 단점을 보완한다.

현장실험을 통한 정책평가(Program evaluation)는 특정 정책이 도입되지 않았을 때, 즉 반사실적(Counterfactual) 효과에 대한 잠재적 결과(Potential outcome)를 실증적으로 분석하는 것이다. 예를 들면 "대학교에 진학한 사람이 대학을 진학하지 않았을 경우 소득이 얼마나 감소하는가?", "쌀에 푸드마일리지가 도입된다면 국내산 쌀의 소비가 증가할 것인가?"이다. 인과관계의 효과(Causal effects)는 특정 프로그램이나 정책을 외생적으로 도입한 효과이다. 예를 들어 고등학교 의무교육의 도입을 평가하기 위해 의무교육을 받은 사람의 소득이 어떻게 변하는지를 예측한다고 하자. 고등학교 의무교육이 없었던 과거 데이터를 사용하여 고등학교 졸업자와 비졸업자의 소득의 차이를 보았다면 이는 고등학교 의무교육으로 인한 정책효과를 볼 수 없다. 고등학교 졸업자와 비졸업자에 있어서 가정배경, 가구 소득, 부모 교육 등이 다르기 때문이다. 정책평가의 효과분석을 위해서는 인과관계에 대한 올바른 모형 설정이 중요하다. 하지만 대부분의 계량모형은 표본선택의 오류(Selection bias)를 범하여 인과관계를 올바로 추정하지 못한다.

현장실험에서 특정 정책이나 요인에 대한 인과관계를 정확히 평가하기 위해서는 무작위통제실험(Randomized controlled trial)이 중요하다. 무작위통제실험을 통하여 평균처치효과(Average treatment effect: ATE)를 활용할 수 있으므로 인과관계를 확인하고자 하는 의학과 사회과학에서 널리 활용되고 있다. 무작위 실험(Randomized experiment)에서는 N명(개)의 표본을 모집단에서 선택하고, 이 표본을 무작위로 처치집단(N_T)과 통제집단(N_C)으로 배분한다($N_T + N_C = N$). 무작위로 표본을 처치집단과 통제집단으로 배분하는 것과 무작위 표본추출법은 다른 개념이다. 무작위 표본추출은 정책 도입에 따른 인과관계 효과를 제공하지 않는다. 무작위로 배분된 처치그룹에는 특정 정책이 도입되지만, 통제그룹에는 특정 정책이 도입되지 않는다. 이에 따른 Y(예 소득)의 결과에 대한 처치그룹과 통제그룹의 차이로 정책효과를 비교한다. 무작위로 배정을 통해 연구자는 결측치에 따른 표본 선택의 오류를 해결할 수 있다. 무작위배정(Random assignment)을 하면 통제그룹과 처치그룹에 대한 평균처치효과(Average treatment effect on the treated: ATT)가 동일하게 됨으로써 표본 선택의 오류가 사라진다. 그 이유는 표본을 무작위로 배정하면 통제그룹과 처치그룹에 대한 평균처치효과가 특정 정책에 독립적이기 때문이다. 즉 특정 정책을 도입한 처치그룹과 정책을 도입하지 않은 통제그룹에 대한 정책효과가 특정 정책의 도입에 독립적이다.

선택 편의(Selection bias)는 실험에 있어서 처치그룹과 통제그룹 간에 무작위 배정이 실패할 때 발생한다. Y_1와 Y_0를 처치그룹과 통제그룹의 결과인 확률변수라고 하자. 예를 들어 처치그룹을 식품지원정책 참여자로 설정하고, 통제그룹을 비(非)참여자라고 했을 때, Y_1와 Y_0는 각 그룹의 영양상태를 나타내는 확률변수이다. D는 식품지원정책 참여 여부를 의미하는 더미변수(정책 참여 $D=1$, 비참여 $D=0$)이다. 처치그룹인 식품지원정책 참여자와 통제그룹인 비참여자의 영양상태는 식 (3−2)와 같이 나타낼 수 있다.

$$Y = D Y_1 + (1 - D) Y_0 \qquad (3-2)$$

특정 정책(예 식품지원정책)이나 사건의 효과를 알아보기 위해서는 식 (3−3)과 같은 처치그룹에 대한 평균처치효과(ATT)를 추정하여야 한다. 하지만 문제가 되는 것은 비참여자인 통제그룹이 정책에 참여하였을 경우의 평균값인 $E(Y_0 \mid D=1)$이 관찰되지 않는 잠재적 결과(Potential outcome)라는 점이다. 식 (3−3)을 변형하면 식 (3−4)와 같다. 만약 무작위배정에 실패하면 선택 편의가 발생하여 $[E(Y_0 \mid D=0) - E(Y_0 \mid D=1)] \neq 0$이 된다. 실험을 통해 처치그룹과 통제그룹 간 성공적인 무작위배정을 실현하면 실험 결과(예 정책 여부에 따른 영양상태인 Y_0, Y_1가 정책변수 D)에 독립적이므로 평균처치효과(ATE)와 처치그룹에 대한 평균처치효과(ATT)가 동일해진다. 즉, 처치그룹과 통제그룹 사이에 정책 변수(식품지원정책) 외에 다른 요인을 동일하게 함으로써 정책효과를 평가한다. 통제된 실험 환경에서는 무작위배정을 통해 선택 편의를 제거함으로써 처치그룹과 통제그룹 간 정책효과는 단순 평균 차이인 식 (3−5)와 같은 평균처치효과(ATE)로 추정할 수 있다.

$$ATT = E(Y_1 - Y_0 \mid D = 1) = E(Y_1 \mid D = 1) - E(Y_0 \mid D = 1) \qquad (3-3)$$

$$ATT = E(Y_1 - Y_0 \mid D = 1)$$
$$= E(Y_1 \mid D = 1) - E(Y_0 \mid D = 0) + \underbrace{E(Y_0 \mid D = 0) - E(Y_0 \mid D = 1)}_{\text{선택편의}}$$
$$\qquad (3-4)$$

$$ATE = E(Y_1 - Y_0) = E(Y_1) - E(Y_0) \qquad (3-5)$$

무작위통제실험(Randomized control trials)에 기초한 실험실 실험과 현장실험의 타당성을 위협하는 요인으로 내부유효성(Internal validity)과 외부유효성(External validity)이 있다. 내부유효성은 특정 표본을 이용해 처치효과를 추정할 수 있는 가이다. 처치그룹과 통제그룹에 있어서 정책이나 사건을 제외하고 결과에 영향을 미치는 다른 변수에 차이가 있거나, 실험자가 통제할 수 없는 변수가 있는 경우 내부유효성을 확보하지 못한다. 외부유효성(External validity)은 실험 환경이 달라졌을 때 처치효과도 달라진다면 외부유효성을 확보하는데 실패한 것이다.

내부유효성 확보에 실패하는 원인은 1) 무작위배정의 실패이다. 2) 실험 규칙을 준수하지 않기 때문이다. 3) 실험 중간에 피실험자가 실험을 중단하고 실험장소를 이탈하는 경우이다. 외부유효성 확보에 실패하는 원인은 다음과 같다. 1) 비대표적인(Non-representative) 표본에서 발생한다. 2) 비대표적 프로그램으로 인해서 발생한다. 실제 집행 시 처치효과가 달라지거나, 규모 효과로서 실험의 표본 결과가 실제 경제활동과 큰 차이가 있거나, 실제 정책 실행 시 표본이 무작위배정되지 않았을 때 발생한다. 3) 피실험자가 실험자에 의해 본인의 행위가 관찰되고 있기 때문에 본인의 선호를 바꾸는 호손효과(Hawthorne effect) 때문이다. 일반적으로 실험실 실험은 외부유효성, 현장실험은 내부유효성을 확보하는 데 어려움이 있다.

무작위배정통제를 위한 현장실험의 문제점을 살펴보면 다음과 같다. 첫째, 현장실험을 위한 예산의 문제이다. 경제적 실험을 적절하게 시행하는 데 시간과 비용이 너무 많이 들고 어렵다. 따라서 무작위통제실험은 작은 규모로 시행되거나 적절히 관리되지 못하는 경우가 많다. 둘째, 윤리적인 문제이다. 처치그룹에 대한 정책이 경제적, 사회적 결과에 영향을 미칠 수 있으므로, 원하는 모든 실험을 시행하기 어렵다. 셋째, 무응답편의(Non-response bias)가 발생한다. 현장실험 도중 피실험자들이 실험에 참여를 중단하고 퇴장할 수 있다. 넷째, 처치그룹과 통제그룹이 혼재될 수 있다. 통제그룹과 처치그룹은 무작위로 배정하기가 어렵다. 다섯째, 호손(Hawthrone) 효과와 존 헨리(John Henry) 효과이다. 처치그룹과 통제그룹의 피실험자들이 실험자에 의해 관찰되고 있다는 사실을 알고 있어서 실제와 다르게 행동할 수 있다. 호손효과는 피실험자가 실험에 대해 알고 있어서 도입된 정책에 대해 달리 행동하여 내부유효성을 잃는 것이다. 즉, 누군가가 나를 지켜보고 있다고 의식할 때 자신의 본성과 달리 행동하는 것이다. 존헨리 효과는 교육 분야의 사회적 실험(Social experiments)에서 많이 연구되었는데, 통제집단이 처치집단과 성과를 비교한다는 것을 인지하여 의도적으로 다르게 반응해 나타나는 편의를 칭한다.

정리하자면, 이상적인 실험은 실험자가 완벽히 통제한 환경에서 진행되는 실험이다. 이때 피실험자는 통제된 실험에서 부자연스러운 요소들을 인지하지 못해야 하고, 실험에서 어떠한 속임이나 기만도 없어야 한다. 실험실 실험의 유용성을 논하기 이전에 학생들을 피실험자로 선정하는 것은 문제가 있을 수 있다. 실험실 실험에서 피실험자인 학생들의 행동이 실제 경제주체들의 시장행위와 다르지 않도록 실험을 설계해야 한다. 실험실 실험의 환경은 대개 단순화되어 있는 반면, 현실의 시장은 매우 복잡하다. 경제 이론에 기반을 둔 실험은 실제 복잡한 시장을 모두 반영하지 못한다. 실험실 실험은 시장이나 경제 구조의 중요한 요소들이 생략되어 현실과 동떨어진 실험이 될 가능성이 있다. 즉, 실험실 실험의 결과와 현실 사이에 괴리가 발생할 수 있다. 따라서 특정 경제이론이 간단한 실험을 통해 검증되지 않는다면, 실험보다 더 복잡한 현실에서 동 이론이 성립할 가능성은 희박하다. 현장실험은 실험실 실험과 비교했을 때 많은 장점이 있지만 단점도 있다. 현장실험은 피실험자를 선정하는 어려움, 현장실험에 소요되는 막대한 비용과 시간, 무작위통제실험(Randomized control trials)의 실험설계

〈표 3-1〉 경제적 실험의 종류와 차이점

실험 종류	피실험자 집단	실험내용, 정보, 상품	피실험자의 실험 인지
실험실 실험	모집된 학생	추상적으로 제공	O
인위적 현장실험	모집된 비(非)학생 일반인	추상적으로 제공	O
구조적 현장실험	모집이나 자발적으로 참여한 비(非)학생 일반인	실제적으로 제공	O
자연적 현장실험	자발적으로 참여한 비(非)학생 일반인	실제적으로 제공	X

와 관리에 어려움이 있다. 따라서 연구자들은 소비자 선호 및 정책효과 분석에 있어서 현장실험과 실험실 실험을 상호 보완적으로 활용해야 할 것이다. 즉, 연구자들은 한 가지 실험방법을 고수하지 말고, 연구 목적에 맞는 다양한 실험과 연구방법을 활용하여야 할 것이다.

해리슨과 리스트(Harrison and List, 2004)는 〈표 3-1〉과 같이 경제적 실험을 실험실 실험(Lab experiment), 인위적 현장실험(Artifactual field experiment), 구조적 현장실험(Framed field experiment), 자연적 현장실험(Natural field experiment)의 네 종류로 분류했다. 첫째, 실험실 실험은 피실험자가 학생인 실험으로 실험 내용과 설정이 추상적이고, 현실과 동떨어질 수 있다. 둘째, 인위적 현장실험은 피실험자가 학생들이 아닌 것을 제외하고는 실험실 실험과 동일하다. 즉 실험실에서 일반 시장참여자를 대상으로 하는 실험실 실험이다. 셋째, 구조적 현장실험은 인위적 현장실험과 동일하게 피실험자가 일반인이며, 실험내용에 있어서 실제 상품이나 시장 정보를 활용하는 실험이다. 즉, 구조적 현장실험은 검증하려는 실험 내용이나 핵심요소들이 실제 상황과 동일한 실험을 시행한다. 넷째, 자연적 현장실험은 구조적 현장실험과 동일하지만 피실험자 본인이 실험을 하고 있다는 것을 모르는 상태로 자연스럽게 실험이 진행된다는 차이점이 있다.

현장실험과 자연적 현장실험의 차이점은 피실험자가 실험에 참여하고 있다는 것을 인지하고 있는지의 여부에 있다. 실험실 실험과 현장 실험의 한계 중 하나로 실험에 참여를 원하는 피실험자들만이 실험에 참여하게 됨으로써 실험에 참여하지 않는 사람들(비참여자)에 대한 효과를 알 수 없는 표본선택편의(Sample selection bias)의 가능성이 있다. 하지만 자연적 현장실험은 피실험자가 실험에 참여하고 있는지 전혀 모르기 때문에 모집단 전체에 대한 효과를 추정할 수 있다. 카메러(Camerer, 1998), 리스트와 러킹−라일리(List and Lucking−Reiley, 2002)에 따르면 자연적 현장실험은 피실험자들이 실험의 대상으로서 관찰되고 있음을 인지할 경우 평소와 다르게 행동하는 편의를 방지할 수 있다. 따라서 자연적 현장실험은 피실험자들이 실험자가 원하는 선택을 하는 사회적 바람직성 편의(Social desirability bias)를 줄일 수 있다.

나이가 외(Nayga et al., 2006)와 러스크 외(Lusk et al., 2001)는 상점에서의 현장실험(In−store valuation)을 진행하여 신상품의 가치를 평가하는 것이 실험실 환경에서의 가치평가보다 바람직한 이유를 다음과 같이 설명한다. 첫째, 상점에서 실험을 진행할 경우 실험 상품에 관심있는 피실험자를 모집할 수 있다. 이에 따라 피실험자 선정에서 발생하는 표본선택편의(Sample selection bias)를 줄일 수 있고, 피실험자의 상품에 대한 생소함 등 실험의 불편함도 최소화할 수 있다. 따라서 구조적 현장실험은 실험실 실험에 비해 편의를 줄일 수 있다. 둘째, 피실험자들에게 지급하는 실험참가비가 실험실 실험에 비해 적게 들어간다. 실험참가비는 시간의 기회비용을 고려해야 한다. 상점에서 피실험자를 선정하면 실험실 실험과 비교할 때 이들이 실험실 실험을 위해 실험실까지 이동하는 시간과 교통비를 절감할 수 있다.

자연적 현장실험은 실제 상황이나 시장과 같이 실험 환경을 자연스럽게 구성함으로써 피실험자들은 자신들이 현재 실험의 대상인 것을 모르는 상황에서 실험이 진행된다. 카이, 첸, 팡(Cai, Chen and Fang, 2009)은 행동경제학의 넛징을 활용해 식당에서 가장 인기 있는 메뉴 5개를 알려준 그룹과 알려주지 않은 그룹에 대한 무작위 자연적 현장실험을 하였다. 인기가 있는 5개 메뉴를 알려준 그룹에서 인기메뉴의 수요는 13~20% 증가하였다. 특히 비정기적 고객에게 인기메뉴 제시에 대한 학습효과가 컸으며, 인기메뉴를 제시해 준 그룹에서 식사에 대한 만족도도 큰 것으로 나타났다.

전반적으로 정책평가와 소비자 선호 평가에 있어서 실험경제학의 장점은 확실하지만 실험방법(Experimental methods)들은 다른 실증적 방법(Empirical techniques)을 대체하기보다는 보완하고 있다. 실험자들이 범하는 가장 큰 오류는 실험결과를 과장하고 싶은 욕구이다. 실험적 방법론에서 발생할 수 있는 치명적인 오류는 다음과 같다. 첫째, 편향되지 않은 완전한 실험지침(Instructions)들을 세우는 데 실패하는 것이다. 둘째, 실험결과를 측정하는 데 필요한 기본통제군(Baseline control treatment)을 실험에 포함하지 않는 것이다. 셋째, 한 번의 실험을 통해 너무 많은 것을 실험하고자 하여 특정한 목적이나 정책 분석에 초점을 맞추지 못하는 오류이다. 넷째, 피실험자가 이해하기 어렵게 실험지침을 복잡하게 만드는 오류이다.

실험방법에는 앞서 살펴본 실험실 실험, 인위적 현장실험, 구조적 현장실험, 자연적 현장실험 외에도 사회적 실험(Social experiments)이 있다. 사회적 실험은 인간이 어떻게 생각하고 행동하는지에 대해 폭넓게 이해할 수 있는 실험방법이다. 실험실 실험과 현장실험 대부분은 실험자가 모집한 피실험자에 대해 행해진 통제된 실험이다. 하지만 사회적 실험은 일반 사람들에 의해 광범위하게 이루어지며 어떤 정책(조건)에서 어떤 결과가 일어날지에 대한 해답을 찾는다.

퍼버와 허쉬(Ferber and Hirsh, 1982)는 사회적 실험을 "엄격한 통계적 디자인과 실험방법을 통해 인구 모집단을 일정 기간 동안 처치그룹과 통제그룹으로 분리하여, 실험적 처치(Experimental treatments)가 전체 경제에 미치는 사회적 효과를 평가하기 위한 공공연구"라고 정의한다. 예로는 미국의 공공주택개발(Public housing developments)지역 거주민의 고용효과에 대한 사회적 실험을 들 수 있다. 멕시코는 프로그레사(PROGRESA) 프로그램을 통해 1979~1999년까지 빈민지역의 교육, 건강, 영양개선을 위하여 저소득 가구에 대한 현금보조금에 대한 사회적 실험을 시행했다. 멕시코에서 260만 농촌 가구를 대상으로 저소득 가정의 자녀가 학교 수업에 85% 이상 출석하고, 공공보건소를 방문하고, 교육워크숍에 참여하는 조건으로 해당 저소득 가정에 현금보조금을 지급하였다. 이 프로그램을 위해 멕시코에는 자국의 국내 총생산의 0.2%에 해당하는 7억 7,700만 달러(미국)가 지원되었으며, 전국 31개 주 50,000개의 마을과 2,000개의 지자체에서 시행되었다. 프로그레사(PROGRESA) 프로그램의 시행 결과, 저소득 가구의 아이들의 진학률이 개선되었고, 어린이와 성인의 건강이 회복되었으며, 임산부 배려와 아동의 영양이 개선되었다.

제5절 실험실 실험

　통제된 환경에서 경제현상을 분석하는 실험실 실험은 1940년대 중반 챔버린 (Chamberlin) 교수로부터 시작되었다. 챔버린 교수는 수강생들을 대상으로 한 수요와 공급의 법칙을 검증하는 실험을 통하여 시장이 불규칙적이고 비합리적이라는 '실험적 불완전시장(An Experimental Imperfect Market)'을 1948년에 발표했다. 이때 대학원생으로 실험에 참가했던 버논 스미스(Vernon Smith) 교수는 실험실 실험경제학을 발전시킨 공로로 행동경제학의 창시자인 다니엘 카네만(Daniel Kahneman) 교수와 2002년 노벨경제학상을 공동수상하였다. 카네만 교수는 불확실성하의 의사결정에 대한 연구로 심리학을 경제학과 연계시켰는데, 이를 위해 심리적 실험을 이용하였다. 행동경제학은 실험경제학의 실증방법을 이용하여 경제적 의사결정에서의 심리적, 신경적, 사회적 영향을 분석하였고 스미스(Smith) 교수는 시장메커니즘 연구를 위한 실증경제분석의 수단으로 실험실 실험을 사용하였다. 즉, 실제 시장의 거래를 실험실 실험을 통해 시행하였다. 실험실 실험을 통해 경제 정책을 실생활에 적용하기에 앞서 시장 메커니즘을 이해할 수 있었다. 챔버린(Chamberlin)의 실험과 달리 스미스는 피실험자에게 실험 참가의 대가로 현금과 인센티브를 제공하였으며, 통제된 환경하에서 입찰 정보가 공개된 이중구두경매(Double oral auction)를 통해서 시장 효율성을 찾아냈다. 챔버린의 실험은 입찰 정보를 공개하지 않았기 때문에 시장이 비효율적이라는 실험결과를 도출했던 것과 달리 스미스의 정보공개는 시장을 효율적으로 만들었다. 1960년 대 이후 스미스는 다양한 실험실 실험을 통해 게임이론에 대한 협상 실험을 수행했다. 실험경제학의 개척자인 바탈리오(Battalio) 교수는 인간은 물론 비둘기와 쥐를 이용해 개인의 선택행위에 대해 연구했다. 그는 실험경제학을 통해서 산업

조직론, 합리적 기대이론, 협력게임(Coordination game)8)에 관한 연구를 수행했다.

실험실 실험의 목적은 다음과 같다. 첫째, 경제이론을 검증한다. 경제이론의 선호, 기술, 제도 등의 가정을 검증하고, 실험 결과의 예측력을 비교한다. 경제 이론이 성립하고, 실패하는 상황에 대해 분석한다. 경제이론이 현실세계를 잘 설명하는지 밝히는 인과관계 분석을 위해서는 처치그룹과 통제그룹이 무작위배 정이 되도록 실험을 통제하고 설계해야 한다. 둘째, 경제주체의 선호를 추출한 다. 피실험자의 위험선호(여행자 보험의 지불의사액), 시간선호(저축 인센티브), 공 공재 선호(환경보전 지불의사액)를 실험실 실험으로 추출한다. 위험선호와 시간선 호가 소비자 선택에 미치는 영향과 소비자 선호의 추출방법인 진술선호법과 현 시선호법을 검증한다. 셋째, 경제주체의 합리성을 분석한다. 경제주체가 위험하 에서 의사결정이나 세대(시점) 간 선택에 있어서 합리적인지, 다른 사람에 대한 믿음, 화폐환상9) 등에 대해 검증한다.

실험실 실험의 가장 큰 장점은 실험에 대한 통제성을 제고시킬 수 있다는 것이 다. 즉, 피실험자를 처치그룹과 통제그룹으로 무작위배정함으로써 선택편의 (Selection bias)를 제거할 수 있다는 것이다. 경제적 인과관계를 분석하기 위해서 는 정책이나 사건의 외생적 변화를 제외한 다른 변수들이 일정하여야 한다. 현 장에서 관찰될 수 없는 변수들을 실험실 실험에서는 관찰 가능하게 실현할 수 있다. 예를 들면 예측되지 않은 금융충격, 잠재실업률은 현실 경제에서는 관찰 할 수 없지만, 실험실 실험에서는 이들 변수를 관측할 수 있도록 설계하여 경제 이론을 검증할 수 있다. 실험실 실험은 정보와 외부 불확실성도 통제할 수 있으 므로 비대칭적 정보나 금융시장의 효율성도 검정할 수 있다. 실험자가 실험을 통제할 수 있으므로 시장의 균형과 불균형의 조정과정도 관찰할 수 있다. 실험 실 실험을 통해 시장규칙의 변화와 시장충격에 따른 수요량과 공급량, 가격이

---

8) 게임이론에서 참가자들이 이익을 위하여 전략을 협력하기 위한 제휴 행동이 가능한 게임이 다. 제휴 행동을 위해서는 사전 협상과 구속력 있는 합의가 필요하다. 다자간 협상체인 세계 무역기구(WTO)와 기후협정에서 회원국 간의 협력게임을 볼 수 있다.

9) 인간의 인지적 편의(Cognitive bias)로 인하여 실질소득(변수)이 아닌 명목소득(변수)에 의 해 소비 의사결정을 하는 것이다.

시장 균형과 불균형으로 진행하는 과정을 분석할 수 있다.

실험실 실험의 장점은 통제성(Control)과 반복가능성(Replicability)이다. 실험실 실험은 통제할 수 있으므로 복잡한 계량경제모형을 대체할 수 있으며, 반복가능성으로 인해 통계적 검정이 가능해진다. 정책평가에서 통제성이 결여되었을 때는 선택편의가 발생한다. 정부에서 농민들에게 소득보조를 시행했을 때 농민들의 건강과 영양상태에 변화가 있는지 연구한다고 하자. 소득보조 수혜대상을 농경지 면적이 1ha 미만인 소농을 대상으로 한다고 하자. 소득보조 수혜 농가의 영양과 건강상태를 수혜받지 못한 농가와 비교하였다. 그런데 소득보조 수혜 농가의 영양과 건강상태가 비교적 좋지 못했다. 이 경우 통제성에 문제가 있어서 선택편의가 발생하였을 수 있다. 소득보조를 경지면적을 기준으로 하다 보니, 비닐하우스 재배, 축산, 부모로부터의 이전소득을 통제하지 못하였고, 기존의 영양과 건강상태도 통제하지 못하였기 때문이다. 이를 해결하기 위해서는 다양한 계량경제학 방법론을 이용하여 다른 농업소득과 이전소득, 영양과 건강상태를 통제하고, 처치그룹과 통제그룹이 소득보조 이외에 다른 조건이 동일하도록 통제하여야 한다. 하지만 통제된 현장실험은 현실성은 높이지만, 선택편의를 실험실 실험처럼 완벽하게 통제할 수는 없다.

실험실 실험은 통제성과 반복가능성으로 내부유효성이 높다. 하지만, 실험실 실험의 결과가 실제 현장에서 실현될 수 있느냐는 외부유효성과 현실성이 떨어진다고 비판받았다. 실험실 실험은 귀납의 문제(Problem of induction)와 대표성의 문제(Problem of representativity)로 외부유효성을 확보하기 어렵다는 단점이 있다. 귀납의 문제는 실험 조건이 동일할 경우 새로운 환경에서 행동적 규칙성이 유지될 수 있는가 하는 문제이다. 대표성의 문제는 현장에서의 경제주체는 실험실 실험의 피실험자와 다르기 때문에 동일한 결과를 얻기 어렵다는 것이다. 실험실 실험은 통제성과 반복가능성은 높지만, 피실험자가 실제 시장참여자가 아닌 학생이고, 시장 경험도 부족하기 때문에 외부유효성을 확보하기 어렵다는 비판이 있다. 외부유효성을 확보하기 위해 실험실 실험은 실제 시장참가자를 피실험자로 선정하고 실험실 환경이 현실에 부합하도록 실험을 설계해야 한다. 또한 실험실 실험은 비현실적이고 인위적이라는 비판을 받는다. 현실성의 중요도는 실험목적에 달려있다. 실험목적이 경제이론을 검증하거나, 이론의 오류를 밝히고자 한다면 현실성은 전혀 문제가 되지 않는다. 플롯(Plott, 1982)은 실험실 실험이 현실보다는 단순하지만, 실제 경제행위가 실험실 실험에서 실현되고, 피실험자들이 실험 참가에 따른 경제적 유인을 실현하기 때문에 현실성은 문제가 되지 않는다고 하였다. 이 밖에 실험실 실험에 대한 비판은 피실험자가 학생일 경우 대표성의 문제가 있고, 경제적 유인이 적고, 피실험자의 수가 적고, 경험이 적다는 것이 있다. 실험경제학자들은 학생이 아닌 실제 경제주체인 노동자, 소비자를 피실험자로 선정하고, 경제적 유인을 증대시키고, 피실험자의 수를 늘리고, 경험있는 피실험자를 선정함으로써 실험실 실험의 비판에 대응하였다. 실험실 실험의 조건이 실제 현실에서도 존재하는가는 불확실하므로, 실험실 실험이 현장실험을 대체할 수는 없을 것이다. 따라서 풀리지 않은 이론적, 실증적 경제문제는 다양한 실증분석과 연계하여 해결해야 할 것이다.

제6절 **현장실험**

실험경제학자들은 인간의 행동과 의사결정에 관한 연구를 위하여 1950년대 이후 통제된 실험실 실험을 수행했다. 2000년대 들어서 실험실 실험이 현실 경제문제에 대한 질문에 대해 분석하기 위한 외부유효성에 한계가 있으므로 현장실험이 이용되기 시작했다. 현장실험은 무작위배정과 피실험자가 실험에 참여한다는 것을 인지하지 못하는 자연적 환경에서도 진행된다. 현장실험은 실험실 실험과 자연적으로 발생한 자료를 연계함으로써 과거에 해결할 수 없었던 실험실 실험의 통제성과 자연적 자료의 현실성을 동시에 추구한다. 2019년 노벨경제학상은 현장실험을 이용하여 빈곤문제를 연구한 아브히지트 바네르지, 에스테르 듀플로, 마이클 크레머 교수가 수상했다. 이들은 현장실험에 의한 사실과 자료에 근거하여 경제이론을 검증하고, 정책효과를 분석하였다.

현장실험의 발전은 3시기로 나눌 수 있다. 첫 번째 시기는 1920~1930년대 피셔와 네이만(Fisher and Neyman)의 농업 생산성에 관한 현장실험이다. 농업 현장실험에서 처음으로 실험에서 가장 중요한 무작위화(Randomization)를 개념화하였다. 두 번째 시기는 1960년대 정부 기관에 의한 대규모 사회적 실험이다. 영국은 전기요금체계에 관한 사회적 실험을 실시했다. 미국도 전기요금, 주택수당, 고용계획에 관한 정책효과 분석에 관한 사회적 실험을 했다. 1960년대 말의 초기 사회적 실험은 새로운 정책 도입에 대한 검토에 초점을 맞추었으나 1980년대 사회적 실험은 1988년 가족부양법(Family Support Act)과 같은 기존 정책의 개혁에 대한 분석에 초점을 두었다. 사회적 실험의 확산은 관측된 자료와 실험자료 사이에 상충관계에 관한 논쟁을 가져왔다. 세 번째 시기인 2000년대 들어서 경제학에서 현장실험이 급증하였다. 실험실 실험의 통제를 현장에서 실현하면서 현장실험이 크게 확산되었다. 인위적 현장실험(Artifactual field experiments)은 피실험자가 학생이 아닌 것을 제외하고는 실험실 실험과 대부분 유사하며, 구조적 현장실험(Framed field experiments)은 실험실 실험, 인위적 현장실험, 사회적 실험의 성격을 갖고 있다. 자연적 현장실험(Natural field experiments)은 무작위화와 현실성이 결합한 형태로 사회적 실험 등 다른 실험들이 안고 있는 문제를 해결하였다.

2019년 노벨경제학상을 받은 크레머 교수는 현장실험의 4가지 장점을 제시했다. 첫째, 현장실험은 다른 방법에 비해서 현장의 풍부한 내용을 제공한다. 따라서 현장실험은 기존의 가설을 검증하고, 새로운 가설을 제시한다. 둘째, 현장실험은 매우 세부적이고, 실용적인 문제를 다룬다. 셋째, 실험은 다양한 분야의 사람(정부 관리, 설문조사자, 전문가)들과 협력적이다. 따라서 현장실험은 다양한 분야 종사자의 경험과 아이디어를 경제학에 접목할 수 있다. 넷째, 현대 경제학에서 실험은 반복적인 과정이다. 즉, 다양한 정책을 분석하고, 경제적, 심리적 요인에 관한 효과와 가설을 검증한다. 현장실험은 실제 현실문제에서 시작하였지만 새로운 정책에 관한 통찰력을 제공한다.

경제학자들은 현장실험보다 준실험방법(Quasi-experimental methods)인 이중차분법(Difference-in-Difference: DID), 성향점수매칭(Propensity score matching), 도구변수(Instrumental variables), 회귀불연속성(Regression discountinuity), 통제집단합성법(Synthetic control method), 구조모델링(Structural modelling) 등을 통해서 정책효과를 분석하였지만, 선택편의의 문제를 완전히 해결할 수 없었다. 이중차분법은 정책 시행 전후로 처치그룹과 통제그룹의 차이를 통해 정책효과를 분석한다. 따라서 이중차분법은 처치그룹과 통제그룹이 공통추세(Common trend)를 갖고 있어야 사용할 수 있다. 성향점수매칭은 처리그룹과 통제그룹이 공통성향(Common support)을 갖는 자료를 이용해 정책효과를 분석하는 것이다. 성향점수매칭은 처치그룹과 통제그룹의 관찰 가능한 변수와 관찰 불가능한 변수를 한 개의 성향점수로 만들어 성향점수가 유사한 자료만을 이용해 정책을 분석한다. 하지만 성향점수는 차원의 저주(Curse of dimensionality)는 해결할 수 있지만 모든 공변량(Covariates) 변수를 하나의 성향점수로 만들어 비교함으로써 처치그룹과 통제그룹의 불균형을 피할 수 없고, 정확성이 떨어지는 등 단점이 많다. 공변량과 관찰되지 않는 변수와의 상관관계가 없는 도구변수를 활용할 수 있으나, 적절한 도구변수를 찾기 어렵다는 것이 문제이다. 회귀불연속성은 기준점(예 혈압, 학점)을 근거로 정책 수혜 여부가 결정되는 경우 기준점(Cut-point)과 가까운 부근에는 처치그룹과 통제그룹의 공변량의 차이가 없다는 가정하에서 정책효과를 분석한다. 하지만 기준점의 부근을 어떻게 선정하냐에 따라 정책효과가 달라진다. 통제집단합성법은 개인이나 개별자료가 아닌 국가나 지역 등 총량자료(Aggregate data)를 이용하는 경우 처치집단의 수가 적어서 이중차분법을 사용할 수 없을 때 사용된다. 가용한 데이터를 기반으로 통제집단들을 가중평균하여 합성된 통제집단을 구성해 정책효과를 분석한다. 통제집단합성법은 처치집단이 하나인 경우에 사용되는데 합성된 통제집단이 처치집단과 얼마나 비슷한가에 좌우된다. 구조모델링은 경제학자가 모형 내의 내생변수와 외생변수를 정확히 구분하고, 모델을 설정할 수 있을 때만 정책효과 분석이 가능하다. 만약 이에 실패할 경우 내생성 오차가 발생하여 정책효과의 오류를 발생한다.

새로운 정책을 시행하기 전에 현장실험을 할 필요가 있다. 정책담당자가 직면하는 3가지 도전은 다음과 같다. 첫째, 현재 시행 중인 정책의 효과를 평가하는 것이다. 둘째, 경험하지 않은 환경하에서 특정 정책의 효과를 전망하는 것이다. 셋째, 새로운 정책효과를 예측하는 것이다. 무작위통제실험(RCTs)이 아닌 자연적으로 발생한 자료나 2차 자료를 갖고 준실험방법을 활용해 정책평가를 하면 문제가 발생한다. 전통적인 경제분석방법론을 통해 첫 번째 과제인 현재 시행 중인 정책을 평가할 수 있다. 과거와 다른 새로운 환경에서 새로운 정책의 효과를 분석하기 위해서는 현장실험을 이용해야 한다. 현장실험을 통해 무작위통제실험을 실현했을 때 정책의 인과관계를 정확히 분석할 수 있다.

현장실험에 있어서 주의해야 할 사항은 다음과 같다. 첫째, 연구자는 부적절한 연구설정에 주의해야 한다. 연구자는 타당한 이론에 근거하여 실험 내용을 구성하고, 정책 효과를 분석해야 한다. 둘째, 연구설계의 기술적 오류를 피해야 한다. 연구자는 설문디자인, 설문시기, 표본규모, 무작위배정의 지침서와 같이 현장실험에서 중요한 기술적인 요인을 준비해야 한다. 셋째, 현장실험의 파트너 기관을 선정해야 한다. 현장실험은 몇 년이 걸릴 수 있으므로 실험을 현장에서 진행할 적극적이고 능력있는 파트너와 협력해야 한다. 넷째, 설문조사에 주의를 기울여 측정오류(Measurement error)를 피해야 한다. 수집에 정성을 기울여야 하며, 전자 자료를 수집할 때 오류가 발생하지 않도록 주의해야 한다. 다섯째, 현장실험 참여율을 높일 수 있도록 노력해야 한다. 현장실험 진행자는 실험 참여율을 과대하게 예측하지만 실제 참여율은 예측의 절반에 불과할 수 있음을 인식해야 한다.

현장실험에서는 정부, 비정부기구(NGO), 현장실험 관리자 등과의 공동 작업이 필수적이다. 현장실험을 추진하기 위해서는 첫째, 현장실험의 주제를 선정하고, 협력파트너를 찾아야 한다. 현장실험은 파트너 없이는 불가능하며, 정책효과 분석을 위해서는 정부, NGO, 기업, 기부자와 함께 공동으로 작업해야 한다. 둘째, 연구 주제에 적합한 현장실험을 시행한다. 신용과 위험이 생산 의사결정에 미치는 영향을 분석하기 위해서는 신용 제한과 위험제약을 완화한 후의 효과를 살펴야 한다. 연구 주제는 경제이론과 연계하여 이에 맞는 자료와 실험 방법을 통해 현장실험을 진행해야 한다.

제7절

실험의 설계

경제학 실험은 경제 이론을 다루기 위해서 분명하게 설계되어야 한다. 크로손은 실험에서 우선 경제 이론이 구성되거나 설명되어야 하며 이에 기반을 둔 예측이 연역적으로 생성되어야 한다고 하였다(Croson, 2005). 그런 다음 이러한 예측을 테스트하기 위해 실험을 실행하여야 한다. 경제 이론을 다루기 위해 고안된 실험은 높은 수준의 내적 타당성을 가질 필요가 있다. 이를 위해서는 이론의 가정을 정확히 포착하는 실험의 구성이 필요하다. 실험이 내부적으로 유효하지 않으면 실험이 생성한 결과는 이론의 예측을 뒷받침하지 못한다.

인구 또는 현상 등 연구 대상의 특성을 설명하여 수행되는 기술 연구(Descriptive Study)와 달리 실험 연구는 정보, 프로그램 등 특정 처치를 의도적으로 도입하고 그 결과를 관찰하면서 수행되는 연구이다. 실험은 알려진 진실을 입증하거나, 가설의 타당성을 검증하기 위해 수행된다. 실험 연구에서 입증과 검증은 연구자가 결과를 관찰하기 위해 무언가에 적극적으로 영향을 미치고 그 처치와 결과 간 인과 관계를 설명함으로써 가능하다. 이를 위해 실험 연구에서는 연구자가 조작(Manipulation)과 통제(Control)하는 것이 중요하다.

조작이란 연구자가 무언가를 의도적으로 변경하는 것을 의미하며, 통제는 연구 결과에 영향을 미치는 외부 요인을 방지하는 것을 의미한다. 무언가가 조작된 다음 결과가 발생하면 조작과 결과의 인과 관계를 확인할 수 있다. 또한, 실험에는 오류와 편향을 최소화하기 위해서 외부 요인을 통제하기 위한 체계적인 절차가 포함되며, 이러한 통제는 조작과 결과의 인과 관계에 대한 확신을 높여준다. 실험의 또 다른 핵심 요소는 무작위배정이다. 무작위배정은 참가자가 실험의 그룹 또는 처리에 무작위로 배정됨을 의미하며, 모든 참가자가 실험의 그룹 또는 처치에 선택될 동등한 기회가 있을 때 이루어진다. 무작위배정은 연구

시작 시 처치그룹과 통제그룹을 유사하게 함으로써 조작(그룹 또는 처치)이 결과를 유발했다는 확신을 높여준다. 따라서 실험설계의 핵심은 연구자가 하나의 변수를 어떻게 조작하고 나머지 변수를 잘 통제하고 무작위배정하는데 있다.

실험이란 연구자가 하나 이상의 변수를 조작하고 다른 변수의 변화를 통제하고 측정하는 연구에 대한 체계적이고 과학적인 접근 방식이다. 따라서 실험에 있어서 가장 중요한 것은 조작과 결과의 인과관계를 확인하는 것이다. 이러한 인과 관계 확인에는 시간의 순서와 일관성이 만족하여야 한다. 시간의 순서라 함은 원인이 결과에 앞서 발생한다는 것으로 조작이 결과 발생에 앞서 이루어져야 함을 의미한다. 또한, 일관성은 원인이 항상 같은 결과를 가져온다는 것으로 조작이 동일하게 이루어지면 실험이 반복되어도 결과도 같아야 함을 의미한다.

실험 수행에 앞서 가장 먼저 연구자가 해야 할 것은 연구 문제의 식별이다. 관심 주제를 결정한 후 연구자는 연구 문제를 정의해야 한다. 실험은 연구자가 좁은 범위의 연구 영역에 집중할 때 도움이 된다. 연구 문제를 정의하면 검증할 수 있는 연구 가설(귀무가설)을 수립해야 한다. 표본을 활용하는 실험에 있어서 연구 가설은 논리적이고 합리적으로 설명 가능하여야 한다. 어떠한 실험 결과가 논리적으로 해석될 수 없다면 새로운 사실로 받아들일 수 없다. 이는 실험을 하는 사회과학이 대부분 논리실증주의(Logical Positivism)에 기반을 두고 있으므로 연역법(Deductive)적 방법론을 따르고 있기 때문이다. 따라서 논리적인 연구 가설의 설정은 실험경제학에서 매우 중요하다. 연구 가설이 설정되면 이를 검증할 수 있도록 연구를 설계하여야 한다. 연구를 설계할 때 중요한 요소는 타당성, 시간, 비용, 윤리, 측정 문제 및 검증하려는 항목이다. 또한, 연구 설계 시 최선의 방법으로 실제 현실을 반영할 수 있도록 하여야 한다.

연구 설계가 완성되면 다음은 표본추출(Sampling)이 필요하다. 표본추출의 방법으로는 확률표본추출, 비확률표본추출, 단순 무작위표본추출, 편의표본추출, 층화표본추출, 클러스터표본추출, 순차표본추출 등 다양한 방식이 있으며 연구 설계에 적합한 표본추출 방법을 선택하여야 한다. 표본추출은 통제집단과 처치 집단 구성 모두에 적용될 수도 있으며, 연구 주제나 상황에 따라 어느 한 집단 구성에만 적용될 수도 있다. 실험에서 유효한 결과를 얻으려면 표본추출 오류를 줄이는 것이 중요하다. 연구자는 오류의 가능성을 최소화하기 위해 표본 크기를 조정하기도 한다.

연구 설계와 표본추출 방법이 결정되면 예비실험(pilot experiment)을 시행할 필요가 있다. 연구자는 예비실험을 시행함으로써 추후 방법론적으로 더욱 엄격한 방식으로 본실험을 설계하고 실행할 수 있으며, 오류 또는 문제의 위험을 줄임으로써 시간과 비용을 절약할 수 있다. 또한, 실험 결과를 예측함으로써 연구 문제 정의나 연구 가설 수립의 타당성도 검토해볼 수 있다. 이 외에도 예비실험은 표본에 대한 평가, 실험 방법에 대한 평가, 실험에 필요한 시간과 비용 예측, 연구 설계의 현실성 여부 검토, 본 실험 규모의 결정, 자금 조달을 위한 예비결과의 산출 등의 이유로 유용하다.

실험은 일반적으로 실험군에 영향을 미치는 독립 변수를 조작하여 수행되며, 연구자가 관심이 있는 효과인 종속변수를 측정한다. 이 과정에서 연구자가 실험 결과에 영향을 주고 싶지 않은 비실험적 요인을 식별하고 통제하는 것은 유효한 결론을 도출하는 데 중요하다. 연구자는 실험을 수행할 때 독립 변수의 효과를 측정하고 독립 변수의 조작이 효과의 원인이라고 결론을 내릴 수 있기를 원한다. 이를 위해 연구자는 조작하지 않는 변수를 통제하거나 가능한 경우 변수를 무작위 화하여 결과에 미칠 수 있는 효과를 최소화함으로써 실험을 수행할 수 있다.

제4장

경제적
가치평가
방법

실험경제학과 경제적 가치평가 Experimental Economics and Economic Valuations

경제적 가치평가의 필요성

경제적 가치평가는 1980년 이후 환경과 공공재의 가치평가를 위해 개발되고 발전되었다. 2000년대 들어 응용경제학 분야에 있어서 신상품의 시장개척을 위한 가치평가에 널리 활용되고 있다. 기업은 신상품에 대한 출시여부를 판단하기 위해 신상품에 대한 생산비 분석과 소비자 수요를 사전적으로 분석한다. 신상품의 생산비를 분석하는 것은 어렵지 않지만, 신상품에 대한 소비자 수요를 사전에 예측하기는 어렵다. 신상품은 시장에서 거래가 되지 않기 때문에 가격이 존재하지 않아 소비자들의 수요를 알 수 없다. 신상품에 대한 소비자 수요분석에 실패할 경우 기업은 인건비, 설비, 홍보비 등 손해를 본다. 따라서 기업은 신상품이 시장에서 성공할 가능성을 가능한 한 정확하게 예측하고자 한다. 신상품을 출시하려면 기업은 인건비, 설비투자, 개발비, 홍보비와 더불어 시장정착의 불안정성으로 인해 소비자들이 생각하는 신상품의 가치를 정확히 평가하여 가격을 결정하고자 한다. 신상품의 가치인 소비자의 평균 지불의사액이 신제품을 제조하는데 드는 평균 비용보다 낮다면 이 제품은 제조할 필요도 없고, 시장에 출시할 수도 없다. 그러므로 식품마케팅에 있어서 신제품에 대한 소비자 지불의사액에 관한 연구의 중요성이 크다.

신상품에 대한 소비자의 최대 지불의사액을 알 수 있다면 신상품에 대한 가격을 결정하고, 수요도 예측할 수 있다. 식품회사가 새로 개발한 식물성 귀리 우유에 대한 다양한 소비자들의 선호와 지불의사액을 알 수 있다면 귀리 우유의 시장판매가격을 결정하고, 시장수요를 예측하여 기업의 총수익과 이윤을 예측할 수 있다. 기업, 공공기관은 경제학자의 도움을 받아서 신상품과 비시장재화의 수요와 자불의사액을 추정하고 있다. 신상품에 대한 가치를 평가하기 위해서 가설적 가치평가와 비가설적 가치평가 방법이 활용되고 있다.

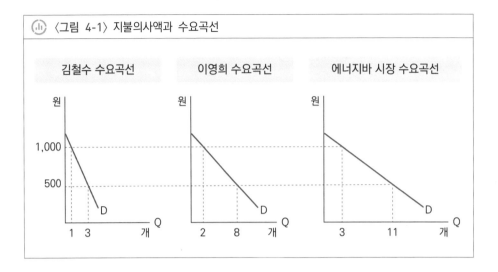

〈그림 4-1〉 지불의사액과 수요곡선

김철수 수요곡선　　이영희 수요곡선　　에너지바 시장 수요곡선

    상품이나 서비스에 대한 지불의사액은 소비자가 기꺼이 지불할 의사가 있는
최대 금액이다. 시장에 있는 소비자들의 지불의사액을 합했을 때, 그 상품에 대
한 시장 수요곡선이 도출된다. 시장에서 소비자들의 지불의사액은 가격으로 표
현된다. <그림 4-1>의 에너지바에 대한 김철수와 이영희의 개별 수요곡선을
살펴보자. 가격이 1,000원일 때 김철수는 에너지바 1개를 구입하고 이영희는 2
개를 구입한다. 가격이 500원일 때는 김철수는 3개, 이영희는 8개를 구입한다.
이 시장에서 소비자는 김철수와 이영희 두 사람만 존재한다고 가정할 때, 에너
지바는 시장에서 1,000원의 가격에서는 3개, 500원에서는 11개가 팔린다. 시장
수요곡선(Market demand curve)은 개별수요곡선(Individual demand curve)을 수평
적으로 합한 것이다. 1차 자료를 수집하여 개인과 시장의 수요와 지불의사액을
측정하기 위해서는 다양한 방법이 활용된다.
    비시장재의 경제적 가치는 경제 주체의 주관적 평가에 기반을 둔 지불의사액
과 수용의사액으로 평가할 수 있다. 소비자의 비시장재의 주관적 평가를 어떻게
계측하여 객관적으로 수치화하는지가 관건이다. 현재 시장에서 거래되는 재화와
서비스의 가격은 시장에서 쉽게 알 수 있으므로 그러한 재화와 서비스의 가치를
평가할 필요는 없다. 하지만 시장에서 거래되지 않는 비시장재, 공공재, 신상품
의 가치는 시장에서 발견할 수 없으므로 이를 추정해야 한다.

88　제4장 경제적 가치평가 방법

〈표 4-1〉 경제적 가치평가 방법

		포커스그룹 인터뷰
진술선호법	정성적 평가	설문조사
		시장조사
	정량적 평가	가상가치법
		컨조인트분석
		선택실험법
현시선호법	간접적 평가	헤도닉가격법
		여행비용법
	직접적 평가	실험경매
		실질선택실험법

경제학자들이 신상품과 비시장재의 가치를 평가하는 방법을 살펴보자. 경제학과 마케팅에서 활용되는 가치평가방법은 <표 4-1>에서 볼 수 있는 비가설적 가치평가인 현시선호법(Reveled preference method)과 가설적 가치평가인 진술선호법(Stated preference method)이 있다.10) 진술선호법은 정성적 평가와 정량적 평가로 나누어진다. 정성적 평가로는 포커스그룹 인터뷰, 설문조사, 시장조사가 있다. 정량적 평가로서 가상가치법, 컨조인트분석, 선택실험법이 널리 활용되고 있다. 현시선호법은 간접적 평가와 직접적 평가로 나누어진다. 간접적 평가로서는 헤도닉가격법, 여행비용법이 있고, 직접적 평가로는 실험경매와 실질선택실험이 있다.

식품회사는 개발한 신제품에 대한 소비자들의 선호를 파악하고, 가격을 결정하기 위해 소비자들의 지불의사액을 사전적으로 파악하고자 한다. 현시선호법은 실험을 통해 직접 수집한 1차 자료나 시장에 존재하는 다른 상품의 가격 등 2차

---

10) 신상품이나 비시장재에 대해 가치를 평가하는 이유는 시장에서 판매되지 않아 가격이 존재하지 않기 때문이다. 하지만 시장에서 판매되는 상품은 가격이 존재하기 때문에 가치를 평가할 필요가 없다.

자료를 이용하여 비시장재의 가치나 상품을 구성하는 특성의 가치를 직간접적으로 추정하는 방법이다. 현시선호법은 소비자가 화폐를 지불하고 재화를 실제로 구입하는 방법으로 비가설적(Non-hypothetical) 가치평가나 실질 가치평가로 불린다. 현시선호법은 전통적으로 헤도닉가격법(Hedonic price method)이나 여행비용법(Travel cost method)을 이용해 특정 재화나 상품의 특성에 대한 가치를 간접적으로 추정해 왔다. 예를 들면, 숲은 시장에서 거래가 되지 않으므로 직접적으로 가치를 평가하기 어렵다. 하지만, 숲 인근에 있는 주택의 가격을 분석함으로써 숲의 가치를 간접적으로 평가할 수 있다. 숲과 같이 비시장재의 가치를 시장에 존재하는 시장재의 가격을 통해 간접적으로 추정한다. 헤도닉가격과 여행비용법은 실제 거래되는 시장재를 이용한다는 장점이 있으나 통계분석을 통해 간접적으로 비시장재의 가치를 추론한다는 점에서 정확도가 떨어지는 단점이 있다. 최근에는 실험을 통하여 직접적으로 재화의 가치를 추정하는 현시선호법이 활용되고 있다. 경제적 실험을 통한 상품의 가치평가는 식품경제학, 보건경제학, 마케팅 분야는 물론 새로운 경제정책의 평가에도 사용되고 있다.

반면, 진술선호법은 응답자(피실험자)가 조사에서 진술한 내용에 기반하여 신상품과 비시장재의 가치를 추정한다. 즉, 피실험자에 대한 설문조사를 통하여 비시장재의 지불의사액을 직접적으로 질문하여 측정하는 방법이다. 하지만, 진술선호법은 재화와 금전을 교환하지 않고 응답자의 진술에 의존하는 가설적(Hypothetical) 가치평가법이다. 현시선호법과 진술선호법에 의한 경제적 가치평가에 대해 살펴보자.

진술선호법

비시장재와 신상품에 대한 전통적인 가치평가방법은 가설적인(Hypothetical) 진술선호법(Stated preference methods)이다. 신제품에 대한 소비자 선호와 지불의사액을 조사하는 진술선호법은 포커스그룹(Focus group)과 심층인터뷰(In-depth interview), 설문조사(Surveys), 시장테스트(Market test), 가상가치법(Contigent valuation method), 컨조인트 분석(Conjoint analysis), 선택실험법(Choice experiment)이 있다.

1. 포커스그룹 인터뷰

포커스그룹 인터뷰(Focus group interview: FGI)는 정성적 소비자 조사 방법이다. 이는 아직 시장에 출시되지 않았거나 덜 알려진 제품에 대해 그 제품이 목표로 하는 소비자 집단의 인식(Perception), 필요(Needs), 태도(Attitude) 등을 파악하기 위해 일정한 형식 없이 진행되는 소규모 그룹 인터뷰이다. 포커스그룹 인터뷰는 일반적으로 진행자가 약 10명 이내의 소비자를 대상으로 토의를 이끈다. 진행자는 포커스그룹에게 질문을 하거나 특정 주제와 아이디어에 대해 자유롭게 논의하도록 한다. 포커스그룹 인터뷰는 본격적인 가설적 및 비가설적 가치평가에 앞서 예비조사로서도 수행된다. 심층인터뷰(In-depth interview)는 일반적으로 진행자가 소비자와 1대 1 면담으로 30~60분을 보내며 세부적인 질문을 한다. 심층 인터뷰는 마케팅 목표와 수단을 연계시키기 위해서 사용된다.

오늘날 포커스그룹과 심층인터뷰는 다양한 분야에서 사용되고 있다. 특히 기업들이 신제품을 평가하거나 마케팅 전략을 도출하기 위하여 많이 활용하고 있다. 예를 들면 식품기업이 가정간편식(Home meal replacement: HMR)인 비빔밥을 미국 시장에 수출하기 위하여 포커스그룹 인터뷰를 통해 제품에 대한 소비자의 의식과 태도를 조사하는 과정을 살펴보자. 이 기업은 포커스그룹 인터뷰를 수행하기 위해 먼저 소비자를 모집했다. 이때 소비자들의 연령, 성별, 거주지역, 구매행태, 식습관 등을 고려하여 소비자를 모집했다. 이후 소비자를 남성, 여성으로 나누고, 연령대를 20~39세(청년층)와 40~59세(중년층), 60세 이상(노년층)의 3그룹으로 나누었고, 미국 북부, 중부, 남부, 서부, 동부 지역으로도 나누어 인터뷰를 진행하였다. 인터뷰 내용을 살펴보면, 소비자의 요리 경험을 파악하기 위하여 가정에서 일반적으로 조리하는 동양 요리와 한국 요리에 대해 이야기하는 시간을 가졌다. 언제, 어떤 경우에 동양 요리와 한국 요리를 하는지, 어떤 형태의 요리를 하는지, 동양과 한국의 가정간편식을 이용하는지에 대한 토론이 이루어졌다. 동양의 가정간편식을 선택할 때 어떤 요소(가격, 편리성, 맛, 포장, 구매장소 등)를 중요하게 생각하는지에 대한 자유로운 토론이 이루어졌다. 그리고 미리 준비한 다양한 비빔밥 가정간편식을 시식한 후 참가자들이 각 제품을 평가하도록 하였다. 이 과정을 통해 이 식품기업은 미국 소비자들이 선호하는 요소들을 갖춘 가정간편식 비빔밥을 새로 개발하여 미국 시장에 성공적으로 진출할 방안을 찾는다.

2. 설문조사

기업은 신제품이나 새로운 서비스에 대한 소비자의 선호도를 설문조사(Surveys)를 통해 파악한다. 설문조사는 모집단을 대표하는 다수의 응답자에 대한 직접 대면 설문조사나 비대면 방식의 우편 설문조사나 인터넷, 스마트폰을 이용한 온라인 조사를 통해 자료를 수집하는 방법이다. 설문조사는 최소 1,000명 이상에 대해 조사해야 하며, 예비 설문조사(Pilot surveys)를 실시하여 설문지를 수정하고 확정한다. 마케팅 설문조사의 유의사항은 다음과 같다. 객관식 질문에 있어서 선택지는 짝수를 제시한다. 홀수의 선택지를 제시할 경우 중심 편의(Centering bias)가 발생하기 때문이다. 중심편의는 설문 응답지를 "아주 좋다. 좋다. 보통, 나쁘다. 아주 나쁘다"의 다섯 개의 선택지를 제시할 경우 응답자들은 머리를 쓰지 않고, 설문지 중 가운데 선택지인 '보통'을 손쉽게 선택하면서 발생하는 편의이다.

마케팅 설문조사에 있어서 객관식 질문으로는 "이 제품에 대한 당신의 첫인상은 어떻습니까?", "이 제품의 품질은 어떻습니까?", "이 제품은 얼마나 창의적입니까?", "이 제품은 당신에게 얼마나 필요하다고 생각하십니까?", "이 제품의 가격은 어떻습니까?", "당신은 이 제품을 즉시 구입할 의사가 있습니까?", "당신이 기존 사용하는 제품을 이 신제품으로 바꾸시겠습니까?", "당신은 이 제품을 당신의 친구나 동료에게 추천하시겠습니까?" 등이 있다. 주관식 질문으로 "이 제품의 어떤 점이 당신은 가장 좋다고 생각하십니까?", "이 제품에 있어서 우선적으로 개선될 점은 무엇입니까?" 등이다. 일반적으로 설문조사 디자인에 있어서 주관식 질문은 최소화한다. 그 이유는 주관식 질문은 조사대상자들이 답변하기 위해 객관식 질문을 답변할 때에 비해 많은 시간과 노력을 기울여야 하기 때문이다. 또한 주관식 질문에 대한 설문조사 결과는 분석하고 이용하기 어려울 뿐만 아니라 조사 결과를 집계하여 이해하기 쉬운 그림이나 표로 시각화하기 어렵다는 한계가 있다. 일반적으로 설문조사의 질문은 25개 미만이고, 주관식 질문은 2~3개로 국한해야 한다. 설문조사에 있어서 특정 그룹을 대상으로 설문조사를 하려면 이들에 대해 사전심사 질문(Screening questions)을 처음으로 던진다. 예를 들어 취업자를 대상으로 한다면 첫 질문을 취업 여부를 질문해야 한다.

설문조사에서는 신제품의 시장세분화(Market segmentation)를 위해서 응답자의 인구통계학적(Demographic, 성별, 연령, 남녀, 소득, 교육수준, 가족규모, 직업, 종교, 국적, 피부색 등), 지리적(Geographic, 지역, 도시, 농촌 등), 행동적(Behavioral, 소비 시 중점 고려 요소인 품질, 영양, 유기농, 생일 등 이벤트 소비, 사용 빈도, 기업에 대한 충성도), 심리적(Psychographic, 외향적, 내향적, 개방적 등 성격, 생활방식, 사회적 지위, 안전성, 편의성 중시 등 구입 특성) 특성에 대한 질문을 마지막에 조사한다. 왜냐하면 인구 통계적, 지리적, 행동적, 심리적 특성에 대한 질문은 개인적인 정보가 많으므로 설문조사에서 마지막에 질문함으로써 응답자의 부담을 줄여야 한다. 기업은 소비자를 대상으로 한 신제품에 대한 설문조사 결과를 바탕으로 신제품 개발 과정에 있어서 미진한 부분을 파악하고 수정할 수 있다.

3. 시장테스트

마케팅의 목표는 적절한 가격에 상품을 시장에 공급하여 이윤을 창출하는 것
이다. 이를 달성하고자 기업은 소비자가 원하는 새로운 상품을 개발하고 생산해
서 시장에 판매한다. 시장테스트(Market test)는 신상품의 출시 이전에 소비자들
의 선호를 테스트하는 일종의 실험이다. 시장테스트의 핵심은 마케팅 목표를 달
성하기 위해 정보를 수집하고 분석하여 이를 제시하는 것이다. 기업은 새로 개
발한 신상품을 소비자들이 선호하는지, 어떤 방식(슈퍼마켓, 온라인 등)으로 구입
하는지, 가격은 적정한지를 사전에 테스트함으로써 신상품을 시장에 출시할 것인
지를 결정한다. 시장테스트는 신제품을 시장에 출시하기 전에 신제품에 대한 소
비자의 반응을 알아보기 위해 시행된다. 예를 들면 이 신제품은 구입하기에 적
절한 상품입니까? 신제품의 가격은 합리적입니까? 등을 조사할 수 있다.

테스트마케팅(Test marketing)은 판매예측방법의 하나로서 신상품을 출시할 지
역과 시장, 타겟그룹에 대한 수요와 신상품의 생존가능성을 테스트한다. 테스트
마케팅은 신상품이 타겟으로 삼는 주요 도시와 지역에 있어서 고객 반응을 분석
한다. 신상품에 대한 기존 자료나 2차 자료가 존재하지 않기 때문에 판매예측을
위해서는 시장조사(Market survey)를 통해서 1차 자료를 수집해야 한다. 시장조
사를 통해 수집한 고객 반응분석을 통해 기업은 신상품의 시장 출시 여부와 규
모를 결정한다. 기업이 테스트마케팅을 시행할 때 마케팅 담당자는 수요를 고려
해 신상품의 테스트 지역과 타겟 그룹을 선정하고, 세심한 주의를 기울여 테스
트해야 한다. 테스트마케팅을 통해 기업은 신상품의 판매를 예측함으로써 신상
품의 시장 정착 가능성을 사전적으로 테스트할 수 있다. 또한, 신상품의 시장 출
시 초기단계에서 상품의 장단점을 분석하고, 기업이 상품을 계속 판매할 것인
지, 중단할 것인지를 결정한다.

테스트마케팅은 판매예측에 큰 도움에 되지만 다음과 같은 한계가 있다. 첫
째, 신뢰도가 높은 테스트마케팅 결과를 얻기 위해서는 장기간의 조사가 요구된
다. 둘째, 테스트 기간이 길어지면 경쟁기업이 테스트마케팅의 과정을 조작할
수 있어 신뢰할 만한 결과를 얻지 못한다. 셋째, 신상품의 목표지역과 목표그룹
을 제대로 선정하지 못하면 시장테스트를 신뢰할 수 없게 된다.

시장테스트 결과에 기초하여, 기업은 신상품을 시장에 출시할 것인지 아닌지를 결정한다. 시장테스트에 있어서 소비자의 필요(Needs), 욕구(Wants), 태도(Attitudes), 선호(Preferences)에 대한 정보를 제공하는 소비자연구(Consumer research)가 핵심이다. 소비자연구에 기초하여 신상품에 대한 목표시장과 목표그룹에 대한 적합한 시장테스트를 시행해야 한다.

4. 가상가치법

가상가치법(Contingent valuation method)은 신상품과 비시장재의 가치를 측정하기 위해 가상의 상황(예 한강의 수질 개선, 광우병 의무검사)을 설정하고, 피실험자에게 지불의사액을 물어보는 방법이다. 가상가치법은 실제로 상품을 개발하거나 제조하지 않고, 서술과 그림 등으로 묘사된 상품의 가치를 평가하는 방법이다. 가상가치법은 가상의 상품을 갖고 평가하기 때문에 비용과 시간 측면에서 효율적이고, 실험자의 의도에 맞게 다양한 상품과 비시장재를 유연하게 만들어 가치를 측정한다. 가상가치법은 비시장재인 환경의 가치를 평가하는 방법으로 널리 이용되고 있으며, 최근 식품과 보건분야에도 널리 활용되고 있다. 가상가치법은 가상의 시장에서 설정된 가상의 상품에 대한 소비자 선호와 지불의사액을 질문하는 진술선호법(Stated preference method)이다. 가상가치법은 직접적으로 지불의사액을 질문하고 답변하게 하는 개방형 가상가치법(Open－ended contingent valuation method)에서 시작되었다. 즉, "식물성 햄버거에 (XXX)원을 지불하겠습니까?"와 같이 묻는 방법이다. 가상가치법은 개인에 대한 정확한 지불의사액을 진술을 통해 얻을 수 있다는 것을 가정할 때 의미가 있다. 그러나 개방형 질문 방식의 경우, 응답자들이 실험자의 의도를 고려하여 지불의사액을 전략적으로 제시할 우려가 있다. 예를 들어, 가상가치법을 통해 수집된 지불의사액이 기업이 신상품의 가격 결정에 쓰인다는 것을 응답자들이 알고 있다면 이들은 진실된 지불의사액보다 훨씬 낮게 대답할 수 있다. 이와 달리 응답자들이 회사가 신상품 개발하여 실제로 시장에 출시하기를 바란다면 지불의사액을 실제 가치보다 높게 말할 수 있다. 경제학에서는 이러한 경향을 전략적 편의(Strategic bias)로 일킨다. 또한 개방형 질문에 답변하기 위해서는 많은 시간과 노력이 소요된다. 따라서 개방형 가상가치법은 지불의사액에 대한 답변율이 낮고, 전략적 편의가 발생할 우려가 있다.

최근에는 개방형 질문보다는 폐쇄형 질문을 이용한 양분선택형 가상가치법 (Dichotomous choice contingent valuation method)이 널리 사용된다. 폐쇄형 가상 가치법(Closed-ended contingent valuation method)은 '예와 아니오'를 선택하는 이산선택질문(Discrete-choice questions)이 이용된다. 이산선택질문은 응답자들 에게 신상품의 가격이 X원일 때 이를 구매할 것인지, 혹은 각각 X원, Y원, Z원 의 가격으로 상품 X, Y, Z가 있을 때 어떤 상품을 구매할 것인지를 '예와 아니 오'로 질문하는 것이다. 대부분 양분선택형 가상가치법에서 응답자에게 제시되 는 가격은 준비된 가격 조합에서 무작위로 제시된다. 양분선택 폐쇄형 질문의 경우, 응답자들이 답변하기 비교적 용이하므로 널리 활용되고 있다.

5. 컨조인트 분석

가상가치법이 기업에게 상품의 가격 결정에 관한 유용한 정보를 제공하긴 하 지만, 하나의 상품 또는 상품의 한 가지 특징에 국한된 지불의사액을 문의하므 로 한계가 있다. 상품은 여러 속성(Attributes)으로 구성되어 있으므로 기업은 상 품의 어떤 속성이 소비자들이 상품을 구입할 때 중요한지 알기를 원한다. 이를 위해 컨조인트 분석(Conjoint analysis)이 사용된다. 컨조인트 분석이란 고객이 어 떠한 제품이나 서비스를 선택할지를 분석하고 예측하기 위해 사용되는 전통적 인 방법이다.

컨조인트 분석이란 소비자들이 다양한 속성들로 구성된 상품들에 대한 점수 (Rate) 또는 순위(Rank)를 매기거나, 선택하는 방법이다. 쌀에 대한 소비자 지불 의사금액을 추정하기 위해 컨조인트 분석을 실시하는 경우를 살펴보자. 쌀의 속 성으로는 산지, 품종, 도정 일자, 등급, 가격 등이 있다. 일반적으로 소비자들이 상품을 고를 때 중요하게 여기는 속성을 파악하기 위해서 각각의 속성들을 구분 할 수준을 결정한다. 예를 들어, 쌀 속성 중 하나인 등급 수준(Levels)은 특, 상,

보통으로 나누어 설문조사를 진행할 수 있다. 분석 대상인 상품의 다양한 속성들과 속성별 수준을 기반으로 실험설계(Experimental design)를 하여 피실험자들에게 제시할 다양한 속성조합의 상품프로파일(Product profile)을 만든다. 쌀 산지, 품종, 도정일자, 등급, 중량, 가격으로 구성된 쌀 프로파일의 하나는 다음과 같다. 쌀 산지는 당진, 품종은 신동진, 도정 일자는 2020년 6월 30일, 등급은 특, 중량은 10kg, 가격은 32,000원으로 만들어진 쌀이다. 다양한 상품프로파일에 대한 소비자 선택에 대해 분석하고, 속성들의 상대적 중요성을 추정한다.

컨조인트 분석은 새로 개발될 제품이나 서비스의 어떤 속성(Attributes)을 소비자들이 선호하고 가치를 부여하는지를 추정하는 방법이다. 이를 통해서 기업은 신제품 개발, 시장점유율(Market share)의 예측, 시장세분화(Market segmentation)와 가격차별화(Price discrimination) 등 마케팅 전략을 수립한다. 컨조인트 분석은 소비자들이 제품을 구매할 때 고려하는 제품의 다양한 속성과 수준을 파악하고 이 속성들의 가장 이상적인 조합을 가진 제품이 무엇인지를 분석한다. 따라서 컨조인트 분석은 다양한 속성을 가진 제품들 가운데 고객의 선택을 받을 수 있는 제품을 개발하고 출시하도록 한다. 예를 들면 맥주를 판매하고 있는 가상의 한 식품회사가 마케팅 전략 수립을 위해 컨조인트 분석 방법을 사용한다고 가정하고 그 과정을 살펴보자. 먼저 제품의 속성을 선정하기 위해서 이 기업은 전문가를 초빙하여 맥주 속성에 대한 다양한 견해를 청취하였으며, 소비자들을 대상으로 그룹 인터뷰도 시행하였다. 그리하여 최종적으로 맥주의 맛, 색, 거품, 용기의 4가지 속성으로 실험을 디자인하였다. 도출된 4가지 속성에서 맛(드라이, 보통, 진한, 아주 진한) 4종류, 색(노란색, 금색, 갈색, 검정색) 4종류, 거품(풍부한 거품, 적은 거품) 2종류, 용기(병, 캔, 플라스틱) 3종류의 속성 수준(Level)이 있을 때 총 96종류(4×4×2×3)의 프로파일을 만들 수 있다. 하지만 96개의 프로파일은 응답자가 순위를 매기기에는 그 수가 너무 많아서 추정하기 어려운 차원의 저주(Curse of dimensionality) 문제가 발생한다. 따라서 부분요인설계(Fractional factorial design)를 이용하여 프로파일의 수를 16개로 줄일 수 있다. 부분요인설계는 부분적으로 선택된 일부 프로파일의 수가 적더라도 모든 프로파일 조합에 대해 적절한 계수를 추정하는 것을 가능케 한다. 각각의 프로파일에 대해서는 가장 구매

의도가 높은 순위에서 가장 구매 의도가 낮은 순위까지 번호를 기재하는 서열척도를 사용한다. 이를 통해서 소비자들이 가장 선호하는 맥주가 어떠한 속성의 조합을 가진 제품인지 추정할 수 있다. 컨조인트 분석을 통해서 드라이한 맛과 풍부한 거품을 가진 캔에 든 금색 맥주가 소비자가 가장 선호하는 속성을 가진 맥주로 평가할 수 있다.

6. 선택실험법

선택실험법(Choice experiment)은 1980년대 마케팅과 교통경제학 분야에서 사용되기 시작했다. 이후에는 소비자의 선호를 추출하고 시장에서 거래되지 않는 공공재와 신상품에 대한 지불의사액을 추정하기 위하여 환경경제학, 보건경제학, 식품경제학 분야에서 널리 활용되고 있다. 식품경제학 분야에서는 아직 시장에 출하되지 않은 건강(예 성장호르몬), 환경(예 무농약), 도덕적(예 공정무역) 속성을 갖는 새로운 식품에 대한 소비자의 지불의사액을 추정하는 데 유용하게 사용되고 있다. 최근에는 아마존의 MTurk 등을 사용한 온라인 웹조사를 활용한 선택실험법도 이용되고 있다. 온라인 웹조사는 모집단의 인구경제사회적 특성을 소유한 대규모 표본을 단기간에 적은 비용으로 선택실험할 수 있다는 장점이 있다(Liebe et al., 2019)

선택실험법은 설문지 응답자에게 주어진 재화에 대한 한 가지 이상의 속성을 포함하는 선택 집합을 제시하여 응답자의 선택을 바탕으로 가치를 추출하는 방법이다. 응답자의 응답을 통해 이들의 효용함수를 추론할 수 있으며, 상품의 다양한 속성들에 대한 화폐적 가치를 추정하는 데 사용할 수 있다. 선택실험법은 가상적인 상황을 설정하여 피실험자인 응답자가 선택하도록 하는 이산선택모형의 일종이다. 특히 속성이 2개 이상일 경우에는 선택실험법을 이용하여 속성별 가치를 도출하여 마케팅과 정책분석에 활용한다. 선택실험법은 마케팅은 물론 비시장재에 대한 가치평가에도 널리 활용되고 있다. 선택실험법은 응답자들의 속성별 지불의사액을 추정하기 위해 확률효용모형(Random utility model)을 바탕으로 다항로짓모형(Multinomial logit model), 확률모수로짓모형(Random parameter logit model) 등을 통해 분석한다.

선택실험법은 신상품이나 비시장재 또는 환경재의 가치를 간접적으로 추정하는 방법이지만 직접적 추정 방법의 하나인 가상가치법과 다음과 같은 점에서 비교된다. 첫째, 가상가치법과 선택실험법은 모두 가상적인 대안에 대한 응답자들의 선호를 평가한다. 즉, 실제 시장에서 가격이 존재하지 않는 비시장재와 신상품의 가치를 평가하는 진술선호법에 포함된다. 가상가치법은 비시장재의 시장 출시나 변화에 대해 폐쇄형 질문을 통해 응답자들의 수락 여부로 소비자의 지불의사액을 직접 추정한다. 반면, 선택실험은 다양한 속성과 수준으로 가상의 상품 조합을 구성하고, 응답자가 선택한 상품을 통하여 상품 속성에 대한 지불의사액과 시장점유율을 간접적으로 추정한다.

둘째, 두 방법은 응답자들이 비시장재로부터 얻을 수 있는 효용과 지불의사액을 비교해 자신의 효용을 극대화하는 대안을 선택한다. 가상가치법은 연구자가 설정한 하나의 대안에 대해 응답자들로 하여금 그 대안이 주는 효용과 제시금액을 비교해 '예' 또는 '아니오'로 평가하도록 한 후 이항로짓모형을 통해 평균지불의사액을 추정한다. 선택실험법은 랑카스터(Lancaster)의 확률효용이론(Random utility theory)에 기초를 두고 있다. 확률효용이론에 따르면, 효용은 상품 자체보다는 상품을 구성하는 다양한 속성으로부터 도출되며, 소비자는 속성과 속성 수준의 상품 조합 중에서 선호하는 상품선택을 통해서 효용을 극대화한다(Lancaster, 1966; McFadden, 1974; Cascetta, 2009). 선택실험법은 다수의 중요 속성별 수준을 조합해 작성한 2가지 이상의 가상 상품 조합을 응답자에게 제시한 후 소비자에게 하나를 선택하게 한다.[11] 이를 통해 상품을 구성하는 속성별 수준의 가치를 추정할 수 있다는 점이 선택실험법의 가장 큰 장점이다.

선택실험법은 비시장재와 신상품을 평가할 때 가상가치법에 비해 다음과 같은 장점이 있다. 가상가치법은 이분 선택으로 두 상태만 비교하지만, 선택실험법은 실제 시장과 같이 다양한 속성과 수준으로 구성된 신상품을 선택하여 속성

---

[11] 어떠한 제품이나 서비스, 매장 등에 대해서 여러 가지 대안들을 만들었을 때, 그 대안들에 부여하는 소비자들의 선호를 측정하여 소비자가 각 속성(Attibute)에 부여하는 상대적 중요도(Relative importance)와 각 속성수준의 부분가치(Part-worth)를 추정하는 분석 방법이다.

별 가치와 이에 대한 편익을 추정할 수 있다. 비시장재를 구성하는 개별 속성들은 상호 간 독립적이어야 특정 속성의 개별적 가치를 분리하여 추정할 수 있으므로 직교설계(Orthogonal design) 방법을 이용해 상품 조합을 구성한다.12) 선택실험법은 신상품에 대한 소비자 선호와 가치평가는 물론 환경에 대한 속성 별 가치를 평가하는 데 널리 활용되고 있다.

---

12) 직교설계는 한 특성 모수의 추정치가 다른 특성에 의해 서로 교란되지 않고 독립성을 유지할 수 있는 조합을 구성하도록 하는 설계방법이다. 직교설계를 통해 특성 상호 간 상관관계의 문제점을 개선할 수 있다.

제3절 현시선호법

현시선호법(Revealed preference methods)으로는 헤도닉가격법(Hedonic price method), 여행비용법(Travel cost method), 실험(Experiment)이 있다. 현시선호법은 시장에서 인간의 실제 행동에 관한 자료를 수집한다는 점에서 진술선호법과 다르다. 전통적인 현시선호법인 헤도닉가격법과 여행비용법은 시장에 이미 존재하는 재화와 서비스의 수요와 가격을 이용해 간접적으로 비시장재와 상품의 속성 가치를 추론한다는 한계가 있다. 이와 달리 현시선호에 기반을 둔 실험경제학 방법은 비시장재나 신상품의 가치를 직접적으로 추정한다. 현시선호법에 의한 가치평가에 대해 살펴보자.

1. 헤도닉가격법

헤도닉가격법[13]은 랑케스터(Lancaster, 1966)와 로젠(Rosen, 1974)에 의해 처음 제시된 가치의 특성 이론(Characteristics theory of value)에서 유래되었다. 헤도닉가격법은 재화의 가치가 재화에 내재해 있는 특성에 의해 좌우된다고 가정한다. 재화의 특성은 소비자에게 효용을 제공하는 요소이다. 따라서 재화를 구매하는 것은 재화에 내재해 있는 특성들의 묶음을 사는 것을 의미한다. 재화의 가격은 해당 재화가 가지고 있는 특성들의 가격과 크기에 의해 결정된다. 예를 들어 주택의 가치는 방의 개수, 정원 크기, 상점과의 거리, 전망, 소음, 공기 질과도 관련된다.

---

13) 헤도닉은 고대 그리스의 쾌락주의(Hedonistic philosophies)에서 유래하며, 재화의 특성으로부터 소비자가 얻는 효용을 의미한다.

헤도닉가격법을 이용한 재화의 특성에 대한 가치 추정은 3단계로 진행된다. 첫째, 헤도닉 가격함수를 추정한다. 주택가격은 다양한 특성의 헤도닉 가격함수로 구성된다. 둘째, 재화의 개별 특성 변수에 대한 잠재가격을 산출한다. 재화에 내재 된 특성들의 가격은 헤도닉가격(Hedonic price) 또는 잠재가격(Implicit price)이라고 부른다. 재화 특성들의 가격이 잠재가격인 이유는 재화에 내재된 특성(예 방의 개수, 전망 등)들이 개별적으로 거래되지 않고, 시장재(예 주택)라는 묶음으로 거래되기 때문이다. 시장에서 알 수 있는 재화의 가격(주택가격)과 달리 특성(전망 등)들의 가격은 관찰되지 않고 간접적으로 추정해야 하므로 잠재가격이라고 부른다. 셋째, 재화의 개별 특성의 변화에 따른 후생 변화를 추정한다.

주택의 헤도닉 가격함수를 추정하기 위해서는, 주택의 가격과 가치에 영향을 미치는 모든 특성에 관한 자료를 수집해야 한다. 주택의 헤도닉 가격함수는 식 (4−1)로 추정될 수 있다.

$$P = f(S_{1,...,}S_m; N_1, ..., N_n; Q_1, ..., Q_p) \qquad (4-1)$$

P는 주택가격, $S_1, ..., S_m$는 공간적 특성인 방의 수, 정원의 크기 등, $N_1, ..., N_n$는 거주지의 특성인 범죄율, 도시 중심부터의 거리, 학교의 질적 수준 등, $Q_1, ..., Q_p$는 환경적 특성인 공기 질, 소음 수준 등이다. 주택의 헤도닉 가격함수를 회귀분석을 통해 추정한 개별 특성들의 계수가 특성의 잠재가격이 된다. 소비자들은 주택의 특성들에 대한 잠재가격에 따라 각각의 특성에 대한 소비 수준을 결정한다. 추정된 헤도닉 가격함수를 이용하여 주택가격과 공간특성, 지역특성, 환경특성 변수 간에 유의미한 관계가 존재하는지, 그리고 특성 수준의 변화가 주택가격에 미치는 영향을 분석할 수 있다.

팜퀴스트(Palmquist, 1991; 2003)는 헤도닉 가격함수 추정과 관련하여 다음과 같은 문제를 제시했다. 첫째, 누락편의(Omitted variable bias)이다. 헤도닉 가격함수를 추정할 때 재화(예 주택) 가격에 상당한 영향을 주는 특성 변수 중 일부가 누락되었다면 추정된 특성변수의 추정계수에 편의(Bias)가 발생하여 추정된 잠재가격에도 오류가 발생한다. 둘째, 재화의 가격에 영향을 주는 특성들이 상호 연관이 되어 있다면 다중공선성(Multi−collinearity)이 발생하여 추정된 계수가 의미없게 된다. 재화의 가격을 결정하는 특성 간에는 상호 독립적이어야 특성의 잠재가격을 정확히 추정할 수 있기 때문이다. 셋째, 헤도닉 가격함수의 함수형태 선택문제이다. 개별 특성의 잠재가격은 선형함수, 비선형 함수, 로그함수, 반로그함수, Box-Cox함수 등 자료의 성격에 맞는 함수형태에 영향을 받는다. 넷째, 헤도닉가격함수를 추정할 때 시장의 범위와 세분화(Market segmentation)를 고려해야 한다. 헤도닉가격법은 특정 시장에서의 재화(예 주택)의 특성에 관한 균형 잠재가격을 추정하는 방법이다. 이를 위해서는 특정 주택 시장의 공간적 범위에 대해 고려해야 한다. 예를 들어 서울의 교통 소음과 주택가격의 관계를 연구한다면, 서울 전체를 한 시장으로 고려해야 할지, 강남과 강북을 구분해야 하는지 결정하여 헤도닉 가격함수를 추정해야 한다. 다섯째, 미래 예상되는 특성 수준을 고려해야 한다. 서울 강남의 주택가격은 현재의 특성(예 학군)과 미래 예상되는 특성(예 고속도시철도, 혼잡성)의 조건에 따라 결정된다. 미래의 기대 삶의 여건과 특성은 현재 주택의 가격을 결정하므로 이를 고려해야 한다. 여섯째, 소비자들의 위험에 대한 태도(Attitudes to risk)는 특성의 잠재가격에 영향을 미친다. 소비자들이 주택가격에 영향을 미치는 특성(예 공기의 질, 쓰레기 소각장의 거리)의 가치는 소비자들의 위험에 대한 태도에 영향을 받는다. 환경 위험에 대해 회피적인 소비자들은 공기의 질에 높은 가치를 둔다. 소비자들의 위험 태도가 특성에 대해 중립적이지 않은 경우 이를 고려하지 않으면 특성에 대한 잠재가격에 있어서 추정오류가 발생할 가능성이 있다(Kask and Maani, 1992).

2. 여행비용법

여행비용법(Travel cost method)은 관광객들이 특정 지역을 여행하며 지출한 여행비를 분석하여 비시장재화의 가치를 간접적으로 평가하는 방법이다. 가치평가에 여행비용법이 주로 사용되는 비시장재화의 예로는 여행과 관련된 환경재인 국립공원, 야외레저자원, 국공유산림, 해변 등을 들 수 있다. 가령 편백나무 숲 체험관광을 활성화시키기 위해서 편백나무 숲 체험에 대한 수요와 편익을 추정한다고 가정해보자. 소비자가 지불하는 비용은 최소한 편백나무 숲 체험원에 입장하기 위한 입장료와 자신이 사는 도시에서 숲까지 왕래하기 위해 교통비가 필요하다. 이와 함께 자신의 시간을 다른 일이 아닌 관광을 하는 데 사용함에 따른 시간의 기회비용까지 감수해야 한다. 다른 조건들이 일정하다고 가정하면, 거주지가 관광지에서 가까운 사람들의 경우 숲 체험 비용이 상대적으로 적게 들기 때문에 더 자주 방문할 가능성이 클 것이다. 하지만 거주지가 상대적으로 먼 사람들의 경우 여행비용이 크기 때문에 관광지에 대한 방문 횟수가 상대적으로 적을 것이다. 여행비용접근법은 일정 기간 동안 방문 횟수와 여행비를 분석함으로써 편백나무 숲 체험과 같은 레크레이션의 수요함수를 추정한다.

여행비용법은 여행 횟수와 분포를 이용해 여행비를 추계한다. 이때 측정된 개인 i와 방문지 j에 대한 여행비는 대리변수인데, 이는 개인의 총비용을 정확히 알 수 없기 때문이다(Randall, 1994). 여행비용법의 가정은 여행비가 개인의 여행거리, 여행시간과 연관된다는 것이다. 여행비의 지출은 설악산과 같은 환경재 소비의 보완재이다. 이와 더불어 여행비의 결정요인은 대체 방문지(예 오대산)의 특성, 대체 방문지의 여행비이다(Hanley, Shaw and Wright, 2003a).

여행비용법은 1950년대 말 우드와 트라이스(Wood and Trice, 1958), 클로슨 (Clawson, 1959)에 의해 개발되었다. 여행비용법은 방문자의 출발지를 기점으로 여행비가 계산되었으며, 식 (4−2)와 같다.

$$V_k = f(TC_k, S_k) \qquad\qquad (4-2)$$

$V_k =$ k지역 방문, $TC_k =$ k지역까지 여행비, $S_k = k$ 지역 주민의 사회경제적 특성이다. 메일러(Maler, 1974)가 환경재의 수요와 여행비를 약보완적(Weak complementary)인 관계로 설명한 이후로 방문횟수모형(Count models)과 확률효용모형(Random utility models)의 여행비용법이 주로 이용된다. 방문횟수모형은 개개인의 행동에서 본 개인별 여행비용법(Individual travel cost method)을 발전시킨 것이다. 확률효용모형은 여행비 자료를 분석할 때 양분선택 가상가치법 (Dichotomous choice contingent valuation) 또는 선택실험법(Choice experiments)과 유사하며, 환경정책과 환경 경영분석에 널리 활용되고 있다. 방문 횟수모형과 확률효용모형에 있어서의 쟁점은 여행시간의 가치(Value of travel time)이다. 관

광시간뿐만 아니라 여행시간에 대한 기회비용도 여행비의 산정에 포함해야 한다는 것이다. 최근의 자료는 개인별 시간의 가치를 추정하기에 충분하므로 여행시간을 여행비와 분리하여 개별 변수로 여행비용법에 고려하는 것이 바람직하다는 주장이 있다(Feather and Shaw, 1999).

간접적으로 비시장재의 가치를 평가하는 전통적 현시선호법에 의한 가치평가는 다음과 같은 문제가 있다. 첫째, 헤도닉가격법, 여행비용법에서 추정된 특성(예 공기의 질)이나 재화(예 설악산)는 실제 시장에서 거래되지는 않는다. 둘째, 설명 변수인 특성과 여행비는 상대적으로 변동성이 작고, 동일한 패턴으로 움직인다. 셋째, 현시선호 자료는 내생성(Endogeneity) 문제가 있다. 예를 들면 헤도닉가격에서 방의 수가 많으면 주택가격이 높지만, 주택가격이 높으면 방의 수도 많으므로 내생성 문제가 발생한다. 넷째, 구조적 충격(예 코로나 사태 등)이나 정책(예 국립공원 입장료 폐지 등)이 시장 구조에 영향을 미칠 수 있다. 다섯째, 현시선호 가치평가에서 자료를 수집하는 과정에서 측정오차 문제가 발생할 수 있다. 따라서 최근 비가설적 가치평가를 위한 실험이 경제학에서 활용되고 있다.

3. 실험경매

현시선호법에 의한 전통적인 헤도닉가격법, 여행비용법은 비시장재의 가치를 간접적으로 추정한다. 즉, 실제 시장에 존재하는 가격 자료를 활용하여 간접적으로 비시장재(예 공기의 질, 동물복지 우유 등)의 가치를 추정한다. 현시선호법으로 비시장재의 가치를 직접적으로 평가하는 실험이 경제학과 마케팅에서 널리 활용되고 있다. 가설적 진술선호법은 진술적 가치평가로 인해 가설적 편의가 발생하는 문제점이 있기 때문이다. 경제적 실험 중 신상품의 가치를 추정하기 위해서 실험경매가 널리 활용되고 있다. 실험경매는 실험참여자가 입찰 과정에서 비시장재인 신상품에 대한 자신의 진실된 선호를 표현할 유인을 제공함으로써 실험 대상의 가치를 평가하는 방법이다. 실험경매는 농업경제학, 응용경제학은 물론 마케팅에서 신상품에 대한 소비자 지불의사액을 발견하여 신상품의 가격 결정에 활용되고 있다. 경제적 실험은 실험실 실험과 현장실험으로 진행된다.

경제적 실험의 도입 초기에 실시되었던 실험실 실험은 피실험자가 학생이고, 현실 적용성이 낮아서 최근에는 현장실험이 널리 활용되고 있다.

실험경매는 경제이론을 검증하기 위한 유도가치실험을 통해 개발되었다 (Smith, 1976; Coppinger et al., 1980). 유도가치실험(Induced value experiments)은 연구자가 고안한 재화에 대해 사전적으로 가치를 부여하고 피실험자의 수익을 분석한다. 이를 통해 피실험자가 합리적 경제행위를 하는지 등에 대해 실험한다. 유도가치실험은 경제이론을 검증하기 위한 통제성은 높으나, 실제 재화와 서비스의 가치에 대한 정보를 제공하지 않아 현실성이 떨어진다. 실험경제학자들은 개별 소비자 자신의 주관적 가치(Homegrown values)를 추출하기 위해서 실험경매를 시작했다. 특히 호프만 외(Hoffman et al., 1993), 멘크하우스 외(Menkhaus et al., 1992)의 진공포장된 고기에 대한 실험경매는 처음으로 마케팅 목적을 위해 실험경매를 사용한 사례이다.

응용경제학에서도 식품 안전(유기농, 성장호르몬), 식품 속성(고기 유연성, 지방 성분, 포장), 스포츠카드, 선물, 중고차 등의 가치를 추정하는 데 실험경매(Experimental auction)가 사용되었다. 실험경매는 일반적으로 소유접근법(Endowment approach)과 전체입찰접근법(Full bidding approach)을 통해 진행된다. 소유접근법은 피실험자들에게 한 상품이 무료로 주어진다. 피실험자에게 준 상품에 비해 한 가지 특성만 다른 상품과 교환하기 위해 추가로 지불할 입찰액(Bid)을 문의한다. 피실험자의 입찰액이 해당 특성에 대한 지불의사액이 된다. 전체입찰접근법은 피실험자에게 두 개 이상의 상품에 대해 동시에 입찰하도록 한다. 이 경우에는 상품 간의 입찰액 차이가 상품 간 상이한 특성을 갖기 위한 지불의사액이다. 다양한 형태의 실험경매가 사용되고 있지만 정확한 지불의사액을 찾기 위해서는 경매가 유인합의적(Incentive compatible)이어야 한다. 즉, 피실험자가 경매 상품에 대한 진실된 지불의사액과 같은 입찰액을 제출할 유인이 있어야 한다.

대표적인 유인합의적 경매는 2차 가격 경매(Second price auction, Vickrey auction)[14]이다. 2차 가격 경매는 밀봉형 경매(Sealed-bid auction)로서 경매 상품에 대한

---

14) 2차 가격경매는 1961년 이를 고안한 개발자의 이름을 붙인 비클리경매(Vickrey auction)로도 불린다.

최고액 입찰자가 두 번째 높은 입찰액으로 낙찰받는다. 2차 가격 경매가 유인합의적인 이유는 만약 피실험자들이 경매 상품에 대한 자신의 진실된 지불의사액보다 낮게 입찰한다면 낙찰받지 못할 수 있기 때문이다. 반대로, 피실험자가 자신의 진실된 지불의사액보다 높게 입찰한다면 낙찰될 경우 자신의 진실된 지불의사액보다 높은 가격을 지불해야 하므로 손실이 발생한다. 실험경매는 시장과 같이 실제 상품과 돈이 교환되기 때문에 피실험자가 가설적 가치평가에 비하여 진실되게 지불의사액을 제시할 유인을 갖는다. 실험경매 방법으로는 개방형 경매(Open bid auction)와 밀봉형 경매(Sealed-bid auction), 확정적 경매(Non-random auction)와 무작위 경매(Random auction)로 구분된다.

개방형 경매로서는 전통적인 영국식 경매(English auction)와 네덜란드식 경매(Dutch auction)가 있다. 개방형 경매는 경매참여자의 입찰가가 모든 사람들에게 공개되는 경매방식이다. 영국식 경매는 최저 가격에서 경매를 시작해서 최종적으로 가장 높은 가격을 제시한 사람에게 낙찰되는 개방형 오름차순 경매(Ascending auction)이다. 영국식 경매는 예술품과 인터넷 경매에서 많이 사용된다. 네덜란드식 경매는 가장 높은 가격에서 경매를 시작해 구매자가 구매 의사를 밝힐 때까지 가격을 낮춰가는 개방형 내림차순 경매(Descending auction)이다. 네덜란드 화훼시장에서 시작되었고, 시간이 지나면 가치가 낮아지는 상품의 경매에서 자주 이용된다.

밀봉형 경매는 2차 가격 경매(2nd price auction), n차 가격 경매(n^{th} price aucton)가 있다. 2차 가격 경매는 경매참가자 중 가장 높은 입찰가를 제시한 사람이 낙찰을 받아 두 번째 높은 입찰가를 지불하고 경매 상품을 얻는 밀봉형 경매이다. n차 가격 경매는 경매참가자 중 가장 높은 입찰가부터 $n-1$번째로 높은 입찰가를 제시한 입찰자가 n번째 입찰가를 지불하고 상품을 구입하는 밀봉형 경매이다.

확정적 경매(Non-random auction)는 경매가 시작되기 이전에 낙찰가를 결정하는 방식이 결정된 경매이다. 확정적 경매로는 영국식 경매, 네덜란드 경매, 2차 가격경매, n차 가격경매가 있다. n차 가격경매는 n차가 경매 이전에 결정된 경매이다. 즉, 경매참가자는 사전에 2차 가격경매인지, 3차 가격경매(3rd price auction)인지 알 수 있다.

무작위 경매(Random auction)로는 낙찰가인 시장 가격이 무작위로 결정되는 BDM(Becker-Degroot-Marshark)방식과 무작위 n차 가격경매(Random n^{th} price auction)가 있다. BDM방식은 개인별로 경매가 이루어진다. 사전에 준비된 다수의 경매상품에 대한 가격 조합에서 무작위로 추출된 가격보다 개인이 제시한 입찰가가 높을 때 무작위로 추출된 가격을 지불하고 상품을 구입하는 경매이다. 무작위 n차 가격 경매는 낙찰 가격을 수집된 모든 입찰가 중에서 무작위로 추출한다. 무작위로 추출된 입찰가가 n번째로 높은 가격이라면 이보다 높은 입찰가를 제시한 $n-1$의 입찰자들이 $n-1$번째로 높은 가격을 지불하고 상품을 구입하는 경매이다. 무작위 n차 가격경매는 n차를 공개하지 않고 입찰한 후 입찰가 중 무작위로 결정되는 경매이므로 경매참여자는 n차를 사전에 알 수 없다.

4. 실질선택실험

선택실험법(Choice experiment)은 식품경제학, 마케팅, 교통경제학, 환경경제학 등 다양한 분야에서 활용되고 있다. 소비자들이 실제 시장에서 상품을 선택하는 것과 유사하게 상품을 선택함으로써 소비자의 선호와 상품 속성에 대한 지불의사액을 추정한다. 선택실험법이 널리 사용된다고 하더라도 진술적 가치평가에 의한 가설적 편의를 피할 수 없다는 근본적인 한계가 있다. 실질선택실험법(Real choice experiment)은 선택실험법에 실제 경제적 유인을 도입하여 가설적 편의를 해결하는 방법이다.

선택실험법은 대부분 부분요인설계로 설정된 다수의 선택조합 각각에서 2개(상품조합 옵션)나 3개(구입하지 않음 옵션 포함)의 선택 옵션 중 하나를 선택한다. 만약 선택 조합이 8개라면 피실험자(응답자)는 8개 조합 각각에 대해 하나의 선택 옵션을 선택한다. 선택실험법은 진술선호에 기초한 가설적 평가이므로 실험의 결과(Consequentiality)가 실제로 실현되지 않고, 유인합의적이지 않다는 비판을 받아 왔다.

실질선택실험법은 8개의 선택조합 중 하나를 무작위로 추출하여 피실험자들에게 실제로 선택된 상품과 현금을 교환하도록 한다. 실질선택실험에 참여하는 피실험자들은 다양한 가격과 속성 수준으로 구성된 상품 선택 옵션 중 하나를 신중히 선택함으로써 가설적 편의를 줄인다. 왜냐하면, 피실험자들은 본인이 선택한 상품 옵션 중에 무작위로 선정된 하나의 옵션을 실제 현금을 주고 구입하므로 실험의 결과가 실현되기 때문이다. 실질선택실험에서는 실험결과가 실현되므로 피실험자의 선택이 실현될 확률이 선택실험법과 같이 제로가 아니므로, 피실험자가 상품선택에 있어서 집중하게 된다. 실질선택실험법은 다른 실험 환경에서도 동일한 결과가 예상되는 외부유효성(External validity)을 높일 것이다.

선택실험법에 대한 가설적 편의를 해결하기 위해 값싼 대화, 서약 등 다양한 방법이 사용되었지만 어떤 특정 방법도 이를 해결하지 못했다. 가설적 편의를 해결하는 가장 좋은 방법은 참가자들에게 현금을 지불하고 상품을 구입하도록 하는 결과주의 설계이다(Johnston et. al., 2017). 따라서 실질선택실험법은 실제 현금과 상품을 반드시 교환하게 함으로써 실험 결과에 대한 실현성을 높인 방법이다.

경제적 가치평가의 비교

진술선호법은 가설적인 시장을 설정하고, 피실험자들이 비시장재의 가치를 직접 평가하거나, 속성이 다른 다양한 상품 조합 중에서 소비자가 선호하는 상품을 선택하거나 순위를 결정하는 방법임을 앞서 설명했다. 하지만 진술선호법은 가설적이므로 시장에서의 거래와 같이 상품과 화폐의 교환은 이루어지지 않는다. 그래서 진술선호법은 피실험자들이 상품 가치평가에 대해 충분히 고민하지 않고 평가하기 때문에 가설적 편의가 발생한다. 진술선호법은 가상의 시장에서 이루어지므로 응답자가 상품에 대한 가치평가나 선택에 대해 경제적 부담을 느끼지 않기 때문이다. 즉, 피실험자는 가상의 시장에서 선택이 이루어지므로 상품을 실제로 구매할 필요가 없다. 만약 식품회사가 신제품에 대한 소비자 선호를 조사한다면 우선, 신제품에 대한 식미조사를 한 후 소비자들의 지불의사액을 조사할 것이다.

진술선호법은 가설적인 상황을 전제한다. 그런데 가설적 상황에는 소비자들이 실제로 가격을 지불하고 상품을 구입하는 경제적 약속(Economic commitment)이 결여되어 있기 때문에 피실험자들이 실제로 상품을 구입할 때보다 높은 지불의사액을 제시하는 가설적 편의(Hypothetical bias)와 전략적 편의(Strategic bias) 문제가 발생한다. 따라서 소비자들은 지불의사금액을 과장하여 진술하거나 진술 내용을 실제로 이행하지 않더라도 아무런 손해를 보지 않는다. 이러한 가설적 편의로 인하여 가설적 가치평가법에 의한 소비자 선택과 가치평가는 실제 소비자들의 행동과 불일치할 수 있다. 즉, 응답자들은 설문에서 응답한 대로 현실에서 행동하지 않을 수 있는 것이다. 이와 함께 신상품이나 비시장재에 대한 지불의사액, 구입 여부, 판매 예측 등이 모두 가설적이므로 실험자의 의도에 맞도록 진술하는 전략적 편의도 발생하여 부정확한 가치를 도출할 수 있다.

가설적 진술선호법의 장점은 실험자가 그 어떤 가설적 시장도 만들어 낼 수 있다는 것이다. 왜냐하면 실험자가 새로운 제품을 실제로 만들어 피실험자에게 제시할 필요가 없기 때문이다. 단점으로는 피실험자들이 가설적 상황인 것을 알고 있으므로, 실제 지불할 수 있는 금액보다 높은 금액을 지불하겠다는 지키지 못할 약속을 하는 것이다.

가설적인 선택과 평가에서 나타난 개인의 행동은 실제 구매 상황에서의 소비자 행동과 일치하지 않는 경향이 있다. 리스트와 갈렛(List and Gallet, 2001)이 29개의 실험 연구에 대해 메타분석(Meta analysis)[15]을 한 결과에 따르면 가설적 설정하에서 제시한 가치평가액은 비가설적 설정하에서 제시한 가치평가액의 약 3배 수준으로 나타났다. 특히 응답자가 상대적으로 익숙한 지불의사액이 수용의사액보다 낮게 나타났고, 사적재 가치평가가 공공재보다 낮게 나타났다. 가치추출방법에 따라 가치평가는 차이가 났지만, 실험실 실험과 현장 실험은 차이가 없었다. 머피 외(Murphy et al., 2005)는 28개의 진술선호법 연구에 대한 가설적 편의를 메타분석 한 결과 가설적인 설정에서의 가치평가가 비가설적 실제 상황보다 중간값(Median)이 1.35배 높게 나타남을 제시했다. 펜과 후(Penn and Hu, 2018)는 진술선호법에 의한 지불의사액의 평균과 중간값이 실제 가치평가보다 2.29배, 1.39배 높게 나타난다고 결론지었다. 큐밍스, 해리슨, 루트스트롬(Cummings, Harrison and Rutstrom, 1995)은 <그림 4-2>에서 보는 바와 같이 가설적 편의로 인해 가설적 질문과 실제 질문에 대한 구입 비율에 큰 차이가 있음을 보여준다. 소비자의 구입의사를 묻는 단순 질문에 있어서 주스기는 가설적 질문에서 41%의 구입 의사를 보인 데 비해 비가설적 실제 질문에서는 11%의 구입의사를 보였다. 따라서 가설적 평가방법은 신상품에 대한 가격과 생산을 결정하고, 판매액을 예측하는 데 부정확할 수 있다.

가치도출실험(Value elicitation experiment)이란 변수 간의 인과관계를 분석하기 위한 통제된 실험디자인을 통해 체계적으로 자료를 수집하고, 한계효과를 분석하기 위한 다른 조건은 일정하다(Ceteris paribus)는 조건[16]을 부여하는 방법이

---

15) 메타분석(Meta analysis)이란 특정 주제의 기존 실증연구 결과를 수집한 후 연구 결과가 동질적인지 이질적인지를 통계적으로 분석하는 연구방법이다.

16) 경제학의 기본가정으로 '다른 모든 조건이 동일하다면'이라는 의미의 라틴어이다.

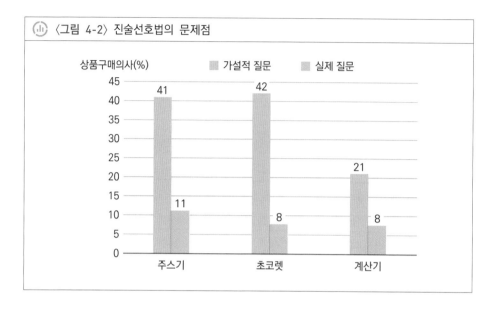

〈그림 4-2〉 진술선호법의 문제점

다. 가치도출을 위한 경제적 실험은 개개인이 본인들의 선호를 진실하게 드러낼 유인을 제공하는 선호도출 방법이다. 입찰자에게 있어서 우월한 전략(Dominant strategy)은 다른 입찰자들의 입찰 전략과는 무관하게 자신의 진정한 가치를 반영한 입찰가를 제시하는 것이다.

경제학자들은 개인들의 지불의사액을 알아보기 위해 비가설적 실험을 실행해 왔다. 딩, 그루월, 리치티(Ding, Grewal and Liechty, 2005)는 동기유발 메커니즘이 통상적인 가설적 가치도출 메커니즘보다 정확하게 신상품의 가치를 평가하고, 개인의 잠재적인 구매를 예측할 수 있음을 보였다. 개인들의 우월전략이 상품에 대한 진실된 선호를 드러나게 한다면, 가치도출 메커니즘은 동기유발적이다.

경제적 가치평가방법은 〈그림 4-3〉에서 종합적으로 비교할 수 있다. 헤도닉가격 모형, 여행비용법과 같은 현시선호법은 간접적이지만 실제 가치를 도출해 경제적 결과가 있지만, 실험과 같이 연구자가 가치평가를 통제할 수 없다. 시장에서의 추출된 비실험자료의 약점은 연구자가 통제할 수 없는 통합자료(Aggregate data)라는 것이다. 통합자료는 내생성(Endogeneity) 문제 외에 측정오류(Measurement error)로 인하여 인과관계를 밝히기 어렵다. 실험경매 등 가치도출 실험은 연구자가 통제 가능하며 실제 시장과 유사한 경제적 결과를 얻을 수

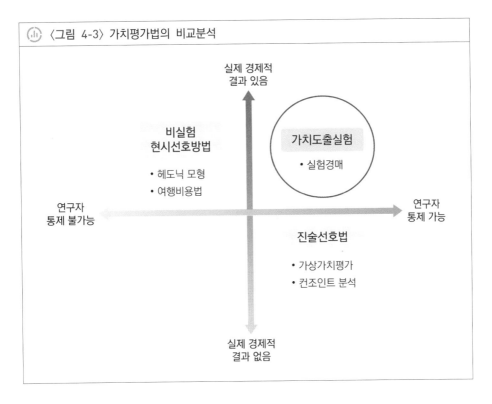

〈그림 4-3〉 가치평가법의 비교분석

있다. 반대로 가상가치평가와 컨조인트 분석과 같은 진술선호법은 연구자가 통제는 가능하지만, 진술에 의존하므로 실제 시장 경제행위와 다른 결과가 나타날수 있다. 따라서 경제학에서도 연구자가 통제할 수 있고, 반복할 수 있어서 경제이론을 검정할 수 있으며, 가설적 시장이 아니라 실제 경제적 결과를 가져오는실험이 널리 활용되고 있다.

종합적으로 볼 때 현시선호법에 의한 전통적인 가치평가는 가격, 관찰된 행동, 경제 모형들을 사용하여 재화의 특성과 비시장재의 가치를 추정한다. 헤도닉가격법, 여행비용법은 실제 시장에 존재하는 자료를 활용하여 간접적으로 비시장재(폐 공기의 질, 동물복지 우유 등)의 가치를 추정한다. 비가설적 가치평가를위해 현시선호법으로 실험이 활용되고 있다. 시장과 유사한 상황을 실험실 실험이나 현장실험을 통해 설정하고 비시장재와 신상품의 가치를 추정한다. 특히 신상품의 가치를 추정하기 위해서 실험경매가 널리 활용되고 있다. 실험경매는 피실험자가 입찰과정에서 비시장재인 신상품에 대해 자신의 진실된 선호를 표현할 유인을 제공함으로써 신상품의 가치를 평가한다. 실험경매는 응용경제학은 물론 마케팅 분야에서 신상품의 가격 결정을 위해 활용되고 있다.

제5장

가설적
가치평가

실험경제학과 경제적 가치평가 Experimental Economics and Economic Valuations

제1절 진술선호법

진술선호법(Stated preference methods)은 설문조사의 응답을 이용하여 신상품이나 비시장재에 대한 경제적 가치를 추정한다. 진술선호법은 크게 가상가치법(Contingent valuation)과 선택실험법(Choice experiment)으로 나누어진다. 가상가치법은 응답자에게 특정 비용으로 제안된 변화에 대한 찬성, 반대 의견을 묻는다. 선택실험법는 상품을 구성하는 여러 속성과 속성의 수준으로 구성된 선택대안에 대한 응답자의 선호를 묻는 방식이다. 가상가치법은 비시장재의 전체 가치를 평가하고, 선택실험법은 상품을 구성하는 속성을 기반으로 가치를 평가한다. 진술선호법은 직접적으로나 간접적으로 현시선호 자료를 이용할 수 없을 때 사용된다. 진술선호법을 이용해 비시장재와 신상품의 사용가치와 비사용가치[1]를 추정하고 사회적 후생분석에 활용한다. 진술선호법을 활용한 비시장재의 가치평가는 1989년 엑손 발데즈(Exxon Valdez) 호의 기름유출에 대한 피해평가로 인해 논란이 되었고, 널리 알려지게 되었다. 진술선호법에 대한 학문적 논쟁이 계속되어 2012년 미국 경제학회인 Journal of Economic Perspectives에 3편의 논문이 게재되었다(Carson, 2012; Hausman, 2012). 진술선호법에 관한 논쟁은 피실험자들이 실험 환경에서 실제와 다르게 행동하는 가설적 편의로 인하여 이 방법을 활용한 의사결정을 신뢰할 수 있는가에 초점이 있다. 하지만 시장 자료가 존재하지 않는 비시장재의 가치평가를 위해서 진술선호법이 지속적으로 활용되고 있다.

---

[1] 비사용가치(Non−use value)는 재화의 본연적 존재가치(Existence value)와 다른 사람과 미래 세대의 사용에 따른 유산가치(Bequest value)이다. 존재가치는 내가 직접 볼 수 없더라도 지리산에 반달곰이 생존한다는 자체가 주는 효용이다. 비사용가치는 수동적 가치(Passive−value)로도 불린다.

진술선호법의 장점으로는 어떤 상품과 서비스도 구매, 판매할 수 있는 가상의 시장을 만들 수 있다는 것이다. 단점으로는 첫째, 가설적 편의(Hypothetical bias)로서 응답자들이 가상의 상황임을 인지하여, 실제 상황에서 그들이 지불할 금액보다 높은 지불의사액을 제시하는 것이다. 둘째, 항의입찰(Protest bid) 또는 제로 입찰(Zero bid)을 들 수 있다. 즉, 입찰에 전혀 관심이 없거나, 또는 입찰에 대한 항의로 입찰을 하지 않는 것이다. 예를 들면 특정 비시장재(예 공기)에 대한 선호와 지불의사액에 대한 질문을 받은 응답자가 "왜 인간으로서 정당한 소유권이 있는 공기에 대해 비용을 지불하는가?"와 같이 항의하는 것이다.

진술선호(Stated preference)에서는 5가지 질문 형식이 사용된다. 첫 번째 질문 형식은 개방형 가상질문이다. 예를 들어, "1리터 귀리우유에 대해 (XXX)원을 지불할 의향이 있으십니까?"와 같은 질문이다. 개방형 가상질문은 응답자가 직접 금액을 적어야 하므로, 상품의 가치평가를 위해 많은 인지적 노력을 기울여야 하기 때문에 응답률이 낮은 문제점이 있다.

두 번째 질문 형식은 가장 자주 사용되는 질문형식으로 '예, 아니오' 식의 찬반을 묻는 투표방식 질문이다. 응답자는 제시된 지불의사액에 대해 '예 또는 아니오'로 양분 선택하는 폐쇄형 질문(Close-ended question)에 답변한다. "1리터 귀리우유에 대해 4,000원을 지불할 의향이 있습니까?"와 같은 질문이다. 가장 간단한 형태의 투표방식 질문은 사람들이 생각하는 가치에 대한 상한에 대한 질문('아니오'로 예상)이나, 하한에 대한 질문('예'로 예상)으로 구성된다. 이와 같은 종류의 질문들은 실제 투표 방식과 유사하기 때문에 투표 질문(Referendum questions)이라고도 불린다.

세 번째 질문형식은 가상활동(Contingent activity), 또는 가상행동(Contingent behavior)에 관한 질문이다. 이 질문방식은 응답자가 상품의 특성이나 속성의 변화에 대응하여 자신들의 행동을 어느 수준에서 바꿀 것인지에 대해 질문을 받게 된다. 예를 들면 기름 유출에 따른 해변의 수질오염 피해를 측정하기 위한 조사에서 "유출된 기름이 전혀 검출되지 않은 해변을 1년에 몇 번 방문하시겠습니까?"라는 질문을 하는 것이다.

네 번째 질문형식은 간접적인 진술선호법으로 응답자에게 속성의 묶음

(bundle)으로 구성된 상품의 순위(ranking)를 결정하도록 하여 속성의 가치를 평가하는 컨조인트 분석(Conjoint analysis)이다. 상품 속성 중 하나로 가격이 있다면, 다른 속성의 가치를 도출할 수 있고, 다양한 속성과 속성 수준으로 구성된 상품의 선호를 결정할 수 있다. 예를 들어 과일 주스에 대한 선택과 순위를 조사한다고 가정하자. 순위를 매길 상품의 속성으로 과일은 오렌지, 사과, 포도 3종류, 가격은 4,000원, 5000원, 6000원 3종류, 원산지는 국내산, 수입산 2종류라고 하자. 과일, 가격, 원산지로부터 과일 주스는 각기 특성이 다른 18개(3x3x2＝18)의 과일 주스 조합이 구성된다. 응답자에게 18개 과일 주스 조합의 선호도를 순위로 매기도록 하는 것이다. 이 접근법은 컨조인트 분석(Conjoint analysis), 또는 속성기반 진술선택(Attribute－based stated choice)이라고도 한다. 컨조인트 분석은 응답자에게 속성의 조합인 가상의 상품에 대한 선택과 순위를 표현하도록 하지만, 지불의사액을 직접적으로 질문하지 않는다. 응답자가 지불의사액을 직접적으로 제시하지 않고, 특성의 조합으로 구성된 상품을 손쉽게 선택할 수 있다. 컨조인트 분석은 지불의사액 한 개에 대한 선택이 아닌 다양한 속성의 조합으로 구성된 상품에 대한 응답자들의 선호 순서를 알 수 있다.

다섯 번째 질문형식은 선택실험법의 질문이다. 응답자에게 다양한 속성과 속성의 수준으로 구성된 다수의 상품조합을 제시하고, 각 상품 조합에 있어서 2～3개의 상품옵션 중 하나를 선택하도록 하는 질문형식이다. 컨조인트 분석에서는 상품조합에 대해 순위를 결정하기가 쉽지 않기 때문에 선택실험법이 널리 사용된다.

진술선호법은 가상상황에서 설문조사를 통해서 비시장재의 가치를 평가하므로 상대적으로 용이한 방법이다. 그러나 응답자의 실제 행위가 아닌 진술에 의존하므로 얼마나 정확하게 소비자 선호와 대상 상품이나 비시장재의 가치를 평가할 수 있는지에 대해 회의적이다. 하지만 현시선호법(Revealed preference method)과 진술선호법(Stated preference method)은 각기 서로 다른 강점과 약점이 있으므로 두 접근 방식을 보완적으로 활용하고 있다. 특히 예산과 시간 제약 하에서 응답자들의 가설적 편의를 줄이고 진실된 지불의사액을 알기 위해서 현시선호법과 진술선호법을 연계하여 분석하기도 한다.

제2절 가상가치법

가상가치법(Contingent valuation methods)은 설문조사를 통해 가상의 신상품 또는 비시장재에 대한 응답자의 선호와 가치를 추정하는 방법이다. 가상가치법의 설문조사 방식은 공공정책과 관련하여 시행되는 설문조사와는 상이하다. 가상가치 설문 조사의 특징을 살펴보면 다음과 같다. 첫째, 가상가치법 설문조사에 있어서 핵심은 관심 상품에 대한 상세한 설명이다. 둘째, 상품에 대한 응답자의 선호를 파악하는 설문조사이므로 통상적인 여론조사보다 포괄적이고, 광범위한 조사이다. 셋째, 가상가치 평가 설문조사는 상품 가치에 대한 화폐적 금액을 질문한다. 현재 해당 상품을 소유하고 있지 않지만, 이 상품을 소유하기 위해서 최대 얼마까지 지불할 의사(Willingness to pay: WTP)가 있는지, 또는 현재 소유하고 있는 상품을 포기하는 대가로 최소 얼마까지 받을 것인가에 대한 수용의사(Willingness to accept: WTA)를 질문한다.

전형적인 가상가치법은 6가지 항목으로 구성된다. 1) 가치평가 주제에 대한 소개, 2) 상품에 대한 사전 지식과 태도에 대한 질문, 3) 가상가치조사에 대한 시나리오를 제시한다. 즉, 가상의 프로젝트(신상품)의 목표와 더불어 프로젝트를 어떻게 실행(판매)하고, 자금을 조달할 것인지, 프로젝트가 실행되지 않으면 무슨 일이 생길 것인지에 대해 설명한다. 이 과정은 비시장재의 가치평가를 위한 환경경제 분야에서 중요하다. 4) 응답자들에게 비시장재나 신상품에 대한 지불의사액 또는 수용의사액에 대해 질문한다. 이는 마케팅, 식품경제학, 보건경제학연구에 많이 활용된다. 5) 응답자들이 가상가치 시나리오를 잘 이해하고 있는지확인하는 데 도움이 되는 후속 확인 질문이다. 이 질문을 통해 응답자가 제시한지불의사액에 대한 신뢰도를 검증할 수 있고 가설적 편의를 해결하는 데 활용한다. 6) 응답자에 대한 인구통계학적 질문으로 구성된다.

1. 가치추출방식[2]

(1) 입찰게임 방식

입찰게임 방식(Bidding game format)의 가치 추출은 "특정 상품에 대해 얼마나 지불할 의향이 있습니까?"를 생각해 볼 수 있다. 만약 응답자가 특정 금액을 지불할 의향이 있느냐는 질문에 대해 '예'라고 응답하면 다음 질문은 제시되었던 금액보다 더 높은 금액을 제시하는 형식이 반복된다. 응답이 '예'에서 '아니오'로 바뀌거나 '아니오'에서 '예'로 바뀌는 지점까지 질문이 반복되며 이런 과정을 통해 최종적으로 응답자의 최고 지불의사액이 결정된다. 이 방식의 문제점은 입찰게임 초반에 제시된 초기 입찰가가 최종지불의사액에 상당한 영향을 미칠 수 있다는 것이다. 즉, 초기 입찰가에 의해 지불의사액이 좌우되는 출발점 편의(Starting-point bias)나 정박편의(Anchoring bias) 문제가 발생한다. 인간은 심리적으로 처음 제시된 금액에 의해 최종의사결정이 영향을 받기 때문에 출발점 편의나 정박편의가 발생한다.

(2) 개방형 질문

정박편의를 해결하기 위해서 연구자들은 간단한 방법들을 사용해왔다. 예를 들면 "귀리 우유를 구매하기 위한 지불의사액은 얼마입니까?"라고 직접적으로 금액을 묻는 개방형 질문(Open-ended question)이다. 하지만 개방형 질문은 손쉽게 설문할 수 있지만, 아무런 도움이나 정보없이 응답자가 소비한 경험이 없는 귀리 우유에 대해 지불의사액을 제시하려면 머리를 많이 써야 하고 상대적으로 긴 시간이 소요된다. 그 결과 가상가치법의 개방형 질문을 받은 다수의 참여자가 질문에 답하지 않거나, 이에 대한 항의로 지불의사액을 0(제로)원으로 답변(Zero response)[3]하는 단점이 있다.

---

2) 가설적 가치평가에 의한 가치추출방식(Value elicitation format)은 미첼과 칼슨(Mitchell and Carson, 1989) 이후 다양한 연구가 이루어졌다.

3) 응답자들이 개방형 질문에 대한 항의로서 실제 지불의사가 있지만 지불의사액을 0(제로)원으로 제시하는 것이다.

(3) 지불카드방식

연구자들은 답변하기 어려운 개방형 질문의 단점을 해결하기 위해 <표 5-1>과 같은 지불카드방식(Payment card)을 사용해왔다. 이 방식은 피실험자들에게 일정 금액의 범위를 제시하고 지불의사액을 선택하도록 하는 방식이다. 지불카드 방식을 통해 도출된 지불의사액은 지불카드에 적힌 다양한 가격 분포의 평균값으로 해석될 수 있다. 지불카드 방식은 조사자가 응답자들에게 지불카드를 제시하고, 카드에 적힌 각각의 가격에 대해 지불의사가 있는지를 일일이 묻는 식으로 진행된다(Wang and Whittington, 2005).

〈표 5-1〉 지불카드 1

0원	310~400원
10~100원	410~500원
110~200원	510~600원
210~300원	610원 이상

지불카드방식은 개방형 질문보다 인지 부하가 적으면서도 응답하기 용이하고 폐쇄형 질문에 의한 이산선택의 통계분석에 따른 비효율성을 낮출 수 있다는 것이 장점이다. 단점으로는 지불의사액 측면에서 임의적으로 상한과 하한을 설정함으로써 발생하는 범위 편의(Range bias)와 주어진 범위 내에서 중간 값을 선택하는 중심 편의(Centering bias)가 발생할 수 있다. 두버그 외(Dubourg et al., 1997)와 베이트만(Bateman, 2003)은 높은 상한값을 갖는 지불카드는 높은 평균값과 높은 중간값을 유도할 수 있음을 보였다. 또한 지불의사액 지불카드가 제시되는 순서가 낮은 금액에서 높은 금액으로인지, 또는 높은 금액에서 낮은 금액인지에 따라서도 결과가 달라질 수 있다. <표 5-2>는 지불의사액의 범위가 20원(예 10~30원, 140~160원)에서 30원(예 70~100원, 170~200원), 90원(310~400원, 400~490원)과 같이 다양하게 분포되면서 범위 편의가 발생할 가능성을 보여주고 있다.

〈표 5-2〉 지불카드 2

0원	110~130원	310~400원
10~30원	140~160원	400~490원
40~60원	170~200원	500원 이상
70~100원	210~300원	

(4) 확률적 지불카드방식

시장에는 불확실성이 존재하고, 개인별 상품의 가치는 해당 상품의 대체재와 보완재의 가격에 의해 영향을 받는다. 상품에는 불확실성이 존재할 수 있고, 가치추출에 있어서 지불의사액에 대한 불확실성도 고려할 수 있다. 왕 외(Wang et al., 2005)는 확률적 지불카드방식(Stochastic payment card)을 <표 5-3>과 같이 고안하였다. 확률적 지불방식은 응답자가 제시된 가격에 대한 지불의사를 확률로 답변함으로써 많은 데이터를 구축할 수 있다는 장점이 있다. 반면 단점은 실험자가 확률적 지불카드방식을 피실험자들에게 설명하기 힘들다는 것과 피실험

〈표 5-3〉 확률적 지불카드

가격(원)	매우 그렇다 (100%)	그렇다 (75%)	보통이다 (50%)	아니다 (25%)	전혀 아니다 (0%)
0	○				
50	○				
100		○			
150			○		
200				○	
300					○
400					○
500					○

자는 너무 많은 질문에 답해야 하므로 확률적 지불카드 작성에 있어서 어려움을 겪을 수 있다는 것이다.

(5) 무작위카드분류

무작위 카드분류(Randomized card sorting)는 각각의 금액을 각기 다른 카드에 적어 제시한다. 앞서 살펴본 지불카드방식에서 모든 금액을 한 장의 카드에 적은 것과는 대조된다. 응답자에게 카드를 섞어 놓은 후 무작위로 한 장씩 뽑을 것을 요청한다. 그 후 응답자는 카드를 제출할 때 본인이 지불했을 금액과 절대 지불하지 않았을 금액, 지불했을지 여부가 불분명한 금액, 이렇게 세 가지로 카드를 분류한다.

무작위카드분류 방식은 선택할 수 있는 금액이 많아 다소 복잡했던 지불카드 방식을 일련의 "구매하든지, 구매하지 않든지(Take it or leave it)"의 선택으로 단순화한다. 이로써 신상품이나 비시장재에 대한 가치평가 작업을 명료하게 하고, 응답자들의 실험 참여를 증대시킨다. 또한, 응답자들에게 가치평가의 범위를 명시적으로 제시하지 않기 때문에, 범위 편향의 문제가 줄어들 수 있고, 초기값 편의(Starting bias)도 줄일 수 있다. 이는 응답자들이 다양한 금액이 적혀 있는 카드들을 섞음으로써, 무작위로 첫 번째 카드를 선택하면, 이 값이 어떤 특별한 의미가 존재하지 않음을 응답자들에게 인지시킬 수 있기 때문이다.

(6) 폐쇄형 질문

a) 단일양분선택질문

응답자에게 한 번 단일양분선택질문(Single bounded question)을 하는 것이다. "만약 당신이 관심 있는 상품의 가격이 XXX원이라면, 이 상품을 구매하겠습니까?"에 대해 "예와 아니오"로 답변하게 한다. 응답자들에게 무작위로 지불의사액이 제시되기 때문에 상품의 가치평가는 응답자별로 차이가 있다. <그림 5-1>은 응답자에 대해 무작위로 제시된 지불의사액에 대한 구입 확률(예로 답할 확률)이다.

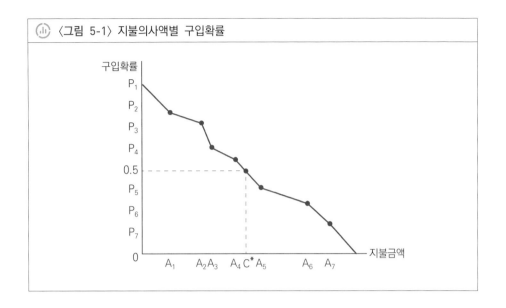

〈그림 5-1〉 지불의사액별 구입확률

b) 이중양분선택질문

1990년대 중반부터 연구자들은 비시장재 가치평가의 정확도를 높이기 위해 단일양분선택질문보다는 폐쇄형 이중양분선택질문을 사용하고 있다. 이중양분선택질문(Double bounded question)은 응답자가 첫 번째 양분선택질문에서 제시된 지불의사액(X)에 지불할 의사가 있다고 '예'라고 답했을 경우, 두 번째 양분선택질문에서 첫 번째 제시된 금액의 두 배(2X)의 지불의사액을 지불할 의사가 있는지 질문한다. 만약 응답자가 첫 번째로 제시된 지불의사액에 지불할 의사가 없다고 '아니오'라고 답했을 경우, 첫 번째 지불의사액의 절반(0.5X)을 지불할 의사가 있는지 질문한다. 이중양분선택질문은 단일양분선택질문에 비하여 통계적으로 효율적이고, 비시장재화의 가치를 보다 정확하게 추정할 수 있다(Hannneman, 1991).

(7) 선택실험

선택실험(Choice experiment)은 응답자들에게 여러 가지 상품 대안 중 하나를 선택하도록 하는 방식이다. 예를 들면 각각의 제품들과 해당 제품들의 속성을 제시한 뒤, 이들 제품 중 어떤 제품을 선호하는지를 선택하는 형식이다. 이 방법의 가장 큰 장점은 실험자들이 개별 상품들의 속성 변화가 응답자들의 선택에 얼마만큼 영향을 주는지 추정할 수 있게 할 뿐만 아니라, 개별 속성의 변화가 상품의 가치를 얼마나 변화시키게 되는지 추정할 수 있게 한다. 예로는 일반 우유와 유기농 우유의 비교에 있어 "유기농"이라는 속성의 한계 지불의사액을 추정하는 것이다.

선택실험에서 추가로 응답자들에게 각종 상품 대안들에 대해 순위를 매기게 하는 방식도 있다. 하지만 이 방법은 선택 대안과 속성이 늘어날수록 응답자는 순위를 매기기 어렵고, 이 과정에서 시간도 많이 소요되는 문제점이 있다. 따라서 대안이 너무 많다면, 응답자들에게 가장 선호하는 옵션(Best)과 가장 선호하지 않는 옵션(Worst)을 선택하도록 요청할 수 있는데, 이러한 접근법은 마케팅 관련 연구에서 널리 활용되고 있다.

2. 가상가치법 절차

신상품과 비시장재의 가치평가에 널리 활용되고 있는 가상가치법의 절차는 다음과 같다. 첫째, 조사목적에 맞는 적절한 가상가치평가 설문지를 작성한다. 사회경제적 조사에 적합한 가상의 재화와 서비스에 관련된 질문과 형식을 결정한다. 즉, 가상가치평가를 위해 개방형 질문을 할 것인지, 양분선택형 질문형식을 할 것인지, 지불의사액 또는 수용의사액에 대해 질문할 것인지를 결정한다. 둘째, 작성된 설문지에 대해 사전 테스트를 한다. 셋째, 사전테스트를 반영하여 최종 설문지를 작성하고, 가상가치 설문의 본조사를 실시한다. 넷째, 응답된 데이터를 수집·정리하고, 분석한다. 다섯째, 평균 또는 중간값 지불의사액이나 수용의사액을 계산한다.

가상가치법 순서에 따라 지불의사액 또는 수용의사액과 사회경제적, 인구통계학적 변수 간의 관계, 심리적, 행동적 변수 등이 응답자들의 지불의사액 및 수용의사액에 미치는 영향을 분석하기 위해 계량경제 분석을 한다. 계량경제 분석에는 폐쇄형 양분선택모형을 효율적으로 추정하기 위해서 오차항이 정규분포를 한다고 가정하는 프로빗(Probit) 모형, 오차항이 로지스틱 분포를 한다고 가정하는 로짓(Logit)모형을 이용하여 최대우도추정법(Maxium likelihood estimation)으로 추정한다. 개방형 질문에 의한 지불의사액에 있어서 제로(0), 음(−)의 값을 제외하고 양(+)의 값만을 이용하는 중도절단 자료(Censored sample)에 대해서는 일치추정치(Consistent estimator)를 얻기 위해 토빗(Tobit) 모형을 이용한다. 지불카드방식과 이중양분선택 질문으로 응답된 경우 지불의사액 분포가 최대지불의사액(우측)과 최저지불의사액(좌측)의 양쪽 측면으로 절단되었기 때문에 최종 지불의사액은 최대우도추정법을 활용한 구간회귀모형(Interval regression)을 통해 추정된다. 구간회귀모형은 표본분포의 양 측면이 절단된 절단회귀모형(Censored regression)의 일반화된 모형이다.

3. 가상가치법과 가설적 편의

가설적 편의(Hypothetical bias)는 가상가치법이 가상의 시장을 설정해 질문함으로써 응답자들의 답변이 그들의 실제 행동과 다를 때 발생한다. 이로 인해 가상가치법으로 추정된 비시장재의 가치는 의미가 없다.

가설적 편의는 수용의사액보다 지불의사액의 질문 형식을 사용했을 때 완화되어 비시장재의 가치평가에는 지불의사액이 보편적으로 이용되고 있다. 블루멘세인 외(Blumenschein et al., 2005)는 현장실험을 통해서 당뇨병 환자들에게 당뇨병 관리프로그램에 대한 지불의사액을 진술선호법과 현시선호법을 이용해 추정하고 이를 비교해 가설적 편의를 분석하였다. 이 연구의 현장실험 결과는 <표 5−4>와 같이 응답자들의 진술선호법의 지불의사액($42)이 현시선호가치($22)

〈표 5-4〉 당뇨병 관리 프로그램 지불의사액

현시선호법	$22
진술선호법	$42
값싼 대화 진술선호법	$44
확실성 후속질문 진술선호법	$20

보다 높게 나타나는 가설적 편의가 발견되었다. 진술선호법에서 값싼 대화 (Cheap talk)를 도입해도 당뇨병 관리프로그램의 추정된 가치($44)는 오히려 늘 어나 가설적 편의를 해결하지 못했다. 반면, 진술선호법에 의한 응답자의 지불 의사액에 대한 확실성을 후속 질문으로 문의하고, 확실성 답변을 이용해 추정된 지불의사액($20)은 현시선호가치와 유사해 가설적 편의를 해결할 수 있었다.

4. 가상가치법의 추정

가상가치법의 양분선택질문을 이용한 지불의사액에 대한 추정방법을 살펴보자. 첫째, 단일양분선택질문으로부터 지불의사액의 추정이다. 양분선택모델 (Dichotomous choice model)은 사전에 준비된 입찰금액에 대해 개별 응답자의 지불의사를 '예'와 '아니오'로 한번 문의한 단일양분선택 질문에 대한 답변이다. 사전에 준비된 입찰금액(t_i)은 무작위로 추출해 개별 응답자에게 제시된다. 식 (5-1)의 선형방정식을 추정하면 지불의사액을 추정할 수 있다.

$$WTP_i(x_i, u_i) = x_i\beta + u_i \qquad (5-1)$$

x_i는 설명변수의 벡터, β는 파라미터의 벡터, u_i는 오차항이다. 응답자는 자신의 지불의사액이 제시된 입찰금액보다 클 때, 즉 $WTP_i > t_i$일 때 해당 질문에 대해 '예'라고 답변할 것이다. 이 경우 설명변수의 값에 의해 긍정적인 답변이 관측될 확률은 식 (5-2)와 같다.

$$\Pr(y_i = 1 \mid x_i) = \Pr(WTP_i > t_i) \qquad (5-2)$$
$$= \Pr(x_i\beta + u_i > t_i)$$
$$= \Pr(u_i > t_i - x_i\beta)$$

만일 u_i가 정규분포 $N(0, \sigma^2)$을 따른다고 가정하면, 식 (5-3)을 도출할 수 있다.

$$\Pr(y_i = 1 \mid x_i) = \Pr(v_i > \frac{t_i - x_i\beta}{\sigma}) \qquad (5-3)$$

$$= 1 - \Phi\left(\frac{t_i - x_i\beta}{\sigma}\right)$$

$$= \Phi\left(\frac{x_i\beta - t_i}{\sigma}\right)$$

v_i는 표준정규분포 $N(0,1)$을 따르고, $\Phi(x)$는 표준누적정규분포이다. 이는 프로빗 모형과 비슷하다. 전통적인 프로빗 모형과의 차이점은 설명 변수 외에도 제시된 입찰금액인 변수 t_i가 있다는 것이다. 이 모형의 β와 σ^2은 최대우도추정법(Maximum likelihood estimation)에 의해 추정되며, 추정치를 이용해 식 (5−1)의 기대지불의사액을 추정한다.

둘째, 가상가치치법의 이중양분선택(Double−bounded dichotomous choice) 질문에 대한 답변 자료를 통한 응답자의 지불의사액 추정은 식 (5−4)와 같다. 지불의사액은 응답자의 관측가능한 특징 등 설명 변수(x_i)에 의해 영향을 받는다고 가정했다.

$$WTP_i = x_i\beta + \epsilon_i \qquad (5-4)$$

WTP_i는 개인 i의 관측할 수 없는 실질지불의사액(True WTP)이고, x_i는 설명변수 벡터, β는 파라미터 추정치 벡터, ϵ_i는 독립적으로 정규분포된 오차항이다. 이중양분선택질문을 사용할 경우 가능한 응답사례는 (예, 아니오), (예, 예), (아니오, 예), (아니오, 아니오)의 네 가지다. 이들 각각에 대한 확률은 다음과 같다. 응답자가 첫 번째 제시된 입찰금액(X원)에 대해 '예'로 답변했을 경우, 두 번째 입찰금액은 첫 번째 입찰금액을 2배(2X)로 제시된다. 응답자가 첫 번째 제시된 입찰금액(X원)에 대해 '아니오'로 답변했을 경우, 두 번째 입찰금액은 첫 번째 입찰금액의 0.5배(0.5X원)을 제시한다.

$Bid^{1}{}_i$와 $Bid^{2}{}_i$는 이중양분선택의 첫 번째와 두 번째 제시된 입찰 금액에 질문에 대한 답변이다. $\Pr(Bid^1_i = 1, Bid^2_i = 0 \mid x_i)$은 첫 번째 질문에 '예', 두 번째 질문에 '아니오'라고 답할 조건부 확률이다. t^1과 t^2는 각각 첫 번째와 두 번

째 입찰 금액이다.

$$\Pr(Bid_i^1 = 1, Bid_i^2 = 0 \mid x_i) \tag{5-5}$$

$$= \Pr(t^1 \le x_i\beta + \epsilon_i < t^2)$$

$$= \Phi\left(\frac{x_i\beta}{\sigma} - \frac{t^1}{\sigma}\right) - \Phi\left(\frac{x_i\beta}{\sigma} - \frac{t^2}{\sigma}\right)$$

$\Pr(Bid_i^1 = 1, Bid_i^2 = 1 \mid x_i)$은 두 입찰금액 질문에 모두 '예'라고 답할 조건부 확률이다.

$$\Pr(Bid_i^1 = 1, Bid_i^2 = 1 \mid x_i) \tag{5-6}$$

$$= \Pr(x_i\beta + \epsilon_i > t^1, \ x_i\beta + \epsilon_i \ge t^2)$$

$$= \Phi\left(\frac{x_i\beta}{\sigma} - \frac{t^2}{\sigma}\right)$$

$\Pr(Bid_i^1 = 0, Bid_i^2 = 1 \mid x_i)$은 첫 번째 질문에 '아니오'라고 답하고 두 번째 질문에 '예'라고 답할 조건부 확률이다.

$$\Pr(Bid_i^1 = 0, Bid_i^2 = 1 \mid x_i) \tag{5-7}$$

$$= \Pr(t^2 \le x_i\beta + \epsilon_i < t^1)$$

$$= \Phi\left(\frac{x_i\beta}{\sigma} - \frac{t^2}{\sigma}\right) - \Phi\left(\frac{x_i\beta}{\sigma} - \frac{t^1}{\sigma}\right)$$

$\Pr(Bid_i^1 = 0, Bid_i^2 = 0 \mid x_i)$은 첫 번째 질문에 '아니오', 두 번째 질문에 '아니오'라고 답할 조건부 확률이다.

$$\Pr(Bid_i^1 = 0, Bid_i^2 = 0 \mid x_i) \qquad\qquad (5-8)$$

$$= \Pr(x_i\beta + \epsilon_i < t^1, x_i\beta + \epsilon_i < t^2)$$

$$= 1 - \Phi\left(\frac{x_i\beta}{\sigma} - \frac{t^2}{\sigma}\right)$$

네 가지 입찰금액에 대한 답변 확률은 최대우도추정법을 활용하여 추정한다. 우도함수(Likelihood)를 최대화시켜주는 파라메터는 식 (5-9)와 같다.

$$\sum_{i=1}^{N} \pi_i^{yn} \ln\left(\Phi\left(\frac{x_i\beta}{\sigma} - \frac{t^1}{\sigma}\right) - \Phi\left(\frac{x_i\beta}{\sigma} - \frac{t^2}{\sigma}\right)\right) + \pi_i^{yy} \ln\left(\Phi\left(\frac{x_i\beta}{\sigma} - \frac{t^2}{\sigma}\right)\right) \qquad (5-9)$$

$$+ \pi_i^{ny} \ln\left(\Phi\left(\frac{x_i\beta}{\sigma} - \frac{t^2}{\sigma}\right) - \Phi\left(\frac{x_i\beta}{\sigma} - \frac{t^1}{\sigma}\right)\right) + \pi_i^{nn} \ln\left(1 - \Phi\left(\frac{x_i\beta}{\sigma} - \frac{t^2}{\sigma}\right)\right)$$

$\pi_i^{yy}, \pi_i^{yn}, \pi_i^{ny}, \pi_i^{nn}$ 는 개별 응답자의 답변 $0(n)$ 또는 $1(y)$의 값의 조합인 (예, 아니오), (예, 예), (아니오, 예), (아니오, 아니오)를 나타내는 지시변수이다. 최대우도추정법으로 β 와 σ^2를 추정하여 기대지불의사액을 추정한다.

제3절 컨조인트 분석

컨조인트 분석(Conjoint analysis)은 소비자의 선호를 정량적으로 추정하는 분석모형 중 하나이다. 전통적인 등급 설문조사(Traditional rating surveys)를 통해서는 상품을 구성하는 다양한 속성의 가치를 추정할 수 없다. 컨조인트 분석은 소비자가 어떻게 상품을 선택하는지 분석하고, 속성별 가치와 속성으로 구성된 상품의 선택에 따른 효용도 추정한다.

컨조인트 분석은 다양한 속성(Attributes)과 개별 속성의 수준(level)으로 구성된 상품조합에 대해 소비자가 선호하는 상품을 선택하는 것에 대해 분석한다. 컨조인트 분석으로 상품의 속성별 부분가치(Part-worths)를 추정하여 소비자가 선호하는 속성으로 구성된 신제품을 개발할 수 있다. 컨조인트 분석에 있어서 상품의 상표를 하나의 속성으로 구성하여 해당 상품의 시장점유율과 매출액도 예측할 수 있다. 컨조인트 분석을 위해서는 상품, 상품을 구성하는 속성, 개별 속성의 수준이 결정되어야 한다. 분석 상품에 대한 속성과 각각의 속성 수준이 많으면 응답자가 상품을 선택하기 어렵고, 적으면 현실과 괴리가 있어서 분석의 신뢰도가 낮다.

컨조인트 분석을 위한 설문 조사방법은 응답자들이 속성과 수준으로 구성된 모든 상품 조합을 평가하는 전체프로파일법(Full profile method), 서열비교법(Rank order)이 있지만, 선택할 상품조합이 많아질 경우 응답에 어려움이 있다. 이를 해결하고자 직교설계(Orthogonal design)를 이용하여 상품 조합의 수를 줄이는 부분요인설계법이 이용된다. 부분요인설계를 통하여 가상의 상품 조합의 수를 최소화하기 위해서는 SAS나 SPSS의 직교설계가 이용된다.

컨조인트 분석은 소비자들이 시장에 존재하는 수많은 상품에 대해 원하는 상품을 어떻게 선택하는지에 대한 시장조사 분석이다. 사람들은 매일 소비 의사결정과 상품 선택을 하고 있지만 이를 어떻게 결정하는지 모르고 있다. 예를 들면 소비자가 라면을 사는 데 있어서 상표, 속성(가격, 맛, 튀김 방식 등), 속성 수준 (맛: 매운 맛, 순한 맛; 튀김 방식: 기름, 공기) 등 여러 가지 요소를 고려한다. 건강 에 관심이 많은 소비자는 라면을 구입함에 있어서 가격보다는 튀김 방식, 나트 륨 함량 등 다른 속성에 중점을 둔다. 소비자가 상품 구매 시 어떤 속성을 중요 시하고, 어떤 속성을 고려하지 않는지를 컨조인트 분석을 통해 파악할 수 있다. 컨조인트 분석을 통해 기업은 소비자의 니즈에 맞는 신상품을 개발하고, 비교우 위가 있는 마케팅 전략을 수립하여 이윤을 높일 수 있다.

컨조인트 분석은 응답 분석(Response analysis)을 기반으로, 소비자의 구매 의 사결정을 추정하기 위한 설문 작성, 상품조합 디자인, 모형작업으로 구성된다. 가장 일반적인 선택기반 컨조인트 분석(Choice−based conjoint analysis)은 응답 자에게 속성과 속성 수준의 집합으로 이루어진 상품조합을 제시하며 응답자는 가장 구매하고 싶은 상품조합을 선택한다. 순위기반 컨조인트 분석(Ranking− based conjoint analysis)은 응답자들에게 제시된 상품조합에 대해 선호하는 순서 대로 순위를 결정하도록 요구하는데, 선택기반 컨조인트 분석보다 상품에 대한 응답자의 선호도를 잘 나타낸다고 평가된다.

컨조인트 분석은 다양한 속성과 속성의 수준으로 구성된 다양한 상품 조합 중 어떤 상품을 소비자가 선호하는지 연구하는 것이다. 이산선택 컨조인트 분석 (Discrete choice conjoint analysis)은 응답자들에게 어떤 상품을 선택할지를 간단 히 선택하게 하며, 속성으로 구성된 신상품에 대한 응답자의 선호를 평가한다. 상품 속성의 중요성(Attribute importance)은 부분가치(Part worths)인 개별 속성의 효용으로 나타난다. 속성의 부분 가치를 합하여 선택한 상품의 효용을 추정한 다. 상품의 프로파일(Profile)이란 상품의 속성 수준의 집합으로 응답자가 선택할 수 있는 상품조합이다. 컨조인트 분석은 시장에 출하되지 않은 신상품에 대한 응답자의 선택을 예측할 수 있으며, 시장점유율을 통해 비용편익분석에도 활용 할 수 있다.

컨조인트 분석의 유형으로는 선택기반 컨조인트 분석(Choice−based Conjoint) 과 적응적 컨조인트 분석(Adaptive conjoint analysis)이 있다. 선택기반 컨조인트 분석은 응답자들에게 실제 시장에서의 구매 행동을 실행토록 하는 방법으로, 가장 많이 쓰인다. 응답자들은 가격을 포함한 상품의 속성과 속성수준으로 구성된 상품조합 중 선호하는 상품을 선택한다. 적응적 컨조인트 분석은 속성의 개수가 많을 때 사용되는 방법으로 시장세분화 분석에 적합하지만, 상품의 가격을 결정하는 의사결정에는 적합하지 않다. 따라서 적응적 컨조인트 분석은 설문의 설계와 분석에 주의를 기울여야 한다.

컨조인트 분석은 시장에 신상품을 출하하고자 할 때 기존 상품 속성의 변화, 소비자의 선호하는 상품에 대한 이해, 상표(브랜드) 가치의 평가, 경쟁상품을 고려한 가격조정 등에도 활용될 수 있다. 선택기반 컨조인트 분석은 다항로짓모형(Multi-nominal logit model)을 활용하여 상품선택을 예측할 수 있다. 상품 조합에 따른 효용과 상품 속성에 대한 부분가치를 이용하여 응답자들이 어떤 상품의 속성을 선호하는지, 어떤 속성 수준으로 구성된 상품을 선호하는지 분석할 수 있다. 실제 모형의 추정은 응답자가 선택한 상품 조합과 상품 선호에 대한 순위에 따라 달라진다. 순위기반 컨조인트 분석에는 선형 회귀분석(Linear regression)이 적절하며, 선택기반 컨조인트 분석에는 다항로짓(Multinomial logit) 분석이 활용된다. 베이지안 컨조인트 분석으로는 계층적 베이지안 추정(Hierarchical Bayesian procedures)이 많이 활용되고 있다.

컨조인트 분석의 장점으로는 다양한 속성에 대한 개별 가치와 대체관계에 대한 추정과 응답자의 상품에 대한 선호를 추정할 수 있으며, 자신도 잘 알지 못하는 숨겨진 소비요인을 발견할 수 있다는 점이 있다. 이를 통해 소비자들의 요구를 반영한 상품 속성의 세분화를 진행할 수 있다. 단점으로는 컨조인트 분석은 설계가 복잡하고, 상품선택 조합이 많이 제시될 경우, 피실험자들이 신경을 많이 쓰지 않고, 간단히 답변함으로써 정확한 응답을 얻기 어렵다는 점이 있다. 컨조인트 분석은 상품의 포지셔닝(Product positioning) 연구에는 적합하지 않다. 이는 컨조인트 분석이 진술선호법의 일부이므로 실제 속성들에 대한 인식과 컨조인트 분석에서의 속성 인식이 다를 수 있기 때문이다. 또한 응답자들은 새로운 상품 범주에 대한 반응이나 태도를 연구자에게 분명히 표현할 수 없거나, 심각하지 않은 상품선택의 의사결정을 너무 깊게 생각하도록 강요받을 수 있다.

컨조인트 분석에 있어서 설계가 잘못된 연구는 감정이나 선호를 과대평가하거나 구체적 속성을 과소평가할 우려가 있다. 또한 구매한 상품의 숫자를 고려하지 않기 때문에, 시장 점유율에는 컨조인트 분석을 활용할 수 없는 단점도 있다.

마케팅 연구에 있어서 선택실험(Choice experiment)이 널리 활용되고 있다. 선택실험은 진술선호법의 한 방법이지만 실제 시장에서 소비자가 상품을 구입하는 환경을 유사하게 재현하여 가상의 상품에 대한 소비자 선택으로 소비자 선호도를 추정한다. 1980년대 이후 설문조사를 통한 진술선호를 기반으로 시장재와 신상품의 가치평가를 위해 가상가치법과 컨조인트 분석이 많이 활용되었다. 가상가치법은 상품의 속성들에 대한 가치 평가가 쉽지 않다. 컨조인트 분석에서는 가상순위법과 가상등급법이 많이 활용되었지만, 경제이론에 기반을 두지 않고 있으며, 상품을 구성하는 속성과 등급이 많아질수록 응답자의 선택오류가 커져서 과대평가하는 문제가 있다. 따라서 2000년대 들어서 비시장재의 가치평가에 있어서 선택실험법이 널리 활용되고 있다.

진술선호에 기초한 선택실험은 다양한 속성을 가진 상품을 소비자가 선택하고, 개별 속성에 대한 가치를 추정할 수 있다. 식품기업이 과일 주스를 개발한다고 할 때, 소비자들이 과일 주스의 어떤 속성을 선호하고, 이에 대한 가치를 얼마나 두고 있는지 알 수 있으면 상품개발과 시장개척에 도움이 된다. 선택실험도 소비자의 진술 선호에 기초한 가설적 가치평가임에도 많이 활용되고 있다. 그 이유는 무엇일까? 현시적 선호에 기반을 둔 경제적 실험에서는 실험 대상인 모든 상품이 피실험자들이 실제로 선택할 수 있도록 사전에 준비되어야 한다. 하지만 실험을 위해 신상품이나 비시장재를 사전에 만들어 준비하는 것이 수월하지 않기 때문에 그 대안으로 선택실험(Choice experiment)을 이용한다. 즉, 실험을 수행할 때 실제 시장과 같이 다양한 속성과 수준의 상품과 대체품을 준비하기 어렵다.

예를 들면 유전자조작 사과와 비유전자조작 사과의 가치 비교, 공기의 질이나 자연공원의 개선 등에 관한 비가설적 실험을 위해 존재하지 않는 유전자조작 사과나 공기의 질과 같은 비시장재를 실험실로 만들어서 가져오기가 어렵다. 이와 함께 실험을 진행하는 데 드는 시간이나 피실험자를 모집하는 어려움과 이들에 대한 실험 참가의 기회비용을 참가비로 보상하는 금전적 비용도 부담이 된다. 선택실험에 관한 주요 연구를 살펴보면 러스크와 슈로더(Lusk and Schroeder, 2004), 알프네스(Alfnes, 2005), 요한슨－스텐만과 스베세터(Johansson－Stenman and Svedsater, 2008), 창 외(Chang et al., 2009)와 레디 외(Ready et al., 2010)의 연구에서는 가설적 선택실험과 비가설적 선택실험을 비교하여 가설적 선택실험에서 지불의사액이 과대 추정된다는 것을 보였다.

선택실험법은 실험참여자의 진술에 기반을 두지만 시장에서 소비자 행위와 유사하게 다양한 상품선택 조합에 대한 선택을 통하여 상품과 상품 속성의 가치를 평가한다. 선택실험법은 확률효용모형(Random utility model)에 이론적 기반을 두고 있고, 실험설계를 통해 구성한 실험 상품 선택조합에 대해 실험참여자가 선택하도록 한다. 선택실험법은 가격을 속성에 포함하여 다양한 속성들로 구성된 상품을 실험참여자에게 제시함으로써 속성별 한계지불의사액의 추정이 가능하고, 브랜드 간의 가격경쟁력 비교와 시장점유율도 추정할 수 있다. 하지만 선택실험법도 가설적 편의로 인하여 비시장재에 대한 지불의사액이 과다 평가되는 문제를 안고 있다.

선택 실험(Choice experiment)에서 피실험자들이 선호하는 상품을 선택하는 행위는 소비자가 실제 시장에서 구매행위를 하는 것과 유사하므로 실험에 참여하는 피실험자들 모두가 쉽게 이해하고 참여할 수 있다. 한 소비자가 슈퍼마켓에서 식품을 구입하는 경우를 생각해 보자. 소비자는 <그림 5－2>와 같이 감자칩, 스팸, 토마토를 구입하고자 한다. 소비자는 예산 제약하에서 최대 지불의사액과 가격을 비교한 후 본인의 효용을 극대화하는 식품을 구입할 것이다. 소비자가 감자칩 구입을 결정했다면, 포카칩, 포테토칩, 수미칩 중에서 감자칩의 속성인 감자 종류(대서, 수미), 중량, 가격 등을 고려해 이들 중 하나를 구입한다.

기업은 소비자가 어떤 상품을 좋아하는지, 특정 상품을 다른 상품보다 선호하게 되는 이유와 소비자들이 어떤 속성에 가장 큰 가치를 두는지를 알고 싶어

〈그림 5-2〉 시장에서 소비자 선택

당신의 지불의사액은?

당신의 지불의사액은?

당신의 지불의사액은?

2,800원

2,980원

3,100원

한다. 기업은 시장에서 경쟁력 있는 상품이 무엇이며, 다양한 속성과 속성 수준으로 구성된 다양한 상품 중 어떤 상품을 소비자들이 가장 선호하는지에 관심이 있다. 선택실험은 실험 참여자가 다양한 상품 중에서 상품의 속성과 속성 수준으로 구성된 다양한 상품 중 선호하는 상품을 선택하도록 한다. 이를 통해 기업이 소비자들의 잠재적인 필요를 충족시키는 새로운 상품이나 서비스를 개발하는 데 도움을 준다.

상품의 속성은 크기, 색상, 유통기한, 가격 등 상품의 일반적인 특징이다. 상품 속성은 다양한 속성의 수준으로 세분된다. 예를 들면 사과 속성 중 하나가 크기일 때 크기의 속성 수준은 특, 대, 중, 소 4가지 수준이다. 상품의 속성과 속성 수준의 선정은 문헌 조사, 전문가 의견, 사전 조사를 통해서 결정된다. 즉, 피실험자는 실제 상품을 구매할 때와 같이 속성과 속성 수준으로 구성된 다양한 상품 중에서 가장 선호하는 상품을 선택한다. <그림 5-3>의 선택실험에서는 주스를 3가지 속성인 과일 종류, 유통기한, 가격으로 구성했다. 해당 속성들의 수준(Level)은 서로 독립적이며 상호 배타적(Mutually exclusive)이다. 속성의 수준은 일정 범위 내 모호하지 않고 객관적이어야 하며, 일반적으로 2~5개 수준이

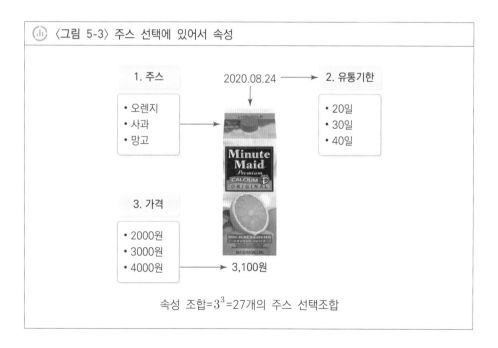

〈그림 5-3〉 주스 선택에 있어서 속성

〈그림 5-4〉 선택실험의 단계

1단계	상품 속성과 속성 수준의 식별
2단계	실험 설계의 구상
3단계	부분요인 설계
4단계	상품 선택 집합 구축

다. 상품의 속성에서 많은 수준을 고려하면 선택실험으로부터 소비자들의 선호에 대한 정확하고 많은 정보를 도출할 수 있다. 하지만 피실험자가 선택할 상품의 조합이 많아지는 차원의 저주(Curse of dimensionality) 문제가 발생한다.

상품 속성의 수준은 과일 종류, 색상처럼 정성적(Qualitative) 수준과 가격, 유통기간과 같이 정량적(Quantitative) 수준으로 구분된다. 주스의 3가지 속성은 각각 3가지 수준으로 나누었다. 과일 종류의 수준은 오렌지, 사과, 망고, 유통기한의 수준은 20일, 30일, 40일, 가격의 수준도 2,000원, 3,000원, 4,000원으로 구성하였다.

선택실험의 단계를 살펴보면 〈그림 5-4〉와 같다. 1단계는 실험 대상이 되는 상품을 선택하고, 상품의 선택을 결정하는 다양한 속성과 속성 수준을 식별한다. 상품 속성의 수준이 많을수록 소비자의 효용을 정확히 식별할 수 있다. 〈그림 5-5〉는 상품의 속성이 하나일 경우 속성 수준이 많아질수록 볼록한 (Convex) 효용함수의 도출이 가능함을 보여준다. 속성 수준이 3개 이상이면 선형 효용함수에서 벗어나지만, 속성 수준이 너무 많으면 선택조합이 복잡해지므로 적정 속성 수준을 결정해야 한다. 2단계에서는 실험을 설계한다. 실험 설계에서는 모든 선택 요인을 포함한 완전요인설계(Full factorial design)을 이용해 실험을 검토한다. 상품의 속성과 속성 수준의 수를 고려해 완전요인설계의 효율성

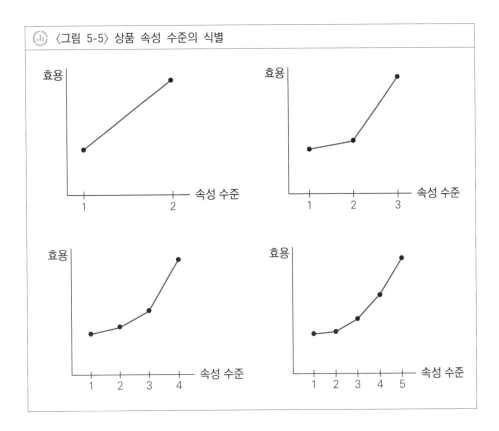

〈그림 5-5〉 상품 속성 수준의 식별

과 부분요인설계(Fractional factorial designs)의 실용성을 비교하여 선택한다. 이 단계에서는 상표를 속성에 포함할 것인가를 결정하고, 선택실험에 대한 함수형태를 설계하여야 한다. 상품의 효용함수를 속성 간 독립적인 선형함수로 둘 것인지, 속성 간의 상호효과(Interaction terms)를 고려할 것인지를 결정해야 한다. 3단계에서는 직교성(Orthogonality)을 고려한 부분요인 설계를 통해 응답자의 최종 선택조합을 최소화한다. 4단계에서는 상품선택집합을 최종적으로 선정한다.

상품 속성들과 각각의 속성에 해당하는 수준들이 결정되면, 실험을 설계해야 한다. 일반적인 실험 설계는 완전요인설계를 사용한다. 완전요인설계로 모든 속성의 수준을 이용해 설계한 상품조합은 <표 5-5>와 같다. 3개의 속성에 있어서 각각 3개의 속성 수준을 이용해 구성한 상품조합의 총 개수는 3의 세제곱 3×3×3인 27개가 된다. 속성 간의 상관관계가 없도록 직교로 배열되는 장점이 있다. 하지만 불필요한 선택조합이 실험 설계에 포함되어 피실험자들이 너무 많은 선택 질문에 답을 해야 하는 상황이 발생하는 단점이 있다. 예를 들면 5가지 속성에 각각 4개씩의 수준이 있다고 했을 때, 만들 수 있는 조합의 수는 4^5으로 1,024개가 된다. 따라서 선택조합이 너무 많은 완전요인설계를 사용하는 대신, 상품조합의 일부만을 선택실험에 사용하는 부분요인설계가 활용되고 있다. 부분요인설계도 완전요인설계처럼 속성 간 독립적인 직교 배열을 만족해야 한다. 직교성은 상품 속성들이 독립적이어야 한다는 즉, 속성 간 통계적 상관관계가 0이어야 한다는 것이다. 속성들이 직교성을 만족해야 하는 이유는 실험에 있어 혼동효과(Confounded effects)[4]를 피하기 위함이다. 반면 직교설계를 만족하지 못할 경우 상품을 구성하는 개별 속성들이 상호 연관되어 있어서 상품 선택에 미치는 개별 속성의 영향을 구분하기 힘들게 된다. 즉, 직교설계를 만족하지 못하면 다른 조건이 일정하다는 조건에서 특정 속성이 소비자 효용에 미치는 한계효용분석을 할 수 없다.

⟨표 5-5⟩ 완전요인설계

속성 수준들의 조합	주스	유통기한(일)	가격(원)
1	오렌지	20	2,000
2	오렌지	20	3,000
3	오렌지	20	4,000
4	오렌지	30	2,000
5	오렌지	30	3,000
6	오렌지	30	4,000
7	오렌지	40	2,000
8	오렌지	40	3,000

---

4) 혼동효과는 종속변수와 독립변수에 동시에 영향을 주는 교란변수(Compounding variables)에 의해 독립변수와 종속변수 간의 인과관계에 왜곡이 발생하는 것이다. 혼동효과를 통제하기 위해서 교란변수가 종속변수와 독립변수 간의 직교성을 만족해야 한다.

속성 수준들의 조합	주스	유통기한(일)	가격(원)
9	오렌지	40	4,000
10	사과	20	2,000
11	사과	20	3,000
12	사과	20	4,000
13	사과	30	2,000
14	사과	30	3,000
15	사과	30	4,000
16	사과	40	2,000
17	사과	40	3,000
18	사과	40	4,000
19	망고	20	2,000
20	망고	20	3,000
21	망고	20	4,000
22	망고	30	2,000
23	망고	30	3,000
24	망고	30	4,000
25	망고	40	2,000
26	망고	40	3,000
27	망고	40	4,000

　실험설계를 통해 상품 속성과 속성 수준으로 구성된 상품 조합을 ＜표 5-6＞과 같이 코드화한다. 선택실험은 컴퓨터 분석 작업을 위해 각각의 속성 수준에 대해 고유 번호를 할당하는 형식으로, 0, 1, 2, … 와 같은 숫자를 부여하는데 전체 속성의 개수(L)보다 1이 적은 수의 숫자(L−1)까지 고유 번호를 생성한다. 주스의 속성 중 과일 종류에서 오렌지 0, 사과 1, 망고는 2, 유통기한에서

〈표 5-6〉 주스 속성 수준의 코드화

과일 종류	유통 기한	가격
오렌지 → 0	20일 → 0	2,000원 → 0
사과 → 1	30일 → 1	3,000원 → 1
망고 → 2	40일 → 2	4,000원 → 2

20일 0, 30일 1, 40일은 2, 가격에서 2,000원 0, 3,000원 1, 4,000원 2로 코드화한다.

상품은 속성(Attributes)들과 속성 수준(level)들의 조합으로 결정된다. 소비자가 한 상품을 소비해서 얻는 총 효용은 개별 상품의 속성이 주는 부분효용 또는 부분가치(Part-worths)를 통해서 도출된다. 소비자가 얻는 주스의 총 효용은 과일 종류로부터 얻는 효용, 유통기한에 따른 효용, 가격에 따른 효용의 함수로 도출된다. 주스의 총효용함수는 개별 속성들의 효용이 어떻게 결합하여 총효용이 도출되는지를 규정한다. 효용함수의 선형 가산성(Additivity)을 가정하면 피실험자의 총 효용은 각각의 개별 속성에 따른 부분효용(가치)들의 합으로 구성된다. 즉, 총 효용은 주스의 과일 종류로부터 얻는 효용, 유통기한으로부터 얻는 효용, 가격으로부터 얻는 효용의 총합이다. 주스의 효용함수는 아래와 같다.

$$U = \beta_0 + \beta_1 Juice_i + \beta_2 Shelflife_i + \beta_3 Price_i \qquad (5-10)$$

U는 소비자의 총 효용이며, β_0은 고려되지 않은 속성들과 관련된 파라미터이다. β_1, β_2, β_3은 각각의 주스의 과일 종류, 유통기한, 가격의 가중치를 나타내는 파라미터이다. $\beta_1 Juice_i$, $\beta_2 Shelflife_i$, $\beta_3 Price_i$는 각각 주스의 과일 종류, 유통기한, 가격 속성들의 "i" 속성 수준에 대한 효용, 즉 속성 수준 i의 부분가치(Part-worths)를 나타낸다. 완전요인설계(Full factorial design)는 <표 5-7>에서 보는 바와 같이 모든 속성과 속성 수준을 0, 1, 2의 숫자로 코드화한 것으로 총 27개의 상품조합이 형성된다. 개별 소비자가 선택실험에 있어서 27번의 상품선택을 하기는 어렵다.

〈표 5-7〉 완전요인설계의 코드화

속성 수준들의 조합	주스	유통기한	가격
1	0	0	0
2	0	0	1
3	0	0	2
4	0	1	0
5	0	1	1
6	0	1	2
7	0	2	0
8	0	2	1
9	0	2	2
10	1	0	0
11	1	0	1
12	1	0	2
13	1	1	0
14	1	1	1
15	1	1	2
16	1	2	0
17	1	2	1
18	1	2	2
19	2	0	0
20	2	0	1
21	2	0	2
22	2	1	0
23	2	1	1

속성 수준들의 조합	주스	유통기한	가격
24	2	1	2
25	2	2	0
26	2	2	1
27	2	2	2

완전요인설계의 속성과 속성수준으로 구성된 27개의 상품 선택조합에서 그 갯수를 줄인 부분요인설계를 이용한다. 부분요인설계를 위한 직교설계 (Orthogonal design)는 <그림 5-6>, <그림 5-7>, <그림 5-8>, <그림 5-9>와 같이 SAS나 SPSS를 이용해 도출한다. 주스에 대한 부분요인설계는 완전요인설계의 27개 상품조합을 <그림 5-9>와 같이 직교조건을 만족하는 9개의 상품 선택 조합으로 줄였다. 상품조합을 줄이는 효율적인 설계를 위해서 속성 간 일반화된 분산을 최소화하는 D-효율성(D-efficiency)이 많이 활용되고 있다.

〈그림 5-6〉 SPSS를 이용한 직교설계

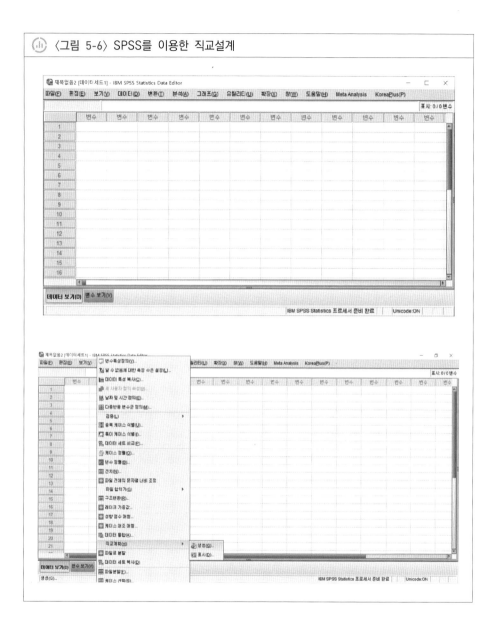

📊 〈그림 5-7〉 상품속성의 설정

직교계획 생성 ✕

요인이름(N): 가격
요인레이블(L): 가격

추가(A) 과일주스 '과일주스' (?)
변경(C) 유통기한 '유통기한' (?)
제거(M)

값 정의(D)

데이터 파일
◉ 새 데이터 세트 만들기(C)
　　데이터 세트 이름(D):
○ 새 데이터 파일 만들기(T)   파일(F)   C:\Users\s...\ORTHO.sav

☐ 난수 시작값 재설정(S)　　　　　　　　　　　　옵션(O)...

확인 붙여넣기(P) 재설정(R) 취소 도움말

직교계획 생성 ✕

요인이름(N): 과일주스
요인레이블(L): 과일주스

추가(A) 과일주스 '과일주스' (?)
변경(C) 유통기한 '유통기한' (?)
제거(M) 가격 '가격' (?)

값 정의(D)

데이터 파일
◉ 새 데이터 세트 만들기(C)
　　데이터 세트 이름(D):
○ 새 데이터 파일 만들기(T)   파일(F)   C:\Users\s...\ORTHO.sav

☐ 난수 시작값 재설정(S)　　　　　　　　　　　　옵션(O)...

확인 붙여넣기(P) 재설정(R) 취소 도움말

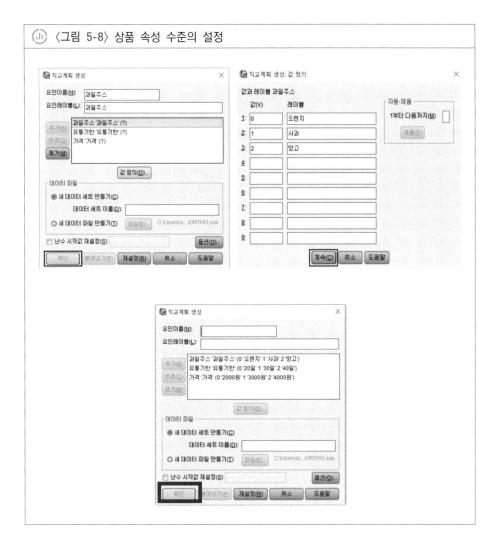

〈그림 5-8〉 상품 속성 수준의 설정

〈그림 5-9〉 SPSS 직교설계 최종 결과

파일(F)　편집(E)　보기(V)　데이터(D)　변환(T)　분석(A)　그래프(G)　유틸리티(U)　확장(X)　창(W)　도움말(H)　Met

1 : 과일주스　　　2.00

	과일주스	유통기한	가격	STATUS_	CARD_	변수
1	2.00	2.00	.00	0	1	
2	.00	1.00	2.00	0	2	
3	2.00	.00	2.00	0	3	
4	.00	2.00	1.00	0	4	
5	1.00	2.00	2.00	0	5	
6	2.00	1.00	1.00	0	6	
7	1.00	1.00	.00	0	7	
8	1.00	.00	1.00	0	8	
9	.00	.00	.00	0	9	
10						

속성수준의 상품조합	과일	유통기한	가격
1	0	0	0
2	2	2	0
3	0	1	2
4	2	0	2
5	0	2	1
6	1	2	2
7	2	1	1
8	1	1	0
9	1	0	1

선택실험에서 피실험자는 최소 두 개의 상품선택 조합을 비교해야 한다. 부분요인설계를 통해 9개의 상품 조합을 만들었다. 부분요인설계에서 만들어진 한 상품과 다른 상품 옵션을 비교하여 피실험자가 선호하는 상품 하나를 선택하는 과정을 9번 반복한다. 하지만 부분요인설계에서는 <표 5-8>에서 보는 바와 같이 단 하나의 상품선택 옵션(대안)이 생성되었기 때문에 두 번째 상품 선택 대안은 선택옵션 생성표를 활용해 만들 수 있다. 두 번째 상품선택 대안을 만들기 위한 선택옵션 생성표는 행렬의 모든 셀이 1이다. 첫 번째 상품 선택옵션의 행렬과 선택옵션 생성표 행렬을 합하면 상품 선택대안 2가 형성된다. 이렇게 생성된 상품 선택대안 2의 행렬에는 속성의 코드화에서 사용된 숫자 1, 2 이 아닌 3이 포함되어 있고, 0이 존재하지 않는다. 따라서 속성 코드화를 위해 <표 5-9>와 같이 숫자 3을 0으로 변환하여 상품선택 옵션 2를 생성한다. 피실험자는 상품 선택옵션 1과 2를 줄마다 비교하여 선호하는 상품을 선택한다.

〈표 5-8〉 선택조합의 생성 과정 1

선택옵션 1				선택옵션 2			
속성수준 조합	주스	유통기한	가격	속성수준 조합	주스	유통기한	가격
1	0	0	0	1	?	?	?
2	2	2	0	2	?	?	?
3	0	1	2	3	?	?	?
4	2	0	2	4	?	?	?
5	0	2	1	5	?	?	?
6	1	2	2	6	?	?	?
7	2	1	1	7	?	?	?
8	1	1	0	8	?	?	?
9	1	0	1	9	?	?	?

선택옵션 1				선택옵션 생성표				선택옵션 2		
주스	유통기한	가격		주스	유통기한	가격		주스	유통기한	가격
0	0	0		1	1	1		1	1	1
2	2	0		1	1	1		3	3	1
0	1	2		1	1	1		1	2	3
2	0	2	+	1	1	1	=	3	1	3
0	2	1		1	1	1		1	3	3
1	2	2		1	1	1		2	3	3
2	1	1		1	1	1		3	2	2
1	1	0		1	1	1		2	2	1
1	0	1		1	1	1		2	1	2

〈표 5-9〉 선택조합의 생성 과정 2

선택옵션 1		
속성수준 조합	유통기한	가격
0	0	0
2	2	0
0	1	2
2	0	2
0	2	1
1	2	2
2	1	1
1	1	0
1	0	1

선택옵션 2		
속성수준 조합	유통기한	가격
1	1	1
3	3	1
1	2	3
3	1	3
1	3	2
2	3	3
3	2	2
2	2	1
2	1	2

선택옵션 2		
속성수준 조합	유통기한	가격
1	1	1
3	3	1
1	2	3
3	1	3
1	3	2
2	3	3
3	2	2
2	2	1
2	1	2

선택옵션2 변경

1 → 1

2 → 2

3 → 0

선택옵션 2		
속성수준 조합	유통기한	가격
1	1	1
0	0	1
1	2	0
0	1	0
1	0	2
2	0	0
0	2	2
2	2	1
2	1	2

최종적으로 <표 5-10>에서 보는 바와 같이 숫자로 코드화한 속성 수준을 문자로 변환하여 소비자에게 선택할 수 있는 상품 옵션을 완성한다. 상품 선택 집합(Choice set)은 첫 번째 상품 선택옵션과 두 번째 상품 선택옵션의 짝으로 형성되는데, 피실험자가 선택하는 횟수는 직교 설계(Orthogonal design)의 행의 개수와 같게 된다.

〈표 5-10〉 최종 주스의 선택조합

선택 집합	선택 옵션 A				선택 옵션 B		
	주스	유통기한	가격		주스	유통기한	가격
1	0	0	0	vs.	1	1	1
2	2	2	0	vs.	0	0	1
3	0	1	2	vs.	1	2	0
4	2	0	2	vs.	0	1	0
5	0	2	1	vs.	1	0	2
6	1	2	2	vs.	2	0	0
7	2	1	1	vs.	0	2	2
8	1	1	0	vs.	2	2	1
9	1	0	1	vs.	2	1	2

선택 집합	선택 옵션 A				선택 옵션 B		
	주스	유통기한	가격		주스	유통기한	가격
1	오렌지	20일	2,000	vs.	사과	30일	3,000
2	망고	40일	2,000	vs.	오렌지	20일	3,000
3	오렌지	30일	4,000	vs.	사과	40일	2,000
4	망고	20일	4,000	vs.	오렌지	30일	2,000
5	오렌지	40일	3,000	vs.	사과	20일	4,000
6	사과	40일	4,000	vs.	망고	20일	2,000
7	망고	30일	3,000	vs.	오렌지	40일	4,000
8	사과	30일	2,000	vs.	망고	40일	3,000
9	사과	20일	3,000	vs.	망고	30일	4,000

선택실험에 있어서 피실험자가 원하지 않는 상품을 <표 5-11>과 같이 선택 집합(Choice set) 내에 있는 옵션 중 하나를 무조건 선택하라고 강요하면 소비자의 선호를 파악하는 데 오류를 범하게 된다. 따라서 "구입하지 않음"이나 "선택 사항 없음"과 같은 추가적인 옵션을 선택 집합에 포함하여야 한다. <표 5-12>는 피실험자에게 제시될 완전한 상품조합 카드의 하나이다. 선택실험을 위해서 피실험자는 선택 집합 1부터 선택 집합 9까지 9번 선호하는 주스를 선택하게 된다. 피실험자 대상으로 여러 번의 선택실험을 실행함으로써 상품에 대한 소비자의 선호를 정확히 파악할 수 있다.

〈표 5-11〉 불완전한 선택조합 카드

선택 집합 카드 1		
속성	옵션 A	옵션 B
주스	오렌지	사과
유통기한	20일	30일
금액	2,000원	3,000원
선택	( )	( )

선택 사항에 체크 표시를 해주세요.

〈표 5-12〉 완전한 선택조합 카드

선택 조합 카드 1			
속성	옵션 A	옵션 B	옵션 X
주스	오렌지	사과	구입하지 않음
유통기한	20일	30일	
금액	2,000원	3,000원	
선택	( )	( )	( )

선택 사항에 체크 표시를 해주세요.

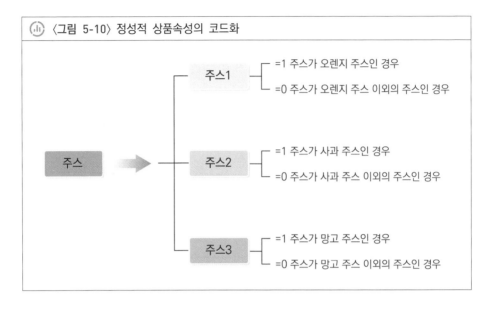

〈그림 5-10〉 정성적 상품속성의 코드화

주스

주스1
=1 주스가 오렌지 주스인 경우
=0 주스가 오렌지 주스 이외의 주스인 경우

주스2
=1 주스가 사과 주스인 경우
=0 주스가 사과 주스 이외의 주스인 경우

주스3
=1 주스가 망고 주스인 경우
=0 주스가 망고 주스 이외의 주스인 경우

　　〈그림 5-10〉과 같이 선택실험에 대한 피실험자의 상품 선택결과에 대한 자료를 통계적으로 추정할 수 있게 입력해야 한다. 상품의 정성적인 속성(주스의 과일 종류)에서 속성 수준이 L개가 있다면 L-1개의 속성 수준에 더미 변수를 이용함으로써 완전 다중공선성(Multicollinearity)[5] 문제를 피할 수 있다. L은 속성 수준의 개수를 나타내는데 주스에서는 과일 종류가 3종류이므로 L이 3이며 따라서 더미 변수는 2개를 사용해야 한다. 〈표 5-13〉에서 보는 바와 같이, 정성적 속성인 주스의 과일 종류는 3개의 더미변수 중 두 개의 더미 변수만을 포함하였다. 즉, 오렌지 주스를 선택할 경우 오렌지 1을 사과와 망고에는 0을 입력했고, 사과 주스를 선택한 경우 사과는 1을 오렌지와 망고에는 0을 입력했다. 아래 식에서 보는 바와 같이 오렌지 주스 1과 사과 주스 2의 더미변수를 포함하고, 망고 주스 3은 기본변수로서 절편(β_0)으로 파악된다. 즉, 망고주스일 때는 β_0이고 오렌지 주스는 $(\beta_0 + \beta_{11})$, 사과주스는 $(\beta_0 + \beta_{12})$이 과일 속성에 따른 효용에 대한 기여도가 된다.

---

5) 설명변수들이 독립이 아니고 서로 상관관계가 있어서 발생하는 통계적 문제로서 추정치의 효율성이 낮아진다. 설명변수의 특이행렬(Singlar matrix)이 존재하면 완전다중공선성이 발생해 변수의 파라미터를 추정할 수 없다.

$$U = \beta_0 + \beta_{11} Juice_1 + \beta_{12} Juice_2 + \beta_2 Shelflife_i + \beta_3 Price_i \qquad (5-11)$$

〈표 5-13〉 정성적 상품속성의 더미코드화

주스	주스	오렌지 주스1	사과 주스2
오렌지	0	1	0
사과	1	0	1
망고	2	0	0

선택실험에서 피실험자1에 대한 자료를 엑셀 등에 입력하게 되는데 <표 5-14>에서 보이는 바와 같이 상품 하나를 선택할 때 옵션 A, 옵션 B, 옵션 X에 대해 입력한다. 따라서 부분요인설계로 만들어진 9개의 상품 선택조합에 대해 3개의 옵션 정보를 입력하므로 총 27개의 행을 입력한다. <표 5-14>에서는 예로서 피실험자1에 대한 9개의 상품조합 중 3개만을 입력하여 총 9개 행을 보여주고 있다. 피실험자가 옵션 X를 선택하였을 때는 모든 속성 수준에 −999를 입력하였다. 이는 다항로짓분석에서 지수함수가 사용되므로 선택하지 않은 변수를 0으로 만들기 위함이다.

〈표 5-14〉 실험참여자가 선택한 상품의 입력 방식

선택 집합	옵션 A				옵션 B		
	주스	유통기한	가격		주스	유통기한	가격
1	오렌지	20일	2,000	vs.	사과	30일	3,000
2	망고	40일	2,000	vs.	오렌지	20일	3,000
3	오렌지	30일	4,000	vs.	사과	40일	2,000
4	망고	20일	4,000	vs.	오렌지	30일	2,000
5	오렌지	40일	3,000	vs.	사과	20일	4,000
6	사과	40일	4,000	vs.	망고	20일	2,000
7	망고	30일	3,000	vs.	오렌지	40일	4,000

| 8 | 사과 | 30일 | 2,000 | vs. | 망고 | 40일 | 3,000 |
| 9 | 사과 | 20일 | 3,000 | vs. | 망고 | 30일 | 4,000 |

ID	선택집합	선택옵션	선택	오렌지	사과	유통기한	가격
1	1	A	0	1	0	20	2,000
1	1	B	1	0	1	30	3,000
1	1	X	0	-999	-999	-999	-999
1	2	A	1	0	0	40	2,000
1	2	B	0	1	0	20	3,000
1	2	X	0	-999	-999	-999	-999
1	3	A	0	1	0	30	4,000
1	3	B	1	0	1	40	2,000
1	3	X	0	-999	-999	-999	-999

선택실험법은 확률효용이론에 이론적 기초를 두고 있다. 확률효용이론은 확률적 선택조합 중 가장 선호하는 속성조합의 선택을 통해 소비자가 최대 효용을 얻는다는 것이다. 식 (5−12)와 같이 소비자의 주스에 대한 효용함수 U_{in}는 속성변수 $V(X_{in})$와 확률적 오차항 ϵ_{in}의 합이다.

$$U_{in} = V(X_{in}) + \epsilon_{in} \qquad (5-12)$$

$U_{in} = i$주스조합 선택에 대한 소비자 n의 효용함수

$X_{in} = i$주스조합 선택의 속성 벡터

$V = X_{in}$ 속성과 관련된 부분효용함수

$\epsilon_{in} = i$주스조합 선택에 따른 소비자 n의 효용의 오차항

소비자의 효용은 선택된 상품의 속성과 속성 수준으로 식별가능한 부분과 식

별이 불가능한 오차항으로 구성된다. 따라서 특정 상품조합 i를 선택할 확률은 상품조합 i선택의 효용 U_{in}가 다른 상품조합 j의 효용과 같거나 클 경우이다.

소비자 n이 선택가능한 상품조합 중 상품의 속성 선택조합 i가 최대 효용을 가져올 확률 $P_n(i)$는 식 (5-13)과 같이 표현된다.

$$P_n(i|C_n) = P[V_{in} + \epsilon_{in} \geq V_{jn} + \epsilon_{jn} = P(V_{in} - V_{jn} > \epsilon_{jn} - \epsilon_{in}); \text{ all } i,j \in C_n]$$

$$(5-13)$$

$$P_n(i|C_n) = \text{소비자 } n \text{이 상품대안 } i \text{를 선택할 확률}$$
$$C_n = \text{소비자 } n \text{의 상품 선택 대안}$$

선택실험은 다수의 선택조합 중 하나를 선택하는 경우를 분석하는 다항로짓모형(Muitinomial logit model)과 맥파덴(McFadden)의 조건부로짓모형(Conditional logit model)을 이용해 분석한다. 이 두 모형은 속성 간 서로 독립적이라는 가정(Independent of irrelevant alternatives)과 오차항은 서로 독립적이며 동일 분포를 따름(Independent and identically distributed: iid)을 가정한다. 두 모형은 서로 유사하지만 행동 가정(Behavioral assumptions)이 상이하다.

다항로짓모형은 상품선택에 있어서 개인에 초점을 맞추어 개인의 특성을 설명 변수로 사용한다. 조건부로짓모형은 개별 선택대안(상품)에 초점을 맞추어 설명변수로서 선택대안(상품)의 속성이 사용된다. 이 모형은 선호의 동차성(Preference homogeneity) 즉, 모든 피실험자의 속성이 효용에 미치는 영향이 동질적이라는 것을 가정한다. 피실험자별로 선택속성이 효용에 미치는 영향이 이질적일 때는 혼합로짓모형(Mixed logit model)[6]이 이용된다. 혼합로짓모형은 개인의 특성과 선택 대안의 속성을 모두 포함한 모형이다. 피실험자가 J의 선택대안 중 i 대안을 선택할 확률은 식 (5-14)와 같이 표현된다.

이상에서 살펴본 이산선택모형은 설명 변수와 관찰되지 않은 오차항이 상호 독립적이라는 가정을 하고 있다. 관찰되지 않은 상품의 속성과 마케팅 노력은

---

6) 혼합로짓모형의 사례는 8장에서 저염 통조림 햄에 대한 소비자 가치의 추정에서 설명된다.

가격에 영향을 미치는 경우 내생성 문제가 발생하여 추정치가 일치성을 갖지 못한다. 배리, 네빈슨, 페이크스(Barry, Levinson and Pakes, 1995)와 트레인(Train, 2009)은 관찰하지 못하는 상품의 속성과 가격이 상관관계가 있을 수 있으므로 가격변수의 내생성을 해결하기 위해 도구변수(Instrumental variables)를 사용하였다. 가격변수에 도구변수 사용과 더불어 상품 속성에 대한 소비자 선호의 이질성을 고려하기 위해 확률모수로짓모형(Random paramter logit model)을 추정하였다.

선택 대안의 속성에 초점을 맞춘 조건부로짓모형에서 응답자 n이 선택대안 i를 선택할 확률은 식 (5−14)와 같다.

$$P(y_n = i|X_{in}) = \frac{\exp(X_{in}\beta)}{\sum_{j=1}^{J}\exp(X_{jn}\beta)} \tag{5-14}$$

> i: 응답자 n이 선택한 상품대안
> $j =$ 선택대안 ($j = 1, 2, \cdots i, \cdots J$)
> $n =$ 응답자
> $P(y_n = i|X_{in}) = i$번째 선택 대안을 선택할 확률

선택실험법의 설문은 응답자에게 상품의 속성에 대한 총 J개의 선택대안을 제시하고 응답자가 선호하는 한 개의 대안을 선택하도록 설계된다. 조건부로짓모형을 통해 추정한 변수들의 파라미터 값은 관찰가능한 함수로서 식 (5−15)와 같은 간접효용함수로 가정한다.

$$V_{in} = \beta_1 x_{1in} + \beta_2 x_{2in} + \ldots + \beta_k x_{kin} \tag{5-15}$$

> $V_{in} =$ 응답자 n의 i 상품대안 선택에 따른 효용
> $x_{kin} =$ 상품 속성 k의 설명변수
> $\beta_k =$ 상품 속성 k의 추정계수

주스의 상품 속성들의 부분가치는 다음과 같이 추정할 수 있다. 식 $(5-15)$ 를 전미분하여 식 $(5-16)$을 구한다.

$$dV = \beta_0 + \beta_1 dx_1 + \beta_2 dx_2 + \beta_3 dx_3 + \beta_4 dx_4 = 0 \qquad (5-16)$$

식 $(5-16)$에서 다른 속성이 일정하다고 가정하고, 주스 속성 중 하나만을 1 단위 증가시킬 때 응답자의 한계지불의사액(Marginal willingness$-$to$-$pay: MWTP) 은 식 $(5-17)$이 되며, 이는 주스 속성에 대한 한계지불의사액을 추산한다. β_4 은 가격, β_1은 오렌지 주스의 부분가치효용이며 한계지불의사액은 다음과 같다. 사과 주스, 유통기한의 한계지불의사액도 동일한 방식으로 추산된다.

$$MWTP_1 = \frac{dx_4}{dx_1} = -\beta_1 / \beta_4 \qquad (5-17)$$

<표 5$-$15>는 주스에 대한 다항로짓모형의 추정결과이며, 이를 이용하여 주스 소비의 효용을 추산한다(식 5$-$18). 부분요인설계의 첫 번째 상품 속성 수준들의 조합(오렌지 주스, 유통기한 20일, 가격 2,000원)에서 얻는 효용을 계산하면 아래에서 보는 바와 같이 2.12의 효용이 도출된다(식 5$-$19). 주스 선택조합의 상위 10개의 효용을 살펴보면 <표 5$-$16>과 같이 산출된다.

$$U = 0.47 + 0.65 Juice_1 + 0.54 Juice_2 + 0.08 Shelflife_i - 0.0003 Price_i \quad (5-18)$$

〈표 5-15〉 다항로짓모형 추정결과

추정계수	추정치
β_0(상수)	0.47
β_{11}(주스1, 오렌지주스)	0.65
β_{12}(주스2, 사과주스)	0.54
β_2(유통기한)	0.08
β_3(가격)	−0.0003

$$U_1 = 0.47 + 0.65 \times (1) + 0.54 \times (0) + 0.08 \times (20) - 0.0003 \times (2,000) = 2.12$$

$$(5-19)$$

〈표 5-16〉 주스 선택조합의 효용

순위	주스 조합	효용	주스	유통기한(일)	가격(원)
1	7	3.72	오렌지	40	2,000
2	16	3.61	사과	40	2,000
3	8	3.42	오렌지	40	3,000
4	17	3.31	사과	40	3,000
5	9	3.12	오렌지	40	4,000
6	25	3.07	망고	40	2,000
7	18	3.01	사과	40	4,000
8	4	2.92	오렌지	30	3,000
9	13	2.81	오렌지	40	4,000
10	26	2.77	망고	40	3,000

응용경제연구팀이 식품회사가 판매하는 주스의 경쟁력 평가를 의뢰받았다. <표 5-17>에서 보는 바와 같이 식품회사는 주스 선택조합 8, 17인 오렌지 주스와 사과주스를 생산하는데, 유통기한은 40일이고, 가격은 3,000원이다. 이 식품기업과 동일한 오렌지 주스와 사과 주스를 생산하는 경쟁기업은 유통기한이 35일이고, 가격이 1,000원인 주스를 생산한다. 경쟁기업 주스에 대한 소비자의 효용은 3.62, 3.51로 해당 기업의 주스에 대한 소비자의 효용 3.42, 3.31보다 높아서 해당 기업의 주스는 시장경쟁력이 없는 상황이다. 그렇다면 이 같은 상황에서 경영자는 어떻게 상품전략을 수정함으로써 경쟁력을 제고시킬 수 있는지 생각해 보자.

〈표 5-17〉 식품회사와 경쟁기업의 주스 속성 수준과 효용

식품회사의 주스			경쟁회사의 주스		
속성	상품1	상품2	속성	상품1	상품2
주스	오렌지	사과	주스	오렌지	사과
유통기한	40일	40일	유통기한	35일	35일
가격	3,000원	3,000원	가격	1,000원	1,000원
효용	3.42	3.31	효용	3.62	3.51

현 식품회사는 <표 5-18>의 전략 1과 같이 오렌지 주스와 사과 주스의 가격을 2,000원으로 낮추어 조합 7과 16을 생산한다. 현 식품회사는 주스 가격을 인하함으로써 오렌지 주스와 사과 주스 소비에 따른 효용을 3.72와 3.61로 증가시킬 수 있다. 따라서 경쟁회사의 주스 소비에 따른 효용을 능가하여 주스 경쟁력을 제고시킬 수 있다. 2번째 전략으로는 <표 5-18>에서 보는 바와 같이 현 식품회사 주스의 상품의 유통기한을 45일로 연장함으로써 소비자들의 효용을 3.82, 3.71로 증가시킬 수 있다. 현 식품회사는 주스의 속성 수준을 변경시킴으로써 경쟁회사에 비해 주스 경쟁력을 제고시킬 수 있었다. 특히 주스의 유통기한을 변경함으로써 소비자의 선택과 선호에 영향을 주었다.

〈표 5-18〉현 식품회사의 경쟁력 강화 전략 1, 2

현 식품회사의 주스 (전략1)			경쟁회사의 주스		
속성	상품1	상품2	속성	상품1	상품2
주스	오렌지	사과	주스	오렌지	사과
유통기한	40일	40일	유통기한	35일	35일
가격	2,000원	2,000원	가격	1,000원	1,000원
효용	3.72	3.61	효용	3.62	3.51

현 식품회사의 주스 (전략2)			경쟁회사의 주스		
속성	상품1	상품2	속성	상품1	상품2
주스	오렌지	사과	주스	오렌지	사과
유통기한	45일	45일	유통기한	35일	35일
가격	3,000원	3,000원	가격	1,000원	1,000원
효용	3.82	3.71	효용	3.62	3.51

선택실험을 통한 상품의 속성별 지불의사액은 특정 속성(예 오렌지 주스)과 화폐적 속성인 가격 간의 한계대체율(Marginal rate of substitution)을 추계함으로써 구할 수 있다(Louviere et al., 2000).

$$IP_z = -(\beta_z / \beta_p) \qquad\qquad (5-20)$$

위 식에서 β_z는 속성 z의 계수이고 β_p는 가격의 계수이다. 만약 위 식의 부호가 양(+)이면 이는 상품 속성의 변경에 대한 한계지불의사액(Marginal willingness to pay)으로 해석될 수 있다. 반면 부호가 음(−)이라면, 소비자가 상품의 속성 변화에 대한 일종의 보상으로서 요구하는 한계수용의사액(Marginal willingness to accept)으로 해석될 수 있다. 예를 들어 망고주스에서 오렌지주스로 바꾸는 경우를 보면 식 (5−21)과 같은 식으로 바뀐 지불의사액을 구할 수 있다.

$$WTP_{오렌지} = -\left(\beta_{오렌지}/\beta_{가격}\right) = -\left(0.65/-0.0003\right) = 2,167원 \tag{5-21}$$

망고주스에서 사과주스로 바꾸는 경우는 식 (5-22)와 같이 새로운 지불의사액을 구할 수 있다.

$$WTP_{사과} = -\left(\beta_{사과}/\beta_{가격}\right) = -\left(0.54/-0.0003\right) = 1,800원 \tag{5-22}$$

주스의 유통기한을 1일 더 연장하는 데 따른 지불의사액은 식 (5-23)에서 보는 바와 같이 267원이다.

$$WTP_{유통기한} = -\left(\beta_{유통기한}/\beta_{가격}\right) = -\left(0.08/-0.0003\right) = 267원 \tag{5-23}$$

선택실험을 이용하여 상품 속성에 대한 지불의사액을 추정할 때 여러 가지 문제점이 발생할 수 있다. 첫째, 특정 상품속성에 대한 지불의사액을 간접적으로 추정함으로써 지불의사액을 추정하는 과정에서 측정 편의(Measurement bias) 문제가 발생할 수 있다. 둘째, 상품 속성 중 하나인 가격 수준에 대한 범위를 어떻게 설정하느냐에 따라 다른 상품 속성의 지불의사액이 달라진다. 셋째, 상품 총효용에 미치는 가격 추정치가 통계적으로 유의하지 않으면, 다른 상품 속성에 대한 지불의사액 추정치도 신뢰성을 상실하게 되는 위험성이 있다.

표준화된 선택실험은 응답자의 진술에 바탕을 둔 가설적 가치추정 방법 (Hypothetical value elicitation method)이기 때문에 가설적 편의(Hypothetical bias)가 발생할 가능성이 높다. 이에 따라 응용경제학자들은 선택실험법과 실험경매를 결합하여 실질선택실험(Real choice experiment)을 시행하여 가설적 편의를 줄이고자 하였다. 실질선택실험은 선택실험에 참여하는 피실험자들이 실제로 시장에서 상품을 선택하는 행위와 유사한 선택(결과)을 유도할 유인을 제공한다. 모든 가치추출 방법은 장점과 단점이 있다. 따라서 정확하고 신뢰성 높은 실험결과를 얻기 위한 가장 좋은 전략은 다양한 가치추출방법에 대해 이론적으로, 또는 실증적으로 충분히 이해하고 숙달하는 것이다. 상품의 가치추출을 위해서는 연구목적은 물론 실제로 실험을 실시하는 데 따르는 제약조건들을 충분히 고려하여 알맞은 가치평가방법을 선택해야 한다.

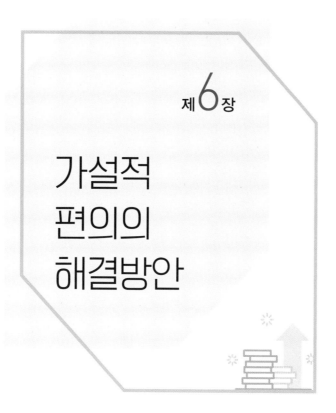

제6장

가설적
편의의
해결방안

실험경제학과 경제적 가치평가 Experimental Economics and Economic Valuations

제1절 가설적 편의의 문제점

응용경제학자들은 현재 시장이 존재하지 않는 공공재 혹은 새로운 사적재의 가치 추정을 요청받는다. 농업경제학자들은 식품기업이나 정부로부터 아직 출시되지 않은 농작물이나 식품의 시장 잠재성 평가를 요청받는다. 예를 들면 유기농 식품, 로컬 식품(Locally grown foods), 저탄소 식품, 식품의 건강 속성 등에 대한 소비자들의 지불의사액을 평가하는 것이다(Lusk and Schroeder, 2004; Norwood and Lusk, 2011; Louviere, Hensher, and Swait, 2000). 환경경제학자들은 수질을 개선하거나, 댐을 제거하거나 멸종 위기 늑대의 복원 등의 정책 대안들에 대한 평가를 요청받아왔다. 환경자원의 가치평가 결과는 환경정책 분석, 환경영향평가, 자원관리계획에 이용되었다. 환경의 가치평가 결과를 이용한 정책집행 이전의 사전적 비용편익분석, 정책분석, 관리계획은 미래의 정책 추진 여부를 점검하고 결정하는 데 이용된다. 예를 들어, 댐 제거의 편익을 현시선호법을 이용해 분석하기 위해서는 실제로 지어진 댐을 파괴해야 한다. 이렇듯 응용경제학자들이 현시선호법(Revealed preference methods)[1]에 의해 실제 정책대안을 사전적으로 분석하는 것은 불가능한 경우가 많다. 따라서 환경과 자연자원, 신상품을 포함한 비시장재의 가치평가에 진술선호법이 널리 이용되고 있다.

비시장재의 가치평가방법은 가설적 평가(hypothetical valuation)인 진술선호법(Stated preference methods)과 비가설적 평가(non-hypothetical valuation)인 현시선호법(Revealed preference methods)으로 양분된다. 응용경제학자들은 비시장재의 가치평가에 있어서 가설적 진술선호법(Stated preference methods)에서는 가상

---

1) 현시선호이론은 노벨경제학자인 Paul Samuelson(1948)이 고안한 것으로 소비자의 선호는 시장에서 관찰되는 소비자의 구입행위를 통해 도출된다는 이론이다. 기존 소비자이론이 관찰이 불가능한 선호, 효용을 가지고 수요이론을 도출한 것과 대비된다. 현시선호이론은 관찰된 소비자 행위를 통해 효용함수, 무차별곡선, 수요곡선을 도출한다.

가치법(Contingent valuation method)과 선택실험법(Choice experiments)을 많이 이용하고 있다. 진술선호법은 가상으로 설정된 상황에 대한 응답자의 진술에 의거하여 가치를 평가하므로, 상품을 구입할 필요가 없고, 금전적인 부담도 없다. 반면, 비가설적 가치평가는 피실험자들이 실제 시장과 같이 가격을 지불하고 실험대상 상품을 직접 구매해야 한다. 비가설적 평가를 위해서는 모집된 피실험자들에게 실험과 이동에 소요된 시간의 기회비용인 참가비를 지급한다.

진술선호법의 장점은 생각할 수 있는 모든 가설적 시장을 연구자들이 손쉽게 설정하고 설문조사할 수 있다는 것이다. 하지만 가설적인 상황을 설정하기 때문에 가설적 편의(Hypothetical bias)가 발생하는 단점이 있고, 이로 인한 문제점은 다음과 같다. 첫째, 피실험자들이 실험에 있어서 가상의 상황이 설정되었다는 것을 인지하여 응답에 주의를 기울이지 않는다. 둘째, 피실험자들은 실제로 상품을 구매할 때의 지불의사액보다 큰 금액을 가설적 설문조사 시 제시한다. 셋째, 피실험자들이 실험에서 상품을 구입한다고 의사를 표시했더라도, 실제 상황에서는 구입하지 않는 경우가 존재한다.

진술선호법은 가설적 편의를 피할 수 없는 것이 문제이다. 가설적 편의는 응답자에게 물건을 구입할 것인가를 질문했을 때 '예'로 답하는 긍정 편의(Yes bias)가 발생한다. 마케팅 시장조사에서 신상품에 대한 소비자의 구입의사를 조사했을 때 긍정적 답변이 많아서 상품을 시장에 출시하였지만 실제 구입하지 않아 시장개척에 빈번히 실패한다. 진술선호법이 가정하는 "가상"의 설정하에서 소비자들이 밝힌 상품 구매의사는 실제로 상품을 구매하는 상황에서의 구매의사와 큰 격차를 보인다. 그러나 비시장재나 공공재의 가치평가에서 가설적 편의를 측정하기는 어렵다. 가설적 편의를 측정하기 위해서는 진실된 지불의사액(True willingness to pay)을 파악해야 한다. 하지만 비배제적(Non-excludable) 공공재의 특성상 진실된 지불의사액을 알아내거나 지불을 강요하기 어렵다. 피실험자들의 비시장재(신상품)에 대한 최대 지불의사액은 경쟁재나 대체재의 가격에 영향을 받는다(Harrison, 2006; Harrison, Harstad, and Rutstrom, 2004).

다양한 선행 연구에도 불구하고, 진술선호법에서 가설적 편의를 해결할 수 있는 보편적인 방안은 아직 존재하지 않는다(Murphy et al., 2005). 진술선호법으로 발생하는 가설적 편의의 근본적 원인도 아직 풀어야 할 과제이다. 카슨 외 (Carson et al., 2007)는 진술선호법에 의한 비시장재의 가치추정이 경제이론과 부합되지 않는 이유로 1) 가설적 질문, 2) 전략적 행위[2], 3) 경제이론에 일치하는 잘못 정의된 선호로 설명했다. 특히 경제주체의 선호와 가치 추출에 있어서 가설적이라는 용어를 사용하지 말고, '결과가 실현되는(Consequential)' 또는 '결과가 실현되지 않는 (Inconsequential)'으로 사용해야 한다고 주장했다. 비시장재의 가치평가가 경제적으로 해석되기 위해서는 정부와 기업에서 조사하는 설문결과가 실현성이 있어야 한다고 주장했다.

가설적 편의를 완벽히 제거할 수는 없더라도 이를 줄이기 위한 다양한 접근방법들이 있다. 응답자에게 지불의사액을 질문하기 전에 설문조사의 설계단계에서 가설적 편의를 줄이는 사전적 접근방법(Ex ante approaches)과 지불의사액에 대해 답변을 받거나 추정한 후 사후적으로 가설적 편의를 보정하는 사후적 접근방법(Ex post approaches)이 있다. 연구자들은 가설적 편의를 줄이기 위해서 다양한 사전적 접근방법을 조합하거나, 사전적 접근방법과 사후적 접근방법을 연계시키기도 한다(Whitehead and Cherry, 2007).

---

[2] 전략적 행위란 집단행동에 있어서 자신의 선호에 대한 잘못된 신호를 주는 인간의 이기적 행위를 말한다(Samuelson, 1954). 전략적 행위는 설문조사 응답에 있어서 심각한 문제를 발생시킨다.

제2절 사전적 접근방법

가설적 편의를 줄이기 위한 4개의 사전적(Ex-ante) 조사설계 접근방법은 다음과 같다. (1) 설문조사에 있어서 피실험자가 선택한 결과의 실현성(Consequentiality)을 강조한다. (2) 피실험자들이 솔직히 답변하고, 실제 상황에서도 가설적 가치평가의 지불의사액을 실행하는 것이라고 설명한다. (3) 피실험자들에게 가설적 편의의 문제점을 설명하는 값싼 대화(Cheap talk)를 전달한다. (4) 사회적 바람직성 편의(Social desirability bias)를 줄인다. 피실험자가 사회적으로 바람직하다고 생각하거나 조사자가 원한다고 생각하는 답변을 하지 않도록 한다. 이 밖에 가설적 편의를 줄이는 사전적 접근방안으로는 추론가치법(Inferred valuation), 선서(Taking oath), 점화효과(Priming)가 있다. 가설적 편의를 줄이기 위한 다양한 사전적 접근법을 살펴보자.

1. 실현성 디자인

가설적 편의를 줄이기 위해 사전적으로 피실험자들에게 응답 결과의 실현성(Consequentiality)을 강조한다. 진술선호법을 활용한 연구에서 응답자에게 정확한 응답을 유도하는 유인합의성(Incentive compatibility)은 자신들의 응답 결과가 실현될 것이라는 믿음에 달려있다. 가설적 가치평가는 추가적인 세금이나 공공재 공급의 증가와 같이 응답자의 미래 효용에 잠재적인 영향력이 있어야 한다. 예를 들어, 응답자들이 특정 정책(예 수입 쇠고기 이력추적제 도입에 따른 추가 조세부담액)에 관심을 가지고, 이 정책에 대한 그들의 응답이 잠재적으로 정부가 해당 정책을 집행하는 데 영향을 준다고 판단한다면 자신들의 응답이 "실현된다"고 생각하는 것이다. 예를 들어 카슨 외(Carson et al., 2007)는 응답자들이 자신들의 응답이 정책 입안자들이 정책을 만들 때 사용되는지 알게 되면 정확하게 지불의사액을 제시해 과대평가를 줄이는 것을 발견하였다. 따라서 응답자들이 본인 응답의 실현성을 사전에 정확히 인식한다면 가설적 편의를 줄일 수 있다.

2. 값싼 대화

가설적 편의를 완화하기 위해서 값싼 대화(Cheap talk)가 이용된다. 값싼 대화란 피실험자들에게 지불의사액에 대한 질문을 하기 전 가설적 편의에 대한 피실험자의 관심을 끌기 위한 가벼운 대화를 유도하거나 제시하는 것이다. 커밍스와 테일러(Cummings and Taylor, 1999)는 이러한 기법을 활용할 때 피실험자들이 가상의 지불의사액을 실제 지불의사액과 같은 크기로 응답함을 밝혔다. 그 후 러스크(Lusk, 2003), 로레이오 외(Loureio, Gracia and Nayga, 2006), 실바 외(Silva et al., 2011), 이 외(Lee et al., 2015), 최 외(Choi et al., 2017) 등 많은 연구자가 값싼 대화를 이용하였다. 값싼 대화는 비용이 들지 않고, 책임도 따르지 않는 의사전달 수단이지만, 응답자의 가설적 편의를 줄일 수 있는 사전적 교정(Ex-ante calibration)방법이다. 값싼 대화에 대한 비판적인 시각이 존재하지만, 약 60~70%의 연구들은 가설적 평가에 있어서 값싼 대화가 비시장재화나 신제품에 대한 가치평가에서 있어서 가설적 편의를 줄인다고 한다. 값싼 대화는 비시장재나 신상품에 대한 소비자 지불의사액을 지나치게 높게 평가하는 것을 줄일 수 있다. 이 등(Lee, Lee, Han, Nayga, 2015)이 사용하였던 값싼 대화의 예는 <표 6-1>과 같다.

값싼 대화가 가설적 편의를 줄일 수 있느냐에 대해서는 결과가 확실하지 않고 논란의 여지가 있다. 일부 연구에서는 값싼 대화가 성공적이지 않았고(Blumenschein et al., 2008; Aadland and Caplan, 2006), 오히려 지불의사액을 증가시키는 경우도 발견되었다. 일부 연구는 값싼 대화가 '조사대상 상품에 익숙하지 않은 사람들'과 같이 특정 유형의 피실험자들에게만 효과적임을 발견하기도 했다(List, 2001; Champ, Moore and Bishop, 2009). <표 6-2>에서 보듯이 값싼 대화는 여덟 개의 연구 중 3개의 연구에서 가설적 편의를 제거하였고, 다른 3개

〈표 6-1〉 값싼 대화의 예

과거에 수행된 많은 식품 구입 시 소비자 지불의사를 묻는 설문조사 결과에 따르면 설문 응답자들은 특정 상품에 대해서 실제 자신의 지불 의향보다 높은 지불의사금액을 제시하는 경향이 있습니다. 이러한 현상은 설문지를 통한 식품 구입 시 지불의사에 대한 조사가 응답자들이 실제로 지불할 필요가 없는 가상적인 상황에 대해 지불의사를 물었기 때문입니다.

예를 들어, 최근 소비자 식품소비에 대한 설문조사 결과 응답자들은 앞으로 출시될 새로운 식품에 대한 구입여부와 지불의사에 대한 질문에서 전체 응답자 중 80%가 구입 및 지불의사를 밝혔습니다. 그러나 실제 상품이 출시된 후에는 전체 응답자 중에서 43%만이 실제로 해당 식품을 구매하였습니다. 이와 같은 가상적 상황에서의 구입 및 지불의사와 실제상황에서의 구입 및 지불의사의 차이를 가설적 편의라고 합니다.

본 설문지에서 진행될 조사에서 귀하께서 실제로 시장에서 식품을 구입한다고 생각하고 설문에 답변해 주세요. 이 설문지의 쇠고기 구매는 타 식품 구입에 사용될 가계비를 감소시킵니다.

출처: Lee et al.(2015)

〈표 6-2〉 가설적 편의에 대한 값싼 대화 테스트 결과

주요 논문	제거함	감소시킴	과다 수정	효과 없음
Cummings and Taylor(1999)	1			
Aadland and Caplan(2003)		1		
Brown, Ajzen and Hrubes(2003)		1		
Morrision and Brown(2009)	1		1	
Champ and Moore and Bishop(2009)		1		
Blumenschien et al.(2008)				1
Landry and List(2007)	1			
계	3	3	1	1

출처: Loomis(2014)

의 연구에서 가설적 편의를 감소시켰고, 1개의 연구에서 효과를 보이지 못했고, 다른 하나의 연구에서는 가상의 지불의사액을 실제보다 낮게 평가하였다.

값싼 대화가 가설적 편의를 줄이는 이유는 다음과 같다. 사람들은 가상의 상황에서 결정할 때 평소와는 다르게 행동하는 경향이 있다. 즉, 말과 실제 행동이 달라지는 것이다. 예로서 어떤 상품에 대해 특정 금액의 지불의사가 있다고 의향을 밝힌 사람이 실제로 상품을 구매해야 하는 상황이 되면 가상의 상황에서 제시했던 지불의사액을 지불하지 않는다. 이러한 행동에는 몇 가지 이유가 있다. 우선 가상의 구매의사결정은 상품을 구매하는 실제 행위와 다르게 본인 또는 가계의 예산에 어느 정도 영향을 줄지 신중히 고려하지 않기 때문일 수 있다. 다른 이유로는 슈퍼마켓의 매대(선반)에서 해당 상품을 골라 계산대에서 계산하는 행위 자체를 가설적 평가에서 실제로 구현하기 어렵다는 것이다. 이 같은 이유로 인해 실험자들은 가설적 평가에서도 피실험자들이 현실에서 실제 상품을 구매하는 것 같이 행동하도록 하는 방법을 찾는다.

3. 서약

피실험자에게 응답에 대한 책임을 부과하기 위해 서약(Oath)을 이용한다. 이 방법은 사회 심리학의 책임이론(Theory of commitment)에서 기초한 방법으로, 관련 연구로는 자큐멧 외(Jacquemet et al., 2013)의 연구가 대표적인 예이다. 이 연구에서는 실험에서 입찰에 참여하는 피실험자들에게 경매 전 서명을 한 서약서를 받았다(표 6-3 참조). 하지만, 서약을 의무화하지는 않았다. 경매에 참가해 상품을 낙찰받는 것을 비롯하여 경매와 관련된 일체의 행위는 서명 여부와는 상관없이 진행되었다. 실험은 2차 가격경매로 이루어졌고 가설적 경매, 서약한 가설적 경매(Hypothetical auction with oath), 비가설적 경매(Non-hypothetical auction)가 각각 실시되었다. 이 연구는 실험자에 의해서 유도된 가치(Induced value 또는 resale value)와 피실험자의 주관적 가치(Homegrown value)를 비교하였다.

실험 결과에 따르면 피실험자들은 가설적 경매에서 서약서에 서명한 경우, 경매 상품에 대해 자신들이 생각하는 상품의 실제 가치를 반영한 진실된 입찰가

〈표 6-3〉 서약서의 예

서약서

나는 내 명예를 걸고 실험하는 동안
진실을 말하고 항상 정직하게 답변할 것을 약속합니다.

서 명 :

출처: Jacquemet et al.(2013)

를 제시하였다. 반면, 서약서에 서명하지 않은 피실험자들은 경매 상품에 대해 진실된 입찰가를 제시하지 않는 경향이 관찰되었다. 서약서에 서명하는 것이 의무가 아니더라도 실험경매에 참여한 피실험자들은 서약서의 존재에 부담감을 느낄 수 있다. 하지만 서약서에 서명하는 것이 실제 더 진실된 행동을 유도하는 것은 문화적, 종교적, 국가별로 차이가 있을 수 있다는 점에 주의하여야 한다.

4. 정직성의 점화효과

심리학자들은 특정 행동을 하도록 암시적인 자극을 주는 방법을 점화효과 (Priming)라고 부른다. 점화효과는 수동적이고, 비의도적이며 무의식적으로 심리적인 자극을 주는 것이다. 사람들은 서로 관련이 없는 일이지만, 어떤 단서나 단어가 갑자기 제시되면 무의식적으로 자신의 의사결정과 목표에 영향을 받는다. 사회 심리학에서는 점화효과가 무의식적으로 사람들의 인식, 평가, 행동, 선택에 영향을 줄 수 있다고 한다.

맥스웰 외(Maxwell et al., 1999)는 공정성에 관한 조사에 있어서 점화효과 조사를 사전적으로 받았던 피실험자들이 받지 않은 피실험자들에 비해 실험에 협조적이었다. 벤자민 외(Benjamin et al., 2010)는 민족적, 인종적, 성에 관한 규범을 실험 내에서 강조하는 것이 피실험자들의 경제적 선호에 영향을 미칠 수 있음을 밝혔다. 맥케이 외(McKay et al., 2011)는 종교적인 측면에서 진행된 점화효과를 보면 과거 종교 단체에 기부한 적이 있는 피실험자들이 불공정한 행위에 대해 죄책감의 강도가 높아지는 것을 보여주었다.

데마기스트리스 외(De−Magistris, Gracia and Nayga, 2013)는 정직성 점화효과(Honesty priming)가 진술선호법인 선택실험법에 있어서 가설적 편의를 줄이는지를 분석하였다. 실험자는 실험을 시작하기 전에 피실험자들에게 아래의 단어 집합에서 단어들을 재배열하여 문법적으로 정확한 문장을 쓰게 했다. 이때, 실험자들은 피실험자들에게 제시된 모든 단어를 쓸 필요는 없다는 점도 알렸다. 예를 들어, 문장이 아닌 다음과 같은 단어를 제시한다. "이곳은, 사라고사는, 수도, 입니다, 아가론". 피실험자들은 이를 보고 다음과 같이 올바른 문장을 쓰는 것이다. "사라고사는 아가론 수도입니다." 이 연구에서 피실험자들에게 실제로 제시한 단어들은 아래와 같다. 연구자들은 피실험자들이 제시된 단어를 이용해 문장을 만들 때 "정직한", "진실을" 같은 단어를 포함시켜서, 무의식적으로 정직한 답변을 유도하는 정직성 점화효과가 있는지를 검증하였다.

가. 사람, 정직한, 이것은, 빨간, 입니다
나. 지구는, 하얗다, 둥글다
다. 언제나, 말한다, 너에게, 진실을, 태양
마. 토마토는, 빨갛다, 위쪽은
바. 고래는, 바다, 산다, 속에

이 실험은 스페인의 사라고사에서 265명의 피실험자를 대상으로 이루어졌다. 처치그룹(Treatment group) 간 다른 피실험자들을 할당하는 피실험자 간 설계(Between subjects design) 방식으로 진행되었다. 즉, 개별 피실험자들은 7개의 처치그룹 중에 한 그룹에만 속하도록 하였다. 7개의 처치그룹은 다음과 같다.

1) T1: 가설적 선택실험(Choice experiment)

2) T2: 값싼 대화(Cheap talk)가 동반되는 가설적 선택실험

3) T3: 정직성 점화효과가 동반되는 가설적 선택실험

4) T4: 중립적 점화효과가 동반되는 가설적 선택실험

5) T5: 비가설적 선택실험

6) T6: 값싼 대화가 동반되는 비가설적 선택실험

7) T7: 정직성 점화효과가 동반되는 비가설적 선택실험

실험결과에 의하면 가설적 선택실험에 속한 정직성 점화효과가 동반되는 그룹(T3)에서 도출된 지불의사액이 가장 낮았다. 정직성 점화효과를 포함한 가설적 선택실험의 지불의사액은 비가설적 선택실험에서 도출된 지불의사액과도 차이가 없었다. 이 연구에 의하면 가설적 선택실험에서 점화효과를 동반할 경우 가설적 편의를 줄이는 것으로 나타났다.

5. 추론가치법

추론가치법을 통해 실험의 가설적 편의를 줄일 수 있다(Lusk and Norwood, 2009). 추론가치법은 사회적 바람직성 편의(Social desirability bias)에 기반을 두고 있다. 피실험자는 실험자를 만족시키는 응답이나 사회적 규범에 부합하는 응답을 제시하는 경향이 있다. 이 경우 응답자들이 제시한 지불의사액은 가설적 편의의 문제를 발생시킨다. 왜냐하면 응답자들은 다른 사람들에 의해 어떻게 보이는지를 의식하여 그들의 진정한 선호를 숨기려 하기 때문이다. 응답자는 다른 사람이 자신들의 행동을 지켜보고 있을 때, 종종 그들의 선호와는 다르게 행동한다. 그렇다면 응답자들이 제시하는 지불의사액을 "실제" 지불의사액과 다르게 제시하는 행위로부터 얻는 만족(효용)을 제거하는 것이 관건이다. 추론가치법(Inferred valuation)은 가설적 편의를 줄이기 위해서 응답자 본인에 대한 질문이 아닌 다른 사람들이 비시장재, 신상품이나 새로운 정책대안에 대해 얼마만큼의 가치를 두는지를 묻는 것이다. 즉, 응답자에게 신상품에 대해 다른 사람의 지불

의사액을 추론해 제시토록 함으로써 실제 가치와 유사하게 객관적으로 추론하게 하여 가설적 편의로 인한 과대평가를 줄이는 방법이다.

추론가치법을 활용한 가상가치법은 피실험자들에게 자신들의 지불의사액을 묻는 대신 일반적인(평균적인) 소비자의 지불의사액을 추론하게 한다. 예를 들어, 최 외(Choi et al., 2018)의 쌀 등급표시제 도입에 따른 지불의사액을 가상가치법을 이용해 추정하는 연구에서 연구자들은 피실험자들에게 "한국 정부가 쌀 등급에 있어서 미검사(No test)를 폐지하기로 결정하였다. 쌀 등급표시제에 있어서 미검사를 폐지할 경우 일반적인 소비자들은 1kg의 쌀을 구입하는 데 얼마나 더 지불할 의사가 있습니까?"와 같이 질문하며 추론가치법을 진행하였다.

6. 설문조사 디자인의 명확성과 후속 질문

가설적 편의를 줄이기 위해서는 경제적 가치평가를 위한 설문조사가 명확해야 한다. 이를 위한 다양한 방법과 유의사항은 다음과 같다. 첫째, 모호한 질문을 하지 않는다. 한 예로서 "안전한 환경을 위해 얼마나 지불할 용의가 있습니까?"와 같은 질문은 피해야 한다. 이 질문에서 사용된 개념인 안전한 환경의 경우 "안전"의 기준이 모호하고, "얼마나"도 기간(예 한 달, 일 년 등)에 대한 정보가 없어 응답자들이 질문의 의도에 맞게 정확히 답을 할 수 없다.

둘째, 피실험자들이 답변할 수 있도록 자세하고 명확한 정보를 제공한다. 예를 들어 "음식물 쓰레기를 줄이기 위해 종량제 봉투 가격을 얼마나 더 지불할 수 있습니까?"에 대해서는 답변하기 어려울 것이다. 대부분 응답자들이 음식물 쓰레기 종량제 봉투가격을 정확히 기억하지 못하기 때문이다. 음식물 쓰레기가 가정용인지, 영업용인지도 구별하여 현재 가격을 알려주면 손쉽게 답변할 수 있을 것이다. 즉, 피실험자들이 쉽게 답변할 수 있도록 "가정에서 발생하는 음식물 쓰레기를 줄이기 위해서 현재 가정용 1리터당 100원의 종량제 봉투 가격에 얼마나 더 지불할 의향이 있습니까?" 등 구체화된 질문을 던지는 것이 좋다. 질문 형식에서도 금액이나 비율을 직접 기재하는 개방형(Open-ended) 질문보다는 1리터나 120원을 제시하고 이에 대해 '예, 아니오'를 선택하는 폐쇄형(Close-ended) 질문을 사용하는 것이 권장된다.

셋째, 가상가치법에 있어서 폐쇄형 질문으로서 예(Yes), 아니오(No) 중 하나를 선택하는 것이 아닌 "모르겠다(I don't)'" 또는 "답변 없음(No answer)"을 선택지에 넣어 선택하게 함으로써 잠재적 불확실성에 대해 조정(Uncertainty adjustment)을 한다. 답변을 '예, 아니오' 중 하나만의 선택을 강요하면 가설적 편의가 증대하기 때문이다.

넷째, 응답자들의 신제품에 대한 지불의사액(WTP)의 확실성(Certainty)을 검증하기 위해 후속 질문(Follow-up questions)을 한다. 응답의 확실성에 관한 연구는 챔프 외(Champ et al., 1997), 블루멘스체인 외(Blumenschein et al., 1998), 블로퀴스트 외(Blomquist et al., 2009), 레디 외(Ready et al., 2010)가 있다. 예를 들어 동물복지 우유에 대해 가상가치법을 적용할 때 조사 앞부분에서 응답자에게 지불의사액을 질문한다. 이어서 조사 후반부에 응답자에게 앞에서 답한 지불의사액에 대해 얼마나 확신하고 있는지 질문한다. 즉, 응답한 지불의사액에 대해 "확신한다" 또는 "확신이 서지 않는다"를 질문한다. 이와 같은 두 질문의 답변을 이용해 답변의 확신에 대한 지불의사액의 차이를 검정함으로써 지불의사액의 확신성을 검정할 수 있다.

7. 신경경제학 방법론의 활용

신경과학은 가설적 선택과 실제 선택 사이에 뇌 활동 집중도의 큰 차이가 있다는 것을 보였다. 인간이 상품을 실제 선택하면 뇌 활동은 분명한 패턴을 보이는 반면, 가설적 선택을 할 경우는 뇌 활동이 분명치 않았다. 신경경제학에서 소비자가 실제 상품을 구입할 때와 구입하지 않을 때의 뇌 영상이미지를 분석함으로써 가설적 편의를 줄일 수 있는 연구가 수행되고 있다. 강 외(Kang et al., 2011)는 fMRI를 이용해 소비자의 배낭 구입 의사에 대한 가설적 조사와 비가설적 실험을 시행하고 뇌 영상을 분석하였다. 분석 결과에 따르면 피실험자가 가설적 실험에서 배낭을 구입한다고 했지만 실제 비가설적 실험에서는 구입하지 않았을 때 반응한 뇌의 영역과 가설적 실험과 비가설적 실험에서 일관성을 보였을 때 반응한 뇌의 영역이 차이가 났다. 이들은 뇌 영상의 이미지 분석을 통하여 가설적 편의가 발생했는지를 판가름하였다.

이마이 외(Imai et al., 2019)는 시선추적(Eye tracking)과 마우스추적(Mouse tracking)을 통해서 가설적 편의가 발생하는지, 또 가설적 실험을 통해 소비자가 신상품을 실제 구입할지를 분석하였다. 소비자가 신상품을 실제 구입하는 경우 시선이 상품으로 빠르게 이동하고 오랫동안 고정되어 있었다. 이들은 시선추적을 통해 동공확대(Pupil dilation)도 분석했는데, 인간은 흥분되었을 때 동공이 확대되고, 겁에 질렸을 때는 동공이 축소된다는 특성을 활용하였다. 또한 소비자가 상품을 구입할 의사가 확실할 때는 마우스 이동이 빠르고, 구입의사가 없을 때는 마우스가 천천히 이동하는 것을 분석하여 가설적 편의가 발생한 것을 분석하였다. 최근에는 스마트 자판기(Smart vending machine)에 설치된 카메라나 웹캠을 이용하여 소비자들의 시선을 분석하기도 한다. 자판기에서 소비자가 물건을 구입할 때 가격 또는 어떤 속성에 시선을 집중하는지 분석을 통해 소비자 선호와 가치를 분석한다.

실험을 통한 비가설적 가치 추정이 불가능하거나 비윤리적일 경우에 가설적 가치평가를 이용해야만 한다. 예를 들면 경제적 보상 또는 비용이 큰 경우, 피실험자들이 실험을 매우 기피하는 경우, 실험장소와 피실험자의 거리가 너무 멀거나, 도덕적 선택이 필요한 경우이다. 캐머러 외(Camerer et al., 2017)는 실험이 불가능할 경우 자극에 대한 인간의 반응을 감지하는 신경경제학의 혁신적인 방법(fMRI, 시선추적 등)을 활용하면 가설적 가치평가를 사용하더라도 소비자의 실제 선택에 관한 추정을 효과적으로 할 수 있다는 것을 보였다.

제3절 사후적 접근방법

1. 비가설적 실험을 활용한 보정

진술선호법을 이용했을 때 가설적 상황에서 응답자들의 답변이 실제 시장에서 행해지는가의 문제는 경제적 가치평가의 핵심이다. 경제학자들은 가상가치법에 의한 가설적 질문을 통해 도출된 비시장재의 가치가 유용한가에 의문을 품었다. 가상가치법에 의해 도출된 가치는 가설적 오류로 인해서 실제 가치보다 과대평가되는 경향이 있다(Bishop and Heberlien, 1979; Dickey et al., 1987; Duffield and Patterson, 1991; Seip and Strand, 1990). 미국 국가해양대기청(National Oceanic and Atmospheric Administration: NOAA)은 천연자원의 손실평가에 대해 제안된 규정에서 가상가치법으로 추정된 값을 실제 값으로 보정할 수 없는 경우 추정계수를 50%로 줄일 것을 권고하기까지 했다.

쇼그렌(Shogren, 1993)은 가상가치법을 이용해 추정한 가치를 실험경매에서 추정된 가치를 이용해 보정(Calibration)하는 가상가치법-X(Contingent valuation method-X: CVM-X)를 고안했다. CVM-X는 가설적 편의를 줄이기 위해 실험실에서 행한 비가설적 가치평가를 이용해 가설적 가치를 보정하는 것이다. 피실험자들의 가설적 평가로 평가한 지불의사액과 비가설적 가치평가의 지불의사액의 차이를 통계적으로 검정하고, 두 지불의사액 차이에 대한 보정계수를 이용하여 가설적 편의를 줄였다. CVM-X의 아이디어는 가상가치법 활용 시 유용성과 신뢰도를 높이는 동시에 실험실 실험에서 이루어진 비시장적 가치평가의 적용 범위를 현실로 확대하는 것이다. 즉, 상대적으로 비용이 저렴한 가상가치법을 이용해 많은 데이터를 수집하고, 시간과 비용이 많이 소모되는 실험경매의 가치평가 자료를 이용해 이를 보정해서 사용하는 것이다. CVM-X는 가상가치법과 실험경매 시장의 장점을 결합하여 비용 측면에서 효율적인 방법이 될 수 있다.

CVM-X는 4가지 기본 단계로 구성된다. 첫째, 연구자들은 가상가치법을 이용해 신상품이나 비시장재에 대한 가상의 가치를 도출한다. 둘째, 연구자들은 가상가치법에 참여한 응답자들 중 일부를 유인합의적 실험경매에 초청한다. 실험경매에 초청된 일부 응답자를 이용해 비시장재의 비가설적 실질가치를 추정한다. 실험경매에 있어서 피실험자들에게 신상품이나 비시장재에 대한 가치를 정확하게 도출할 수 있도록 경제적 유인으로 참가비를 제공해야 한다. 셋째, 가상가치법 평가에 참여하고, 실험경매에도 참여한 일부 표본에서 실험경매 입찰과 가상가치법의 지불의사액을 연계시키는 보정함수를 추정한다. 넷째, 추정된 보정함수를 사용하여 실험경매에 참여하지 않았지만, 가상가치법에 참가한 응답자의 가상가치를 보정한다. 이 과정을 통해 CVM-X는 가상가치법에서 도출된 가상가치에 대한 타당성을 검정할 수 있다. 왜냐하면, 가상가치법으로 추정된 지불의사액과 비가설적 실험경매 입찰액을 직접 비교할 수 있기 때문이다.

폭스 외(Fox et, al., 1998)는 식품안전의 가치를 측정하기 위한 CVM-X 방법을 사용했다. 실험경매시장을 활용하여 가설적인 지불의사액을 보정하기 위해 CVM-X 방법을 활용하여 방사선 조사(Irradiated)와 방사선 비조사(Non-irradiated) 육류에 대한 소비자의 지불의사액을 검정하였다. 그 결과 방사선 조사를 선호하는 피실험자들에 대한 보정계수는 0.67~0.69로, 방사선 조사를 싫어하는 피실험자들의 보정계수 0.55~0.59에 비해 높게 나타났다. 이 결과는 CVM-X법이 식품안전과 같은 사적재의 가치평가에서도 활용될 수 있다는 것을 보여주었다. 그러나 CVM-X법은 실험실로 운반이 가능한 재화에 대해서는 보정계수를 사용할 수 있지만, 실험실 실험을 할 수 없는 일부 공공재의 가치 평가에서는 보편적으로 활용할 수 없다는 한계점이 있다. CVM-X법을 표준화하기 위해서는 다양한 공공재와 사적재에 대한 추가 연구가 필요하다.

2. 지불의사액의 사후검사

설문조사 응답에 대한 사후검사(Ex-post screening)는 개방형(Open-ended) 지불의사액 질문에 있어서 특히 유용하다. 왜냐하면, 피실험자가 응답할 수 있는 지불의사액의 상한선(Upper bound)이 없기 때문이다. 이 경우에 있어서 일부 피실험자들은 자신들의 소득에 비해서 합당해 보이지 않는 높은 지불의사액을 제시할 수도 있다. 지나치게 높은 지불의사액의 영향을 최소화하기 위한 접근법은 평균 지불의사액과 더불어 중간값(Median)과 알파조정된 평균(Alpha trimmed mean)[3]을 제시한다. 또 다른 방법은 지불의사액을 종속변수로 다중회귀분석할 때 사전에 이상치(Outliers)[4]를 찾아서 제거하는 것이다. 양분선택(Dichotomous choice) 응답자료에 대한 사후적 자료 검사에 있어서는 Turnbull lower-bound 접근법(Haab and McConnell, 2002)을 이용한다. 이 비모수적(Nonparametric) 접근법은 양분선택법에서 제시된 가장 높은 입찰액까지 지불의사액의 분포를 제한한다. 이는 평균 지불의사액을 추정하는 데 있어서 가장 높은 입찰액을 넘어서는 지불의사액 분포를 고려하지 않기 위해서이다.

최근의 정교한 사후적 접근방법으로 궤도모형(Orbit model)이 있다(Davies and Loomies, 2010). 궤도모형은 순서형 프로빗모형(Ordered probit model)과 토빗모형(Tobit model)이 결합된 모형으로 개방형 답변에 의한 지불의사액이 중간값을 넘어서면 기수(Cardinal amounts)보다는 서수(Ordinal indicators)로 다루는 것이다. 이 방법의 장점은 0, 중간값, 중간값보다 큰 금액에 대해 서로 다른 보정을 실시하는 것이다.

---

3) 알파조정된 평균은 이상치나 분포의 상한, 하한이 평균에 미치는 영향을 줄이기 위해서 분포의 양쪽 꼬리 부분을 절단한 후 평균을 구한 것이다. 이상치가 있을 경우 평균과 알파조정된 평균의 차이가 크다.

4) 이상치는 일반적으로 회귀선으로부터 표준편차의 3배 이상 벗어난 자료이다.

3. 불확실성 재코딩

챔프 외(Champ et al., 1997)는 가설적 편의(Hypothetical bias)가 가상가치법에 대한 응답자들의 불확실성에서 기인한다고 주장하였다. 따라서 피실험자가 그들의 기존 지불의사액의 응답에 대한 불확실성의 정도를 '예(Yes), 아니오(No)'의 양자택일로 응답하도록 함으로써 불확실성을 재코딩(Uncertainty recoding)하여 가설적 편의를 줄일 수 있다는 것이다. 이 접근법은 피실험자가 생각해 보지 않았을 것(예 그랜드캐년의 북쪽 도로를 제거하는 것, Champ et al., 1997) 또는 전혀 화폐적 가치로 생각해보지 않았을 것(예 두루미의 개체를 증식시키는 것)과 같은 공공재의 가치 평가에 활용할 수 있다. 이 사후적 접근법에서, 응답자는 가상가치법에 의해 제시된 기부금의 양자택일 질문에 답변하고 그들이 이전 답변에 얼마나 확신하는지 1에서 10(아주 확신)까지의 범위 중 하나를 체크한다. 이때 9나 10을 제외한 숫자에 체크한 응답자는 기부금에 대한 확신이 없는 응답자로 보고 가상 기부금의 응답을 '아니오(No)'라고 재코딩한다. 일정 수준의 응답자들은 가상의 기부와 실제 현금기부(Cash donation)에서 합리적인 일치를 보였다(Ethier et al., 2000; Morrison and Brown, 2009; Blumenschein et al., 2008). 그러나 응답자들은 실제 현금기부에 대해서 최대 지불의사액을 축소하여 제시하므로, 이 접근법이 최대 지불의사액을 오히려 과소평가하는 과다 수정(Over-correcting)의 가능성이 있다. <표 6-4>에서 보는 바와 같이 불확실성 재코딩을 통해서 10개의 지불의사액 추정치 중 6개에서 가설적 편의를 제거할 수 있었고, 2개는 감소시켰으며, 2개는 과다 수정되었다.

〈표 6-4〉 사후적 불확실성 재코딩 효과

주요 논문	제거함	감소시킴	과다 수정
Champ et al.(1997)	1		
Morrison and Brown(2009)	1		1
Champ, Moore, and Bishop(2009)	1	1	
Ethier et al.(2000)	1		1
Champ, Moore, and Bishop(2009)	1		
Macha, Donfouet, and Mahieu(2012)		1	
Blumenschein et al.(2008)	1		
계	6	2	2

출처: Loomis(2014)

제 7 장

비가설적 가치평가

실험경제학과 경제적 가치평가 Experimental Economics and Economic Valuations

제1절 현시선호법의 가치평가

전통적인 현시선호법(Revealed preference method)은 가치평가 대상이 되는 재화의 관련 시장자료를 이용하여 해당 재화의 가치를 간접적으로 추정하는 방법이다. 전통적인 현시선호법으로는 헤도닉가격법(Hedonic price method), 여행비용법(Travel cost method) 등이 있다. 실제 시장자료를 가지고 재화나 재화의 특성에 대한 가치를 추정하는 전통적인 현시선호법은 설문조사에 의한 응답자의 진술로서 가상의 비시장재 가치를 직접적으로 추정하는 진술선호법(Stated preference method)과 대비 된다.

최근에는 신상품이나 비시장재화에 대한 가치를 직접적으로 추정하기 위해서 실험을 활용한 현시선호법에 의한 비가설적 가치평가(Non-hypothetical valuation)가 응용경제학에서 널리 이용되고 있다. 실험을 활용한 비가설적 가치평가는 진술선호법과는 달리 유인합의성(Incentive compatibility)[1]을 갖고 있으므로 마케팅과 행동경제학 연구에 활용되고 있다. 설문조사에 기반(Survey-based)한 진술선호법에 대한 주요 비판 중 하나인 가설적 편의(Hypothetical bias)에 대해 앞서 꾸준히 언급해 왔다. 가설적 가치평가로부터 도출된 지불의사액은 비가설적 가치평가로부터 추정된 지불의사액보다 과다하게 평가된다는 것이 가설적 편의이다. 이는 응답자들이 가설적 상황에서 현금을 지불하고 상품을 구입할 때와 같이 진실된 지불의사액을 나타내려고 설문조사에서 노력하지 않기 때문이다. 가설적 편의를 해결하기 위해서는 실험 시장(Experimental markets)과 비가설적인 환경을 조성해 신상품이나 비시장재의 가치를 추정해야 한다. 실험경매(Experiemental auction) 등을 통해 신상품의 가치를 추정함에 있어서 암묵적인

---

1) 유인합의성은 응답자들이 비시장재 가치 평가에 있어서 자신의 진실된 선호나 가치를 제시하는 것이다. 유인합의성을 유도하기 위하여 실제 시장과 같이 상품과 현금을 교환하는 환경을 조성한다.

가정은 비가설적 지불의사액이 실제 시장에서의 가격과 같은 상품의 실제 가치라는 것이다. 즉, 실험을 통해 실제 시장과 같이 상품과 화폐가 교환되는 비가설적 선택(Non－hypothetical choices)은 가설적 선택(Hypothetical choices)보다 소비자들의 실제 선호에 가깝다는 것이다.

실험경매와 경매방식

경매는 다이아몬드, 예술품, 조업권, 채권 등 가치있는 재화를 판매하는 용도로 활용된다. 경매는 다양한 형태와 특징을 갖는다. 경매는 입찰자들에게 서로 다른 가치를 갖는 사적재(예 미술품)뿐만 아니라 공통 가치를 갖는 재화(예 석유)도 배분한다. 경매 입찰자들은 경매품의 가치를 정확히 알기도 하지만, 불완전한 정보를 갖고 있기도 하다. 경매는 입찰가가 공개되는 개방형 경매와 공개되지 않는 밀봉형 경매가 있다. 1996년 노벨경제학상 수상자인 윌리엄 비커리(William Vickery)는 경매이론을 발전시켰다. 그는 게임이론을 이용해 입찰자의 최적전략을 평가하고 상이한 경매방식에 따른 수익성과 효율성을 연구하였다. 비커리는 경매 상품에 대한 개별 입찰자의 가치가 다른 입찰자의 가치와 연계되어 있지 않다는 것을 유인합의성을 통해 밝혔다. 하지만 현실적으로 개별 입찰자의 경매품 가치는 다른 입찰자나 판매자가 평가하는 가치에 의존한다. 왜냐하면, 입찰자들은 경매 과정에서 경매품에 대한 정보에 접할 수 있기 때문이다.

2020년 노벨경제학상은 경매이론을 연구한 폴 밀그롬(Paul Milgrom)과 로버트 윌슨(Robert Wilson)이 공동 수상했다. 이들은 경매방식을 통하여 경제이론이 현실 문제를 해결하기 위해서 시장을 디자인하는 데 어떻게 도움을 주는지를 밝혔다. 노벨상위원회는 "경매는 어디에서든 벌어지고, 우리 일상생활에 영향을 준다"면서 "이들은 경매이론의 발전과 새로운 경매 방식을 고안했다"고 선정 배경을 설명했다. 경매의 의의는 상품 가격을 시장에서 알 수 없을 때 경매를 통해 적정 가격을 발견한다는 점에 있다. 이들은 어떻게 경매를 설계하여 합리적인 가격에 거래를 성사시키고, 판매자나 구매자는 물론 사회적 후생을 극대화하는지에 관한 연구를 진행했다. 이들은 1994년 미국 연방통신위원회(FCC)의 개인 휴대통신(PCS) 주파수 대역을 할당하는 데 사용되는 '동시다중라운드경매' 방식

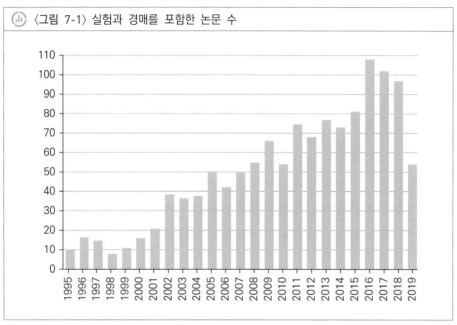

〈그림 7-1〉 실험과 경매를 포함한 논문 수

출처: Canavari et al.(2019)

을 개발했다.[2] 2006년도에는 라디오주파수 경매에 도움을 주었다. 주파수를 분리하여 경매하는 방식을 개발하여 정부도 이익을 얻고, 납세자도 세금을 절감했다. 동시다중라운드경매를 통하여 원치 않는 결과(예 비연속스펙트럼 블록에 대한 라이선스 할당)의 가능성을 줄이고 경매(예 주파수 할당) 효율성을 높였다.

2000년 이후 실험경매에 관한 논문들이 응용경제학과 마케팅 분야의 저널에 많이 출간되고 있다. 카나바리 외(Canavari et al., 2019)는 〈그림 7-1〉에서 보는 바와 같이 과학웹(Web of science)에서 실험과 경매의 단어를 포함하는 실험경매 논문을 조사하였다. 그 결과 2017-2018년 연평균 102편의 논문이 출간되

---

2) 1994년 미국에 처음 도입된 동시다중라운드경매(Simultaneous multiple round auction)는 주파수경매를 통하여 정부에 6억 1,700만 달러의 이익을 안겨주었다. 복수의 주파수 면허를 여러 라운드의 입찰을 통해 판매하는 방식이다. 매 라운드마다 입찰 가격이 가장 큰 것을 기준으로 하여 입찰자가 없을 때까지 경매가 진행된다. 낙찰자는 낙찰가보다 큰 입찰가가 나오지 않고는 다음 라운드부터 입찰에 참여할 수 없다. 동시다중라운드경매는 자연자원 권리의 배분과 전력판매 등에 활용되고 있으며, 영국, 캐나다, 스페인 등에서도 활용하고 있다. 우리나라도 2011년부터 주파수 대역경매에 이를 도입하였다.

었다. 실험 경매(Experimental auction)는 경매 상품의 가치를 거짓으로나 부정확하게 평가하면 손실(비용)이 발생하기 때문에 실험참가자(피실험자)들이 자신이 생각하는 상품에 대한 가치를 진실하게 드러내게끔 유도하는 경매방식이다. 실험경매를 이용한 지불의사액 경매(WTP auction)에서는 높은 입찰가를 제시한 입찰자가 상품을 낙찰받고 실제로 시장 가격을 지불한다. 실험경매 낙찰자가 제시한 지불의사액은 경매를 마친 후 실제로 상품을 수취하기 위해 지불할 가격과 다르다. 유의합의적 실험경매에서 낙찰자가 지불하는 금액은 실제 시장에서의 가격과 같이 개개인 소비자의 지불의사액과 무관하다는 특징을 반영한 것이다. 실험경매를 통해 피실험자는 실제 시장과 같이 상품과 현금을 교환한다. 실험경매는 경제학, 마케팅, 심리학 등 다양한 사회과학 분야에 있어서 공공정책 및 기술개발에 대한 손익분석과 후생효과 분석, 신상품의 시장개척 예측, 소비자 행동 분석에 활용되고 있다.

실험경매는 실험참가자 개개인의 입찰가(지불의사액)를 직접적으로 얻음으로써 수요곡선에 대한 추정치의 가정(Parametric assumption)이 필요하지 않다는 장점이 있다.3) 특히 실험참가자들의 지불의사액이 연속적이기 때문에 이산선택에 기초한 선택실험이나 가상가치법과는 달리 지불의사액의 결정요인을 모형화하는 것이 간단하며, 소비자의 이질성(Heterogeneity)을 고려하여 시장을 세분화하는 데 활용할 수 있다.

실험경매의 단점으로는 실험을 위해 피실험자들을 모집해야 하며, 이들에게 실험에 참여하는 기회비용을 참가비로 지불해야 한다는 것이다. 또한, 실험경매의 입찰에 있어 부적절한 비시장재에 대한 가치 추정은 왜곡될 수 있으며, 피실험자 중 일부는 실험 자체에 흥미를 느끼지 못해 입찰가를 0으로 제시할 수도 있다. 따라서 실험을 통해 비시장재의 가치를 일반화하는 경우 또는 중요한 국가정책에 영향을 미치는 가치 추정일 경우, 실험자는 신중히 실험을 설계하고 실행해야 한다.

상품에 대해 개인이 평가하는 진실된 가치를 v_i라 가정했을 때, 개인은 b_i만

---

3) 반면 전통적인 컨조인트법(Conjoint methods)은 재화의 속성(예 유기농)에 대한 지불의사액을 계량경제학적 추정으로부터 도출한다.

큼 입찰하여 N명의 경쟁 입찰자들을 제치고 상품을 낙찰받고자 한다. 입찰액은 알려진 분포에서 독립적으로 추출된다. 개인이 경매에서 상품을 낙찰받은 경우 (예를 들어 가장 높은 입찰액을 제시한 경우) 그들은 $U_i(v_i-p)$ 형태의 효용함수를 도출하게 된다. 해당 식에서 p는 낙찰가를 나타내며 효용함수는 소득에 비례한다. 만약 개인이 경매에서 낙찰받지 못한 경우는 효용이 0이 된다. 입찰가가 제출되면 가격은 경매 방식에 따른 확률변수이다. 개인 i(피실험자 i)의 기대효용이 낙찰가에 대한 누적분포함수인 $G_i(p)$와 밀도함수(Density function)인 $g_i(p)$로 규정된다고 가정했을 때, 경매 참여자는 입찰을 통해 아래 식 (7−1)로 구성된 기대효용을 극대화하고자 한다.

$$E[U_i] = \int_{\underline{p_i}}^{b_i} U(v_i - p)dG_i(p) + \int_{b_i}^{\overline{p_i}} U_i(0) = \int_{\underline{p_i}}^{b_i} U_i(v_i - p)g_i(p)dp + \int_{b_i}^{\overline{p_i}} U_i(0)$$

$$(7-1)$$

입찰가와 지불의사액이 같을 때($b_i = v_i$일 때) 최적입찰가는 식 (7−2)에서 결정된다.

$$\frac{\partial E[U_i]}{\partial b_i} = U_i(v_i - b_i)g_i(b_i) = 0 \qquad\qquad (7-2)$$

<표 7−1>의 입찰전략별 효용을 살펴보자. 경매참가자의 입찰가가 낙찰가보다 크면 입찰자는 낙찰을 받게 되고 낙찰가를 지불하며, $U(v-p)$인 효용을 얻는다. 반대로 입찰가가 낙찰가보다 작으면, 입찰자는 유찰하게 되며, 지불액은 0원이고 효용도 0이다.

실험설계에 있어서 중요한 이슈의 하나는 경매방식의 선택이다. <표 7−2>에서 보는 바와 같이 다양한 유인합의적인 경매방식이 있음을 4장에서 언급하였다. 영국식 경매(English auction)는 경매참여자가 최종 한 사람이 남을 때까지 순차적으로 입찰가를 올려서 입찰한다. 마지막 남은 경매참여자가 낙찰자가 되며 마지막 입찰가로 경매 상품을 구입한다. 실제로 영국식 경매는 낮은

〈표 7-1〉 입찰전략별 효용

가격	과소입찰 (지불의사액 > 입찰가)	과대입찰 (지불의사액 < 입찰가)	입찰가치 (지불의사액 = 입찰가)
p > v > b	0		
v > p > b	0		
v > b > p	U(v-p) > 0		
p > b > v		0	
b > p > v		U(v-p) < 0	
b > v > p		U(v-p) > 0	
p > v=b			0
v=b > p			U(v-p) > 0

주. p: 낙찰가, v: 입찰자의 지불의사액, b: 입찰가

가격에서 시작하여 시계를 사용하여 일정한 시간 간격을 두면서 입찰가를 상승시키면서 경매를 진행하는 개방형 경매이다. 경매 참여자들은 참여자 번호를 들으면서 개별 입찰가에 대해 지불의사를 표명한다.

2차 가격 경매(2nd price auction)는 경매 참여자들이 입찰가를 밀봉해서 제출하고, 최고 입찰가를 제시한 참여자가 낙찰자가 되며, 두 번째 높은 입찰가를 지불해서 경매상품을 구입하는 방식으로 진행된다. 2차 가격경매는 n차 가격경매(n^{th} price auction)로 일반화되는데 경매참여자들이 경매상품에 대해 밀봉된 입찰가를 제시한 후 $n-1$번째 높은 입찰가까지 제시한 $n-1$명이 낙찰자가 되며 경매상품에 대해 n번째 입찰가를 지불하고 구입한다. BDM(The Becker-Degroot-Marchark)방식은 인기있는 가치추출방식이다. BDM방식은 경매 참여자들이 경쟁적으로 입찰하지 않는 환경이므로 경매는 아니지만, BDM구조는 경매와 유사하다. BDM방식에서는 개별 참여자가 구입하고자 하는 상품에 대해 입찰가를 제시하고, 사전에 준비된 가격 분포에서 무작위로 추출된 가격보다 참여자의 입찰가가 높으면 상품을 구입한다. 무작위 n차 가격경매(Random n^{th} price auction)는 2차 가격경매와 BDM방식을 결합한 경매방식이다. 경매 참여자들은 경매상

〈표 7-2〉 경매방식

경매 방식	참여 절차	낙찰가(시장가격)	규칙	낙찰자의 수
영국식 경매 (English auction)	순차적 상향입찰	마지막 입찰가	최고 입찰자에게 낙찰	1
2차가격 경매 (2nd price auction)	동시적 밀봉입찰	차순위 최고 입찰가	최고 입찰자에게 낙찰	1
n차가격 경매 (n^{th} price auction)	동시적 밀봉입찰	n차 순위 입찰가	$1 \sim n-1$차 순위 입찰자에게 낙찰	n-1
BDM 방식	개별적 밀봉입찰	무작위 추출된 입찰가	입찰가를 무작위 추출된 입찰가보다 높게 제시한 입찰자가 낙찰	개별적으로 결정
무작위 n차 가격 경매 (Random n^{th} price auction)	동시적 밀봉입찰	무작위추출된 n차 입찰가	$1 \sim n-1$차 순위 입찰자에게 낙찰	n-1
집단 경매 (Collective auction)	동시적 밀봉입찰	평균 입찰가	입찰액의 합이 비용의 합보다 크면 입찰자 모두에게 낙찰	모두 또는 0

품에 대해 밀봉된 입찰가를 동시에 제시한 후, 제시된 입찰가 중에서 무작위로 입찰가 하나를 추출한다. 무작위로 추출된 입찰가보다 높은 입찰가를 제시한 경매참여자들이 낙찰자가 되며, 무작위로 추출된 입찰가를 낙찰가로 지불하고 상품을 구입한다. 공공재의 가치 평가를 위해서 스미스(Smith, 1980)는 집단경매(Collective auction)를 도입했다. 집단경매에서는 경매 참여 전 모든 사람들이 공공재 도입에 동의했다면, 밀봉된 입찰가의 합이 공공재 비용의 합보다 클 경우 개개인은 평균 입찰가를 지불해야 한다.

실험경매를 진행하기 위해서 어떤 경매방식을 선택하느냐는 이론적 측면보다는 실용적 측면과 경매의 특성에 좌우된다. 실험경매에 대한 주요 연구결과를 살펴보면 쇼그렌 외(Shogren et al., 2001)가 무작위 n차 가격경매와 2차 가격경매를 비교한 결과는 실증연구에 있어서 중요한 시사점을 주었다. 비시장재의 가치평가를 위해서 복수의 경매 라운드를 진행할 때, 2차 가격경매는 초기 경매에 있어서 낙찰가(시장가격)와 가까운(On-margin) 입찰가를 제시한 경매 참여자들의 가치를 추출하는 데 적합하다는 것을 보였다. 무작위 n차 가격경매는 낙찰가에서 멀리 떨어진(Off-margin) 입찰가를 제시한 경매 참여자들의 가치를 추출하는 데 우월하다는 것을 보였다. 무작위 n차 가격경매에 있어서 낙찰가와 가까운 입찰가를 제시한 경매 참여자들의 입찰가 분포가 과거 낙찰가 중심에 모여 있었다. 그 이유는 경매 참여자들이 복수의 경매를 진행할 때마다 낙찰가가 무작위로 결정되는 무작위 n차 경매를 이해하지 못했기 때문에 경매 참여자들은 지난 경매의 낙찰가 근방의 입찰가를 제시하였기 때문이다. 따라서 무작위 n차 경매를 시작하기 전에 사전경매 연습을 통하여 경매참가자들이 경매 방식을 정확히 이해하도록 사전 교육을 해야 한다. 노사이르 외(Noussair et al., 2004)는 2차 가격경매가 BDM 가치평가보다 경매 참여자들의 수요를 잘 반영하고, 정확한 입찰가를 제시했음을 밝혔다. 러스크와 로주(Lusk and Rousu, 2006)는 2차 가격경매, 무작위 n차 가격경매, BDM의 입찰가와 유도가치(Induced value)의 정확성을 비교하였다. 이 연구에 따르면 2차 가격경매와 무작위 n차 가격경매가 BDM방식 보다 경매상품의 가치를 정확히 평가하였다. 또한 쇼그렌 외(Shogren et al., 2001)의 결과와 동일하게 2차 가격경매는 낙찰가 부근의 입찰가에서, 무작위 n차 가격 경매는 낙찰가에서 멀리 떨어진 입찰가에서 정확성을 보였다. 주요 연구결과를 종합해 볼 때 경매방식의 선택은 실험주관자가 수요곡선의 어느 부분(아랫부분이나 윗부분)을 정확하게 추정하고자 하는가에 달려있다. 2차 가격경매는 높은 입찰가를, 무작위 n차 경매는 낮은 입찰가를 정확히 평가하기 때문이다. 경매방식의 장단점은 <표 7-3>과 같이 요약된다.

2차 가격경매(2nd price auction)는 유인합의적(Incentive compatible)이라는 특성이 있다. 2차 가격경매는 입찰자가 경매 상품에 대한 본인의 진실한 가치를 입찰하는 것이 기대효용을 극대화하는 우월전략(Dominant strategy)이다. 그 이유는 만약 입찰자가 낙찰을 받기 위해 자신이 생각하는 상품 가치가 낮음에도 불구하고 높은 입찰가를 제시해 상품을 낙찰받으면, 입찰가와 시장가격의 차이에 해당하는 손해를 본다. 다른 이유로 입찰자가 자신이 생각하는 상품의 가치보다

〈표 7-3〉 경매방식별 장점과 단점

	영국식	2차 가격경매	BDM 방식	무작위 n차 경매
장점	• 대부분 사람에게 익숙한 경매 방식 • 피드백이 빠른 공개시장 방식	• 경매 설명과 실행 용이 • 한 단위의 재화를 다룸	• 슈퍼마켓 상품진열 형태의 경매 가능 • 낙찰가가 상대적으로 빨리 결정됨	• 모든 입찰자들이 계속해서 경매에 참여할 수 있게 함 • 시장피드백이 높음
단점	• 다양한 재화에 대한 동시 경매 진행의 어려움 • 입찰자들의 피드백을 통제하기 어려움	• 낮은 입찰가를 제시한 입찰자가 후속 경매를 포기할 가능성이 있음	• 개인별 평가이므로 시장이 형성되지 않음 • 시장 피드백의 부재	• 입찰자들에게 경매방식을 설명하기 어려움 • 경매 규모가 크면 낙찰자 결정에 시간이 오래 걸림

낮은 입찰가를 제시했을 때 다른 입찰자가 그보다 높은 입찰가를 제시하면 낙찰 기회를 놓쳐서 상품을 획득하지 못하기 때문이다. 2차 가격경매 또는 차순위 밀봉경매(2nd price auction)는 입찰자의 지불의사액인 입찰가와 실제 지불하는 가격인 낙찰가를 분리함으로써, 입찰자들이 경매 상품에 대해 자신이 생각하는 진실한 가치를 드러내게 한다. 2차 가격경매(2nd price auction)는 입찰자가 다른 입찰자들의 입찰가와 관계없이 본인의 진실된 전략으로부터 높은 보수를 받을 수 있는 우월 전략(Dominant strategy)이다. 실험경매는 유인합의성(Incentive compatibility)인 특징을 갖고 있으나, 이론적으로 어떤 경매방식을 선택해야 하는지에 대한 지침은 없다. 경매 방식의 선택은 실증적 연구의 경험을 통해 실용성과 특성을 고려해 결정된다.

실험경매는 다음과 같이 단계적으로 진행하여야 한다. 1단계는 피실험자(경매참가자)들에게 경매의 진행 절차를 설명하고, 경매에 관한 서면 지침(Written instructions)을 설명하는 것이다. 이때 경매에 사용되는 용어 사용에 주의해야 한다. 경매 과정에 있어서 "낙찰자"보다는 경매 상품에 대한 "구매자" 또는 "판매자"를 사용하는 것이 실제 시장과 같은 상황을 설정함으로써 보다 나은 용어 선택이 된다. 2단계는 피실험자들에게 지불의사액에 대해서 숫자를 이용해 경매의 예를 설명하는 것이 좋다. 경매를 설명하기 위해 예로 제시한 경매의 수치는 본 경매 상품 이외의 상품에 관한 것이어야 한다. 3단계, 피실험자들이 자신의 진실된 가치를 표명하는 것이 우월전략(dominant strategy)임을 설명해야 한다. 즉, 상품에 대한 자신의 가치를 반영하여 진실되게 입찰하는 것이 각 개인의 이익임을 명확히 설명해야 한다. 경매 경험이 없는 사람들에게는 진실된 입찰에 대한 유인이 명확하지 않으므로, 실험경매가 유인합의적인 점을 설명하기 위해 수치를 이용해 예를 제시하는 것이 좋다. 4단계, 실험경매의 진행 절차에 대한 피실험자의 이해도를 검사하기 위해 간단한 퀴즈를 실행해 보는 것도 경매 진행에 도움이 된다. 간단한 퀴즈를 통해 피실험자들은 경매의 진행절차에 대한 이해를 높일 수 있을 것이다. 5단계, 피실험자들로부터 경매의 진행절차에 관한 질문을 허용하고 최대한 피실험자들이 경매에 대해 정확히 이해하도록 하는 것이 중요하다. 6단계, 실제 경매가 이루어지는 상품이 아닌 다른 상품을 가지고 연습 라운드를 여러 차례 실시하는 것도 좋다. 일반적으로 초콜릿 바가 경매에 대한 연습 라운드에 널리 활용된다. 과거 연구들은 경매 참가자들이 경매를 이해하는 것이 경매의 유인합의적 특성을 유지할 수 있는 방법이라고 지적하였다(Kagel et al., 1987; Ausubel, 2004; Li, 2017; Lee et al., 2020). 따라서 실제 경매 이전에 다양한 방법(예시, 퀴즈, 연습경매 등)을 활용하여 경매를 이해시키기 위한 노력이 선행되어야 할 것이다. 7단계, 피실험자들의 익명성(Anonymity)을 존중해야 한다. 익명의 인식번호(ID) 없이 실명을 사용하면 피실험자들은 실험자가 본인의 입찰가를 알 수 있으므로 진실된 입찰가를 제시하지 않는다. 따라서 개인별 인식번호(ID)를 입찰가를 제시할 때 사용할 수 있도록 밀봉된 봉투에 넣어 배분하는 것이 좋다.

8단계, 실제 실험 경매상품에 대한 경매를 실행하고, 상품과 현금을 교환한다. 코리간 외(Corrigan et al., 2009)는 실험경매에 대한 새로운 접근을 시도했다. 이들은 상품의 지불의사액이 아닌 구입량에 대해 경매를 실시했다. 즉, 피실험자들이 여러 가지 무작위로 제시되는 가격을 보고, 그들이 구매하고자 하는 상품의 양을 제시하는 것이었다. 즉, 가격들을 보고 구매할 의향이 있는 상품의 양을 제시한다는 점에서 기존의 경매 방식과 차이가 있는 것이다. 이 방법은 실험자가 한 상품에 대한 피실험자의 지불의사액만을 추정하는 것이 아니라 개별 피실험자의 수요곡선을 추정함으로써 가격탄력성과 시장수요를 추정할 수 있다는 장점이 있다. 이와 함께 5차 가격경매(Fifth price auction)와 개방형 선택실험(Open-ended choice experiment: OECE)[4]과의 비교를 통해 경매 라운드 진행에 따른 반복경매(Repeated auctions)하에서 입찰행동과 정보 효과에 대해 분석했다. 경매 상품인 황금미(Golden rice)에 대한 "정보 없음"(No information), "긍정적"(Positive) 정보 제공, "부정적"(Negative) 정보 제공, "긍정적 정보와 부정적 정보"(Two-sided)의 동시 제공과 같은 네 가지의 정보가 지불의사액에 미치는 영향을 분석하였다.

5차 가격경매(Fifth price auction)는 이론적으로 유인합의적이다. 이 경매에서는 시장가격이 내생적으로 결정되도록 했다. 즉, 피실험자들이 경매 라운드별로 제시된 낙찰가를 경매의 진행 과정과 시장 피드백을 통해 인지하게 하였으며 초기 라운드에서 제시된 낙찰가가 이후에 진행되는 경매 라운드에 영향을 미치도록 했다. 5차 가격경매는 2차 가격경매(2nd price auction)와 무작위 n차 가격경매(Random n^{th} price auction)를 절충한 경매형태이다. 개방형 선택실험(OECE)은 선택실험에서 피실험자들의 정확한 수요를 드러낼 뿐만 아니라 실제 시장과 유사한 구매 환경하에서 경매가 진행되기 때문에 피실험자들에게 실제 시장에서의 의사결정과 유사한 느낌을 준다. 개방형 선택실험을 통해 실험자들은 피실험자들의 전체 수요곡선을 도출함으로써, 시장수요와 수요의 자체 가격탄력성을 추정하였다. 또한 실험자들은 개방형 선택실험을 활용하여, 시장에서와 같이 대체재를 고려하였다.

황금미의 가격을 발견하기 위한 5차 가격경매는 아래와 같은 절차로 진행되

---

4) 이 연구는 필리핀에서 시행되었는데 비가설적 개방형 선택실험은 수요곡선을 추정하기 위해서 일반미와 황금미 가격의 11개 조합을 제시하였다. 일반미 가격은 15페소로 고정하였지만 황금미는 5~25페소로 변동하게 하였다. 그 후 일반미와 황금미의 가격 조합별[에 가격조합은 (황금미 5페소, 일반미 15페소), (황금미 10페소, 일반미 15페소) 등]로 일반미와 황금미를 얼마나 구입할 것인지 피실험자가 제시하도록 하였다. 황금미는 유전자조작을 통해 비타민A가 강화된 쌀이다.

었다. 첫째, 피실험자들은 100페소의 화폐를 참가비로 받고, 일반미 가격, 경매 상품의 사진 등 정보가 담긴 서면 지시사항을 읽는다. 둘째, 피실험자들에게 경매 상품인 황금미에 대한 최대 지불의사액을 입찰지(Bid sheets)에 써서 제출한다. 셋째, 위와 같은 경매 라운드를 네 번 더 반복하고, 매 회차 경매가 끝날 때마다 인식번호(ID)와 가장 높은 다섯 개의 입찰가들을 경매장에 게시한다. 넷째, 5번 시행된 경매 라운드 중 하나를 무작위로 뽑아서, 황금미와 현금을 교환할 경매 라운드(Binding round)를 결정하고, 무작위로 선택된 경매 라운드(예 3번째 경매 라운드)의 네 명의 낙찰자들은 다섯째로 높았던 입찰가로 황금쌀을 교환한다.

개방형 선택실험(OECE)의 진행 절차는 아래와 같다. 개방형 선택실험은 5차 가격 경매보다 오랜 시간이 소요되기 때문에 200페소의 참가비가 지불되었다. 첫째, 황금미와 일반미의 11개 가격조합(황금미 5페소에서 25페소까지 변동됨, 일반미는 15페소로 일정)에 대해 피실험자들은 황금미와 일반미 구입량(kg)을 표기한다. 둘째, 개별 경매라운드 이후 제시된 가격 조합 중 하나의 가격을 뽑고, 이과정을 네 번 반복한다. 이 단계에서 황금미와 일반미에 대한 구입량과 해당 쌀에 대한 가격들은 무작위로 선택되며, 모두 칠판에 공개되어 피험자들이 확인할수 있도록 한다. 마지막으로 5번의 경매 라운드가 모두 끝난 후, 무작위로 경매라운드 숫자를 뽑아 몇 회차 라운드를 쌀의 구입량과 금액을 교환할지 결정하고, 이에 따른 황금미와 일반미 가격 조합을 결정하게 된다. 정보의 형태에 따른두 가지 경매방식의 평균 입찰가는 <표 7-4>와 같다. 5차 가격 경매와 개방

〈표 7-4〉 경매방식별 평균 지불의사액

평균 입찰가 (지불의사액)	정보처치그룹			
	정보 없음	긍정적 정보	부정적 정보	긍정적 및 부정적 정보
5차 가격경매	21	24	13	11
개방형 선택실험	20	23	16	18

출처: Corrigan et al.(2009)

형 선택실험 모두 황금미에 대한 긍정적 정보가 부정적 정보보다 높은 평균 추가 지불의사액을 보였다. 황금미에 대한 자세한 정보를 제공하지 않는 경우가 두 번째로 높은 지불의사액을 보였다. 긍정적 및 부정적 정보를 모두 제공한 경우는 정보를 제공하지 않은 경우보다 황금미에 대한 추가 지불의사액이 낮았다.

실험경매는 다양한 정책 분야에서 활용될 수 있다. 다양한 정책 도입 전 정책입안자들은 새로운 정책에 대한 선호와 세금에 대한 지불의사액 등에 관한 정보를 활용해 정책 도입의 타당성을 평가할 수 있다(Lee et al., 2011). 이와 더불어 마케팅과 기업에서는 신상품과 신기술 도입에 대한 소비자 선호와 지불의사액을 평가함으로써 새로운 상품과 신기술 도입에 대한 타당성을 평가할 수 있다. 다양한 분야에서 활용되고 있는 실험경매가 발전하고, 보편화가 되기 위해서는 실험경매 방법론의 이론적 발전과 함께 현시선호법의 장점인 유인합의성, 실험오류를 줄일 수 있는 실증적 실험설계 방안 등이 지속적으로 연구되어야 한다.

제3절 실험경매의 설계

1. 가치추출방법

비가설적 실험경매는 보상에 기반한 가치추출방법(Value elicitation formats)이다. 연구자들은 새로운 상품이나 상품의 속성에 대한 소비자의 지불의사액을 추정하기 위하여 실험경매를 사용한다. 경매에서 입찰가는 상품에 대한 경매참가자들의 선호를 반영한다. 최근 실험경매가 많이 사용되고 있는 이유는 실제 상품과 화폐를 경매에서 교환함으로써 경매 참여자들이 상품에 대해 느끼는 실제 가치를 제시하도록 유인하는 실험 환경을 제공하기 때문이다.

비시장재에 대한 또 다른 비가설적 가치평가 방법으로 실질선택실험법(Real choice experiment)이 있다. 실질선택실험법에 참가한 참여자들은 둘 또는 세 가지 상품 대안 중 그들이 가장 선호하는 하나를 선택하도록 요구받는다. 가설적 선택실험법과 실험경매는 신상품과 비시장재의 가치평가 방법으로 오랫동안 사용되어왔지만, 실질선택실험법은 상대적으로 최근에 활용되고 있다. 실질선택실험법을 사용한 연구자들은 가설적 선택실험법의 가치평가 결과와 비교함으로써 가설적 편의(Hypothetical bias)에 대해 분석하였다.

실질선택실험과 실험경매법은 상품 또는 속성의 가치를 평가하는 데 현재 널리 사용되는 비가설적 실험 방법이다. 이 두 가지 방법으로부터 도출되는 지불의사액을 비교하는 것도 중요하다. 만약 실험경매와 실질선택실험의 지불의사액이 유사하다면 연구자들은 둘 중 하나의 결과만 사용해도 된다. 이 두 방법을 이용해 도출된 비시장재 가치의 추정치가 유효할 것이라고 확신할 수 있기 때문이다. 그러나 만약 이 두 방법의 추정치가 다르다면 이 중 시장행동(Market behavior)을 보다 정확하게 설명하는 방법을 사용해야 할 것이다. 하지만 실험경매와 실질선택실험을 비교한 연구는 많지 않다. 러스크와 슈로듀어(Lusk and Schroeduer,

2006)는 실험경매가 실질선택실험법에 비해서 가치를 낮게 추정하였으며, 가르시아 외(Garcia et al., 2011)는 실험경매와 실질선택실험법에서 도출한 가치평가의 결과가 다를 수도 있다는 것을 보였다.

　신상품이나 비시장재화에 대한 가치를 평가하기 위해서 연구자는 가치추출을 위한 경매방식을 결정해야 한다. <표 7-5>는 구글학술검색에서 찾은 경매방식의 사용 빈도이다. 가장 많이 사용되는 경매방식은 2차 가격경매이고, BDM(Becker-DeGroot-Marschak) 방식이 두 번째로 많이 사용되었다. BDM 방식은 경쟁 입찰은 아니지만, 슈퍼마켓과 같은 현장에서 피실험자를 쉽게 모집할 수 있기에 많이 사용된다. 연구자들이 n차 가격경매나 무작위 n차 가격경매를 택하는 이유는 2차 가격경매가 시장가격에서 많이 벗어난 입찰(Off-margin bids)을 한 피실험자들의 선호를 나타내지 않기 때문이다(Shogren et al., 2001). 무작위 n차 가격경매에서는 시장가격보다 아주 낮은 입찰을 한 피실험자도 경매 라운드가 진행되면서 자신들도 낙찰될 가능성이 있으므로 상품에 대한 진정한 가치를 입찰하려는 동기를 잃지 않는다. 그 이유는 경매 라운드별 낙찰가격이 무작위로 결정되므로 모든 입찰자가 낙찰될 가능성을 포기하지 않기 때문이다. n차 가격경매의 단점은 각 경매에서 낙찰되는 숫자가 n에 비례하여 증가하기 때문에 비용이 많이 소요된다. 더욱이 무작위 n차 가격경매의 경우 경매에서 얼마

〈표 7-5〉 경매방식별 논문 조회수

경매방식	조회 수
2차 가격경매	13,843
3차 가격경매	159
4차 가격경매	88
5차 가격경매	93
n차 가격경매(무작위 n차 경매 포함)	517
BDM 방식	1,710

출처: Canavari et al.(2019)

나 많은 상품이 필요하거나 판매될 것인지 예측할 수 없다. 따라서 경매에 나온 상품이 신상품이기 때문에 생산이 어렵거나 비용이 많이 드는 경우 실험자는 경매에 필요한 상품을 조달하기 어려워서 무작위 n차 경매보다는 2차 가격경매 등 다른 경매방식을 선택하기도 한다.

BDM 방식은 피실험자가 개별적으로 상품에 대해 평가할 수 있으므로 많이 이용된다. BDM 방식은 경쟁적 입찰이 아닌 개별적 가치평가 방식이므로 복수 또는 일정 그룹의 피실험자가 필요하지 않기 때문이다. 따라서 BDM 방식은 실험에 참여할 사람을 모집하기 어려운 경우, 슈퍼마켓이나 거리에서의 현장실험 또는 fMRI를 이용한 신경경제학 연구에서 선호된다(예 Linder et al., 2010; Kang and Camerer, 2013; Lehner et al., 2017; Veling et al., 2017 참조). BDM 방식은 많은 피실험자를 동시에 같은 장소에 모집할 필요가 없어서 인기가 있다. 하지만 연구자들이 BDM 방식을 사용할 때 문제점도 고려해야 한다. 호로위츠(Horowitz, 2006), 바실로폴로스 외(Vassilopoulos et al., 2018)는 BDM 방식이 유인합의적이라는 데 의문을 제기했다. 그 이유는 피실험자가 제시하는 상품에 대한 지불의사액은 사전에 결정된 잠재적인 가격 분포로부터 무작위로 추출된 가격에 의존하기 때문에 피실험자가 최대 지불의사액을 제시하지 않을 수 있기 때문이다.

2. 실험경매 디자인의 주요 이슈

실험을 설계할 때는 피실험자들에게 지급되는 참가비(Fixed participation fee), 경매 진행 절차(Auction mechanism), 소유접근법(Endowment approach)과 전체입찰 접근법(Full bidding approach), 예산 제약하에서의 수요감소와 부의 효과(Wealth effects), 시장 반응(Market feedback)[5]을 고려해야 한다. 이러한 요인들이 피실험자들이 내리는 결정과 직접적인 관련이 있다면 실험 결과에서 피실험자들이 보인 행동이 실제 경제 활동에서의 행동과 일치한다고 결론을 내릴 수 없기 때문

---

5) 시장 반응이란 소비자가 시장에서 상품 가격에 따라 선호를 변경하듯이, 실험경매에 있어서는 실험경매 라운드가 반복적으로 지속될 때, 정박편의와 같이 이전 경매 라운드의 낙찰가가 피실험자의 지불의사액에 영향을 미치는 것을 말한다.

이다.

실험경매에 있어서 소유접근법과 전체입찰접근법이 활용된다. 소유접근법이란 피실험자들에게 특정 상품(예 일반우유)을 주고, 고품질 상품(예 유기농 우유)으로 교환하는 데 추가로 지불할 지불의사액을 문의하는 방식이다. 전체입찰접근법은 피실험자들이 두 개나 세 개 이상의 상품들에 대해 동시에 입찰을 진행하는 것이다. 이때 복수의 상품을 일정한 순서로 입찰할 경우 순서편의(Order bias)에 의해 뒷순위 상품의 입찰액이 적어지는 수요 감소를 해결하기 위해서 다수의 상품에 대한 입찰순서는 무작위적으로 결정한다.

소유접근법(Endowment approach)의 장점은 특정 상품의 새로운 특성에 대한 피실험자의 관심을 끌어내고, 외부의 영향을 줄임으로써 보다 정확한 실험 결과를 얻을 수 있다는 것이다. 소유접근법은 피실험자들이 경매 입찰에 보다 집중할 수 있게 하는 효과도 있다. 호프만 외(Hoffman et al., 1993)는 실험경매에서 가장 신뢰할 만한 추정치는 두 상품 간 지불의사액의 차이이며, 소유효과(Endowment effect)가 두 상품 간의 가치의 차이를 도출한다고 주장하였다. 소유접근법은 슈퍼마켓과 같은 현장에서 피실험자들을 유치하는 데 유용하다. 현장에서 피실험자들을 유치하면 이들이 실험경매 장소(예 학교 또는 연구소)로 오는 것에 따른 교통비와 시간비를 줄임으로써 실험참가비를 줄일 수 있다는 장점이 있다.

츠버스키와 카네만 외(Tversky and Kahneman et al., 1979)는 전체입찰접근법에 비해서 소유접근법의 가치평가가 기준의존적(Reference-dependent)이라는 점을 지적했다. 이는 개인이 특정 상품을 소유하고 있다면 이를 소유하고 있지 않은 경우보다 해당 상품에 더 큰 가치를 매길 수 있다는 것을 들 수 있다. 이는 손실회피효과(Loss aversion effect)로서 손실에 대해 이익보다 더 큰 가치를 부여하는 것을 말한다. 즉, 소유접근법은 신상품이나 특정 상품 속성에 대한 가치가 피실험자의 상품 소유 여부인 기준점에 의존한다는 것이다. 소유접근법의 다른 단점으로는 소유 자체가 실험참여자에게 암묵적인 가치를 보낸다는 것이다. 즉, 실험참여자에게 준 상품이 경매 상품보다 암묵적으로 열등하다는 신호를 준다는 것이다.

전체입찰접근법은 피실험자들은 다양한 상품을 평가할 때 약간의 비용을 추가함으로써 많은 데이터를 수집할 수 있다는 장점이 있다. 실험자들은 실험경매에 있어 다양한 종류의 상품 또는 속성들에 대한 가치를 추출하는 데 초점을 맞추고 있기 때문이다. 전체입찰접근법의 단점으로는 실험경매가 올바로 수행되지 않았을 경우 수요 감소나 부의 효과(Wealth effect)에 의해 가치 추정이 부정확하게 이루어질 수 있다는 것이다. 수요감소효과(Demand reduction effect)란 피실험자가 하나의 상품을 구매한다면 다음 상품에 대한 해당 피실험자의 수요는 감소하는 것을 뜻한다. 이러한 수요의 감소는 수요곡선상 이동의 결과(수요량의 증가로 인해)이며 속성의 변화와 같은 처치효과(Treatment effect)에 의한 것이라고 단정할 수는 없다. 전체입찰접근법을 통해 한 상품에 대한 가치평가는 해당 상품 이외에 여러 가지 대체품을 동시에 제시함으로써 상품의 가치를 올바르게 평가할 수 있다.

즉, 피실험자들이 여러 가지 다양한 상품들을 구매하거나, 한 상품을 다양한 묶음 단위로 구매하는 전체입찰접근방식의 실험경매는 수요감소 효과(Demand reduction effect)나 부의 효과(Wealth effect)로 혼선을 초래할 수 있다. 수요 감소나 부의 효과로 인하여 낙찰받은 피실험자들은 실험 라운드가 진행되면서 상품에 대한 입찰가를 낮출 가능성이 있다. 따라서 실험경매의 결과는 피실험자들의 진실된 선호를 도출하지 못할 것이다. 실험설계를 통하여 이 문제를 해결하기 위하여 복수의 실험경매 라운드에서 상품과 현금을 교환하는 특정 경매 라운드(Binding round)를 무작위로 결정하거나, 다음 경매에 상품과 현금을 교환토록 지정하는 것을 고려할 수 있다. 피실험자들은 경매에 올라온 상품에 대한 현장 대체품(Field substitutes)이 있음을 인지할 수 있어야 한다. 실험경매에서는 대체품과 이들의 가격을 고려해야 하며, 이는 실험설계에 있어서 중요한 요소이다.

시장에서의 피드백(Market feedback)과 입찰가 연계(Bid affiliation)와 관련해서 체리, 크로커와 쇼그렌(Cherry, Crocker and Shogren, 2003)은 경제적 이론에 부합하는 합리적인 행동을 유도하는 시장 환경의 조성을 강조했다. 마케팅 측면에서 볼 때 피실험자들은 시장가격 등의 정보에 영향을 받는다. 이때, 실험실 실험(Lab experiments)에서도 시장환경을 고려하여 실험이 설계되어야 한다는 것이다. 반면, 밀그롬과 웨버(Milgrom and Weber, 1982)는 피실험자들이 낙찰가를 공시할 경우 다음 경매라운드에 영향을 주어 입찰자들의 가치 평가가 서로 연관될 가능성이 있음을 시사했다. 입찰가 연계(Bid affiliation)는 한 피험자가 제시한 높은 입찰가가 다음 경매 회차에서 다른 참가자의 높은 입찰가를 유도하는 경우로 설명할 수 있다. 경매의 유인합의성은 입찰자들의 경매 상품에 대한 가치 평가가 상호 독립적으로 분포한다고 가정한다. 입찰가 연계는 실험 경매에서의 유인합의성을 저해할 수 있다. 따라서 낙찰가(시장가격)의 공시에 의한 피실험자의 피드백(반응)에 따라 입찰자 연계(Bidder affiliation)가 가중될 우려가 있는지 검증해 보아야 한다. 코리건과 로주(Corrigan and Rousu, 2006)는 높은 게시 가격(Posted prices)이 다음 경매 라운드의 입찰가를 높이는 것을 발견했다.

입찰가 연계(Bid affiliation)와 관련된 효과는 가치상호의존효과(Value interdependence effect), 학습효과(Learning effect), 정박효과(Anchoring effect), 경쟁효과(Competitive effect), 분리효과(Detachment effect)로 설명된다. 불확실성이 내재된 동태적 환경, 제한된 정보와 비가역성(Irreversibility)하에서의 가치평가에 대해 자오와 클링(Zhao and Kling, 2004)은 지불의사액을 기대가치(Expected value)에서 약정 비용(Commitment costs)을 공제한 것으로 정의하였다. 약정 비용이란 특정상품을 구매하면서 해당 상품의 가치에 대해 더 많은 정보를 찾아볼 기회를 놓치는 것에 대한 비용을 의미한다. 이 약정 비용은 사람들이 상품의 가치에 대해 이미 확실한 평가가 내려진 상태이거나, 미래에도 해당 상품에 대한 추가적인 정보를 획득하기 어려울 때, 참을성이 적거나, 거래 취소가 쉽다고 예상될 때, 구매 결정에 자유가 보장될 때 작아진다.

시장반응과 입찰가 연계(Bid affiliation)[6]에 대해 살펴보자. 밀그롬과 웨버(Milgrom and Weber, 1982)는 사람들이 생각하는 가치가 서로 관련되어 있다는 것을 '연계'(Affiliation)라고 정의하였다. 체리, 크로커와 쇼그렌(Cherry, Crocker and Shogren, 2003)은 경제 이론에 부합하는 합리적 행동을 창출하는 적극적인 시장 환경의 중요성을 강조했다. 마케팅에서 피실험자들은 일상생활 중 시장가

---

6) 경매 낙찰가를 공시함으로써 다른 경매 참여자가 다음 회(Round) 경매에서 전 회 경매의 낙찰가를 기준으로 입찰가를 제시하는 것이다.

격과 같은 시장 정보를 이용하며 실험실 실험에서도 시장환경과 유사한 환경을 조성하도록 실험을 설계하여야 한다. 시장반응을 위해 낙찰가를 공시할 경우의 단점으로는 입찰자들의 지불의사액들이 서로 연관되어 과대 입찰될 가능성이 있다는 점이다(Milgrom and Weber, 1982). 경매의 의의는 입찰자들의 가치가 독립된 분포를 갖는다는 가정하에서 존재한다. 입찰자들 간의 입찰가가 상호 연계된다면 실험경매의 유인합의성이 저해될 가능성이 있다. 입찰가의 연계에서 발생하는 문제는 시장 반응을 통해 얻을 수 있는 장점보다도 더 큰 문제를 발생시킨다.

경매에 있어서 가격공시와 입찰연계에 관한 연구를 살펴보면 아래와 같다. 코리건과 로주(Corrigan and Rousu, 2006)의 연구에 따르면 낙찰가 공시는 과대 입찰을 가져오는 것으로 나타났다. 즉, 이번 회차 경매에 있어서 높은 공시 가격은 차기(후속) 경매에서 입찰가를 높이는 것을 발견하였다. 코리간 외(Corrigan et. al., 2012)는 입찰가 연계(Bid affiliation)를 가치상호의존 효과, 정박 효과, 분리효과, 경쟁효과, 학습효과 측면에서 분석하였다. 가치상호의존효과(Value interdependence effect)는 한 개인(i)이 생각하는 특정 상품의 가치(v_i)는 식 (7-3)에서 보는 같다. 즉, 한 개인의 상품의 가치(입찰가)는 다른 사람이 생각하는 상품의 가치(입찰가)에 영향을 받는다. 연속되는 경매에 있어서 공시된 다른 사람의 입찰가는 본인의 입찰가에 영향을 받는다. 식 (7-3)에서 $\beta \neq 0$이 아니면 한 개인의 입찰가는 다른 사람의 입찰가에 영향을 받는다.

$$v_i = \alpha t_i + \beta \sum_{i \neq j} t_j \qquad (7-3)$$

t_i: 한 개인(i)이 특정 상품에 부여하는 가치에 대한 신호(Signal)

t_j: 다른 개인(j)이 특정 상품에 부여하는 가치에 대한 신호

α , β : 개인(i)의 신호 대(對) 다른 모든 개개인의 신호들에 부여된 가중치

$\alpha = \beta$: 모든 사람이 특정 상품에 대해 동일한 가치(Pure common value) 부여

$\beta = 0$: 개인(i)의 상품 가치가 타인과 독립적인 상황

정박효과(Anchoring effect)를 살펴보면 피실험자가 부여하는 경매 상품의 가치는 이와 직접적으로 연관되지 않은 다른 상품의 가치에 의해서도 영향을 받는 경향이 있다. 예를 들어, 현장실험에서 음악 CD에 제시된 입찰가는 인접한 테이블에서 판매된 스웨터의 가격에 크게 영향을 받는 것을 볼 수 있다. 만약 스웨터의 가격을 10달러에서 80달러로 인상하면 CD의 평균 지불의사액이 23% 증가함을 확인할 수 있다. 따라서 개인(i)의 특정 상품에 대한 가치는 식 (7-4)와 같이 나타낼 수 있다.

$$v_i = \alpha t_i + \beta A \qquad\qquad (7-4)$$

t_i: 개인(i)이 특정 상품에 대해 부여하는 가치에 대한 신호

A: 정박효과(Anchoring effect)

α, β: 가중치(weights)

분리효과(Detachment effect)는 경매에서 낙찰된 가격을 공시하기 때문에 낮은 입찰가를 제시한 경매 참여자들이 후속 경매를 포기하는 효과이다. 경매 후 공시된 낙찰가보다 낮게 입찰한 입찰자들은 자신의 입찰가를 상승시키는 방향으로 행동하게 된다. 피실험자들이 경매에서 낙찰받기 위해 자신의 실제 지불의사액 이상으로 입찰하는 경향이다. 1차, 2차 및 3차 라운드 경매 후 공시된 가격이 각각 4.50€, 4.75€ 및 5.00€인 경매에서 0.50€를 입찰하는 사람을 생각해 보자. 그가 이 경매에서 낙찰받을 확률은 없다. 따라서 그는 진실되게 (자신이 생각하는 가치를 정확히 반영하여) 입찰해야 할 이유가 없다. 잘못된 경매행위(Misbehaving)의 비용은 낙찰되기 어려운 입찰자(Off-margin bidders, 공시 낙찰가보다 훨씬 낮게 입찰한 입찰자)에게는 매우 낮다. 가격을 공시하는 것은 잠재적으로 낮게 입찰한 오프마진 입찰자들이 자신의 입찰가를 상승시키는 방향으로 행동하도록 유도한다. 따라서 공시 가격에 대한 피드백은 진실된 가치보다는 경매에서 낙찰받기를 원하는 경매 참여자에게는 입찰가를 인상시킬 정보를 제공한다.

경쟁효과(Competitive effect)는 경매참여자들이 낙찰받았을 때 큰 효용을 얻는

경우 이전 경매 회차(Round)의 낙찰가를 공시하면 다음번 경매에서 낙찰을 받으려고 입찰가를 올리는 것이다. 입찰자들이 진실된 상품 가치를 입찰가에 반영하지 않는 동기는 경매에서 낙찰받는 행위 자체로부터 추가적인 효용을 얻을 수 있기 때문이다.

학습효과(Learning effect)는 경매에서 공시된 낙찰가가 입찰자들이 자신이 생각하는 진실된 가치를 입찰가에 반영하도록 유도한다는 것이다. 입찰자들은 "싸게 사는(Buy low)" 행위의 효용 증가를 경험(Heuristics)을 통해 알고 있을 것이다. 따라서 입찰자들은 경매 상품에 대해 진실된 가치를 반영하는 입찰가를 제시하는 것이 최적의 행동임을 이해하더라도, 본인이 생각하는 진실된 가치보다 낮은 가치를 반영한 입찰가를 제시하면서 추가 잉여를 얻으려 할 수 있다. 높은 낙찰가를 공시하는 것은 입찰자로 하여금 "싸게 사는" 행위에 대해 재고하게 한다. 공시 가격이 높을수록 "싸게 사는" 행위로부터의 이탈이 나타나서 입찰자들은 공시된 낙찰가를 참조해서 진실된 상품의 가치를 입찰한다.

가격공시 선호론자들은 학습효과로부터 얻어지는 긍정적 효과를 위해서 피실험자들이 경매 상품에 대한 자신의 진실된 가치를 입찰하는 것이 그들에게 최고의 이익을 가져다주는 것이라는 것을 직접 경험해 보아야 한다고 주장한다. 반대로 가격공시에 대한 회의론자들은 공시 가격과 더불어 발생하는 경매의 단점을 극복하기 어렵다고 주장한다. 학습 효과로 인한 잠재적인 이익이 경쟁효과, 분리효과, 정박효과로 인한 복합적인 효과보다 클 것인지 생각해 볼 필요가 있다.

일반적으로 시장 정보의 제공은 시장 효율성을 높인다. 이에 따라 실험경매에 있어서 동일한 상품에 대해 반복되는 경매 라운드에서 낙찰가를 공시해 왔다. 하지만 낙찰가 공시에 대한 논란은 10년 이상 이어왔다. 코리건 외(Corrigan et al., 2012)는 실험경매의 가치평가에 있어서 가격(낙찰가) 공시가 반복되는 경매 라운드에 미치는 영향에 대해 분석하였다. 그는 2차 가격경매에 있어서 가격공시를 통해 피실험자들이 반복되는 경매 라운드에서 합리적으로 행동하는가를 분석하였다. 피실험자들은 가격이 공시됨에 따라 반복되는 경매라운드에서 뚜렷한 선호뒤바뀜(Preference reversals)이 나타났다. 하지만 비합리성은 경매 라운드가 진행되면서 감소하였다. 유도가치경매(Induced value auction)에서 가격공시는 유도가치에서 벗어나는 내쉬균형 입찰전략에서 큰 탈선을 보였다. 따라서 이 연구는 가격공시 피드백에 따른 피실험자의 긍정적 학습효과는 경쟁효과, 정박효과로 인해 상쇄되어 부정적 효과가 크므로 낙찰가 공시를 지지하지 않았다. 가격을 공시하고자 한다면 낙찰가보다는 입찰가의 중앙값을 공시하거나, 입찰가의 상위 분포에 영향을 받지 않는 무작위 n차 가격경매를 사용하기를 권고하였다.

3. 실험그룹별 피실험자 수

실험 디자인 이슈 중의 하나는 실험그룹별 피실험자의 숫자이다. 선행연구를 보면 경매에 참석한 피실험자의 숫자를 기반으로 실험(경매)그룹을 구성했다(예 Lee and Fox, 2015). 실험그룹별 피실험자의 숫자가 일정하지 않으면(예 피실험자가 경매를 거부하는 경우) 실험그룹별로 다른 숫자의 피실험자를 갖게 된다. 피실험자가 경매를 거부하면 피실험자 모집하는 데 어려움이 발생한다. 피실험자가 학생일 경우 실험 세션에 나타나지 않는 것이 빈번하다. 실험에 있어서 피실험자들이 실험 세션에 나타나지 않는 것은 일반적이며, 이를 해결하기 위해 실험 주관자는 시간비용과 실험의 난이도를 고려해 참가비를 책정해야 한다.

실험자들은 주어진 실험 세션에서 복수의 실험그룹을 활용하도록 실험을 설계할 수 있다. 피실험자들은 무작위로 실험그룹에 배정되며, 복수의 실험그룹을 활용한 이점은 다음과 같다. 첫째, 한 실험 세션에 복수의 실험그룹을 두고 실험을 수행하면 피실험자는 한 실험 세션에만 참가하도록 함으로써 실험 세션과 실험그룹 간에 완전연계성을 피할 수 있다. 실험 세션을 구성하는 데 오류가 많은 현장실험에서 한 실험세션에서 복수의 실험그룹을 활용하는 것은 바람직하다. 실험그룹을 많이 확보하면 독립적인 표본의 수도 증가한다. 둘째, 피실험자의 일부가 실험 중간에 참여를 중단해도 실험 전체가 중단되지 않는다는 점이다.

일반적으로 실험 세션에 있어서 소수의 실험그룹과 실험그룹별 피실험자 숫자가 일정한 것이 바람직하다. 실험그룹 내 피실험자의 숫자는 실험내용을 검토한 후 피실험자가 많은 그룹과 적은 그룹의 장단점을 비교해 결정해야 한다. 일반적으로 실험그룹별 피실험자는 10명 내외가 적당하며, 실험 세션도 15세션 이상은 되어야 한다. 따라서 피실험자의 규모는 최소한 100명 이상이어야 하며 최근에는 300명 이상으로 증가하고 있다.

4. 공돈효과

피실험자는 실험 참가비를 받았을 때 참가비로 받은 돈을 실험 중 사용할 의무가 있다고 생각할 수 있다. 피실험자들은 실험 참가비는 자신의 돈이 아니라고 생각하거나 실험자에게 보답할 의무가 있다고 생각하기 때문이다. 이 같은 효과를 '공돈효과(House money effect)' 또는 '횡재한 돈(Windfall money)'이라고도 한다(예 Jacquemet et al., 2009; Corgnetet et al., 2014). 공돈효과로 인해 피실험자들은 경매 상품에 실제 가치를 반영하지 않은 입찰가를 제시할 수 있다. 오히려 피실험자들이 실험자에게 보답해야 한다고 생각하거나, 실험자를 만족시키기 위해 경매 상품의 가치를 좋게 평가해야 하는(즉, 실험자 수요효과) 도덕적 의무를 반영할 수 있다(Zizzo, 2010).

공돈효과를 해결하는 방법은 피실험자들이 참가비를 실제 벌었다고 느끼게 하는 것이다. 참가비를 실험참가자들이 실제 노력의 대가로 인식하도록 하는 방법은 실험경제학에서 널리 사용되었으며(예 Abeler et al., 2011) 실험경매에서도 활용되고 있다(Drichoutis et al., 2017a; Kechagia and Drichoutis, 2017). 공돈효과를 해결하기 위한 다른 방법으로는 피실험자가 자신의 돈으로 입찰하도록 하는 것이다. 예를 들어, 피실험자에게 참가비로 상품권을 제공하지만, 경매에서 입찰하는 상품에 대해서 현금으로 지불하도록 한다. 데이비스 외(Davis et al., 2010)는 실험 세션이 시작되기 전에 참가비를 지불받는 그룹과 실험 세션이 종료된 후 상품을 정산하고 남는 참가비를 지불받는 피실험자 집단으로 구분해 분석하였다. 실험 세션이 시작되기 전에 참가비를 받은 피실험자는 참가비가 본인은 돈으로 생각하여 정보에 민감하였고, 위험회피 성향을 보였다.

종합하면, 참가비를 실험 후에 정산받는 경우 피실험자는 과잉입찰을 하는 위험선호적 공돈효과를 보였다. 따라서 참가비를 선지급하는 방식(2주 전 지급 또는 현금화할 수 없는 상품권 지급)은 피실험자들이 본인의 금전적 손실을 줄이기 위해서 신중히 입찰가를 결정함으로써 공돈효과의 오류를 줄일 수 있다. 실험에서 다양한 참가비 지불 방법에 따른 피실험자의 입찰행위에 관한 연구가 필요하다. 하지만 현장실험에서는 슈퍼마켓 등 현장 운영자로부터 협조를 얻어야 하고, 실험참가자들도 참가비 지불 방법에 불만이 없어야 하므로 지불방법별 입찰행위에 대한 실험을 시행하기는 쉽지 않다.

5. 표본 규모와 통계적 검정

과학적 가설검증은 통계적 추론방법을 통하여 실험결과가 우연이 아니라는 것을 밝힌다. 표본 규모는 내부유효성과 외부유효성을 확보하기에 적절한 규모로 설계되어야 한다. 대규모 표본의 경우는 처치그룹과 통제그룹에 대한 두 표본 t-검정(Two sample t-test)을 실시하고, 소규모 표본에 있어서는 초기하분포(Hypergeometric distribution)를 이용한 피셔의 정확성 검정(Fisher's exact test)을 실시해야 한다(Abadie et al., 2019).

대규모 표본에서 처치집단(Y_1)과 통제집단(Y_0)의 차이를 평균으로 판단하는 가설은 식 (7-5)와 같다.

$$H_0 : E(Y_1) = E(Y_0), H_1 : E(Y_1) \neq E(Y_0) \qquad (7-5)$$

소규모 표본에서 개별 자료에 대한 피셔의 정확성 검정에 해당하는 가설은 식 (7-6)과 같다.

$$H_0 : Y_1 = Y_0, H_1 : Y_1 \neq Y_0 \quad \text{(정확한 귀무가설)} \qquad (7-6)$$

Ω를 모든 가능한 무작위 실현가능집합(Sample Space)이라고 정의할 때, 소규모 표본 실험에서 하나의 실현 값인 Y_i를 관측할 수 있으며, 정확한 귀무가설(Sharp null)하에서 처치그룹과 통제그룹에 배정되는 조합 $\hat{a}(w)\,(w \in \Omega)$의 차이

를 고려한 평균의 차이는 $\hat{a} = \overline{Y_1} - \overline{Y_0}$로 계산된다. 처치효과[7]에 대한 '유의성 검정'은 처치그룹과 통제그룹 간에 차이가 없다는 귀무가설에 대한 기각 여부를 통계적으로 입증하는 것이다. 통계적 가설검정에서는 진실을 잘못 기각하는 제1종 오류(긍정 오류)나 거짓을 기각하는 데 실패하는 제2종 오류(부정 오류) 중 하나를 범할 확률이 항상 존재한다. 제1종 오류와 2종 오류는 분석결과를 잘못된 방향으로 유도해 자원을 낭비하기 때문에 유의해야 한다.

통계적 검정력 분석과 최적의 표본 규모를 추정하는 프로그램이 있다(예 Bellemare et al., 2016).[8] 실험경매에서 최적 표본 규모를 추정하는 것은 관측된 입찰이 연속적이지만, 경매 라운드가 반복되는 특성을 고려하면 복잡하다. 실험 경매 연구에서 표본 규모를 고려하지 않은 것은 표본규모가 클수록 비용과 시간이 많이 소요되고, 표본이 잘 추출되면 표본의 크기가 실험 결과에 유의미한 차이를 가져오지 않기 때문이다. 표본 규모에 따른 실험결과가 통계적으로 유의성을 갖기 위해서는 표본 규모가 상당히 커야 한다. 하지만 표본규모를 늘리는 데 따른 시간과 비용의 낭비가 이득보다 크다고 판단했기 때문이다. 연속적인 입찰, 처치그룹 간의 선택, 복수의 실험 경매 라운드[9] 분석을 위한 최적 표본의 크기를 추계하기 위해서는 제1종 오류 및 제2종 오류에 대한 적절한 값을 가정할 필요가 있다. 최적 표본규모는 실험 계획에 따라 계산해야 한다. 최적 표본 규모는 통계이론에 기초해 도출하거나 정책효과 분석을 위해서 필요한 최소 규

---

7) 처치효과(Treatment effect)는 특정 정책 또는 과학적 방법의 도입 여부에 따른 인과 효과이다. 경제학의 예로서는 다른 모든 조건이 동일할 경우 고등학교 교육, 영양표시 인식 여부 등을 들 수 있다. 더미변수(0,1)를 이용해 정책 도입 여부에 따른 처치효과를 추정한다. 고등학교를 졸업한 경우는 1로 표시하고, 고등학교를 졸업하지 않은 경우는 0으로 표시하여 고등학교 졸업 여부가 임금에 미치는 영향을 추정한다. 처치효과는 고등학교 졸업 여부를 제외한 모든 공변량(Covariates)이 동일해야 하는데 그렇지 못할 경우 선택편의(Selection bias) 문제가 발생한다. 선택편의를 해결하기 위해서 무작위통제실험(Randomized control trials)을 위한 1차자료를 이용한 실험(Experiments)과 2차자료에 대해 무작위배정(Random assignment)을 한 준실험방법(Quasi-experimental methods)이 이용된다.

8) 이 프로그램은 실험 디자인에 관한 세부 정보인 피실험자의 수, 실험 라운드의 수, 내부유효성과 외부유효성의 디자인, 피실험자의 이질성 추정을 위한 비선형모형(예 로짓, 프로빗, 토빗모형) 등을 설정할 수 있다.

9) 복수의 실험경매라운드는 경매 상품에 대한 진실된 지불의사액을 추정하기 위해서 피실험자가 동일한 상품에 대해 여러 라운드에 걸쳐서 입찰가를 제시하는 것이다.

모이다. 또한 실험에 필요한 표본규모는 선행 연구의 검토와 메타 분석 등을 통해서 표본 규모에 대한 정보를 얻는다(Gelman and Carlin, 2014). 드리초티스 외(Drichoutis et al., 2015)와 브리즈 외(Briz et al., 2017)는 표본규모를 계산하는 데 있어서 선행연구에서 관련된 모수를 발견할 수 있는지 보였다. 표본 규모의 계산에 있어서 처치그룹이 복수일 때는 복잡하다. 1개의 통제그룹과 2개의 처치그룹이 있을 때 리스트 외(List et al., 2011)는 표본의 절반을 통제그룹에 배분하고 1/4을 각각 2개의 처치그룹에 배분하였다. 즉, 통제그룹과 처치그룹별 최적 표본배분에 있어서 통제그룹에 더 높은 비중을 두었다.

6. 실험경매관련 추가 이슈

새로운 상품의 품질에 대한 사람들의 인식은 긍정적 또는 부정적일 수 있다. 하지만 일반적인 실험경매에서는 피실험자의 부정적 가치(Negative Value)를 허락하지 않는다. 새로운 상품에 대한 부정적 가치를 허락하지 않고 가치를 측정할 경우 상품에 대한 수요를 과대평가할 수 있다. 실험경매를 활용하는 데 있어 부정적 가치를 허락하지 않는 이유는 피실험자가 경매절차를 이해하기 어렵기 때문에 진실된 가치를 나타내지 못할 수 있거나 피실험자가 전략적으로 입찰을 할 수 있다는 우려에서 기인한다(Dickinson and Bailey, 2002). 파크허스트 외(Parkhurst et al., 2004)는 유도가치실험(Induced Value Experiment)을 이용하여 긍정적 가치와 부정적 가치가 모두 허락된 경매에서 피실험자가 진실된 가치를 입찰하는지에 대한 실험을 진행하였다. 실험결과는 부정적 가치를 허용하였음에도 2차가격경매와 무작위 n가격경매법 모두 유인합의적인 것으로 나타났다. 리와 폭스(Lee and Fox, 2015)는 실제 상품을 대상으로 부정적 가치가 허용되었을 경우 실험경매법이 유인합의적인지 확인하였고, 분석결과 5차가격경매와 무작위 n가격경매법이 유인합의적인 것으로 나타났다. 실험경매를 적용함에 있어서 부정적 가치를 허용하는 것은 특정 상품에 대한 완전한 수요곡선을 도출할 수 있도록 한다. 하지만 부정적 가치를 허용하는 실험경매 적용에 있어서 이전 연구들이 우려하는 전략적 입찰을 최소화하기 위해서는 실험 참가자들이 경매법을 명확하게 이해할 수 있는 실험 설계가 필요하다.

경매에 참가한 피실험자들은 다양한 행동학적 요인들에 영향을 받는 것으로 알려져 있다. 일반적으로 개인적 특성(Personality Traits)은 사람들의 행동에 많은 영향을 미치는 것으로 알려져 있다(Borghans et al., 2008). 그레비투스 외(Grebitus et al., 2013)는 개인적 특성을 이용하여 실험경매에서의 피실험자의 가치차이를 분석하였고 피실험자의 개인적 특성에 따라 경매에서의 입찰가격에 차이가 발생하는 것을 확인하였다. 이는 실험경매에서 빈번하게 발생하는 변칙적 입찰(초과 입찰 또는 과소 입찰)의 이유를 설명할 수 있는 근거를 제공해줄 수 있을 것으로 판단된다.

개인의 인식능력(Cognitive Ability)은 합리적인 경제적 행동에 많은 영향을 미치는 것으로 알려져 있다(Gill and Prowse, 2016; Burnham et al., 2009; Carpenter et al., 2013). 리 외(Lee et al., 2020)는 피실험자의 인식능력 차이가 2차가격경매에서의 변칙적 경매의 원인이 되는지에 대한 연구를 수행하였다. 유도가치실험을 이용한 분석 결과, 인식능력이 높은 피실험자일수록 이론에 부합하는 입찰결과를 보여주었다. 특히, 상품의 가치가 상대적으로 낮을수록 인식능력이 낮은 피실험자의 비합리적 입찰행동은 강해지는 것으로 나타났다. 리 외(Lee et al., 2020)는 실험경매에서 비합리적 입찰행동을 줄이기 위한 방안으로 경매에 대한 명확한 이해가 선행되어야 함을 강조하였다.

위에서 언급한 실험경매관련 이슈 외에도 다양한 행동학적 요인에 근거하여 실험경매에서 발생하는 비합리적 입찰행동을 설명하고자 하는 노력이 계속적으로 이어지고 있다. 이러한 노력들은 실험경매를 이용한 상품에 대한 가치평가를 보다 정확하게 할 수 있도록 하는 실험절차 개발 및 디자인 설계에 많은 도움이 될 것으로 판단된다.

제4절 실질선택실험법

가설적 선택실험(Hypothetical choice experiments)에서 피실험자들은 실험 상품에 대한 진실된 가치를 실험자들에게 전달할 유인이 없으므로 선택실험에서 수집된 자료는 신뢰성이 낮은 경우가 많다. 리스트(List, 2001)는 스포츠 카드딜러가 실제 게임의 진행 상황에서 $56.56를 입찰가로 제시한 것과 다르게 가상의 게임 상황일 경우 입찰가를 $107.89로 상당히 높여 부르는 것을 발견했다. 가상의 상황에서 과대 입찰이 일어나는 이유는 피실험자가 지불의사액을 제시하는 데 아무 부담이 없기 때문이다. 유도가치이론(Induced value theory)에 의하면 피실험자가 실험에서 느끼는 부담은 실험결과에 대한 보상이나 손실이 피실험자의 결정과 직접 연관되어 있을 때 발생한다. 따라서 실제 경제행위와 유사하게 행동하는 피실험자에게는 적절한 보상이 있어야 하고, 실제 경제행위에서 벗어나게 행동하는 피실험자에게 불이익이 있어야 실험데이터의 신뢰성을 높일 수 있다.

가설적 선택 작업(Hypothetical choice tasks)에 현실성을 높이기 위해서 딩 외(Ding et al., 2005; 2007)는 소비자들의 실제 구매 행동과 연관된 유인구조(Incentive structure)를 제안하였다. 이 연구는 BDM 방식을 이용해 개별 피실험자들이 제시받은 여러 가지 선택 옵션 중에서 그들이 선택한 음식에 대해 입찰가를 제시하도록 했다. 피실험자의 입찰가가 BDM방식에서 무작위로 추출된 시장가격보다 높으면 시장가격을 지불하고 상품을 받는 유인조정선택실험(Incentive −aligned choice experiment)을 개발했다. 예를 들어 피실험자는 중식 레스토랑에서 저녁 식사를 하거나, 아니면 포장된 음식들을 집으로 가지고 갈 것인지를 선택할 수 있다. 이때 피실험자들은 12가지 종류의 음식을 제시받고, 3가지 음식으로 구성된 각각의 메뉴에 대해 아무 음식도 선택하지 않든지, 1개나 2개의 음식, 또는 3가지 음식 모두를 선택하는지 등 원하는 대로 주문할 수 있다. 이때 만약 피실험자가 아무 음식도 주문하지 않으면 일정 금액의 실험 참가비를 받고 실험을 끝낼 수 있다. 피실험자가 음식을 선택하고 본인의 지불의사액(입찰가)이 BDM방식으로 결정된 음식 가격보다 크면 식당은 해당 음식을 제공함과 동시에 음식 가격과 실험참가비의 차액을 피실험자에게 지급한다.

딩 외(Ding et al., 2005)는 유인조정선택실험(Incentive aligned choice experiment)의 결과가 가설적 선택실험보다 실제 상황과 유사한 예측성을 가짐을 보였다. 또한 가설적 조건(hypothetical condition)의 피실험자들보다 유인조정선택실험 조건(Incentive aligned choice experimental condition)의 피실험자들이 높은 가격탄력성을 보였으며, 실험자를 만족시키기 위한 전략적 행동을 하지 않는다는 것을 확인하였다. 이 연구가 제안한 유인조정선택실험의 어려운 점은 실험에서 고려되는 다양한 선택 옵션들을 '실제로 피실험자들이 전부 선택가능해야' 한다는 것이다. 이 같은 문제점을 해결하기 위해 딩(Ding, 2007)은 실험 중 오직 한 상품의 변경만이 가능한 진실말하기메커니즘(Truth-telling mechanism)을 도입하였다.

진실말하기메커니즘은 다음과 같이 진행된다. 첫째, 피실험자들이 일반적인 컨조인트 분석에 참여한다. 둘째, 실험자들은 피실험자들에게 구매가능한 실제 상품을 공개한다. 셋째, 실험 후 모든 자료를 수집하여 집계한 후, 실험자는 공개한 실제 상품에 대한 피실험자들의 지불의사액을 추정한다. 피실험자 개개인 선호에 잠재된 이질성(Heterogeneity)을 고려한 지불의사액을 추정하기 위해 계층적 베이지안 추정(Hierarchical Baysean estimation)을 활용한다.

BDM방식을 통해 추정된 지불의사액을 이용하여 피실험자들이 실제로 상품을 구매하는지 결정하고, 만약 구매한다면 어떤 수준의 가격에 구매하는지 조사한다. MP3플레이어인 iPod Shuffle과 iPod Nano로 이루어진 패키지를 활용하여, 딩은 진실말하기메커니즘의 외부유효성을 가설적 선택실험과 비교하였다. 그 결과 진실말하기메커니즘은 가설적 선택실험에 비해 표본집단에 있어서 36% 대 17%의 비율로 현실성이 높은 예측성을 보였다.

선택실험은 상품에 내재된 속성 중 가격이 포함되어 있을 때 소비자 지불의사액을 추정할 수 있다. 선택실험은 소비자들의 실제 시장에서 상품을 선택하는 행위와 유사하여 다른 가치추출방법들보다 선호된다. 하지만 선택실험법은 두 가지 편의가 발생할 가능성이 있다. 첫째, 상품의 가격이 실험자에 의해 외생적으로 주어진다. 즉 피실험자와 상관없이 지불의사액과 가격이 외생적으로 주어진다. 둘째, 적정가격 수준을 설정하는 것에서 발생할 수 있는 편의이다. 일반적으로 실험에 사용되는 속성 가격은 시장가격을 중심으로 일정 범위 내에서 설정된다. 피실험자의 지불의사액이 평균 시장가격에 비해서 훨씬 높거나 낮으면 피실험자는 해당 실험에서 자신의 지불의사액과 동떨어진 가격의 상품을 선택해야 하는 문제가 있다.

비가설적 선택실험(Non-hypothetical choice experiment)[10])에서는 실제 소수의 준비된 상품 중에서 피실험자가 상품을 선택하는데, 이로 인해 실험에서 추출된 데이터가 실제 시장과 달리 충분하지 않을 수 있다. 더욱이 실험자가 설정한 가격범위가 시장가격과 크게 동떨어져 있다면, 설정된 가격은 수요의 증가나 감소로 인한 효과를 반영하지 못한다.

실질선택실험(Real choice experiment)은 피실험자가 자신의 진실된 선호를 반영한 상품을 선택하여 상품을 구성하는 개별 속성의 지불의사액을 직접적으로 추정할 수 있다. 피실험자들은 여러 속성으로 구성된 상품집합 내에서 하나를 선택해야 한다. 다양한 속성들로 구성된 상품조합들은 피실험자의 선택집합 내에 있어야 한다. 다음으로 <표 7-6>과 같이 완전요인설계를 통해 9개의 선택집합이 만들어지며, 각 선택 집합이 두 개의 상품 선택옵션(A, B)으로 구성된다고 가정하자. 이렇게 구성된 9개의 선택 집합들은 피실험자들이 9개 모든 선택집합에 대한 선택을 끝낸다는 조건하에 하나씩 제공된다. 그 후 피실험자들은 <표 7-7>과 같이 제시된 상품집합의 선택옵션에 대한 본인의 지불의사액을 표기한다.

피실험자들이 개인별로 가장 높은 지불의사액을 표기한 선택 옵션이 그들이 선호하는 주스의 선택 옵션이다. 즉, A와 B, 두 개의 옵션에서 피실험자가 각각 3,000원과 3,500원을 표기한 경우 선호하는 옵션은 B가 된다. 이 같은 방식으로 특정 옵션에 대한 지불의사액이 0인 경우는 해당 옵션을 피실험자가 선호하지

---

10) 비가설적 선택실험은 실질선택실험(Real choice experiment)으로도 불린다.

⟨표 7-6⟩ 실질선택실험의 완전요인설계

선택집합	선택옵션 A		선택옵션 B	
	주스	유통기한	주스	유통기한
1	오렌지	20일	사과	30일
2	오렌지	30일	사과	40일
3	오렌지	40일	사과	20일
4	사과	20일	망고	30일
5	사과	30일	망고	40일
6	사과	40일	망고	20일
7	망고	20일	오렌지	30일
8	망고	30일	오렌지	40일
9	망고	40일	오렌지	20일

⟨표 7-7⟩ 선택옵션별 지불의사액

선택 집합 카드 1		
속성	선택 옵션 A	선택 옵션 B
주스	오렌지	사과
유통기한	20일	30일
지불의사액	____ 원	____ 원

선택 A와 B 상품에 지불의사액을 표기해 주십시오.
(가장 높은 지불의사 금액에 해당하는 상품이 당신의 선호 상품이 됩니다.
만약 어떠한 상품도 선호하지 않는다면, 지불의사액에 0원을 적어 주십시오.)

않는다고 볼 수 있다. 피실험자가 모든 옵션인 A, B에 대한 지불의사액이 0이라고 제시하면 주스 상품 옵션 A와 B 모두를 원하지 않는 것이다.

마지막으로 피실험자가 선택작업을 마친 후 9개의 선택 집합 중 한 개의 선택 집합을 무작위로 선택하고, 해당 선택 집합에 속한 두 개의 상품 옵션 중 지불의사액이 큰 옵션을 선정한다. 선정된 상품옵션의 지불의사액이 BDM 방식을 통해 무작위로 추출된 가격보다 크면 BDM방식으로 추출한 가격으로 상품을 교환하는 구입 옵션(Binding option)이 선정된다. 이 경매에서 구입 옵션은 피실험 자들의 지불의사액이 BDM방식을 통해 준비된 가격카드 중에서 무작위로 추출된 가격보다 높거나 또는 같은 경우에만 피실험자들이 추출된 가격을 지불하고 상품을 구매한다. 피실험자들은 무작위로 추출된 가격을 지불하고 구입 옵션(Binding option)의 상품을 구매한다. 피실험자의 지불의사액이 무작위로 추출된 가격보다 낮다면, 피험자들은 해당 상품을 구매할 수 없다.

실질선택실험과 선택실험의 차이는 피실험자가 선택한 상품옵션이 실제로 현금과 교환되느냐에 달려있다. 선택실험의 과정을 종합적으로 살펴보면 <표 7-8>과 예비 선택실험, 본 선택실험, 검증 선택실험으로 진행된다. 본 선택실험에 앞서 예비 선택실험(Warm-up task)을 실시한다. 피실험자들은 선택실험을 이해하기까지 시간이 걸리고, 몇 번의 선택작업을 수행하기 전까지는 불안정한 모습을 보인다. 따라서 피실험자들이 본 선택실험을 이해하기 위해서 2~4번까지 예비 선택실험을 해야 한다. 예비 선택실험을 통해 피실험자들이 선택실험 환경에 익숙해진 것을 확인한 후, 실험자는 본 선택실험을 진행한다. 본 선택실험에서 피실험자들은 선택 집합(Choice sets)을 부여받게 되고 각각의 집합에서 선택할 수 있는 옵션들에 대해 선택한다. 선택 옵션에는 '구매하지 않음' 옵션도

〈표 7-8〉 선택실험의 절차

예비 선택실험 (Warm-up task)	• 응답자들이 실험을 이해하는 데 일정 시간이 걸림. • 응답자가 선택실험에 익숙해질 때까지 응답이 불안정함. • 응답자들이 선택실험에 익숙하도록 2~4번의 예행연습함.
본 선택실험 (Choice task)	• 실험선택 절차에 익숙해진 후, 본 선택실험을 수행함. • 응답자들에게 실험선택에서 선택된 선택조합 중 선택한 옵션 상품을 구매해야 한다고 인지시킴. • 피실험자는 모든 선택 집합에 대한 선택옵션 중 선택함.
검증 선택실험 (Holdout task)	• 선택실험 후 효용 추정 과정에 속하지 않은 선택과제 • 부분효용과 추정한 해당 모형의 유효성을 검증함.

포함되어야 하며, 피실험자들이 무작위로 선정된 상품 조합에서 본인들이 선택한 상품 옵션을 반드시 구매해야 한다는 것을 알려야 한다.

선택실험에서 추정된 모형의 유효성(Validity)은 유보선택과제를 이용해 적중률(Hit rate)을 통해 검정할 수 있다. 선택실험모형이 피실험자들의 선택을 정확히 예측했을 때, 이는 적중(Hit)이라고 한다. 적중된 표본의 수를 표본의 크기로 나누는 방법으로 적중률(Hit rate)을 구할 수 있다. 적중률은 실험모형 내에서 피실험자들의 선택에 대한 모형 예측과 피실험자들이 실제 선택한 것을 비교하여 계산된다. 적중률을 계산하기 위해서는 개별 속성의 가치에 대한 피실험자의 부분효용(Path-worths)이 추정되어야 한다. 선택실험(Choice task)에서 집계된 자료를 이용해 상품 속성에 대한 부분효용도 추정한다. 알렌비 외(Allenby, Arora and Ginter, 1995)는 컨조인트 분석에 활용되는 계층적 베이즈모델(Hierachical Bayes model)을 개발하였는데 개개인의 사전적 정보(Prior information)를 고려한 피실험자의 이질적인 선택패턴과 부분효용을 추정하였고, 높은 예측력을 보였다. 베이즈모델을 사용하기 위한 사전적 정보는 예비 선택실험의 자료를 사용할 수 있다. 실험을 설계하는 연구자는 높은 적중률을 보이는 선택실험 메커니즘(Choice experiment mechanism)을 사용해야 한다.

다양한 가치추출방식에는 장단점이 존재한다. 최선의 전략은 연구자가 많이 사용되는 가치추출방법에 익숙해지는 것이다. 연구자는 연구목적에 부합하면서 실험에서 발생하는 다양한 제약요인을 고려해 적절한 가치추출방법을 이용해야 한다.

제 8 장

경제적
가치평가의
사례

실험경제학과 경제적 가치평가 Experimental Economics and Economic Valuations

가설적 가치평가 사례

1. 가상가치법: 광우병 의무 검사에 대한 세금 지불의사액[1]

2003년 미국에서 광우병에 감염된 소가 발견된 이후 한국에서 수입 쇠고기의 안전성에 대한 우려가 높아졌다. 한국에서 쇠고기 소비량의 약 40%가 국내산이고 나머지는 수입산 쇠고기이기 때문이다. 한미 FTA협상의 타결과 함께 2008년 6월 정부가 2004년 이후 광우병으로 수입이 금지되었던 미국산 쇠고기의 수입 재개를 발표하였다. 정부가 안전성이 보장되지 않은 미국산 쇠고기를 수입 재개함에 따라 촛불시위가 이어졌고, 국민의 식품 안전에 관한 걱정이 크게 고조되었다. 일본에서도 광우병이 발견됨에 따라 국내산 쇠고기의 안전성도 관심사로 떠올랐다. 광우병 시위로 인해 사회적 관심을 받으면서 제기된 두 가지 이슈는 다음과 같다. 첫째, 국내에서도 일본과 같이 도축된 소에 대해 광우병 의무검사를 실시할 것인지의 여부, 둘째, 소비자들이 광우병 의무검사에 대한 세금을 납부할 의향이 있는지에 대한 여부이다. 많은 국가에서 쇠고기의 안전성에 대한 소비자 가치평가 연구가 진행되었다(Cranfield, 2011; Angulo et al., 2005). 그러나 도축된 소의 광우병 검사에 대한 소비자 지불의사액에 관한 연구는 없었다.

이 연구의 목적은 쇠고기에 의무적인 광우병 검사 프로그램을 도입하는 데 필요한 세금에 대한 한국 소비자들의 지불의사액을 조사하는 데 있다. 의무적인 광우병 검사를 시행하는 데 필요한 재원을 마련하기 위해서는 추가 세금이 불가피하다. 소비자의 세금에 대한 지불의사를 추정하기 위해 가상가치법(Contingent valuation)을 이용한 이중경계양분선택법(Double–bounded dichotomous choice

---

1) 저자의 다음 논문을 참조해 작성함. Lee, Sang Hyeon, Ji Yong Lee, Doo Bong Han, R.M. Nayga, Jr.2015. "Are Korean consumers willing to pay a tax for a mandatory BSE testing programme?" Applied Economics 47(13): 1286–1297.

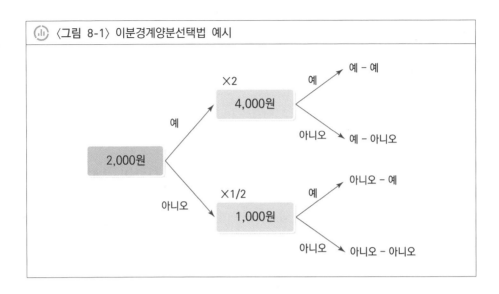

〈그림 8-1〉 이분경계양분선택법 예시

approach)이 사용되었다. 이중경계양분선택법은 단일경계양분선택법(Single-bounded dichotomous choice approach)에 비해 통계적으로 효율적인 추정치를 얻기 때문 이다(Hanemann et al., 1991; Hu et al., 2006; Holmquist et al., 2011). 추정된 지불 의사액과 광우병 의무검사를 실시할 때 발생하는 잠재적인 비용을 비교하여 소 비자 후생효과를 분석하였다. 광우병 검사비용은 한국 정부의 추정치와 선행연 구에서 산정된 비용을 이용해 다양한 시나리오로 분석하였다.

이 연구는 온라인 설문 조사를 통해 무작위로 추출된 500명의 소비자를 대상 으로 추가 세금의 지불의사액을 추정하였다. 구체적으로 일본의 광우병 검사와 같이 21개월 이상 된 소를 도축한 쇠고기에 대해 의무적으로 광우병을 검사하는 데 세금을 얼마나 낼 의향이 있는지를 조사하였다. 즉, "한국 정부가 21개월 이 상 된 소를 도축해 생산한 모든 쇠고기에 광우병 검사를 하고자 한다. 이때 매 년 모든 가정에 'X'원의 세금을 부과하게 된다면, 이에 찬성(예)하십니까, 반대 (아니오)하십니까?"와 같은 질문을 응답자에게 문의하였다. 이중양분선택법은 〈그림 8-1〉과 같이 첫 번째 지불의사액에 대한 양분선택(예 예, 아니오) 응답 에 따라 두 번째 지불의사액에 대한 양분선택 질문이 이루어진다. 만약 첫 질문 에 응답자가 '예'로 답했다면 처음 제시한 X원의 2배인 '2X'원을 지불할 의사가 있는지 문의했다. 만약 '아니오'로 답했다면 처음 제시한 X원의 절반인 '0.5X'원

〈표 8-1〉 쇠고기 소비에 대한 위험인식도

위험인식 문항	평균 (표준편차)
도축된 21개월 이상 된 쇠고기에 대한 광우병 검사의 부재는 가족과 나, 모두에게 위험을 초래할 것이다.	6.758 (0.071)
가족과 나는 광우병이 없는 것으로 판명되지 않은 나라에서 수입된 쇠고기로부터 광우병의 위험에 노출될 수 있다.	7.99 (0.057)
쇠고기를 사서 먹을 때 가족과 나는 광우병의 위험에 노출될 수 있다.	6.916 (0.068)
광우병으로부터 안전하다는 쇠고기인증표시는 가족과 나의 위험을 줄여준다.	7.436 (0.064)
국내에서 유통되고 있는 모든 쇠고기에 대해 광우병 검사를 시행하지 않으면 가족과 나에게 위험이 초래될 것이다.	6.992 (0.070)
총계	36.092 (0.257)

주) 위험인식도 (1=아주 강한 부동의, …, 9=아주 강한 동의)

을 지불할 의사가 있는지 질문한다. 이중양분선택법에서는 첫 번째 응답과 두 번째 응답의 조합으로 4가지 응답인 (예-예), (예-아니오), (아니오-예), (아니오-아니오) 조합이 나온다. 개별 응답자에게 제시된 세금 'X'원은 사전에 준비된 1,000원에서 10,000원까지 1,000원 단위로 증가하는 10개의 지불의사액 (1,000원, 2,000원, …, 9,000원, 10,000원)에서 출발점 편의(Starting point bias)[2]를 회피하기 위해 무작위로 추출되었다.

응답자의 광우병 위험에 대한 인식도는 러스크와 코블(Lusk and Coble, 2005)이 사용한 리커트(Likert) 척도를 활용해 설문 조사하였다. 쇠고기 소비에 대한 위험인식도는 <표 8-1>과 같다. 개별 응답자에 대한 세금 지불의사액의 함수는 사회인구통계학적 요인(연령, 교육수준, 소득, 가구원 수 등)과 위험인식도에 의해 결정된다. 개인별로 조사된 위험인식도의 개별 항목의 합을 표준화(평균 0,

---

2) 출발점 편의란 최초로 제시된 금액에 의해 지불의사액이 영향을 받는다는 것이다.

〈표 8-2〉 값싼 대화 제시문

> 과거에 수행된 많은 식품 구입 시 소비자 지불의사액를 묻는 설문조사 결과에 따르면 설문
> 응답자들이 특정 상품에 대해서 실제 자신들이 지불할 의향이 있는 금액보다 높은 지불의사
> 액을 제시하는 경향이 있습니다. 이러한 현상은 설문지를 통해 식품 구입에 대한 지불의사
> 액을 문의했을 때 응답자들이 실제로 금액을 지불하지 않는 가상적인 상황에서 지불의사액
> 을 물었기 때문입니다.
>
> 최근 소비자 식품소비에 대한 설문조사 결과에 따르면 응답자들은 앞으로 출시될 새로운 식
> 품에 대한 구입 여부와 지불의사에 대한 질문에서 전체 응답자 중 80%가 구입의사와 지불
> 의사를 밝혔습니다. 그러나 실제 상품이 출시된 후에는 전체 응답자 중에서 43%만이 실제
> 로 해당 식품을 구매하였습니다. 이와 같은 가상적 상황에서의 구입의사와 지불의사는 실제
> 상황에서의 구입의사와 지불 의사와 차이가 나며, 이를 가설적 편의라고 합니다.
>
> 본 설문지에서 진행될 조사에서 귀하께서 실제로 시장에서 식품을 구입한다고 생각하고 설
> 문에 답변해 주세요. 이 설문지의 쇠고기 구매는 타 식품 구입에 사용될 가계비를 감소시킵
> 니다. 또한 실제로 매장에서 이러한 선택을 하는 경우와 같이 이 선택은 다음에 구매할 제품
> 의 선택에 영향을 미칠 수 있습니다. 왜냐하면 특정 제품을 구입하면 예산제약 때문에 다른
> 제품을 구매할 수 있는 금액이 적어지기 때문입니다.

표준편차 1)하여 세금 지불의사액을 추정하는 데 있어서 독립변수로 사용하였다.
추정된 지불의사액을 이용해 응답자 평균 지불의사액을 추정하였다. 이중양분선
택법으로 수집된 지불의사액에 대한 이중양분자료는 응답자의 이질성이 없어서
임의효과(Random effect) 프로빗모형으로 분석하였다.

진술선호에 바탕은 둔 가상가치법에서 발생하는 가설적 편의를 줄이기 위해
지불의사액에 대한 질문을 하기 전에 <표 8-2>와 같은 값싼 대화(Cheap talk)
를 제시하였다. 이중경계양분선택법을 통한 지불의사액 추정은 임의효과
(Random effect) 프로빗모형3)이 이용되었다. 첫 번째와 두 번째 지불의사액의 추
정된 방정식 간 오차항의 상관관계가 통계적으로 유의한 것으로 나타났다.

<표 8-3>은 의무적 광우병 검사에 대한 지불의사액 모형의 추정결과와
평균 지불의사액, 개별 독립변수의 변화에 따른 한계지불의사액을 보여준다.

---

3) 임의효과(Random effect) 프로빗모형은 지불의사액에 대한 이중선택에 대한 첫 번째 답변
   에 대한 방정식과 두 번째 답변의 방정식의 오차항 간의 상관관계가 1보다 적다고 가정한
   다. 따라서 두 방정식에서 서로 상이한 지불의사액을 추정한다. 반면, 구간자료모형(Interval
   data model)은 두 방정식 간의 상관관계가 1이라고 보고, 하나의 지불의사액을 추정한다.

〈표 8-3〉 의무적 광우병 검사에 대한 지불의사액 모형 추정결과

변수	추정치	표준 오차
나이	-45.84***	28.88**
중간소득	908.20***	651.23**
고소득	2295.38***	739.38**
학력	666.55***	541.22**
가구원수	4.50***	197.86**
위험 인식	492.92***	247.43**
상수항	5443.97***	1633.89**
ρ	4604.53***	280.88**
로그 우도	-582.339***	
Akaike's information criteria	1180.68***	
Bayesian information criteria	1213.71***	
평균 지불의사액(표본)	5051.17***	
평균 지불의사액(표본 조정)	4482.13***	
응답자의 수	459***	

추정 결과를 살펴보면 소비자가 21개월 이상 된 소에 대해 의무적인 광우병 검사 프로그램을 도입하는 데 기꺼이 세금을 지불할 의사가 있는 것으로 나타났다. 위험인식도와 가구당 소득은 세금 지불의사액에 유의한 영향을 미쳤다. 고소득 가구의 주부들은 저소득 가구 주부들에 비해 광우병 의무검사에 더 많은 세금을 지불할 의사를 보였다. 또한 위험인식도가 높은 주부들은 위험인식도가 낮은 주부보다 높은 지불의사액 지불하는 경향을 보였다. 본 연구의 응답자의 사회인구통계학적 특성과 센서스 인구의 특성의 차이를 조정한 후 산출된 광우병 검사를 위해 추정된 가구당 연간 평균 세금 지불의사액은 4,482원으로 추계되었다.

이 연구는 추정된 소비자의 세금 지불의사액과 이를 추진하는 데 소요되는

정책비용을 이용해 광우병 의무조사의 비용편익분석을 실시했다. 의무적인 광우병 검사 시행의 잠재적인 비용이 불확실하므로 이 연구에서는 1) 한국 정부의 비용 추정치와 2) 선행 연구의 예상 비용에 기초한 시나리오 분석을 실시하였다. 한국의 5년 평균(2008~2012년) 도축량을 사용하여 광우병 의무검사 프로그램의 총비용을 계산하였다. 각 시나리오별 총비용은 한국의 도축량에 대한 1인당 비용으로 계산되었다. 국내 소의 연령별 도축량에 대한 공식적인 통계가 없으므로 모든 연령의 도축 소에 대한 광우병 검사 프로그램의 총 비용을 추정하였다. 하지만 이러한 추정은 총 비용을 과대평가하여 소비자 이익을 과소평가할 수 있다는 점을 유의해야 한다. 의무적인 광우병 검사 프로그램의 도입으로 인한 소비자 후생(CS)의 변화는 다음 식과 같다.

$$\Delta CS = (N/L)\sum_{i=1}^{L}(WTP_i - C_i) \qquad (8-1)$$

여기서 L은 응답자 수, N은 총가구 수, C_i는 개별 가구당 비용이다. 만약 이 C_i가 모든 가구에서 동일하다고 가정하면, 소비자 후생의 변화는 아래 식과 같다.

$$\Delta CS = N\times(1/L)\sum_{i=1}^{L}WTP_i - (N\times C_i) \qquad (8-2)$$
$$= N\times E(WTP) - \text{총비용}$$

총가구와 총비용은 공식통계자료를 통해 수집하였으며, 평균 지불의사액[E(WTP)]은 이중경계양분선택법을 이용해 도출하였다. 의무 광우병 검사프로그램의 가격에 대한 시나리오 분석은 다음과 같다.

모든 시나리오에서 소비자 후생의 변화(ΔCS)는 양(+)의 값으로 나타났다. 시나리오 (a)에서 소비자 복지의 전반적인 변화는 한국 정부가 추정한 총예상비용을 사용한 경우 7,917백만 원으로 추정되어 가장 낮은 것으로 나타났다. 이 결과에 따르면 한국에서 의무적인 광우병 검사 프로그램을 시행하면 소비자들의 후생이 증가한다. 이는 소비자들이 한우에 대한 광우병 의무검사를 원하는 것을 의미한다. 광우병 의무검사에 따른 소비자의 지불의사액(세금부담액)은 비용보다 모든 시나리오에서 크게 나타났다. 따라서 정부가 광우병 의무검사를 실시하는 것이 소비자 후생을 증대시킬 것이다.

〈표 8-4〉 의무적 광우병 검사에 대한 소비자 후생 변화

	시나리오 (a)	시나리오 (b)	시나리오 (c)	시나리오 (d)
	한국 정부	Mussell 외 (2011)	Cox 외 (2005)	Coffey 외 (2005)
마리당 비용 (A)	86,386 원 ($77.2)	44,760 원 ($40)	33,570 원 ($30)	16,785-22,380 원 ($15-20)
도축량 (B) (5년 평균)	808,000			
총 검사비용 (C)=(A)*(B)	69,801백만 원 ($62.4 mil)	36,166백만 원 ($32.3 mil)	27,125백만 원 ($24.2 mil)	13,562-18,083백만 원 ($12.1~16.2 mil)
N (D)	17,339,422			
평균 지불의사액 (E)	4482.13원			
(F)=(D)*(E)	77,718백만 원 ($69.5 mil)			
ΔCS (F)-(C)	7,917백만 원 ($7.1 mil)	44,552백만 원 ($37.1 mil)	50,593백만 원 ($45.2 mil)	59,635~64,156백만 원 ($53.3~57.3 mil)

2. 선택실험법: 광우병 검사와 원산지 표시 쇠고기의 가치[4]

한국 소비자들은 쇠고기 수출국들에서 광우병이 발병함에 따라 수입 쇠고기의 안전성에 대해 우려하였다. 소비자들은 쇠고기에 대한 광우병 검사와 원산지 표시, 국내산 및 수입산 쇠고기에 대한 안전 기준 개선을 정부에 요구했다. 하지만 쇠고기 시장에서 광우병 검사, 원산지 표시에 대한 한국 소비자들의 가치를 평가한 선행연구는 없었다. 따라서 이 연구의 목적은 광우병 검사와 원산지 표시가 있는 쇠고기 제품에 대한 소비자의 지불의사액을 추정하는 것이다. 광우병 검사와 원산지 표기가 있는 쇠고기 제품에 대한 소비자의 가치를 추정하기 위해 선택실험법(Choice experiment)을 사용하였다.

쇠고기 소비에 대한 소비자 위험 인식 수준은 광우병 검사와 원산지 표시에 대한 지불의사액에 영향을 미친다. 따라서 이 연구는 응답자의 인구통계학적 특성과 위험인식 수준에 따라서 지불의사액의 이분산성(Heterogeneity)이 발생하므로 이를 해결하기 위해서 부분표본분석(Sub-sample analysis)을 수행하였다.

실험설계를 살펴보면 응답자들에게 8가지 선택 집합(Choice sets)이 제시된다. 개별 선택 집합에는 "구매하지 않음"을 포함한 3가지 쇠고기 선택 옵션이 제시된다. 가설적 선택실험법에서 발생하는 가설적 편의(Hypothetical bias)를 줄이기 위해 선택실험 전에 피실험자들에게 값싼 대화(Cheap talk)를 제공하였다. 선택실험에 사용된 쇠고기 속성(Attributes)들과 각 속성의 수준(Levels)은 <표

〈표 8-5〉 쇠고기 선택실험의 속성과 속성 수준

속성	속성 수준
가격(원/kg)	12,000원, 18,000원, 24,000원, 30,000원
광우병 검사 표시	표시됨(○), 표시되지 않음(X)
원산지	캐나다, 미국, 호주, 한국

---

4) 저자의 다음 논문을 참조해 작성함. Lee, Sang Hyeon, Ji Yong Lee, Doo Bong Han, R.M. Nayga, Jr., 2014, "Assessing Korean Consumers' Valuation for BSE-Tested and Country of Origin Labeled Beef Products," *Journal of Rural Development*, Vol. 37, No.3.

〈표 8-6〉 쇠고기 선택 옵션의 예

속성	선택옵션 A	선택옵션 B	선택옵션 C
원산지(COOL)	호주	캐나다	구입하지 않음
광우병 검사 표시	표시됨(○)	표시되지 않음(X)	
가격(원/kg)	24,000	30,000	
선택 (O)	( )	( )	( )

8-5>와 같다.

응답자는 쇠고기 속성과 속성 수준으로 구성된 8개의 쇠고기 선택조합에 응답한다. 개별 선택조합에는 <표 8-6>과 같은 3개의 선택 옵션이 제시된다. 응답자는 3가지 선택 옵션 중 선호하는 옵션 하나를 선택한다. 선택 옵션 A와 B를 원하지 않으면 선택 옵션 C인 구입하지 않음을 선택하면 된다.

2012년 10월 전국적으로 한국에서 무작위로 선정된 500명의 주부가 온라인 설문 조사를 통해 본 선택실험에 참여하였다. 쇠고기 소비에 대한 소비자의 위험 인식 수준과 인구통계학적 특성이 소비자의 쇠고기 속성과 속성 수준의 선택에 영향을 줄 수 있다. 따라서 응답자의 쇠고기 소비의 위험인식도(Individual risk perception scale), 학력, 연령에 대해 k-평균군집(k-means clustering)[5]을 통해 그룹으로 나누어 부분표본분석(Sub-sample analysis)을 수행하였다. 위험인식도는 7.0을 기준으로 높음과 낮음, 학력은 대졸 기준, 나이는 40세를 기준으로 군집을 나누었다. 선택실험에 대한 통계적 분석에 있어서는 이분산성(Heterogeneity)을 고려하기 위해 <표 8-7>과 같이 혼합로짓모형(Mixed logit model)을 이용하였다.

<표 8-8>에서 보는 바와 같이 쇠고기의 한 속성인 광우병 검사에 대한 응답자들의 kg당 지불의사액은 19,864원으로 나타났다. 응답자들은 미국산 쇠고기와 비교해 국내산 쇠고기에 24,081원, 호주산 쇠고기에는 11,006원를 더 지불할 의사가 있는 것으로 나타났다. 반면 캐나다산 쇠고기는 미국산에 비해

---

5) k-평균군집화는 자료를 서로 유사한 k개의 군집에 배정하여 표본을 분리하는 방법이다. 군집의 중심(centroid)과 자료와의 거리를 최소화하여 군집을 결정한다.

〈표 8-7〉 혼합로짓모형의 추정결과

그룹		통합패널	위험인식도		학력		나이	
			높음	낮음	고학력	저학력	중고령층	젊은층
가격		-0.00012***	-0.00014***	-0.00009***	-0.00012***	-0.00012***	-0.00011***	-0.00012***
		(4.82e-06)	(7.39e-06)	(6.29e-06)	(6.18e-06)	(7.89e-06)	(5.71e-06)	(8.43e-06)
광우병	평균	2.415***	3.033***	1.749***	2.562***	2.269***	2.219***	2.628***
		(0.119)	(0.186)	(0.153)	(0.154)	(0.204)	(0.144)	(0.206)
	표준편차	1.792***	2.048***	1.486***	1.805***	1.799***	1.726***	1.776***
		(0.107)	(0.164)	(0.150)	(0.134)	(0.170)	(0.128)	(0.176)
국내산	평균	2.928***	2.974***	2.739***	2.938***	2.826***	2.709***	3.119***
		(0.143)	(0.193)	(0.204)	(0.179)	(0.232)	(0.168)	(0.240)
	표준편차	1.864***	1.865***	1.856***	2.027***	1.833***	1.752***	1.819***
		(0.140)	(0.182)	(0.205)	(0.177)	(0.224)	(0.157)	(0.227)
호주	평균	1.338***	1.167***	1.556***	1.437***	1.153***	1.202***	1.604***
		(0.113)	(0.159)	(0.159)	(0.142)	(0.198)	(0.139)	(0.192)
	표준편차	1.502***	1.633***	1.336***	1.530***	1.693***	1.441***	1.577***
		(0.136)	(0.214)	(0.197)	(0.162)	(0.247)	(0.167)	(0.248)
캐나다	평균	-0.714***	-1.143***	-0.157	-0.760***	-0.485**	-0.804***	-0.392*
		(0.155)	(0.217)	(0.205)	(0.200)	(0.232)	(0.195)	(0.229)
	표준편차	-1.818***	-1.829***	1.381***	1.980***	1.309***	1.591***	1.503***
		(0.208)	(0.304)	(0.282)	(0.285)	(0.324)	(0.259)	(0.303)
로그우도		-2903.55	-1592.87	-1287.41	-1865.37	-1030.34	-1878.60	-1028.34
AIC		5825.099	3203.743	2592.811	3748.739	2078.676	3775.197	2074.684
BIC		5891.633	3265.437	2651.451	3811.312	2135.914	3837.602	2132.221
관측수		12000	7008	4992	7728	4272	7584	4416

주: *, **, ***는 각각 10%, 5%, 1%의 유의수준, ( )는 표준 오차를 의미한다.

5,868원을 적게 지불할 의사가 있는 것으로 나타났다. 한국 소비자들은 수입산 쇠고기에 비해 국내산 쇠고기에 대한 선호도가 높았고, 광우병이 발병한 나라에서 수입한 쇠고기에 비해 광우병이 발병하지 않은 나라에서 수입한 쇠고기를 선호하였다.

〈표 8-8〉 쇠고기 속성별 지불의사액

그룹	통합패널	위험인식도		학력		나이	
		높음	낮음	고학력	저학력	중고령층	젊은층
광우병	19864*** (833.06)	21324*** (1056.33)	17516*** (1393.25)	20806*** (996.06)	18641*** (1472.15)	18963*** (1066.40)	21119*** (1392.67)
국내산	24081*** (936.85)	20914*** (1052.92)	27444*** (1758.12)	23865*** (1148.58)	23224*** (1560.81)	23154*** (1159.18)	25064*** (1417.12)
호주	11006*** (864.85)	8207*** (1046.04)	15585*** (1462.15)	11669*** (1052.46)	9475*** (1530.33)	10271*** (1095.99)	12889*** (1542.88)
캐나다	-5868*** (1297.59)	-8036*** (1539.48)	-1573 (2071.58)	-6170*** (1649.15)	-3982** (1934.81)	-6870*** (1692.11)	-3148* (1863.86)

주: *, **, ***는 각각 10%, 5%, 1%의 유의수준, ( )는 표준 오차를 의미한다.

높은 위험인식 그룹(High risk perception group)은 광우병 검사를 위해 21,324 원을 기꺼이 지불할 의향이 있고, 낮은 위험인식 그룹(Low risk perception group) 은 광우병 검사를 위해 17,516원을 지불할 용의가 있는 것으로 나타났다. 낮은 위험인식 그룹은 높은 위험인식 그룹보다 원산지를 중요시하는 경향이 있는 것 으로 분석되었다. 즉, 높은 위험인식그룹은 소비자의 지불의사액을 결정하는 데 광우병 검사가 중요한 요인이었으며, 낮은 위험인식그룹은 원산지가 중요한 요 인이었다. 학력별로 분류했을 경우, 고학력 그룹은 광우병 검사에 대해 20,806 원을 기꺼이 지불할 의향이 있었으며, 반면에 저학력 그룹은 해당 검사에 대해 18,641원을 지불할 용의가 있는 것으로 분석되었다. 광우병 검사를 위해 젊은층 (20~39세)은 21,119원, 중고령층(40~69세)은 18,963원을 지불할 의사가 있는 것 으로 분석되었다. 고학력 젊은층은 광우병 발병을 경험하지 않은 국가의 쇠고기 에 대해 저학력, 중고령층보다 가치있게 여기는 경향이 있다.

종합적으로 볼 때 소비자들은 광우병 검사 표시가 있는 미국산 쇠고기에 대 해 소비자들은 kg당 19,864원을 기꺼이 더 지불할 의사가 있는 것으로 나타났 다. 소비자들은 전체 표본과 두 가지 위험 인식 표본 모두에서 국내산 쇠고기와 광우병 발생을 경험하지 않은 호주산 쇠고기에 대해 높은 선호도를 보였다. 특히 젊은 고학령층 소비자들이 중고령, 저학력층에 비해 식품안전에 관심이 높아 광우병 표시제도에 더 높은 지불의사액을 제시하였다. 따라서 정부가 쇠고기 식품안전에 대한 정책을 수립할 때 소비자의 위험인식도, 교육, 연령 등 인구통계학적 특성에 따른 이질성을 고려해야 할 것이다.

한국 소비자들은 쇠고기 및 원산지 표시 라벨에 있어서 광우병 검사를 의무화하는 정책을 지지하고 추가적인 지불 의사가 있는 것으로 분석됐다. 광우병 검사표시제는 쇠고기 산업에 비용을 초래할 것이므로 광우병 검사표시제의 채택 여부는 소비자의 지불의사액과 이에 따른 비용에 대한 비용편익분석을 통해 결정해야 할 것이다. 한국 쇠고기 시장의 중요성과 규모를 볼 때, 쇠고기 수출국들은 광우병을 사전에 통제하고 소비자들이 안전하게 수입쇠고기를 구매할 수 있도록 식품안전시스템을 구축하고 식품안전프로그램(예 이력추적시스템)을 개발하고 보급해야 할 것이다.

제2절

가설적 편의의
해결 사례[6]

이 외(Lee et al., 2018)는 진술선호법으로 추정한 방사선조사(Irradiated) 햄버거에 대한 가치가, 대체재의 존재 여부에 따라 가설적 편의에 얼마나 차이가 있는지 분석하였다. 이 연구는 개방형(Open－ended) 진술선호법(Stated preference methods)에 의한 입찰액과 실험경매에 의한 입찰액의 차이를 통하여 가설적 편의의 크기를 검정하였다.

이 연구는 1) 설문조사, 2) 가설적 개방형 조사, 3) 비가설적 실험경매의 세 부분으로 이루어졌다. 가설적 개방형 조사와 비가설적 실험 경매는 3개의 처치집단(Treatments)으로 구성된 총 112명의 소비자가 참여했다. 처치집단 ① 35명, 처치집단 ② 39명, 처치집단 ③ 38명이 참여한 실험에 있어서 처치집단 간의 차이는 일반 쇠고기 버거에 대한 대체재의 존재 여부였다. 이 연구에서는 일반 버거의 대체재로서 방사선조사 버거(Irradiated burger), 미생물 사료로 사육된 비육우를 이용한 버거(Burger from cattle treated with direct－fed microbials, DFM burger), 고압력 가공 버거(High pressure processed beef burger: HPP burger)를 이용하였다. 다른 연구와 달리 이 연구는 대체재 존재 여부가 가설적 편의와 식품안전 인식에 미치는 영향에 초점을 맞췄다.

일반 쇠고기 버거의 대체재로 고려된 3가지 버거의 식품안전기술(즉, 방사선조사, 미생물 사료 사육된 비육우, 고압력 가공)은 식품매개질병을 줄이기 위해 미국 식약청(FDA)의 승인을 받은 기술이다. 하지만 이 같은 식품안전 기술은 아직 시장에 널리 보급되어있지 않았기 때문에 소비자들은 이 기술을 잘 모르고 있다.[7]

---

6) 저자의 다음 논문을 참조해 작성함. Lee, Ji Yong, J.A. Fox, R.M. Nayga, Jr., Doo Bong Han, 2018. Hypothetical Bias and Substitutes in Stated Preferences Survey: The Case of Irradiated Meat. *농업경제연구* 59(3): 139－155.

7) 새로운 식품안전 버거기술이 시장에 되입되었더라도, 신기술에 대한 인식도는 매우 낮았다.

따라서 3가지 새로운 식품안전기술은 비시장 재화의 특징을 갖고 있으므로 이 기술들에 대한 가치를 평가하였다.

피실험자를 모집하기 위해서 무작위 전화, 식미검사패널그룹, 학부모교사협회, 대학생과 교직원과 같은 네 집단에서 피실험자 표본을 모집했다. 모든 표본은 표본 선택의 잠재적 영향을 줄이기 위해 무작위로 3개의 처치그룹에 배정되었다. 실험 세션별로 평균 9명의 피실험자로 구성되었고, 약 60분간 실험이 진행되었다. 모든 실험은 2016년 1월~4월 미국 켄사스주립대학 식미 실험실에서 진행되었다. 실험참가자(피실험자)는 도착하자마자 실험 동의서에 서명하고 참가비(평균 $35)를 받았으며, 식별 번호(ID)를 받았다. 그 후 실험참가자들은 사회인구적 통계, 식품안전에 대한 인식도, 식품 기술에 대한 지식 및 태도에 관한 설문에 응답하였다. 피실험자들이 설문지에 답변하는 동안 식품안전기술(즉, 방사선조사, 미생물 사료 사육, 고압력 가공)에 대한 설명과 소비자가 식품매개질병(예 대장균 오염)에 의한 식품안전 문제에 관한 정보를 제공했다.

피실험자들은 설문조사를 마친 후 가설적 가치평가를 하였다. 실험참가자들은 일반 버거를 가지고 있다고 가정한 상태에서 일반 버거를 식품안전 버거로 교환할 수 있는기회가 주어졌다. 즉, 처치집단1(T1)은 실험참가자들이 일반 버거를 방사선조사 버거로 교환하기 위해 얼마를 지불할 것인지를 진술하도록 요청했다. 처치집단2(T2)는 실험참가자들이 일반 버거를 방사선조사 버거와 미생물 사료로 사육된 비육우를 이용한 버거로 교환하기 위해 얼마나 지불할 것인지를 동시에 진술하도록 하였다. 처치집단3(T3)은 일반 버거를 3가지 새로운 신기술 버거(즉, 방사선조사, 미생물 사료로 사육된 비육우, 고압력 가공)로 교환하기 위한 가치를 동시에 진술하도록 요청했다. 실험참가자들은 신기술에 의한 버거는 대체재로서 일반 버거보다 우수하거나 열등한 것으로 생각한다. 따라서 실험참가자들이 신기술로 생산된 대체 버거를 일반 버거보다 더 좋아하면 최대 지불의사금액(Maximum WTP)을, 반대로 대체 버거를 일반 버거보다 좋아하지 않으면 최소

방사선조사 버거, 미생물 사료 버거, 고압력 가공 버거에 대한 소비자들의 인식도는 5점 만점(1점 전혀모름, …, 5점 아주 잘 알고 있음)에 1.8, 1.9, 1.7로 조사되었다. 따라서 식품안전 신기술버거에 대한 소비자의 인식도가 아주 낮았기 때문에 이들 신기술을 가치평가에 활용하는 데 문제가 되지 않았다.

수용의사금액(Minimum WTA)을 진술하도록 했다. 실험참가자들이 일반 버거와 대체버거를 동등하게 선호한다면 0을 진술하도록 했다. 처치집단별 대체버거의 가치평가에 앞서, 잠재적인 가설적 편의를 줄이기 위해 피실험자들에게 값싼 대화를 제공했다.

가설적 가치평가 조사를 마친 후, 비가설적 실험경매를 진행하였다. 실험참가자들에게 경매방식인 소유접근법(Endowment approach)을 활용한 4차 가격경매(4th price auction)에 대해 설명했다.[8] 쇠고기 버거에 대한 본 경매에 앞서 실험참가자들은 캔디 바를 이용한 연습 경매를 통하여 경매방식을 이해하도록 하였다. 실험참가자들이 경매 메커니즘을 완전히 이해했는지 확인하기 위해 간단한 질문을 하였다. 비가설적 경매에서의 처치효과 분석은 가설적 가치평가의 처치효과와 동일하게 이루어졌다. 실험경매와 개방형 가설적 가치평가와의 유일한 차이점은 실험참가자들에게 실제 일반 버거를 보여주고 일반 버거를 대체 버거로 교환하기 위한 실제 입찰을 제출하도록 한 점이다. 따라서 실험경매에서 낙찰자들은 경매 종료 후 현금을 지불하고 낙찰된 버거를 구입해야 한다. 수요감소 효과를 회피하기 위해 실험 종료 시 실제 취득해야 하는 버거는 무작위로 선택되었다. 리와 폭스(Lee and Fox, 2015)의 연구에 기반을 두고 가설적 조사에서도 수행한 것과 같이 실험 경매에서 양(positive)의 입찰과 부(negative)의 입찰을 모두 허용하였다. 실험 디자인은 <표 8-9>와 같이 요약된다.

개방형 가상가치평가의 핵심은 가설적 환경에서 도출된 가치가 소비자들이 실제 지불하는 가치와 동일한 수준인가에 관한 것이다. 소비자들이 재화에 대한 지불의사금액(수용의사금액)을 과대(과소) 평가하는 요인을 이해하는 것은 가상가치법 활용에 있어서 중요한 이슈이다. 선행연구에서 가설적 편의를 줄이기 위한 다양한 방법(⬛ 결과주의 디자인, 서약 디자인, 값싼 대화, 추론 평가)을 사용했지만, 가설적 가치평가에 있어서 가설적 편의를 줄일 수 있는 일반화된 방법은 아직 없다.

---

8) 2차 가격경매는 가장 인기있는 실험경매 실증분석 방법이다. 그러나 2차 가격 경매는 낙찰가격보다 낮은 가격을 입찰한 피실험자들은 경매라운드가 지속될 때 경매 의욕을 상실한다(Shogren et al., 2001). 이에 대한 대안으로서 일반화된 n차 가격 경매(이 연구는 4차 가격 경매)가 사용된다.

〈표 8-9〉 실험디자인

	개방형 가설적 가치평가	비가설적 실험경매
처치집단 ①	방사선조사 버거에 대한 개방형 가설적 가치평가	방사선조사 버거에 대한 실험경매 가치평가
처치집단 ②	방사선조사 버거와 미생물 사료로 사육된 비육우를 이용한 버거에 대한 가설적 가치평가	방사선조사 버거와 미생물 사료로 사육된 비육우를 이용한 버거의 실험경매 가치평가
처치집단 ③	방사선조사 버거, 미생물 사료로 사육된 비육우를 이용한 버거, 고압력 가공 버거에 대한 가설적 가치평가	방사선조사 버거, 미생물 사료로 사육된 비육우를 이용한 버거, 고압력 가공 버거에 대한 실험경매 가치평가

이 연구는 대체재가 증가함에 따라 관심있는 재화의 가치가 감소하는 수요 이론에 기반을 두고 있다. 가설적 가치평가에서 관심 재화(방사선 버거)와 대체재 (신기술 버거)를 동시에 평가함으로써 가설적 편의를 감소시킬 수 있는지 분석하였다. 특히, 가설적 개방형 가상가치법과 비가설적 실험경매를 통해 대체재의 증가에 따른 가치 변화와 가설적 편의를 비교했다.

<표 8-10>은 가설적 가치평가와 비가설적 실험경매에서 관심 상품인 방사선조사 버거에 대한 입찰가의 평균과 표준편차를 보여준다. 평균 입찰가는 일반 버거와 비교한 방사선 조사 버거의 상대적 가치를 보여준다. 분석 결과는 예상대로 가설적 가치평가의 평균 입찰가가 모든 처치집단에서 비가설적 실험경매의 입찰가보다 높았다. 특히 가설적 가치평가와 비가설적 실험경매의 평균 입찰가는 처치집단 ①에서 반대 부호(관심 재화에 대한 대체재 없이)를 가지며, 가설적 가치평가와 비가설적 실험경매 간의 평균 입찰가 차이는 다른 처치집단의 평균 입찰가 차이보다 상당히 크다. 가설적, 비가설적 평가에서 입찰가를 양 (positive)의 입찰과 부(negative)의 입찰로 분류해 보았을 때 실험참가자들은 가설적 가치평가에서 양의 입찰 평균은 증대하고 부의 입찰 평균은 축소되었다. 윌콕슨(Wilcoxon) 부호 순위 검정은 처치집단1의 가설적 가치평가와 비가설적 실험경매에서의 동일한 입찰 분포에 대한 가설을 기각하는 반면, 처치집단 ②와 ③의 동일한 입찰 분포에 대한 가설은 기각하지 못한다. 이 결과는 가설적 가치

〈표 8-10〉 가설적 조사와 비가설적 실험경매의 평균 입찰가

단위: 달러

		처치집단 ①		처치집단 ②		처치집단 ③	
		평균	표준편차	평균	표준편차	평균	표준편차
가설적 가치평가	전체	0.45	2.52	-0.24	2.55	-0.28	2.26
	양의 입찰	1.07	2.03	0.77	1.44	0.74	1.32
	부의 입찰	-3.28	2.00	-2.83	2.97	-3.17	1.78
비가설적 실험경매	전체	-0.15	1.38	-0.27	0.63	-0.47	1.35
	양의 입찰	0.35	0.65	0.10	0.25	0.14	0.19
	부의 입찰	-1.42	1.90	-0.59	0.68	-1.65	1.80
Wilcoxon 부호 순위 검정		z통계량=2.34 p값=0.02		z통계량=1.28 p값=0.20		z통계량=1.14 p값=0.25	

평가에서 대체재의 효과를 고려하면 가설적 편의를 줄일 수 있다는 점을 시사한다. 이 결과는 경제 이론과 일치하며, 대체재의 수가 증대됨에 따라 가설적 가치평가는 물론 비가설적 실험경매에 있어서 평균 입찰가가 감소하였다. 실험참가자들은 일반적으로 식품 방사선조사 기술에 대해 부정적이었다. 실험참가자들이 식품 방사선조사 기술에 익숙하지 않으므로 실험참가자는 익숙한 일반 버거를 더 선호하였다. 이 결과는 히스와 츠버스키(Heath and Tversky, 1991)의 연구인 사람들은 익숙한 것을 고수하는 경향이 있다는 것을 입증한다.

각 처치집단의 교정함수를 추정하기 전에 먼저 식 (8-3)을 이용하여 처치집단 전체의 모든 입찰을 단일 공통교정함수로 통합할 수 있는지 검정한다.

$$EA_i = \alpha + \beta CV_i + \gamma_1 T2 + \gamma_2 T3 + \mu_1 T2 \times CV_i + \mu_2 T3 \times CV_i + \epsilon_i \qquad (8-3)$$

여기서 EA_i와 CV_i는 각각 비가설적 실험경매와 가설적 가치평가에서의 방사선조사 버거에 대한 개별 입찰을 나타낸다. $T2$는 입찰이 처치집단 ②에 있으

〈표 8-11〉 교정함수 추정결과

	계수	표준오차
상수항	−0.29*	0.16
가설적 가치평가	0.30***	0.07
처치집단 ②	0.04	0.23
처치집단 ③	−0.09	0.23
가설적 가치평가*처치집단 ②	−0.19**	0.09
가설적 가치평가*처치집단 ③	0.04	0.10
R^2	0.31	
관측 수	112	
Wald 검정	χ^2=2.00, p값=0.09	

주: *, **, ***는 각각 10%, 5%, 1%의 유의수준을 의미한다.

면 1이고 그렇지 않으면 0이다. $T3$는 입찰이 처치집단 ③에 있으면 1이고 그렇지 않으면 0이다. γ_1, γ_2, μ_1, μ_2가 모두 0인 경우 처치집단 전반에 걸친 입찰은 공통교정함수로 통합할 수 있다. 교정함수 추정식과 검정 결과는 〈표 8−11〉과 같다. 왈드검정(Wald test)은 10% 유의수준에서 처치집단 전반에 걸친 교정함수가 동일하다는 가설을 기각한다. 이는 가설적 편의는 대체재의 존재 여부와 상관없이 동일하지 않다는 것이다. 이 결과는 가치평가의 교정함수는 실험디자인에 따라 달라진다는 것을 시사한다. 즉, 폭스 외(Fox et al., 1998)와 리스트와 쇼그렌(List and Shogren, 1998)은 가치평가의 교정은 실험상황에 따라 다르다는 것을 보였다.

대체재의 존재 유무에 따라 개방형 가상가치법과 실험경매를 통해 추정된 방사선조사 버거의 가치를 연계시키는 교정 계수를 이용해 가설적 편의를 조정하는 데 이용할 수 있다. 가설적 가치평가와 비가설적 실험경매에서 관심 재화(방사선조사 버거)와 대체재의 가치를 동시에 평가함으로써 대체재의 존재 여부가 가설적 편의를 감소시킬 수 있는지를 밝혔다. 즉, 가설적 가치평가에서 대체효과를 고려하면 가설적 편의가 완화되었다. 이 연구 결과는 실제 시장에서 대체재를 고려하여 잘 디자인된 실험설계는 소비자의 시장 행동을 잘 예측할 수 있다는 것을 시사한다. 대체재의 유무에 따라 관심 재화의 가설적 가치평가에 대한 교정함수가 변동이 없는지에 대한 가설을 검정함으로써 실험 설계가 교정함수에 영향을 미친다는 사실도 확인했다.

　이 연구는 피실험자들에게 관심 재화와 대체재를 동시에 평가하도록 함으로써 가상가치법의 정확성을 증가시킨다는 것을 보였다. 이와 함께 대체재를 고려함으로써 진술선호법인 가상가치법과 현시선호법인 실험경매에 의한 가치평가의 일관성을 제고시킬 수 있음을 보였다. 진술선호에 기초한 가상가치법 이용자들은 가설적 편의를 줄이고, 관심 재화의 수요를 정확히 식별하기 위해서 실험 설계에 있어서 대체재를 고려하여야 한다. 특히, 진술선호법에 의한 가치평가 결과는 마케팅과 식품비즈니스에서 활용됨은 물론 식품 정책 및 소비자 후생 분석에도 활용된다. 진술선호법의 조사설계과정에서 대체재를 고려하는 것이 기업의 마케팅 담당자에게 신상품의 시장 잠재력을 정확히 예측하고, 정책담당자들이 정책 효과를 분석하는 데도 기여한다. 이 연구는 개방형 가상가치법에 의한 가치평가에 초점을 맞추었다. 향후 연구 과제로서는 폐쇄형 가상가치법, 이산양분선택법과 같은 다양한 유형의 설문 조사를 통해 본 연구 결과와의 일관성을 검정해 볼 필요가 있다. 소비자 행동은 환경에 따라 달라지므로 다른 시장 환경 하에서 다른 상품을 사용할 때도 동일한 결과를 도출되는지에 대한 강건성 (Robustness)도 검정할 필요가 있다.

제3절   현장실험 사례[9]

　　식품표시제(Food labeling)와 식품 정보는 소비자의 식품 선택과 영양에 영향
을 미치므로 세계 각국이 국민의 건강을 위해 다양한 식품표시제를 실시하고 있
다. 칼로리 정보가 식당에서 소비자의 음식 선택에 미치는 영향을 분석한 현장
실험을 살펴보자. 세계보건기구(WHO)에 따르면, 20세 이상 성인의 35%가 과체
중의 상태에 있는 것으로 나타났다. 2006년에서 2012년 동안 전 세계 비만 비율
은 6.5% 증가하였다. 소비자들은 비만으로 인한 건강 위험 때문에 음식점 메뉴
에 있어서 칼로리에 대한 정보가 제공되길 요구한다(Burton et al., 2006). 외식빈
도가 늘어나면 비만 증대에 유의한 영향을 미친다는 연구 결과가 많다(Marin-
Guerrero et al., 2008; Alviola et al., 2014). 하지만 세계 각국에서 외식하는 빈도가
늘었지만 소비자는 메뉴에서 음식별 칼로리를 제대로 확인하지 않고 외식하고
있는 것으로 나타났다(Yamamoto et al., 2005; Reeves, Wake and Zick, 2011).

　　칼로리가 식품 선택에 미치는 선행연구는 주로 칼로리 정보를 제공하는 것이
건강한 음식을 선택하는 데 도움이 되는지였다. 선행연구는 음식점 메뉴에 표기
된 칼로리 정보는 낮은 칼로리 메뉴의 선택에 도움이 된다는 것을 밝혔다
(Bollinger, Leslie and Sorensen, 2011; Roberto et al., 2010; Roseman, Mathe-Soulek
and Higgins 2013; Wisdom, Downs and Loewenstein, 2010). 칼로리 정보는 음식 선
택 변화에 비효율적인 측면이 있다는 연구도 있다.

　　선행 연구는 음식과 인구통계학적 특성이 소비자들 간에 칼로리 정보에 대한
반응에 있어서 이분산성(Heterogeneity)을 보이는 것에 초점을 맞췄다. 행동경제
학의 연구에 따르면 소비자의 성격이 상품 선택과 행동에 영향을 미친다. 하지

---

9) 저자의 다음 논문을 참조해 작성함. Sang Hyeon Lee, Doo Bong Han, Rodolfo M. Nayga,
　 Jr. 2018. "Effect of Calorie Information on Restaurant Menus on Food Choices," Working
　 Paper, Department of Food and Resource Economics, Korea University.

만 칼로리 정보에 대한 반응 차이와 소비자 성격과 특성이 음식을 선택하는 데 미치는 영향에 관한 연구는 미흡한 실정이다.

이 연구의 목적은 소비자의 음식선택에 있어서 칼로리 정보의 효과를 분석하는 것이다. 구체적으로 (1) 메뉴에 표기된 칼로리 정보가 메뉴 선택에 미치는 영향, (2) 음식선택에 영향을 미치는 칼로리 정보의 유형, (3) 개인의 성격과 인구통계학적 특성이 상이한 소비자들의 칼로리 정보에 대한 반응을 분석하였다. 이 연구는 서울의 안암동 거리에서 현장실험을 실시하였다. 식품 소비, 성격, 인구통계학적 특성에 관한 간단한 설문지를 소비자에게 무작위로 제공하였고, 총 501명의 피실험자가 실험에 참여하였다. 설문지 작성에 동의하면 현장실험 부근의 한 음식점에서 식사하는 데 사용할 수 있는 쿠폰을 지급하였다. 피실험자들에게는 연구목적을 알리지 않고 단순한 음식 조사에 원하면 실험에 참여케 하였다. 칼로리 정보에 관한 현장실험의 설계는 <그림 8-2>와 같다.

현장실험에 사용하는 설문지에는 그레비투스 외(Grebitus et al., 2013)의 연구에서 고려된 6대 성격인 주체성(Agency), 외향성(Extraversion), 신경성(Neuroticism), 성실성(Conscientiousness), 우호성(Agreeableness), 개방성(Openness)을 측정하는 척도가 포함되었다. 소비자의 최종 선택이 음식 메뉴라는 것을 고려해 피실험자의 배고픔 정도를 통제하였다. 음식 메뉴의 순서는 피실험자에게 무작위로 할당하여 음식 메뉴의 표시에서 순서 효과(Order effect)를 배제하였다.

칼로리에 관한 정보가 음식선택에 따른 칼로리 섭취량에 미치는 영향을 분석하였다. 추정모형의 변수는 선택된 음식의 칼로리 섭취량(Y), 일일 권장 칼로리 섭취량(T_1)을 제공받은 처리그룹 ①, 음식 메뉴의 칼로리 함량(T_2)을 제공받은 처치그룹 ②이다. 통제변수로는 인구사회학적 변수(S), 건강 관심도(D), 배고픔 지수(R)가 이용되었다. 추정모형은 아래 식 (8-4)와 같다.

$$Y = \alpha + \sum_{k=1}^{2} \beta_k T_k + \sum_{m=1}^{n} \gamma_m S_m + \delta D + \epsilon R + u \qquad (8-4)$$

〈그림 8-2〉 칼로리 정보에 관한 실험설계

메뉴 1: 칼로리 정보 미제공 (통제그룹)

The Jin-Sung-Mi

메뉴   서울 안암동 5가 126-83

| 된장 찌개 무료 (6000원) | 순두부 찌개 무료 (6000원) | 김치 찌개 무료 (6000원) | 육개장 무료 (6000원) | 돌솥 비빔밥 무료 (6000원) | 새우 볶음밥 무료 (6000원) | 돈가스 무료 (6000원) | 부대 찌개 무료 (6000원) |

메뉴 2: 성별 일일 칼로리 권장 섭취량 정보 제공 (처치그룹 ①)

여성 하루 권장 칼로리 : 1900kal
남성 하루 권장 칼로리 : 2350kal

The Jin-Sung-Mi

메뉴   서울 안암동 5가 126-83

| 된장 찌개 무료 (6000원) | 순두부 찌개 무료 (6000원) | 김치 찌개 무료 (6000원) | 육개장 무료 (6000원) | 돌솥 비빔밥 무료 (6000원) | 새우 볶음밥 무료 (6000원) | 돈가스 무료 (6000원) | 부대 찌개 무료 (6000원) |

메뉴 3: 메뉴 항목의 칼로리 함량에 대한 정보 제공 (처치그룹 ②)

The Jin-Sung-Mi

메뉴   서울 안암동 5가 126-83

| 된장 찌개 무료 (6000원) 437kal | 순두부 찌개 무료 (6000원) 566kal | 김치 찌개 무료 (6000원) 589kal | 육개장 무료 (6000원) 642kal | 돌솥 비빔밥 무료 (6000원) 802kal | 새우 볶음밥 무료 (6000원) 873kal | 돈가스 무료 (6000원) 980kal | 부대 찌개 무료 (6000원) 1025kal |

인구사회학적 변수로는 나이, 성별, 결혼여부, 교육, 소득을 고려하였다. 건강 관심도로는 체중 측정의 빈도를 사용하였다. 피실험자들은 체중을 측정하는 빈도에 대해 질문을 받았는데, 최소 일주일에 한 번 이상 측정하면 1, 그렇지 않으면 0으로 분류하였다. 피실험자의 배고픔의 정도는 음식선택에 영향을 준다. 피실험자의 배고픔 수준을 측정하기 위해서 헤일러 외(Hellyer et al., 2012)의 배고픔 지수(Hunger index)를 사용했다.

〈표 8-12〉 칼로리 관련 정보가 칼로리 섭취에 미치는 영향

	계수값	표준오차
일일 권장 칼로리 제공 (T₁)	-47.462***	19.744
음식 메뉴에 대한 칼로리 정보 제공 (T₂)	-54.496***	19.869
N=501	$F_{(17, 483)}=3.60$	
$R^2=0.1125$	p=0.0000	

주: ***$p<0.01$, **$p<0.05$, *$p<0.1$. 통제 변수는 표에서 생략함. 기타 통제 변수에는 체중, 나이, 성별, 결혼 여부, 교육, 소득, 배고픔 지수 포함.

<표 8-12>의 추정결과에 따르면 처치그룹 ①(T_1) 또는 처치그룹 ②(T_2)의 피실험자들은 다른 조건이 동일하다면 통제그룹(칼로리에 관한 어떤 정보도 받지 않은 그룹)보다 낮은 칼로리의 음식을 선택하였다. 성인 일일 권장 칼로리 섭취량에 대한 정보를 제공받은 처치그룹 ①(T_1)은 통제그룹보다 47.5Kcal를 적게 섭취했다. 모든 음식 메뉴에 대한 칼로리 정보를 제공받은 처치그룹 ②(T_2)은 통제그룹보다 54.5Kcal를 낮게 섭취했다.

피실험자들의 성격에 따라 칼로리 정보의 효과가 상이한지 분석하였다. k-평균 군집분석(k-means clustering)을 통해 피실험자 개별 성격의 평균을 기준으로 높은 그룹과 낮은 그룹으로 분류하였다. <표 8-13>에서 보는 바와 같이 추정결과는 우호성(Agreeableness)과 신경성(Neuroticism)이 낮은 피실험자들은 모든 메뉴의 칼로리 정보를 제공받았을 때(T_2) 통제그룹보다 낮은 칼로리 음식 메뉴를 선택하였다. 개방성(Openness)이 높은 그룹에 있어서 칼로리 정보를 제공받은 피실험자 그룹들(T_1, T_2)은 칼로리 정보를 제공받지 않은 통제그룹보다 낮은 칼로리 음식을 선택했다. 개방성이 낮은 피실험자들은 모든 메뉴에 대한 칼로리 정보를 제공받았을 경우(T_2)에만 낮은 칼로리 음식 메뉴를 선택하였다.

〈표 8-13〉 성격에 따른 칼로리 섭취량

	우호성		신경성		개방성	
	높음	낮음	높음	낮음	높음	낮음
일일 권장 칼로리(T_1)	-55.410	-38.152*	-46.797	-49.507**	-63.896**	-28.624
모든 메뉴 칼로리 정보(T_2)	-44.370	-53.187**	-30.064	-68.461***	-50.174*	-63.451**
	주체성		외향성		성실성	
	높음	낮음	높음	낮음	높음	낮음
일일 권장 칼로리(T_1)	-61.202**	-31.283	-58.526**	-23.545	-53.739	-39.886
모든 메뉴 칼로리 정보(T_2)	-41.479	-69.321**	-29.098	-71.164***	-51.311	-55.989**

주: $^{***}p<0.01$, $^{**}p<0.05$, $^*p<0.1$. 다른 통제 변수는 표에서 생략. 통제 변수에는 체중, 나이, 성별, 결혼여부, 교육, 소득, 배고픔 지수 포함.

주체성(Agency)과 외향성(Extraversion)이 높은 그룹에서는 일일 권장 칼로리 섭취량에 대한 정보를 제공받은 피실험자(T_1)들이 통제 그룹보다 낮은 칼로리의 항목을 선택했다. 주체성과 외향성이 낮은 그룹에서는 모든 메뉴의 칼로리 정보를 제공받은 피실험자들이 통제그룹보다 낮은 칼로리 음식을 선택했다. 성실성이 낮은 그룹의 응답자들은 모든 메뉴에 대한 칼로리 정보를 제공받았을 때 통제그룹에 비해 낮은 칼로리 음식을 선택했다. 신경증, 우호성, 개방성, 주체성, 외향성, 성실성이 낮은 상대적으로 소극적인 피실험자들은 모든 음식 메뉴의 칼로리 정보가 제공되었을 때 낮은 칼로리 음식을 선택했다. 결과를 종합할 때 피실험자의 성격에 따라 칼로리 정보 제공이 음식선택에 유의한 영향을 미쳤다. 이 결과는 소비자의 음식선택에 있어 성격이 중요하다는 것을 의미한다.

　　선행연구에서는 칼로리 정보의 제공과 음식 선택 간의 관계에 대해 분석했지만, 일관된 연구 결과를 보이지 못했다. 즉, 소비자들에게 칼로리 정보를 제공하는 것이 건강한 음식을 선택하는 데 긍정적인 영향을 미치는지에 대한 의문점들을 풀지 못했다. 이 연구는 서울에서 현장 실험을 이용하여 이 주제를 재검토하였다. 그 결과 소비자들에게 칼로리 정보를 제공하는 것은 식당에서 낮은 칼로리 음식을 주문하도록 하는 동기를 부여하였음을 알 수 있었다.

　　세계적으로 외식 소비와 비만율이 증가하고 있다는 점에서 이 연구는 식품 및 건강 정책에 중요한 시사점을 가진다. 칼로리 정보를 제공하는 식품영양표시 정책이 소비자들이 식당에서 낮은 칼로리의 음식을 주문하고, 일일 칼로리 목표 섭취량을 섭취하는 데 도움을 준다. 따라서 식당에서 메뉴별 칼로리를 표시하도록 하는 정책과 더불어 칼로리 함량이 낮은 음식을 제공하려는 외식업계의 자발적인 노력은 비만을 줄이고, 국민 건강에 기여할 것이다.

제4절 실험경매 사례

1. 실험경매 사례1: 수입쇠고기 이력추적제 평가[10)]

한국은 2004년 광우병이 발생한 미국산 쇠고기 수입을 중단했다. 하지만 한국 정부는 2007년 한미 FTA 협상 타결과 더불어 미국산 쇠고기를 다시 수입한다고 결정했다. 이에 국민들은 광우병이 발생한 미국산 쇠고기의 재수입에 크게 반발하고, 3개월간 촛불시위를 하였다(그림 8-3 참조). 더욱이 국내산 쇠고기의 가격이 크게 상승함에 따라 수입산 쇠고기를 국내산으로 위장한 소매업자들도 증가했다. 한국 정부는 미국산 수입 쇠고기에 대한 국민의 불안을 해소하고자 수입쇠고기 이력추적제(Traceability system)를 도입하고자 하였다.

수입쇠고기 이력추적제는 수입된 쇠고기에 대해 생산부터 소비까지 모든 과정과 이력 및 마케팅의 위치를 추적하는 시스템이다. 이를 통해 쇠고기 수입과 관련된 식품안전 문제를 방지하고, 유통 경로의 투명성을 증진함으로써 소비자가 안전한 쇠고기를 선택할 수 있도록 고안된 시스템이다.

수입쇠고기 이력추적제의 도입 가능성을 검토하기 위하여 실험경매를 통하여 이력추적제에 대한 소비자의 지불의사액을 추정하였다. 이와 함께 수입쇠고기 이력추적제 도입에 따른 소비자의 지불의사액이 다양한 유형의 정보에 어떻게 반응하는지도 분석하였다. 실험경매는 비가설적이며, 유인합의적인 가치평가이다. 실험경매는 시장과 같이 실제 상품과 현금을 사용함으로써 피실험자는 가치평가에 집중한다. 이 연구는 무작위 n차 가격경매(Random n^{th} price auction)를 활용하였다. 무작위 n차 가격경매는 낙찰가에서 멀리 벗어난 입찰가를 입찰한

---

10) 저자의 다음 논문을 참조해 작성함. Lee, Ji Yong, Doo Bong Han, R.M. Nayga, Jr., S. Lim, 2011, "Valuing traceability of imported beef in Korea: an experimental auction approach," *Australian Journal of Agricultural and Resource Economics*, Vol. 55, No. 3.

〈그림 8-3〉 2008년 한국의 광우병 시위

경매참여자도 계속 후속 경매라운드에 참가하게 하는 유인을 제공함으로써, 경매 상품 가치를 정확하게 측정할 수 있고, 지불의사액과 수용의사액 간의 차이가 다른 경매방법에 비해 빠르게 줄어든다.

서울과 경기도에 사는 100명의 기혼 여성 소비자를 대상으로 경매를 진행했다. 실험경매는 소유접근방식(Endowment approach)을 이용하여 피실험자들에게 이력추적이 없는 미국산 쇠고기 200g 한 팩과 가격 정보(3000원/200g)를 제공하였다. 실험경매에 있어서 피실험자에게 제공된 정보에 따라 4가지 처치그룹으로 분류하였다. 제1그룹은 이력추적제 개념만을 제공하고, 다른 일체의 설명을 제공하지 않았다. 제2그룹은 이력추적제 도입에 따른 긍정적인 정보(식품안전성 개선)를 제공하였다. 제3그룹은 이력추적제 도입에 따른 부정적인 정보(세금과 마케팅 비용이 증가)를 제공하였다. 제4그룹은 이력추적제 도입에 따른 긍적적인 정보와 부정적인 정보를 동시에 제공하였다.

실험경매의 절차는 다음과 같다. 1) 피실험자들이 서로 의사소통을 하지 못하게 좌석을 배정한다. 2) 이력추적이 없는 쇠고기를 이력추적된 쇠고기로 교환하는 지불의사액 실험경매에 관한 지침을 제공한다. 3) 초콜릿 바를 이용하여 무작위 n차 가격경매에 대해 연습경매를 실시한다. 4) 수입쇠고기에 대한 경매

〈표 8-14〉 경매 라운드별 평균 입찰액

단위: 호주달러(AUD)

	경매 라운드				
	1	2	3	4	5
평균	1.00	1.16	1.25	1.31	1.30
중앙값	0.98	0.98	1.22	1.46	1.46
표준편차	0.64	0.62	0.62	0.61	0.60

를 시작하고, 밀봉된 입찰서를 제출한다. 5) 피실험자들의 입찰가를 수집한 후 무작위로 한 입찰가를 추첨하여 추첨된 입찰가가 몇 번째로 높은 입찰가인지를 보고 실험자가 이를 n차 가격의 낙찰가로 결정한다. 6) 낙찰가를 게시하여 시장과 같이 가격에 대한 피드백 통해 다음 라운드에 낙찰에 대한 학습효과(Learning effect)를 허용한다. 7) 5라운드까지 무작위 학습효과(Learning effect차 가격경매를 실시한다.

실험경매의 결과에 따르면 피실험자들은 1라운드부터 5라운드 경매까지 이력추적이 가능한 쇠고기에 대해 평균적으로 34~44%의 프리미엄을 지불할 의향을 보였다(표 8-14). 경매라운드별 평균입찰액은 낙찰가를 공시함에 따라 경매 1라운드에서 4라운드까지는 입찰가가 상승하였고, 5라운드에서 안정화되었다.

수입쇠고기 이력추적제에 대한 상이한 정보에 대한 반응은 <표 8-15>에서 보는 바와 같이 피실험자의 지불의사액의 평균과 중앙값은 긍정적인 정보, 정보 없음, 긍정과 부정 정보 동시 제공, 부정적인 정보의 순으로 높게 나타났다. 긍정적인 정보를 제공받은 피실험자의 지불의사액은 정보를 제공받지 않은 피실험자의 지불의사액과 비슷하지만, 부정적인 정보를 제공받은 피실험자의 지불의사액은 정보를 제공받지 않은 그룹보다 49%가 낮았다. 처치집단의 결과는 긍정적인 정보와 부정적인 정보를 모두 제공받은 집단은 긍정적인 정보와 부정적인 정보를 받은 처치집단의 지불의사액 사이의 지불의사액을 제시했다. 따라서 수입쇠고기 이력추적시스템에 대한 지불의사액은 피실험자들에게 제공되는 정보의 유형에 따라 영향을 받으며, 긍정적 정보보다 부정적 정보에 민감하게

⟨표 8-15⟩ 이력추적제에 대한 정보별 평균 입찰액

단위: 호주달러(AUD)

	정보			
	정보 없음	긍정	부정	긍정과 부정
평균(AUD)	1.47	1.48	0.75	1.07
중앙값	1.46	1.47	0.49	0.98
표준편차	0.58	0.39	0.72	0.47

⟨표 8-16⟩ 정보효과 간 지불의사액의 동등성 T-검정

	평균 지불의사액 차이	t-값
정보 없음과 긍정적인 정보	0.005	-0.06
정보 없음과 부정적인 정보	0.73***	7.06
정보 없음과 양면 정보	0.40***	4.83

주: ***는 1%의 유의수준을 의미한다.

반응하는 손실회피 성향을 보였다.

　처치집단별 평균 지불의사액에 대한 동등성 t-검정 결과는 <표 8-16>과 같다. 지불의사액에 대한 동등성 t-검정은 정보 없음과 부정적인 정보 처치집단 간의 평균 지불의사액이 통계적으로 다르게 나타났다. 정보 없음과 양면 정보 처치집단 간의 평균 지불의사액도 다르게 나타났다. 하지만 정보 없음과 긍정적인 정보 처치집단 간의 지불의사액은 통계적으로 다르지 않았다. 정보 효과를 분석한 선행연구들과 유사하게 본 연구에서도 소비자가 긍정적인 정보보다 부정적인 정보에 민감하게 반응하였다. 따라서 정책입안자들은 부정적인 정보효과를 상쇄시키기 위해 새로 도입할 수입쇠고기의 이력추적제에 대해 소비자 교육과 홍보를 적극적으로 추진해야 한다.

　임의효과 패널토빗모형(Random effects panel Tobit model)을 이용하여 수입쇠고기 추적이력제에 대한 지불의사액에 영향을 미치는 다양한 요인을 분석하였

〈표 8-17〉 임의효과 토빗회귀분석 결과

변수	계수	표준오차
절편	1.88***	0.004
나이	0.01**	0.004
이력추적제 인지도	0.07*	0.037
구입빈도	0.06***	0.019
학력	−0.11*	0.060
가구원 수	0.01	0.029
소득	0.05**	0.016
이력추적제 신뢰도	0.03	0.045
긍정적 정보	0.06	0.082
부정적 정보	−0.70***	0.091
양면적 정보	−0.46***	0.089
경매 2차라운드	0.16*	0.089
경매 3차라운드	0.26***	0.089
경매 4차라운드	0.30***	0.089
경매 5차라운드	0.29***	0.089

로그 우도: −2648.34

주: *, **, ***는 각각 10%, 5%, 1%의 유의수준을 의미한다.

다. 피실험자들이 입찰가로 0원을 제시한 데이터와 4개의 처치그룹과 5라운드의 경매 패널 데이터을 분석하기 위해 토빗패널분석을 하였다. 종속 변수는 라운드별로 피실험자가 제출된 지불의사액이며, 독립 변수는 피실험자들의 인구통계학적 특성들인 연령, 가구원 수, 월수입, 수입쇠고기 구입 빈도, 소득, 이력추적제에 대한 인지도 등이다. 이력추적제에 대한 인지도와 신뢰도는 5점 리커트 척도를 사용해 조사하였다.

<표 8-17>의 토핏패널분석에 따르면 피실험자의 나이가 많을수록, 수입
쇠고기 구입빈도가 많을수록, 소득이 높을수록 수입쇠고기 이력추적제에 대한
지불의사액이 높았다. 부정적 정보나 양면적 정보(긍정과 부정 정보)를 제공받은
처치그룹은 정보를 제공하지 않는 그룹에 비해 지불의사액이 낮았지만, 긍정적
인 정보가 지불의사액에 미치는 영향은 통계적으로 의미가 없었다. 경매 라운드
별 낙찰가를 공시함에 따라 경매 라운드가 진행되면서 지불의사액이 점차 높아
져서 4차 라운드에서 가장 높은 지불의사액을 보였다.

결론적으로 소비자는 수입쇠고기 이력추적제 도입에 대해 상대적으로 평균
34~44%의 가격프리미엄을 지불할 의향을 보였다. 긍정적인 정보는 정보가 없
는 경우에 비해 지불의사액을 유의한 수준 내에서 증가시키진 않았지만, 부정적
인 정보와 양면적인 정보(긍정적인 정보와 부정적인 정보)는 정보가 없는 경우에
비해 지불의사액이 낮게 나타났다. 한미 FTA 이후 미국산 쇠고기가 다시 수입
됨에 따라 소비자들의 광우병 등 식품안전에 대한 불안감을 해소하기 위해 수입
쇠고기의 이력추적제를 조속히 도입할 필요가 있다. 이 연구는 수입쇠고기 이력
추적제에 대한 소비자의 반응과 시장 정착 가능성, 다양한 정보효과에 따른 교
육과 홍보의 필요성을 제시함으로써 한국에서 식품안전보장시스템(Food safety
guarantee system)을 정착시키는 데 기여할 것이다.

2. 실험경매 사례2: 국산과 수입산 쌀의 소비자 가치평가[11]

한국은 2014년에 쌀 관세화 유예가 종결됨에 따라 관세 붙은 쌀이 수입될 것
이다. 관세화 유예로 수입쌀을 정부가 관리하여 시장유통이 제한됨에 따라 소비
자들은 수입쌀을 구입하기 어려웠다. 한국에 있어서 쌀은 주식이며, 농업소득의
기여도도 높다. 쌀은 국민들의 칼로리 섭취량의 47%를 차지하고 있다. 쌀 관세

---

11) 저자의 다음 논문을 참조해 작성함. Lee, Ji Yong, Doo Bong Han, R.M. Nayga, Jr., J.M. Y
oon, 2014, "Assessing Korean consumers' valuation for domestic, Chinese, and US rice:
Importance of country of origin and food miles information," *China Agricultural Econom
ic Review,* Vol.6. Issue 1.

는 1995년부터 2004년에 이르기까지 10여 년 동안 GATT의 우루과이 라운드에서 연기되었고, 2005년부터 2014년에 이르기까지 10년 연장되었다. 그러나 수입쿼터의 경우는 총 소비의 4%에서 8%까지 증가하였다. 한국은 1995년부터 2004년까지만 가공용 쌀을 수입했다. 2005년부터 식량용 쌀은 총 수입쌀의 10%에서 30%까지 차지했다. 한국은 2015년부터 쌀을 관세로 수입하여야 했고, 시장에서 국내산 쌀과 수입 쌀의 경쟁이 심화될 것이다. 이 연구는 쌀 관세화에 대비해 주요 수입국인 중국산, 미국산 쌀에 대한 소비자들의 선호와 가치를 국내산 쌀과 비교 평가해 보았다.

2015년 관세로 쌀 시장을 개방하면 가까운 장래에 수입쌀에 대한 시장유통이 증대될 것이다. 한국은 물론 쌀 수출국들도 국내산 쌀과 수입산 쌀에 대한 소비자 선호와 시장반응을 분석해야 한다. 국내산과 수입산 쌀을 차별화하기 위해서 소비자들은 쌀의 원산지와 식품마일리지(Food mileages)에 대한 정보를 제공받기를 원한다. 이 연구는 실험경매를 통해 한국 소비자들의 국내산 쌀과 중국산, 미국산 수입쌀에 대한 가치를 평가하였다. 경매방법으로는 현시선호에 의한 무작위 n차 가격경매를 사용하였고, 소비자의 지불의사액에 대한 원산지와 식품마일리지 표시제(Labeling information)의 영향에 대해 분석하였다. 실험에 있어 3개의 처치그룹(Treatment groups)을 구성했다. 처치그룹 ①은 원산지와 식품마일 정보를 제공받지 않은 그룹(시식만 제공), 처치그룹 ②는 원산지가 표기된 정보를 제공받은 그룹(시식과 원산지 정보 제공), 처치그룹 ③은 식품마일리지가 표기된 정보를 제공받은 그룹(시식과 식품마일리지 정보 제공)으로 구성되었다.

국내산 쌀과 수입쌀의 소비자 평가 및 품질의 차이를 분석한 선행연구들이 있었다. 선행연구에서는 진술선호(Stated preference)에 의한 가상가치법이 사용되었다. 리 외(Lee et al., 2004)의 연구에서 국내산 쌀의 지불의사액은 미국산 쌀과 중국산 쌀의 지불의사액보다 각각 32%, 43% 크게 나타났다. 박(Park, 2006)의 연구에서는 국내산 쌀의 지불의사액이 미국산 쌀과 중국산 쌀보다 각각 28.5%, 22.8% 높게 나타났다. 연구결과, 한국 소비자들의 국내산 쌀에 대한 선호도가 높았고, 이를 활용해 향후 쌀 수입이 국내산 쌀 시장에 미치는 영향을 분석하였다. 하지만 이 연구들은 가설적 선호추출방법(Hypothetical preference elicitation method)을 사용하여 쌀에 대한 소비자의 지불의사액을 추정했기 때문에 가설적 편의를 피하지 못한 문제가 있다.

따라서 본 연구는 비가설적(Non-hypothetical) 실험경매(Experimental auction)를 사용하여, 소비자의 국내산, 수입산 쌀 가치를 평가했다는 점에서 선행연구들과 차별화된다. 실험경매는 신상품이나 새로운 서비스에 대한 소비자들의 지불의사액을 도출하는 방법이므로 비가설적이고, 유인합의적(Incentive compatible)인 메커니즘으로 가설적 편의(Hypothetical bias)를 최소화한다. 이 연구에서는 경매방식으로 무작위 n차 가격경매를 이용하였는데 이는 2차 가격경매와 무작위 BDM 방식을 결합한 것이다. 무작위로 n번째 낙찰가를 결정함으로써 낙찰가 경계에 있는 입찰자들뿐만 아니라, 낙찰가와 멀리 떨어진 입찰가를 게시한 입찰자들이 후속 경매에 지속적으로 참여하게 하는 유인을 준다. 내생적으로 결정된 시장 청산 가격(Market-clearing price)은 참가자들의 사적 가치(Private values)와 관련이 있다. 그렇다면 이런 실험 경매의 설계는 어떤 방식으로 이뤄져야 할까? 다음의 예를 살펴보도록 하자.

실험은 2010년 8월 서울과 경기도에 총 75명의 피실험자를 대상으로 표시정보에 따라 3개의 처치그룹(Treatment)을 구성하였다. 1번째 처치그룹은 표시정보 없음(시음만 가능), 2번째 처치그룹은 원산지 정보(시음과 원산지 표기), 3번째 처치그룹은 식품마일리지 정보(식미와 식품마일리지)가 표기되어 있다.

〈그림 8-4〉 처치그룹별 실험경매

처치그룹1	처치그룹2	처치그룹3
식미검사 표시정보없음	식미검사 원산지 표시	식미검사 푸드마일리지

〈표 8-18〉 무작위 n차 가격경매 절차

1단계	• 피실험자 ID번호와 좌석의 지정 • 서면 가이드 북과 시식용 수저 배부
2단계	• 피실험자에게 완전입찰방식의 경매지침을 구두로 설명 • 무작위 n차 가격경매와 경매후 쌀 구입에 대해 설명
3단계	• 세 종류의 초콜릿 바를 이용해 연습 경매 실시 • 피실험자가 초콜릿 바에 대한 지불의사액을 제출하고 구매함.
4단계	• 연습 경매를 진행한 후, 무작위 n차 가격경매를 실시 • 쌀 경매 입찰 전에 취사된 밥 시식이 진행됨.
5단계	• 시식 후 피실험자들은 3개국 쌀에 대한 지불의사액을 밀봉된 입찰서에 쓴 후 제출함.
6단계	• 실험자는 피실험자들의 입찰서를 수집한 후, 낙찰가를 선정하기 위해 무작위로 n번째 입찰가를 추출함. • 낙찰가인 n번째 입찰가 이상을 입찰한 (n-1)명의 낙찰자 선정함.
7단계	• 5번 경매라운드 후 쌀과 현금을 교환할 라운드를 무작위로 선정함. • 낙찰자는 n번째 입찰가를 지불하고 쌀을 구입함.

실험경매는 처치그룹별로 25명의 피실험자가 배분되어 두 개의 경매 세션이 진행되었고, 각 세션에 12~13명의 피실험자가 참여하였다. 개별 경매 세션에서 다섯 번의 경매 라운드가 진행되었고, 5차례 경매 라운드가 끝난 후 한 라운드가 무작위로 선택되어 쌀과 현금이 교환되었다. 경매에는 4kg 중량의 3개국 쌀이 사용되었다. 국내산 쌀은 경기미 1등급, 미국산 쌀은 칼로스 1등급, 중국산 쌀은 골든 테라 1등급이 사용되었다. 경매는 완전입찰접근법(Full bidding approach)을 이용하며, 3개국 쌀에 대해 동시 입찰이 진행되었다. 완전입찰접근법이 사용된 이유는 손실회피(Loss aversion) 효과를 피하고, 소유접근법(Endowment approach) 보다 많은 경매데이터를 수집할 수 있기 때문이다. 피실험자들이 경매 전 3개국 쌀 시식을 위해서 1컵의 밥이 제공되었다. 쌀을 취사하기 위해 동일한 전기밥 솥, 물의 양, 조리 시간 등을 사용해 취사하였다.

경매에 참여한 피실험자는 가정주부로서 평균 연령은 47.7세, 고졸 32%, 대졸 40%이었다. 이들의 원산지별 쌀의 평균 입찰가는 <표 8-19>에 정리되어

〈표 8-19〉 원산지별 쌀의 지불의사액

단위: 원/4kg

	경매 회차				
	1	2	3	4	5
지불의사액(중국)					
평균	6924	7096	7369	7509	7571
중앙값	7000	7000	7600	8000	8000
표준편차	2805	2777	2867	2836	3057
변이계수	0.41	0.39	0.39	0.38	0.40
지불의사액(미국)					
평균	6919	6837	7094	6966	7027
중앙값	7000	6550	7500	7000	7500
표준편차	1324	1036	1181	1337	1381
변이계수	0.19	0.15	0.17	0.19	0.20
지불의사액(한국)					
평균	7132	7493	7824	8037	8071
중앙값	7000	7600	8100	8500	8500
표준편차	1394	1571	1872	1971	1854
변이계수	0.20	0.21	0.24	0.25	0.23

있다. 피실험자들은 국내산 쌀에 대해서 미국산 쌀에 비해 10.7%, 중국산 쌀에 비해 5.7%의 가격프리미엄을 지불할 의사가 있었다. 이는 한국인은 국내산 쌀에 대한 선호도와 충성도가 높은 것을 의미한다.

표시정보에 따른 처치그룹별 식미평가 점수는 <표 8-20>과 같다. 피실험 자들은 식미평가에 있어서 원산지나 식품마일리지 정보가 주어지지 않은 무정 보(No information) 그룹에서는 국내산 쌀에 가장 낮은 점수를 주었다. 하지만 원 산지(Country of origin)나 식품마일리지(Food miles) 정보가 라벨에 표기되어 있

〈표 8-20〉 표시정보별 식미평가 점수

	정보 처치		
	정보없음	원산지 정보	식품마일리지 정보
중국(25명)			
평균	74	74	74
중앙값	80	80	70
표준편차	19	18	12
미국(25명)			
평균	74	75	71
중앙값	75	80	70
표준편차	12	17	14
한국(25명)			
평균	70	79	78
중앙값	70	80	80
표준편차	16	12	13

으면 국내산 쌀에 가장 높은 점수를 주었다. 소비자들의 주관적 평가인 쌀의 식미도 원산지나 식품마일리지에 크게 영향을 받는 것으로 나타났다. 따라서 국내산 쌀과 수입산 쌀을 차별화하기 위해서는 원산지 등 식품표시제도가 중요하다는 것을 시사한다.

　<표 8-21>은 3가지 표시 정보의 처치(Information treatments)에 따른 평균 입찰가이다. 쌀에 대한 정보가 제공되지 않을 때는 미국산 쌀의 지불의사액이 7,132원으로 가장 높았으며, 국내산 쌀과 중국산 쌀의 지불의사액이 비슷했다. 그러나 원산지나 식품마일리지에 대한 정보가 제공되면 피실험자들은 수입산 쌀에 비해 국내산 쌀에 월등히 높은 지불의사액을 제시했다. 표시 정보 처치그룹별 3개국 쌀에 대한 지불의사액의 결과는 식미평가 점수 결과와 동일하다.

〈표 8-21〉 정보 처치별 평균 입찰가

단위: 원/4jg

		정보 처치		
	경매 라운드	정보 없음	원산지 정보	식품마일리지
중국(25명)	1	6760	6504	7508
	2	6624	7017	7605
	3	6592	7429	8086
	4	6894	8057	7518
	5	6984	8184	7546
	평균	6783	7438	7662
미국(25명)	1	7152	6784	6820
	2	7212	7032	6268
	3	7242	7433	6606
	4	7142	7577	6180
	5	6912	7653	6516
	평균	7132	7296	6478
한국(25명)	1	6748	7476	7172
	2	6620	8100	7760
	3	6568	8444	8460
	4	6956	8528	8628
	5	7244	8628	8340
	평균	6827	8235	8072

〈표 8-22〉 전반적인 처치의 지불의사액 평균값과 중앙값에 대한 동등성 검정

정보 처치그룹	평균 동등성에 대한 t-검정			중앙값 동등성에 대한 Kruskal-Wallis 검정	
	평균 차이	표준오차	t값	통계량	유의수준
정보 없음					
$H_0 = \overline{\text{지불의사액}}_{\text{국산}} = \overline{\text{지불의사액}}_{\text{중국산}}$	-44.40	231.36	0.19	0.09	0.76
$H_0 = \overline{\text{지불의사액}}_{\text{국산}} = \overline{\text{지불의사액}}_{\text{미국산}}$	-304.8*	165.38	-1.84	2.40	0.12
원산지 정보					
$H_0 = \overline{\text{지불의사액}}_{\text{국산}} = \overline{\text{지불의사액}}_{\text{중국산}}$	797.04***	129.39	6.16	32.19***	0.00
$H_0 = \overline{\text{지불의사액}}_{\text{국산}} = \overline{\text{지불의사액}}_{\text{미국산}}$	939.44***	108.94	8.62	60.96***	0.00
식품마일리지 정보					
$H_0 = \overline{\text{지불의사액}}_{\text{국산}} = \overline{\text{지불의사액}}_{\text{중국산}}$	410.40	436.83	0.93	10.67***	0.00
$H_0 = \overline{\text{지불의사액}}_{\text{국산}} = \overline{\text{지불의사액}}_{\text{미국산}}$	1594.16***	248.96	6.40	34.62***	0.00

주: *, ***는 각각 10%, 1%의 유의수준을 의미한다.

표시정보에 따른 지불의사액의 평균과 중앙값에 검정 결과는 〈표 8-22〉와 같다. 검정결과에 따르면 표시정보 처치그룹에서 국내산 쌀과 미국산 쌀의 평균 지불의사액이 통계적으로 서로 다른 것으로 나타났다. 지불의사액은 정보 없음(No information)과 식품마일리지 표시가 없는 국내산 쌀과 중국산 쌀의 지불의사액은 통계적으로 차이가 없었다. Kruskal-Wallis 검정에 의한 중앙값의 지불의사액은 원산지 표시제(COOL)와 식품마일리지 정보가 제공될 경우에 국내산 쌀과 수입산 쌀의 차이가 있는 것으로 나타났다. 표시정보가 주어지지 않았을 경우 피실험자들의 지불의사액 중앙값은 국내산 쌀과 수입산 쌀에 차이가 없었으며, 식품마일리지보다 원산지 표시제에 민감하게 반응하였다.

〈표 8-23〉은 실험경매의 입찰가격 패널데이터[12]를 사용한 임의효과

---

12) 경매에 있어서 지불의사액 통합자료는 3개국 쌀, 5차 경매라운드에 의해 패널데이터가 형성

(Random effects) 패널모형의 추정 결과이다. 통합자료의 결과에 따르면 미국산 쌀에 대한 지불의사액은 국내산 쌀에 비하여 4kg당 904원 낮았다. 미국산 쌀의 지불의사액은 원산지로 인한 차이보다 식품마일리지 정보에서 더 적게 나타났다. 중국산 쌀에 대한 지불의사액은 국내산 쌀의 지불의사액과 통계적으로 다르지 않았다. 패널 분석결과에 따르면 원산지 표시제(COOL)와 식품마일리지 표시제는 국내산 쌀과 수입산 쌀을 차별화시켜서 소비자들이 국내산 쌀에 대해 높은 지불의사액 지불할 긍정적인 영향을 미친다는 것을 알 수 있다. 원산지 표시제(COOL)가 식품마일리지보다 피실험자들의 지불의사액이 높았다. 피실험자들은 원산지 표시제 또는 식품마일리지 정보를 제공받으면 국내산 쌀 4kg당 각각 1,487원, 1,271원을 추가로 지불할 의향이 있는 것으로 나타났다. 원산지 표시제와 식품마일리지 표시제는 중국산 쌀의 지불의사액에 통계적으로 유의한 영향을 미치지 않았지만, 미국산 쌀의 지불의사액에는 식품마일리지 표시가 4kg당 711원을 낮추는 음의 영향을 미쳤다.

결론적으로 소비자들은 수입산 쌀에 비해 국내산 쌀에 대해 프리미엄을 지불하고자 한다. 소비자들은 국내산 쌀에 미국산 쌀에 비해 10.7%, 중국산 쌀에 비해 5.7% 가격프리미엄을 지불하고자 하였다. 이 연구에서는 비가설적 실험적 경매를 사용했기 때문에 선행연구에 비해 국내산 쌀에 대한 가격프리미엄이 낮았다. 원산지 표시제가 식품마일리지 표시제보다 국내산 쌀에 더 높은 프리미엄을 제공하였다. 쌀 관세화에 따른 국내산 쌀과 수입산 쌀을 차별화하기 위해서는 정확한 원산지 표시제가 시행되어야 한다. 쌀 시장이 관세화됨에 따라 국내 쌀 산업의 지속적인 발전을 위해서는 원산지 표시제 시행과 더불어 국내산 쌀의 품질과 식미 속성(Sensory attributes)을 지속적으로 제고해야 한다.

된다. 통합자료의 표본 수는 피실험자 75명 × 3개국 × 5차 경매라운드의 조합으로 1125개이다. 원산지별 쌀의 지불의사액 표본 수는 75명 × 1개국 × 5차 경매 라운드로 375개이다.

〈표 8-23〉 임의효과 패널모형 추정 결과

변수	지불의사액(통합)		지불의사액(중국)		지불의사액(미국)		지불의사액(국산)	
	계수	표준오차	계수	표준오차	계수	표준오차	계수	표준오차
절편	5566.25***	1101.38	5908.58**	2973.57	6057.49***	1007.83	4732.68***	1387.08
COOL	1133.51**	438.09	707.86	854.96	157.66	299.08	1486.94***	411.74
식품마일	1153.83***	428.75	789.81	792.23	-710.99***	277.13	1271.25***	381.54
나이	9.31	13.58	26.44	35.45	4.51	12.40	-3.03	17.07
학력	-209.95	135.83	-600.43*	354.63	-71.7	124.05	42.28	170.78
가구원수	218.89*	115.35	125.13	301.17	264.43**	105.35	267.13*	145.04
소득	-75.04	69.66	1.04	181.87	-87.05	63.62	-139.11	87.59
구매가격	224.02**	97.09	287.48	253.50	129.4	88.68	255.19**	122.08
2회차	151.02*	87.39	172.93	154.56	-81.33	126.92	361.46**	166.33
3회차	437.37***	87.39	445.06***	154.56	174.93	126.92	692.13***	166.33
4회차	512.75***	87.39	585.60***	154.56	47.46	126.92	905.20***	166.33
5회차	564.84***	87.39	647.46***	154.56	108.4	126.92	938.66***	166.33
중국*COOL	-744.07	540.07						
중국*식품마일	-451.67	524.66						
미국*COOL	-904.07*	504.07						
미국*식품마일	-1659.75***	524.65						
관측수	1125		375		375		375	
시그마 u	1795.69***		2706.68***		893.09***		1238.25***	
시그마 e	926.99***		946.48***		777.22***		1018.57***	

3. 실험경매 사례3: 인지적 능력과 2차가격경매 입찰행동[13]

　　2차가격경매는 참가자들이 자신의 진실된 가치를 제시하는 것이 우위전략으로 특정 상품에 대한 완전한 수요를 드러낼 수 있는 것으로 알려져 있다. 하지만 2차가격경매는 참가자의 상품에 대한 정확한 가치를 항상 제공하는 것은 아니다. 이전 연구들에 따르면 2차가격경매 입찰실험에서 공통적으로 발견된 현상 중에 하나는 참가자가 과대 입찰(overbidding)을 하는 경향을 보인다는 것이다.

　　과거 몇몇 연구들은 2차가격경매에서 비합리적 입찰행동을 설명하고자 시도하였으며, 대표적으로 카겔 외(Kagel et al., 1987)는 2차가격경매에서의 과대입찰은 경매 참가자들이 입찰가를 높게 설정하는 것이 어떤 비용 발생 없이 낙찰확률을 높일 수 있다는 착각 때문이라 추측하고 있다. 또한, 모건 외(Morgan et al., 2003)는 2차가격경매 참가자는 경쟁 입찰자가 경매를 통해 얻는 이익이 자신의 입찰로 줄어들 수 있다고 생각하여 공격적인 입찰을 하는 경향이 있다고 설명하고 있다. 2차가격경매의 과대입찰은 경매에서의 승리에 따른 효용이 크기 때문에 발생할 수 있다고 설명되기도 한다(Cooper and Fang, 2008).

　　2차가격경매에서 과대입찰 행동을 이해하는 것은 전략적 게임(strategic game)에서 개인의 비합리적 행동을 설명하기 위함에서도 중요하지만 경매에서 개인의 입찰을 언제, 어떻게 상품에 대한 가치로 해석해야 하는지에 대한 설명을 제공할 수 있다는 측면에서도 중요하다.

　　최근 리(Li, 2017)연구는 2차가격경매에서의 비합리적 입찰행동을 개인의 인지적 능력(cognitive ability)의 차이로 설명하고자 하였다. 특히, 2차가격경매의 비합리적 입찰행동이 상대적으로 인지적 능력이 낮은 참가자가 2차가격경매의 우위전략을 이해하지 못함에서 발생할 수 있다고 지적하고 있다. 인지적 능력과 2차가격경매에서의 입찰편차의 이론적 관계를 설명하기 위한 실증연구의 필요성에 따라 개인의 인지적 능력 차이가 2차가격경매의 비합리적 입찰행동, 특히

---

13) 저자의 다음 논문을 참조해 작성함. Lee, Ji Yong, Rodolfo M. Nayga, Cary Deck, Andreas C. Drichoutis, 2020, "Cognitive Ability and Bidding Behavior in Second Price Auctions: An Experimental Study," *American Journal of Agricultural Economics*, 102(5), pp.1494‑1510.

과대입찰을 설명하는지에 대한 실증 실험연구를 수행하였다.

이 연구는 두 번의 실험실 실험으로 구성되어 있다. 첫 번째 실험에서는 일반적인 연구실 실험에서 피실험자로 모집되는 대학생을 대상으로 인지적 능력과 2차가격경매에서의 입찰행동과의 관련성을 검증하였고, 두 번째 실험에서는 첫 번째 실험결과의 강건성 검정을 위해 일반인들을 대상으로 동일한 실험을 시행하였다. 첫 번째 실험에서는 150명 대학생을 대상으로 실험을 시행하였고, 두 번째 실험에서는 120명 일반인을 대상으로 실험을 시행하였다. 모든 실험에서 실험참가자 숫자에 따른 입찰행동 변화효과를 최소화하기 위하여 실험참가자를 10명으로 고정하였고, 모든 실험은 컴퓨터를 활용하여 시행되었다.

첫 번째 실험에 대한 절차는 다음과 같다.[14] 1) 피실험자들은 실험실에 도착하면 실험 참가동의서를 작성하고, 좌석이 배정된다. 2) 피실험자에게 실험에 대한 설명서를 컴퓨터 화면과 종이로 제공된다. 3) 전체 실험에 대한 설명 이후에 피실험자에 대한 인지적 능력 측정을 표준 프로그레시브 매트릭스(Standard Progressive Matrices)를 이용하여 측정한다.[15] 4) 인지적 능력 테스트 이후에 결과를 바탕으로 10명의 참가자를 "높은 인지적 능력 그룹"과 "낮은 인지적 능력 그룹"으로 5명씩 구분하고 각 참가자가 어떤 그룹에 속했는지 알려준다. 5) 각 그룹은 5개의 유도 가치($5.18, $11.26, $17.16, $23.82, $29.12)에 대한 유도 2차가격경매실험에 참가한다. 모든 참가자는 5개 유도가치를 5번의 경매에서 모두 경험하도록 하며, 각 경매에서 5개의 유도가치가 모두 실현되도록 한다. 6) 각 경매에 대한 결과는 참가자들에게 공개하지 않고 5번의 경매를 마무리 한다. 7) 모든 경매가 마무리되고 참가자들은 추가적인 설문을 마무리하고 최종 인지적 능력, 개인 경매결과를 확인하고 경매에서 발생한 이윤을 받고 실험실에서 퇴장한다. 일반인을 대상으로 하는 두 번째 실험은 첫 번째 실험과는 다르게 인지적 능력에 대한 측정 이후 인지적 능력 결과와 상관없이 무작위로 참가자들을 두 그룹으로 배정하였다. 무작위 배정에 따른 인지 부하(cognitive load)효과를 최소화하기 위하여 인지적 능력 검정과 유도가치 2차가격경매 순서를 무작위로 배

---

14) 자세한 실험 절차는 논문을 참고하기 바란다. 실험디자인은 아래주소에서 확인할 수 있다. https://onlinelibrary.wiley.com/doi/full/10.1002/ajae.12082

15) 표준 프로그레시브 매트릭스에 대한 자세한 설명과 실험 절차는 논문을 참고하기 바란다.

정하였다.

실험 결과에 따르면 인지적 능력에 상관없이 집계 입찰은 과대 입찰을 보여
주고 있다. 하지만 인지적 능력이 높은 그룹에서 과대 입찰은 상대적으로 적게
나타나는 것을 확인할 수 있다.

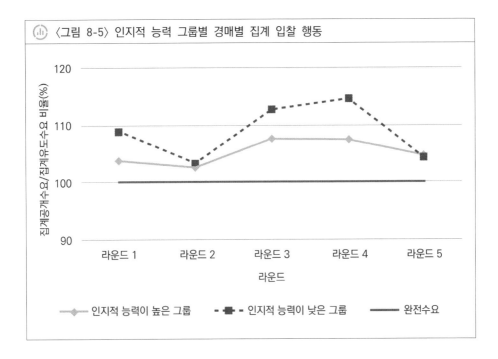

〈그림 8-5〉 인지적 능력 그룹별 경매별 집계 입찰 행동

유인가치별 집계 입찰 행동을 비교한 결과, 인지적 능력이 상대적으로 높은
그룹에서 과대입찰이 적게 나타나는 것을 확인할 수 있다. 특히, 낮은 유인가치
에서 인지적 능력이 상대적으로 낮은 그룹의 과대입찰이 크게 나타나는 것을 확
인할 수 있다. 또한, 유인가치 변화에 따른 입찰행동 변화가 인지적 능력이 높은
그룹에서 상대적으로 안정적인 것을 확인할 수 있다.

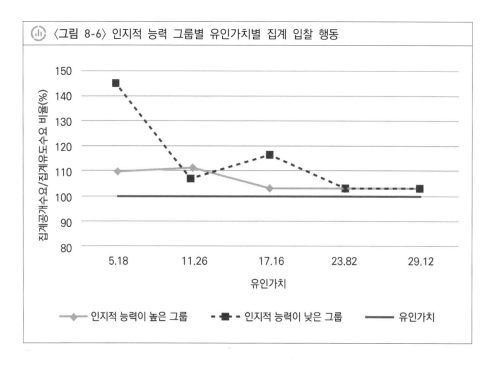

〈그림 8-6〉 인지적 능력 그룹별 유인가치별 집계 입찰 행동

회귀분석을 이용하여 개인의 인지적 능력이 입찰 편차에 미치는 영향을 분석하였다. 유인가치별 인지적 능력과 입찰 편차와의 관계를 살펴본 결과, 인지적 능력이 높아질수록 입찰 편차는 작아지는 것으로 분석되었다. 경매진행별 인지적 능력과 입찰 편차와의 관계를 확인한 결과, 인지적 능력이 높아질수록 경매별 입찰 편차는 낮아지는 것으로 분석되었다.

〈표 8-24〉 유인가치별 인지적 능력과 입찰 편차와의 관계

	유인가치				
	$5.18	$11.26	$17.16	$23.82	$29.12
인지적 능력	−0.10 (0.04)***	−0.11 (0.04)***	−0.06 (0.03)*	−0.09 (0.03)**	−0.09 (0.03)**
관측치	150	150	150	150	150

주: *,**,***는 10%, 5%, 1% 유의수준을 의미한다.

〈표 8-25〉 경매진행별 인지적 능력과 입찰 편차와의 관계

	경매 라운드				
	1 라운드	2 라운드	3 라운드	4 라운드	5 라운드
인지적 능력	-0.11 (0.03)***	-0.09 (0.03)***	-0.07 (0.04)*	-0.10 (0.03)***	-0.07 (0.03)***
관측치	150	150	150	150	150

주: *,**,***는 10%, 5%, 1% 유의수준을 의미한다.

　인지적 능력 그룹별 과대 입찰을 확인해 본 결과, 인지적 능력별 과대 입찰이 다른 형태로 나타나는 것을 확인할 수 있다. 인지적 능력이 높을수록 상대적으로 작은 과대 입찰을 하는 경향이 높고 큰 과대 입찰을 적게 나타나는 것으로 나타났다. 인지적 능력 그룹별 과소 입찰을 확인해 본 결과, 그룹별 차이는 발생하지 않는 것으로 나타났다. 일반인을 대상으로 하는 실험에서도 동일한 결과를 확인할 수 있었다.

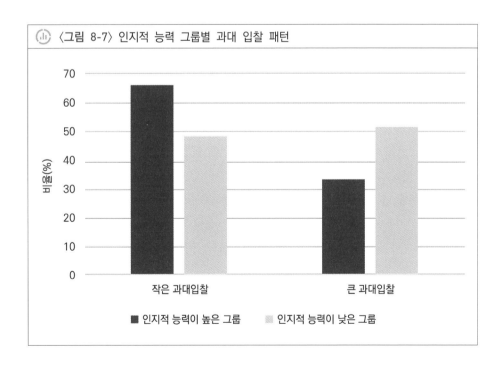

〈그림 8-7〉 인지적 능력 그룹별 과대 입찰 패턴

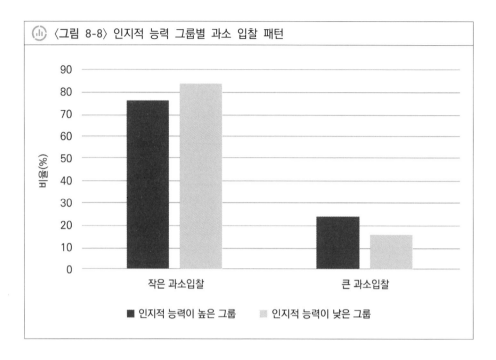

〈그림 8-8〉 인지적 능력 그룹별 과소 입찰 패턴

    결론적으로 인지적 능력이 높을수록 2차가격경매에서 비합리적 입찰행동은 감소하는 것으로 나타났다. 상대적으로 인지적 능력이 낮을수록 2차가격경매에서 과대입찰 경향은 더 크게 나타나는 것을 확인할 수 있었다. 이러한 결과는 인지적 능력이 높을수록 경제이론에 부합하는 행동을 하는 경향이 높다는 이전 연구 결과와 동일한 것으로 나타났다. 결과를 통해 2차가격경매에서 입찰편차를 설명하는데 인지적 능력의 중요성을 확인할 수 있었다. 이는 새로운 상품에 대한 가치평가를 위하여 2차가격경매를 적용함에 있어서 피실험자들을 대상으로 2차가격경매의 우위전략에 대한 명확한 설명이 필요함을 확인할 수 있다.

제5절 실질선택실험 사례[16]

최근 높은 염분 섭취와 심장 관련 만성 질환 사이의 상관관계 때문에 염분 섭취량을 줄이는 것이 공중 보건 분야에서 중요해졌다. WHO는 염분 섭취를 줄이기 위한 대중 인식 캠페인의 시작과 식품 표시 및 재규정에 대한 지지를 표명했다. 그러나 나트륨에 대한 식품 표시 규정은 장려되었음에도, 여전히 한국을 포함한 많은 국가에서 이는 의무가 아닌 자율적으로 선택할 수 있는 것이 현실이다.

한국에서 인기 있지만 염도가 높은 통조림 햄에 대하여 실질선택실험법을 이용해 '저염' 표시에 대한 소비자의 지불의사액을 평가하였다. 이 과정에서 피실험자의 선호와 지불의사액에 있어서 이분산성(Heterogeneity)이 존재하는지도 분석하였다. 통조림 햄에 대한 소비자 가치평가에 있어서 '저염' 속성의 가치와 '저염' 표시에 대한 통조림 햄에 대한 선호가 위험선호도에 따라 달라지는지를 분석하였다. 이 연구는 비가설적(Non-hypothetical) 실질선택실험을 이용해 '저염' 표시 통조림 햄에 대한 소비자의 가치를 평가하고자 하였다. 임의모수(Random parameter) 로짓모형을 이용하여 통조림 햄에 대한 소비자 선호와 저염 등 개별 속성에 대한 지불의사액을 추정하였다.

실질선택실험은 서울의 4개 대형슈퍼마켓에서 무작위로 추출된 소비자 300명을 대상으로 실시되었다. 실질선택실험의 속성과 속성수준은 <표 8-26>에 명시되어 있으며 가격, 브랜드, '저염' 표시, 원산지가 통조림 햄에 대한 속성(Attributes)으로 설계되었다. 피실험자들에게 통조림 햄 제품과 실질선택실험에

---

16) 저자의 다음 논문을 참조해 작성함. Lee, Sang Hyeon, Han, Doo Bong, Vincenzina Caputo, R.M. Nayga, Jr., 2015, "Consumers' Valuation for Reduced Salt Labeling: A Non-hypothetical Choice Experiment," *Canadian Journal of Agricultural Economics*, Vol. 63, No.4.

〈표 8-26〉 실질선택실험의 속성과 속성수준

속성	속성수준
가격(원/340g 캔)	3,000원, 3,300원, 3,600원, 3,900원
브랜드	스팸, 리챔, 로스팜, 목우촌
'저염'표시	예, 아니오
원산지	국내산, 수입산

〈표 8-27〉 선택조합의 예시

	옵션1	옵션2	옵션3
선택조합 1	로스팜	목우촌	구매하지 않음
	저염 표시	저염 표시 없음	
	수입 돼지고기	국내산 돼지고기	
	3,300원(340g/캔)	3,000원(340g/캔)	
선택하시오	[ ]	[ ]	[ ]

대해 설명하고 선택실험을 선택하게 한 후 인구사회경제적 설문도 조사하였다.[17] 피실험자들은 <표 8-27>과 같이 8개의 선택조합에 있어서 통조림 햄의 속성과 속성수준으로 구성된 3개의 선택 옵션(2개 통조림 햄 옵션과 1개의 '구매하지 않음' 옵션) 중 하나를 선택한다. 피실험자들은 제시된 9개 선택조합 모두에 대해 3개 선택 옵션 중 하나를 선택한 후 실제 통조림 햄이 있는 선택 옵션 중에서 본인이 선택한 통조림 햄을 현금으로 가격을 지급하고 구매한다.

본 연구에서는 확률효용모형(Random utility model)과 랑케스터(Lancaster, 1966)의 특성수요이론(Characteristics demand theory)에 기반을 둔 선택실험법을 사용했다. 랑케스터의 특성수요이론은 소비자의 효용이 상품의 양이 아닌 상품을 구성하는 특성(속성)과 특성(속성) 수준으로 결정된다는 것이다. 소비자는 효용을 극대화하는 상품 속성과 속성 수준의 상품 조합을 선택한다. 확률효용함수

---

17) 통조림 햄에 대한 실질선택실험의 설문지는 부록의 <부표 1>과 같다.

U_{njt}는 식$(8-5)$와 같이 확정적 공변량(Covariates)[18] 요인 V_{njt}와 확률적 요인 ε_{njt}으로 구성된다.

$$U_{njt} = V_{njt} + \varepsilon_{njt} \qquad\qquad (8-5)$$

$n = 1,..., N$은 응답자 수, t는 선택조합, V_{njt}는 응답자 n의 통조림 햄 속성인 저염 표시, 원산지, 가격으로 구성된 통조림 햄 선택조합 옵션 j에 대한 효용의 확정적 요인, ε_{njt}는 응답자 n의 선택 옵션 j에 대한 효용의 확률적 요인이다.

확률효용모형을 선택 모형으로 변환하기 위해서는 확정적 효용함수의 함수형태뿐만 아니라 확률오차에 관한 가정이 필요하다. 확률오차의 가정에 따라 다양한 추정모형이 사용된다. 식품 속성에 대한 소비자 선호와 지불의사액을 평가하는 선행연구에 따르면 소비자 선호와 식품 속성에 대한 지불의사액 평가에 있어서 이질성은 소비자 선택 모델링에 있어서 고려해야 할 핵심 사항이다(예 Bonnet and Simioni, 2001; Loureiro et al., 2001; Lusk et al., 2003). 소비자 선호의 이질성을 고려하기 위해 확률모수로짓모형(Random parameter logit model)[19]을 이용한다. 확률모수로짓모형은 유연하며 확률적 선호와 관찰되지 않은 요인과의 상관관계를 허용함으로써 다항로짓모형의 한계를 완화한다(Revelt and Train, 1998; Train, 2003).

본 연구에서는 소비자 선호의 이질성을 분석하기 위해서 4가지 확률모수로짓모형을 설정하였다. 모형 1은 확률모수로짓모형의 기본모형으로 확률모수의 추정치와 표준편차의 추정을 통해 평균 모집단 모수 주변의 선호 이질성을 고려하였다. 개인 n이 선택조합 t의 선택옵션 j로부터 얻는 효용은 식$(8-6)$과 같다.

---

18) 공변량이란 종속변수에 영향을 주는 변수이다. 공변량은 독립변수(Independent variables)와 교란변수(Compounding variables)로 구성된다. 독립변수의 정책효과를 분석하기 위해서는 공변량은 통제되어야 한다.

19) 확률모수로짓모델은 혼합로짓모델(mixed logit model)이라고도 쓰이는데, 파라미터의 추정치가 개개인별로 상이한 것을 반영한다. 확률모수로짓모델은 모집단의 이질성(heterogeneity)을 모델에 반영한 것이다.

$$U_{njt} = \beta_0 \times No\_Buy_{njt} + \beta_1 \times Price_{njt} \qquad (8-6)$$

$$+ \beta_2 \times Spam_{njt} + \beta_3 \times Richam_{njt}$$

$$+ \beta_4 \times Moku_{njt} + \beta_5 \times Reduced\_Salt_{njt}$$

$$+ \beta_6 \times Domestic\_Pork_{njt} + \varepsilon_{njt}$$

No_Buy_{njt}는 '구입하지 않음' 옵션을 선택한 경우 1이고, 선택 옵션1, 선택 옵션2를 선택하면 0인 더미 변수이다. 가격은 통조림 햄 340g의 가격이며, ε_{njt}는 관찰되지 않은 확률적 오차항이다. 브랜드, 저염 표시, 원산지(국내산, 수입산)에 대한 속성 수준은 정성적 변수로 더미변수를 이용하였다. 통조림 햄 4개 브랜드도 속성의 하나로서 3개 더미변수(스팸, 리챔, 목우촌)를 이용해 브랜드의 속성수준을 구분하였다. 모든 더미변수가 0인 기본모형은 '저염'표시가 없는 수입산 돼지고기를 사용한 로스팜 브랜드이다.

모형 2는 식 (8-7)과 같이 모형 1에 선택 옵션간의 이질성을 고려하기 위해 오차항 η_{nj}를 추가하였다. 모형 2의 확률모수로짓모델은 실험 설계된 선택조합에 있어서 선택 옵션 간의 오차를 고려하였다(Scarpa et al., 2005; 2007).

$$U_{njt} = \beta_0 \times No\_Buy_{njt} + \beta_1 \times Price_{njt} \qquad (8-7)$$

$$+ \beta_2 \times Spam_{njt} + \beta_3 \times Richam_{njt}$$

$$+ \beta_4 \times Moku_{njt} + \beta_5 \times Reduced\_Salt_{njt}$$

$$+ \beta_6 \times Domestic\_Pork_{njt} + \eta_{nj} + \varepsilon_{njt}$$

모형 3은 가격에 미치는 소득효과를 추가적인 이질성으로 고려하였다. 고소득($High\_Inc$) 응답자의 지불의사액이 저소득 응답자의 지불의사액보다 높을 것으로 예상할 수 있다. 스칼파 외(Scarpa et al., 2007) 및 반 루 외(Van Loo et al., 2014)에 따라 효용함수의 가격 계수는 저소득 응답자는 β_1, 고소득 응답자는 $(\beta_1 + \gamma^{HI})$로 정의된다. $High\_Inc$는 응답자가 고소득 그룹에 속할 때 1을, 그렇지 않으면 0을 취하는 더미 변수이다. 모델 3에서 개별 n이 선택 조합 t에서 선택옵션 j로부터 얻는 효용은 식 (8−8)와 같다.

$$U_{njt} = \beta_0 \times No\_Buy_{njt} + \beta_1 \times Price_{njt} \qquad (8-8)$$
$$+ \gamma^{HI}(High\_Inc) \times Price_{njt} + \beta_2 \times Spam_{njt}$$
$$+ \beta_3 \times Richam_{njt} + \beta_4 \times Moku_{njt}$$
$$+ \beta_5 \times Reduced\_Salt_{njt}$$
$$+ \beta_6 \times Domestic\_Pork_{njt} + \eta_{nj} + \varepsilon_{njt}$$

모형 4는 응답자의 위험선호와 저염표시 여부가 국내산 돼지고기 선택에 체계적인 이질성을 발생시키는지 검정할 수 있도록 모형 3에 이를 고려한 변수를 추가하였다(Choi et al., 2005; Grimes et al., 2009; Kim et al., 2010; Park and Kim, 2011). 응답자의 위험선호도[20]를 분석하기 위하여 k−평균군집화를 수행하였다. 위험선호도는 일정상대위험회피(Constant Relative Risk Aversion: CRRA) 효용함수 가정하에서 추계되었다(Dohmen et al., 2010). CRRA 효용함수하에서 응답자의 상대위험회피의 평균 계수는 0.41로 추계되었는데, 이는 도흐멘 외(Dohmen et al., 2010)의 상대위험회피계수 0.43과 유사하며 홀트와 로리(Holt and Laury et al., 2002)의 추정 범위 0.30~0.50 이내이다. 응답자의 약 85%가 위험회피선호를 보였다. 고위험회피그룹에 속할 때 1, 그렇지 않으면 0의 더미변수를 이용하였는데, 고위험회피그룹과 그 밖의 그룹에 대한 상대위험회피의 평균계수는 각각 0.59와 0.12이었다. 응답자의 위험선호도와 공변량인 '저염 표시' 및 '국내산 돼지고기'의 확률모수와 상호작용 항을 추정했다. 추정결과가 통계적으로 의미가 없었던(저염선택×고위험)은 제거한 후 모델을 추정했다(Hensher et al., 2005). 모형 4의 최종 효용함수는 식 (8−9)과 같다.

---

20) 응답자의 위험선호도와 시간선호도를 측정하기 위한 설문은 부록의 <부표 5>를 참조하기 바란다.

$$U_{njt} = \beta_0 \times No\_Buy_{njt} + \beta_1 \times Price_{njt} + \gamma^{HI}(High\_Inc) \times Price_{njt} \qquad (8-9)$$

$$+ \beta_2 \times Spam_{njt} + \beta_3 \times Richam_{njt}$$

$$+ \beta_4 \times Moku_{njt} + \beta_5 \times Reduced\_Salt_{njt}$$

$$+ \beta_6 \times Domestic\_Pork_{njt}$$

$$+ \gamma^{HR}(High\,Risk \times Domestic\_Pork_{njt}) + \eta_{nj} + \varepsilon_{njt}$$

γ^{HR}은 국내산 돼지고기 속성과 고위험회피그룹(예 고위험) 간의 상호작용 항 추정계수이며, 다른 변수들은 모형 3과 같다.

확률효용이론은 소비자가 속성의 소비에서 효용을 얻는다는 가정에 기초한다. 따라서 이론적으로 각 속성의 추정계수를 이용해 속성별 지불의사액을 추정할 수 있다. 실험설계된 각 속성 수준에 대한 한계지불의사액 값은 통조림 햄 속성의 추정계수를 가격의 추정계수로 나눈 값은 음(-)의 값이다. 모형 3과 4에서 분모는 기준 그룹의 경우 가격 추정계수 β_1이고 고소득 그룹의 경우 $\beta_1 + \gamma^{HI}$(가격 추정계수와 고소득그룹과 가격과의 상호작용 추정계수)이다. 모형 4에서 "국내산 돼지고기"의 지불의사액은 음의 비율로 계산되는데, 분자는 기본 소비자그룹(고위험회피가 아닌 그룹)에 있어서는 β_6(국내산 돼지고기 속성수준의 추정계수)이고 고위험회피그룹(국내산 돼지고기 속성수준과 고위험회피그룹과의 상호작용 추정계수)에서는 $\beta_6 + \gamma^{HR}$이며 분모는 가격 추정계수 β_1이다. 확률모수로짓모형별 추정결과는 <표 8-28>과 같다.

〈표 8-28〉 확률모수로짓모형별 추정결과

	모형 1	모형 2	모형 3	모형 4
매개 변수				
구매하지 않음	-5.12(12.06)	-5.94(12.32)	-6.03(12.35)	-6.04(12.48)
가격	-0.001(7.36)	-0.001(7.32)	0.001(7.61)	-0.001(7.68)
r^{HI}	-	-	0.0001(1.91)	0.0001(1.74)

	모형 1	모형 2	모형 3	모형 4
스팸				
평균	0.31(3.57)	0.32(3.39)	0.32(3.37)	0.30(3.33)
표준편차	0.96(8.44)	1.00(8.37)	1.01(8.11)	0.99(8.51)
리챔				
평균	0.30(4.01)	0.30(3.94)	0.30(3.95)	0.32(4.19)
표준편차	0.60(6.36)	0.63(6.53)	0.64(6.63)	0.64(6.54)
목우촌				
평균	−0.16(1.84)	−0.15(1.58)	−0.15(1.63)	−0.15(1.63)
표준편차	0.88(8.90)	0.93(9.47)	0.94(9.49)	0.90(8.98)
저염				
평균	0.14(4.24)	0.15(4.20)	0.15(4.18)	0.14(4.02)
표준편차	0.17(1.87)	0.17(2.61)	0.18(2.61)	0.20(3.20)
국내산 돼지고기				
평균	0.33(6.76)	0.33(6.65)	0.35(6.92)	0.28(4.66)
표준편차	0.44(5.10)	0.45(5.77)	0.45(5.87)	0.44(5.46)
교차항				
국내산 돼지고기 *고위험 회피그룹	–	1.35(4.52)	1.33(5.52)	1.38(4.78)
기초 통계량				
N(표본 개수)	2400	2400	2400	2400
우도	1908.09	1880.66	1878.05	1876.71
AIC/N	1.608	1.591	1.589	1.589
추정계수	22	28	29	30

주: 괄호 안의 숫자는 t값임.

　　AIC(Akaike information criterion)는 예측오차의 추정치로서 모형선택의 기준임.

〈표 8-29〉 모형 4에 의한 한계지불의사액 추정치

속성	기본시나리오 소득집단		고소득 집단	
	추정계수	표준 오차	계수	표준 오차
스팸	593	85.96	677	98.69
리챔	632	79.80	722	93.51
목우촌	292	86.65	333	98.57
저염	274	36.58	313	3.65
국내산 돼지고기	557	74.21	636	88.11
국내산 *고위험회피	831	87.45	947	105.75

〈표 8－29〉에서 보는 바와 같이 비가설적 실질선택실험 결과 저염표시 통조림 햄에서 일반(저염표시가 안 된) 통조림 햄으로 전환할 때의 한계지불의사액 (가격 할인)의 범위는 통조림 햄 평균 가격의 7.8~8.9%에 해당하는 274원(저소득 그룹)~313원(고소득 그룹)으로 나타났다. 응답자들은 국내산 돼지고기 햄 통조림 에 대해 수입산 통조림 햄에 비해 557~636원을 추가 지불할 의사가 있었다. 특히 고위험회피 성향을 가진 응답자들은 국내산 돼지고기 통조림 햄에 대한 선호도가 매우 높아서 831원~947원을 추가 지불할 의사가 있었다.

다양한 확률모수로짓모형을 통해 통조림 햄에 대한 소비자 선호의 이질성을 검정한 결과 소비자들은 일반적으로 소득수준에 관계없이 저염표시 제품을 원했다. 고혈압이 늘어나면서 과도한 나트륨 섭취에 따른 건강문제를 줄이기 위해 소비자들은 저염 햄에 대해 높은 가격을 지불할 의사가 있었다. 한국에서는 통조림 햄과 같이 나트륨 함량이 높은 식품에 나트륨 표시 등 건강표시제(Health claim)를 적용하지 않고 있다. 본 연구의 결과는 통조림 햄을 포함하는 식품에 대한 나트륨 함량 표시 규정을 시행하면 소비자 후생이 증대될 수 있음을 의미한다. 응답자들은 수입 돼지고기를 사용한 햄보다 국내산 돼지고기를 사용한 통조림 햄을 선호하는 것으로 나타났다. 고위험회피 소비자는 국내산 돼지고기를 사용한 통조림 햄을 선호하였다. 이는 국내 식품이 상대적으로 안전하다고 인식하는 소비자들이 국내산 식재료를 사용한 제품을 구매할 가능성이 높다는 것을 시사한다.

이 연구는 비가설적 실질선택실험을 통해 저염표시 통조림 햄 제품에 대한 소비자의 가치를 평가했다. 이 연구의 결과는 정책입안자들이 식품에 저염 표시 규정을 도입하는 것에 대한 소비자 의사를 파악하는 데 활용할 수 있다. 식품기업의 마케팅 담당자는 나트륨 함량과 관련하여 제품을 차별화할 수 있는 마케팅 전략을 개발하는 지침으로 사용할 수 있다. 정부는 저염 표시 등 소비자가 긍정적으로 평가하는 건강 속성에 대한 표시제를 확대해야 할 것이다.

실험경매와 진술선호법 사례: 쌀 등급표시제의 소비자 평가[21]

2000년대 들어 한국 쌀 산업이 딜레마에 빠졌다. 쌀 관세화 유예가 2014년까지 10년 더 연장되었으나 의무수입량이 증가되었고, 2015년부터 쌀 시장이 관세화되었기 때문이다. 이와 함께 1인당 쌀 소비량이 1995년 106.5kg에서 2014년 65.1kg으로 지속적으로 감소하여, 재고량이 급증하였다. 쌀 공급은 과잉이지만, 2009년과 2011년 세계 식량위기를 겪다 보니 주식인 쌀의 안정적인 공급과 식량 안보를 위해 농경지의 유지와 관리도 중요함을 인식하게 되었다.

우루과이 라운드 협상의 타결로 WTO가 출범함에 따라 1995년 쌀 시장이 쿼타(quota) 방식의 의무수입량으로 개방되었고, 2015년에는 관세화에 의한 쌀 시장의 전면 개방이 이루어졌다. 국내 쌀 산업의 지속적 발전을 위해서 국내산 쌀과 수입산 쌀의 품질에 따른 가격차별화가 중요하다. 그러나 쌀은 외형만으로 국내산 쌀과 수입산 쌀의 품질을 구분하기 어렵다. 하지만 국내 쌀에 대한 등급화가 정착되지 못했고, 쌀 수출국들도 쌀 등급화에 대한 서로 다른 기준을 사용한다. 미국은 쌀 등급을 백미에 대해 6단계, 태국은 백미 7단계, 일본은 현미에 대한 3단계 등급을 사용한다. 국내 쌀 등급화가 정착되지 못했고, 국제적으로 통일된 쌀의 등급시스템이 없기 때문에 쌀 생산자가 고품질의 쌀을 생산할 경제적 유인이 없다. 소비자들이 고품질 쌀을 구분할 수 없어서 질 좋은 쌀을 생산해도 높은 가격을 받을 수 없기 때문이다.

2013년 개정된 쌀 등급표시제는 다음과 같다. 1) 소비자의 정보에 대한 권리를 충족시키고 쌀의 품질을 제고한다. 2) 국내산 쌀은 특, 상, 보통의 세 가지 등급으로 구분한다. 3) 세 등급 외에 '미검사' 등급을 허용한다. 개정된 쌀 등급

21) 저자의 다음 논문을 참조해 작성함. Choi, Young Woon, Ji Yong Lee, Doo Bong Han, Rodolfo M. Nayga, Jr., 2018, "Consumers' Valuation of Rice-grade Labeling," *Canadian Journal of Agricultural Economics* 66: 511-531.

〈표 8-30〉 2013년 쌀 등급표시제

품종	추정	중량	20kg
등급	특 상, 보통, 미검사	단백질 함량	수(낮음). 우(중감), 미(높음), 미검사
		단백질 함량이 낮을수록 부드러운 질감의 밥맛이 남	
생산연도	2012	도정년월일	2013.10.2

표시제는 <표 8-30>과 같다. 개정된 쌀 등급표시제는 효과가 없었다. 그 이유는 '미검사'를 허용함으로 농민과 도정업자들이 특, 상, 보통의 등급을 표기할 유인이 없었다. 그로 인해 국내산 쌀 약 75%가 '미검사'로 분류되어 유통되었다. 쌀의 '미검사' 등급 옵션에 대한 비율이 높은 이유는 쌀 등급표시에 따른 비용과 낮은 품질의 쌀은 판매하기 어렵기 때문이다. 따라서 쌀 등급표기에 따른 가격 프리미엄도 낮았다. 따라서 국내 쌀과 수입 쌀을 차별화하기 위해서는 '미검사' 등급 옵션을 없애야 하고, 쌀 시장 출하를 위해서 쌀 등급을 의무적으로 표기하여야 한다. 쌀 등급표시제를 의무화하면 고품질 쌀에 대한 가격프리미엄이 형성될 것이고 수입산 쌀과 차별화될 것이다. 쌀 등급표시제의 의무화에 따른 원가 부담도 부분적으로 소비자에게 이전되고, 소비자는 고품질 쌀을 소비할 수 있을 것이다.

이 연구의 목적은 첫째, 쌀 등급별 소비자의 가치를 평가하는 것이다. 쌀 등급인 특, 상, 보통의 쌀과 '미검사' 표시의 쌀의 가치를 실험경매를 통해 비교하였다. 둘째, 의무적 쌀 등급표시제에 대한 소비자 지불의사액을 진술선호법으로 추정하였다. 쌀 의무등급제를 도입하면 미검사 옵션이 있는 현행 등급표시제보다 가격이 상승할 것으로 예상된다. 따라서 가격변화에 따른 소비자 잉여의 변화를 분석하고, 가격 상승의 한도를 추정하였다.

쌀 등급표시제에 대한 가치평가를 위해 수도권 거주 총 212명의 20~60대 주부를 다양한 기관을 통해 모집하고 실험을 하였다. 이 중 100명의 피실험자는 조사기관을 통해 모집하고, 고려대에서 실험을 시행했다(그림 8-9 참조). 등급표시제 실험은 비가설적 평가인 실험경매와 가설적 평가의 두 가지 방법으로 시행되었다. 첫째, 쌀에 대한 시각, 촉각, 후각 등을 이용한 품질 평가를 하였다(그림

(ᆘ) 〈그림 8-9〉 쌀 등급표시제 실험경매 현장

아파트 도서관

고려대 (혼합그룹)

지역교회

농협

사회복지회관

8-10 참조). 둘째, 무작위 n차 가격경매에서 피실험자는 쌀 등급별 지불의사액
을 입찰 용지에 기재해 제출하였다(그림 8-11 참조). 셋째, '미검사' 옵션이 없는
의무적인 쌀 등급표시제에 대한 지불의사액을 실험경매가 끝난 후 가상가치법
(Contingent valuation)과 추론가치법(Inferred valuation)을 통해 진행했다.[22]

---

22) 쌀 등급표시제에 관한 설명, 서약서, 등급표시제 설명, 실험경매 입찰용지, 가상가치법, 추론
　　가치법, 설문지가 부록의 〈부표 2〉 - 〈부표 6〉에 있다.

〈그림 8-10〉 쌀 등급표시제 실험경매 준비

〈그림 8-11〉 실험경매 지불의사액 입찰 용지

밀봉 입찰 경매: 정보 없음			
ID (좌석 번호)			
경매라운드:		1	
경매상품 1	경매상품 2	경매상품 3	경매상품 4
입찰액 ₩____	입찰액 ₩____	입찰액 ₩____	입찰액 ₩____

쌀 등급 평가를 위해 4등급, '특', '상', '보통', '미검사'로 분류된 쌀 1kg 포장

〈표 8-31〉 경매 실험의 정보 라운드

라운드	라운드1	라운드2	라운드3
제공된 정보	시각, 촉각, 후각 평가 외 등급정보 제공하지 않음.	특, 상, 보통, 미검사 만 표기, 단순 등급정보 제공	개별 쌀 등급 기준에 대한 자세한 정보 제공

팩이 사용되었다. 쌀 등급정보는 3회 경매 라운드마다 다르게 제공되었다. 경매 라운드별 쌀 등급의 정보는 <표 8-31>과 같다. 경매 라운드1에서는 등급정보 없이, 제공된 4등급의 쌀에 대해 보고, 만지고, 냄새만을 맡고 가치를 평가하였다. 라운드2에서는 단순한 쌀 등급정보인 특, 상, 보통, 미검사만을 표기하여 가치를 평가하였다. 라운드3에서는 쌀 등급에 대한 자세한 정보 표기하였다.

쌀 등급표시제 실험에서 4개 쌀 등급(특, 상, 보통, 미검사)에 대해 모두 입찰하는 전체입찰접근법(Full bidding approach)을 무작위 n차 가격경매 방식으로 입찰하도록 하였다. 또한 피실험자들은 실험경매에서 피실험자들이 생각하는 진실된 가치와 동일한 입찰가를 제시하는 전략이 최선의 전략이라는 유인합의성에 대해 설명받았다. 이들은 5라운드의 실험이 끝난 후 쌀과 현금이 교환되는 경매라운드와 쌀 등급이 무작위로 선택될 것이라는 지침도 설명받았다.

가설적 가치평가를 통한 의무적인 쌀 등급표시제 도입에 대한 지불의사액을 평가하기 위해서 가상가치법(CV)과 추론가치법(IV)이 이용되었다. 이를 위해 피실험자들에게 정부가 현재 쌀 등급표시제에서 '미검사' 등급 옵션을 폐지할 것이라고 공지했다. 지불의사액과 관련한 질문을 하기 전에 미검사 폐지로 인한 등급표시제 개정으로 쌀 가공비용이 증가하여 국내 쌀 가격이 인상될 것이라고 설명했다. 순서효과(Order effect)를 회피하기 위해서 가상가치법과 추론가치법의 순서는 무작위로 선정되었다. 가상가치 지불의사액에 대한 질문 형식으로는 이중경계양분선택법(Double-bounded dichotomous choice)이 사용되었다.

가상가치법의 질문은 <표 8-32>와 같이 "국내산 쌀 1kg 평균 소매 가격은 4,000원입니다. 한국 정부가 현행 쌀 등급 평가 시스템에 '미검사' 등급 옵션을 폐지하기로 결정했다면 평균 소매가격 4'000원/kg 이상을 지불할 의향이 있

〈표 8-32〉 가상가치법의 이중양분선택법 질문

A1. 국내산 쌀 1kg 소매 가격은 4,000원 입니다. 한국 정부가 현행 쌀 등급 평가 시스템에 "미검사" 옵션을 폐기하기로 결정했다면 평균 소매가격 4,000원/kg 이상을 지불할 의향이 있습니까?

① 예(질문 1-1로)　　　　　　　　② 아니오(질문 1-2로)

1-1. 그렇다면 추가로 ＿＿＿＿＿＿＿＿ 원을 지불하시겠습니까?
　　　　　　　　높은 (×2)가격

① 예　　　　　　　　　　　　　② 아니오

1-2. 그렇다면 추가로 ＿＿＿＿＿＿＿＿ 원을 지불하시겠습니까?
　　　　　　　　낮은 (×0.5)가격

① 예　　　　　　　　　　　　　② 아니오

습니까?"이다. 가설적 편의를 줄이기 위한 추론가치법의 질문은 "한국의 1kg 쌀 평균 소매 가격은 4,000원입니다. 한국 정부가 현행 쌀 등급 평가 시스템에 '미검사' 등급 옵션을 폐기하기로 결정했다면 일반 소비자들은 평균 소매가격 4,000원/kg 이상을 지불할 의향이 있다고 생각하십니까?"와 같다.

가상가치법과 추론가치법의 차이는 본인에게 문의하냐, 일반 소비자들의 생각을 문의하느냐에 달려있다. 추론가치법은 다른 사람의 지불의향에 대한 답변이므로 객관적으로 답변을 유도해 가설적 편의를 줄이는가를 보고자 하였다.

이중양분선택에 있어서 피실험자들은 첫 번째 질문에 대한 '예/아니오' 답변을 토대로 후속 질문을 받았다. 첫 번째 질문에 '예'일 경우, 첫 번째 질문에서 제안한 금액의 두 배 금액을 추가 지불할 의사가 있는지를 '예/아니오' 답하는 양분선택질문을 받았다. 첫 번째 질문에 대한 답변이 '아니오'일 경우, 첫 번째 질문에서 제시된 금액의 절반에 대해 '예/아니오' 선택하는 질문을 받았다.

피실험자에게 제시된 지불의사액에 대한 출발점 편의(Starting-point bias)를 회피하기 위해 사전 결정된 지불의사액 분포에서 첫 번째 지불의사액을 무작위로 선택했다. 지불의사액 분포는 최소 200원부터 최대 2,000원으로 격차를 200원으로 설정하여 총 10단계로 구성하였다. 잠재적 가설적 편의를 최소화하기 위해서 가설적 가치평가에 앞서 값싼 대화를 피실험자들에게 알려주었다.

〈표 8-33〉 경매 라운드에 따른 지불의사액 분포(N=212, 원/kg)

등급		정보 처치		
		정보 없음 (1차라운드)	등급만 표기 (2차라운드)	세부 등급정보 (3차라운드)
특	평균	3,795	4,392	4,338
	중앙값	3,900	4,300	4,200
	표준편차	843	940	962
상	평균	3,760	3,958	3,919
	중앙값	3,900	4,000	4,000
	표준편차	708	741	814
보통	평균	3,660	3,548	3,521
	중앙값	3,800	3,800	3,700
	표준편차	727	780	822
미검사	평균	3,700	3,209	3,160
	중앙값	3,800	3,500	3,500
	표준편차	832	905	927

소비자는 쌀 등급에 관한 정보 없이 다양한 쌀의 품질을 구별하기 어렵다. 소비자에게 <표 8-33>에서 보는 바와 같이 쌀 등급정보를 주면 '미검사' 등급의 쌀과 비교하여 쌀 등급에 대해 높은 지불의사액을 제시하였다. 특히 쌀 '특', '상' 등급에 있어서는 쌀에 관한 등급정보만이 주어진 2라운드 경매에 있어서 평균 지불의사액은 4,392원, 3,958원으로 증가하였다. 자세한 세부 등급정보가 주어진 3라운드 경매의 평균 지불의사액은 등급정보가 없을 때에 비해 증가했지만, 단순 등급정보가 주어진 2라운드 경매보다는 적게 증가하였다. 이는 소비자들은 복잡하지 않은 신뢰성 있는 등급정보에 민감하게 반응하는 것을 의미한다. 쌀 등급정보를 인식했을 때 소비자들은 고품질 쌀에 대해 추가적 프리미엄을 지불할 의사가 있었다.

〈표 8-34〉 쌀 등급표시 정보에 따른 지불의사액 동등성 검정

등급 비교	평균 동등성에 관한 t검정		
	지불의사액 격차	표준오차	t값
경매 1차라운드 (정보 없음)			
H_0 : 지불의사액$_특$ = 지불의사액$_상$	34.6	75.6	0.5
H_0 : 지불의사액$_특$ = 지불의사액$_보통$	134.7*	76.5	1.8
H_0 : 지불의사액$_특$ = 지불의사액$_{미검사}$	94.2	81.3	1.2
H_0 : 지불의사액$_상$ = 지불의사액$_보통$	100.0	69.7	1.4
H_0 : 지불의사액$_상$ = 지불의사액$_{미검사}$	59.6	75.0	0.8
H_0 : 지불의사액$_보통$ = 지불의사액$_{미검사}$	−40.5	75.9	−0.5
경매 2차라운드 (등급만 표기)			
H_0 : 지불의사액$_특$ = 지불의사액$_상$	433.5***	82.2	5.3
H_0 : 지불의사액$_특$ = 지불의사액$_보통$	843.6***	83.9	10.1
H_0 : 지불의사액$_특$ = 지불의사액$_{미검사}$	1182.1***	89.6	13.2
H_0 : 지불의사액$_상$ = 지불의사액$_보통$	410.1***	73.9	5.6
H_0 : 지불의사액$_상$ = 지불의사액$_{미검사}$	748.6***	80.4	9.3
H_0 : 지불의사액$_보통$ = 지불의사액$_{미검사}$	338.5***	82.1	4.1
경매 3차라운드 (세부 등급)			
H_0 : 지불의사액$_특$ = 지불의사액$_상$	419.5***	86.6	4.8
H_0 : 지불의사액$_특$ = 지불의사액$_보통$	817.3***	86.9	9.4
H_0 : 지불의사액$_특$ = 지불의사액$_{미검사}$	1178.4***	91.7	12.8
H_0 : 지불의사액$_상$ = 지불의사액$_보통$	397.8***	79.5	5.0
H_0 : 지불의사액$_상$ = 지불의사액$_{미검사}$	758.9***	84.7	8.9
H_0 : 지불의사액$_보통$ = 지불의사액$_{미검사}$	361.1***	85.1	4.2

주: "지불의사액 격차" 열의 값은 각 정보 처리에서 등급 간의 평균 입찰가 차이를 나타내며, ***는 1%의
유의수준을 의미한다.

등급표시정보에 따른 쌀 등급 간 지불의사액의 동등성 검정 결과는 <표 8-34>와 같다. 등급 표시에 대한 정보가 제공되지 않은 경매 1라운드에서는 특 등급과 보통 등급을 제외하고는 모든 등급 간에 지불의사액 차이가 없었다. 소비자들은 시각, 후각, 촉각만으로는 쌀의 품질을 구분하기 어려운 것이다. 쌀 등급에 대한 정보가 제공된 경매 2라운드와 3라운드에 있어서 피실험자들의 등급별 지불의사액은 모두 차이가 있었다. 고품질(특, 상) 쌀에 있어서는 단순한 등급정보가 제공되었을 경우 자세한 등급정보가 제공된 3라운드보다 지불의사액의 차이가 컸다. 자세한 등급정보가 제공되는 경매 3라운드에 있어서 미검사와

〈표 8-35〉 등급표시정보에 따른 지불의사액 동등성 검정

등급	정보 처치	지불의사액 격차	표준오차	t값
특	$H_0 : \overline{지불의사액}_{정보없음} = \overline{지불의사액}_{등급표기}$	-596.9***	86.7	-6.9
	$H_0 : \overline{지불의사액}_{정보없음} = \overline{지불의사액}_{세부등급}$	-543.8***	87.8	-6.2
	$H_0 : \overline{지불의사액}_{등급표기} = \overline{지불의사액}_{세부등급}$	53.1	92.4	0.6
상	$H_0 : \overline{지불의사액}_{정보없음} = \overline{지불의사액}_{등급표기}$	-198.0***	70.4	-2.8
	$H_0 : \overline{지불의사액}_{정보없음} = \overline{지불의사액}_{세부등급}$	-158.9**	74.1	-2.1
	$H_0 : \overline{지불의사액}_{등급표기} = \overline{지불의사액}_{세부등급}$	39.2	75.6	0.5
보통	$H_0 : \overline{지불의사액}_{정보없음} = \overline{지불의사액}_{등급표기}$	112.1	73.2	1.5
	$H_0 : \overline{지불의사액}_{정보없음} = \overline{지불의사액}_{세부등급}$	138.9*	75.4	1.8
	$H_0 : \overline{지불의사액}_{등급표기} = \overline{지불의사액}_{세부등급}$	26.8	77.8	0.3
미검사	$H_0 : \overline{지불의사액}_{정보없음} = \overline{지불의사액}_{등급표기}$	491.0***	84.4	5.8
	$H_0 : \overline{지불의사액}_{정보없음} = \overline{지불의사액}_{세부등급}$	540.5***	85.5	6.3
	$H_0 : \overline{지불의사액}_{등급표기} = \overline{지불의사액}_{세부등급}$	49.4	88.9	0.6

주: "지불의사액 격차" 열의 값은 각 정보 처리에서 등급 간의 평균 입찰가 차이를 나타내며, *, **, ***는 각각 10%, 5%, 1%의 유의수준을 의미한다.

보통등급의 지불의사액에 차이가 크게 나타났다. 이 결과는 소비자들이 쌀 품질 차이를 정확히 인식하기 위해서는 미검사를 폐지하고 올바른 등급표시제가 시행될 필요가 있음을 의미한다.

등급표시정보에 따른 쌀 지불의사액의 동등성 검정 결과는 <표 8−35>에 제시되어 있으며, 통계적으로 유의한 결과는 다음과 같다. 피실험자들은 특, 상 등급의 쌀에 있어서 등급표시가 없었을 때보다 표시가 있을 때 높은 지불의사액을 표했다. 반면, 미검사 쌀의 경우 피실험자들은 등급표시를 했을 때보다 등급 표시를 하지 않았을 때 더 높은 지불의사액을 표했다. 쌀 품질이 낮은 보통 등급에서는 등급표시를 했을 때나 안 했을 때의 지불의사액에 차이가 없었다. 이 결과는 소비자들이 등급표시제가 도입되었을 때 고품질 쌀에 대하여 높은 가격을 지불할 의사가 있음을 보여준다.

<그림 8−12>는 쌀 등급별 지불의사액과 미검사 쌀의 지불의사액과의 차이에 대한 누적확률분포이다. 응답자에게 쌀 등급정보를 주지 않은 경매 라운드 1에서는 특, 상, 보통의 쌀 등급프리미엄의 누적확률분포가 서로 비슷하다. 이는 등급정보 없이는 소비자가 쌀의 품질을 구분하기 어렵다는 것을 의미한다. 그러나 등급에 관한 정보가 주어진 경매 라운드 2와 3에 있어서는 모든 응답자가 특 등급 쌀을 미검사 쌀보다 선호하였으며, 약 90% 응답자가 상 등급 쌀을 미검사 쌀보다 선호하였다. 쌀 등급정보만을 제공한 경매 라운드 2가 자세한 등급정보를 준 경매 라운드 3보다 등급별 지불의사액에 차이가 크게 나타났다.

이 연구의 두 번째 목적은 쌀 등급 의무표시제에 대한 소비자의 가치를 평가하는 것이다. '미검사' 옵션이 없는 쌀 등급 의무표시제에 대한 소비자의 지불의사액을 평가하기 위해 이분경계양분선택법을 활용한 가상가치법과 추론가치법을 이용하였다.

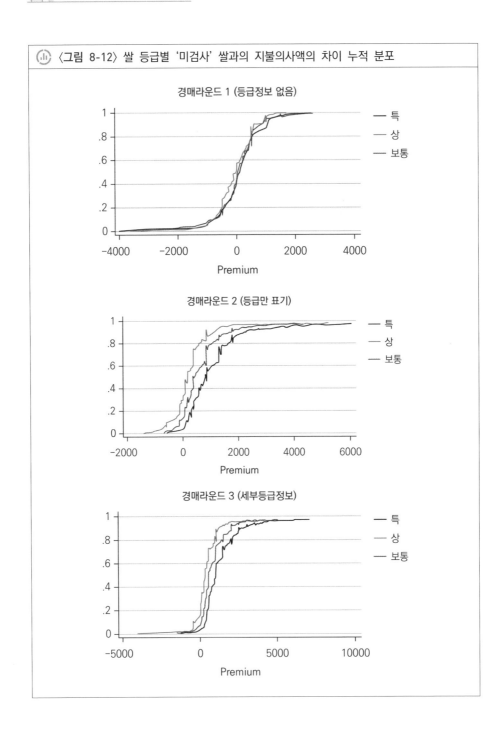

〈그림 8-12〉쌀 등급별 '미검사' 쌀과의 지불의사액의 차이 누적 분포

경매라운드 1 (등급정보 없음)

— 특
— 상
— 보통

Premium

경매라운드 2 (등급만 표기)

— 특
— 상
— 보통

Premium

경매라운드 3 (세부등급정보)

— 특
— 상
— 보통

Premium

〈표 8-36〉 임의효과 패널분석 결과

	특 등급 프리미엄	상 등급 프리미엄	보통 등급 프리미엄	통합 등급 프리미엄
	계수(표준오차)	계수(표준오차)	계수(표준오차)	계수(표준오차)
R2 (등급만 표기)	1096.0(80.3)***	692.6(64.0)***	392.4(64.1)***	392.4(66.2)***
R3 (세부등급 표기)	1108.5(80.3)***	718.9(64.0)***	438.6(64.1)***	438.6(66.2)
등급 확인 빈도	−23.0(29.3)	−33.2(23.6)	−36.4(19.0)*	−30.8(21.4)
인지 정도	−26.1(75.1)	−37.3(60.4)	55.6(48.7)	−2.7(54.8)
필요성	142.6(66.9)**	57.2(53.9)	−11.2(43.5)	62.8(48.9)
구매 빈도	11.1(8.5)	9.1(6.8)	6.6(5.5)	9.0(6.2)
구매 가격	−45.8(30.5)	−18.9(24.6)	−38.8(19.8)**	−34.5(22.3)
나이	−18.8(4.2)***	−15.4(3.3)***	−11.7(2.7)***	−15.3(3.0)***
학력	−102.2(55.9)*	−37.3(44.9)	−30.4(36.2)	−56.7(40.8)
가구원 수	10.2(48.5)	−21.0(39.0)	−38.9(31.5)	−16.7(35.4)
소득	−0.1(29.3)	10.1(23.6)	7.9(18.9)	6.0(21.4)
절편	1103.7(506.7)**	926.1(407.5)**	915.1(329.4)***	892.8(370.9)**
상 등급				114.1(66.2)*
특 등급				153.4(66.2)**
상*R2				300.2(93.6)***
상*R3				280.3(93.6)***
특*R2				703.7(93.6)***
특*R3				669.9(93.6)***
관측 수	576	576	576	1728
로그 우도	−4729.9	−4601.4	−4560.7	−13800.7

주: *, **, ***는 각각 10%, 5%, 1%의 유의수준을 의미한다.

본 연구에서는 쌀 등급에 대한 소비자의 가치평가와 등급정보가 지불의사액에 미치는 영향을 실험경매를 통해 수집된 패널자료를 이용해 분석하였다. <표 8-36>에 나타난 임의효과 패널분석 결과에 따르면 피실험자는 쌀 등급정보를 인지하면 쌀에 대해 추가적인 프리미엄을 지불할 의사가 있는 것으로 나타났다. 종속변수인 특, 상, 보통 등급 프리미엄은 특, 상, 보통 등급의 쌀에 대한 지불의사액과 미검사 쌀의 지불의사액의 차이이다. 소비자들은 미검사 쌀에 비해 특, 상, 보통 등급의 쌀에 더 높은 프리미엄을 지불할 의사가 있었다. 등급만을 표시하는 경우(R2)나 자세한 세부등급 정보를 제공하는 경우(R3)에 비해 모두 프리미엄을 지불할 의사가 있었으며, 프리미엄 크기는 특, 상, 보통 순으로 나타났다. 이 결과는 소비자들이 쌀 품질 등급정보를 쌀 구매와 가격을 판단하는 가장 중요한 요소로 생각한다는 것을 의미한다. 마지막 열의 통합 패널 자료를 이용한 등급 프리미엄의 추정결과도 개별 등급의 추정결과와 같이 등급만 표기한 정보를 제공할 경우의 특 등급을 위해 가장 높은 프리미엄을 제시했다.

추정결과에 기초해 미검사 옵션이 없는 쌀 의무등급제에 대한 지불의사액은 <표 8-37>과 같이 가상가치법에서는 600원/kg, 추론가치법에서는 623원/kg이었다. 두 가치평가법의 지불의사액의 동등성을 검정한 결과는 통계적으로 다르지 않았다. 쌀 의무등급제에 대해 소비자들은 평균 쌀 가격(4,000원/kg)의 약 15%의 프리미엄을 지불할 의사가 있었다. 따라서 소비자들은 미검사가 없는 쌀 의무등급제에 대한 선호도가 높은 것을 확인할 수 있었다.

고령, 고학력 소비자들은 쌀 의무등급제에 대한 지불의사액이 낮았다. 쌀 구입 경험이 많고, 고학력인 소비자들은 의무등급제 없이도 품질이 우수한 쌀을 구입할 수 있다고 생각하는 것이다. 높은 가격의 쌀을 구입하는 소비자들도 의무등급제에 대한 지불의사액이 낮았다. 이는 가치평가 질문을 하기 전에 쌀 의무등급제 도입 시 가격이 상승할 가능성이 크다는 것을 알렸기 때문에 추가로 가격을 더 지불할 의사가 없는 것으로 생각된다.

이 연구에서는 러스크 외(Lusk et al., 2005)와 유사하게, 쌀 의무등급제 도입에 따른 소비자 후생효과(Consumer welfare effect)의 민감도를 분석하였다. 국민 개개인은 주어진 기간에 쌀을 소비한다고 가정하였다. 미검사 옵션이 있는 현행

〈표 8-37〉 쌀 등급 의무표시제에 대한 지불의사액 추정결과

	가상가치법		추론가치법	
	계수	표준 오차	계수	표준 오차
나이	-12.9***	4.9	-6.7	4.2
학력	-176.7***	65.4	-70.3	57.3
소득	53.9	34.7	6.4	30.5
가구원수	-63.7	56.6	-62.9	50.9
등급 확인 빈도	34.8	34.2	-11.9	30.3
인지 수준	-0.4	87.7	103.9	77.1
등급표시 필요성	184.2**	79.4	93.5	70.6
구매 빈도	-4.7	9.9	-6.00	9.1
구매 가격	-66.3*	35.5	-54.7*	31.3
절편	1486.5**	590.7	1231.5**	515.2
시그마	715.2***	54.7	622.0***	46.9
로그 우도	-252.7		-236.4	
관측수	192		192	
평균 지불의사액	600.1***		623.4***	

주: 두 평가 방법의 평균 지불의사액은 회귀분석 결과를 바탕으로 추정되며, *, **, ***는 각각 10%, 5%,
1%의 유의수준을 의미한다.

쌀 등급제 하의 소비자 잉여는 식 (8−10)과 같다.

$$CSi^{VDR} = \max(U_i - P^{VDR} - c_i, U_i - P^{IR} - \delta_i) = U_i - P^{VDR} - c_i \qquad (8-10)$$

U_i는 소비자 i의 쌀에 대한 최대 지불의사액을 뜻한다. P^{VDR}은 현 등급제 하의 국내산 쌀 가격, c_i는 쌀 탐색비용, P^{IR}은 수입산 쌀 가격, δ_i는 수입산 쌀에 대한 회피비용이다. 소비자들이 국내산 쌀 소비로부터 얻는 효용이 수입산

쌀 소비에서 얻는 효용보다 크다고 가정했다. 미검사 옵션이 없는 쌀 의무등급
제하의 소비자 잉여는 식 (8-11)과 같다. P^{MDR}은 쌀 의무등급제하의 국내산
쌀 가격이다.

$$CS_i^{MDR} = \max(U_i - P^{MDR}, U_i - P^{IR} - \delta_i) = U_i - P^{MDR} \quad (8-11)$$

쌀 등급 의무 표시 체제의 도입 이후 소비자 잉여의 변화는 식 (8-12)와 같다.

$$\Delta CS_i^{MDR-VDR} = CS_i^{MDR} - CS_i^{VDR} \quad (8-12)$$

쌀 의무등급제 도입에 따라 쌀 가격 인상에 따른 소비자 잉여의 변화를 분석
하였다. 식 $U_i - P^{MDR} = U_i - P^{VDR} - c_i$ 를 만족할 때 소비자들의 쌀 의무등급
제에 대한 최대 지불의사액(U_i)이 결정되므로, 소비자들의 최대 지불의사액은
탐색비용과 같다. 쌀 의무등급표시제가 도입되면 현행 미검사 옵션이 있는 쌀
등급표시제하의 쌀 가격에 비하여 의무등급 처리비용으로 쌀 가격이 최소 5%에
서 최대 20%까지 5%씩 인상될 경우의 소비자 잉여 변화를 계산하였다.

<표 8-38>에서 보는 바와 같이 미검사 옵션이 없는 쌀의 의무등급제가
도입될 경우 쌀 가격이 10% 이상 상승하지 않으면 소비자 잉여가 증가하였다.
평균적으로 볼 때 쌀 의무등급제하에서 가격이 15% 이상 상승하면 소비자 잉여
는 감소하는 것으로 분석되었다.

〈표 8-38〉 소비자 잉여의 변화(N=192, 원/kg)

	조건부 가치평가				추측된 가치평가			
	5%	10%	15%	20%	5%	10%	15%	20%
평균	363.9	210.9	-36.1	-236.1	379.7	227.9	-20.3	-220.3
중앙값	377.9	213.1	-22.1	-222.1	392.6	219.3	-7.4	-207.4
표준편차	316.4	282.2	316.4	316.4	235.6	172.3	235.6	235.6

이 연구는 미검사 쌀도 유통을 허용하는 현행 쌀 등급표시제의 개선을 위해 미검사 옵션이 없는 쌀 의무등급표시제 도입의 타당성을 분석하였다. 이를 위해 쌀 등급별 소비자의 지불의사액을 실험경매를 통해 추정하고, 쌀 의무등급표시제의 지불의사액을 가상가치법과 추론가치법을 통해 조사하였다. 소비자들은 쌀 등급정보가 주어지면 등급이 없는 '미검사' 쌀에 비해 '특' 등급 쌀은 약 37%, '상' 등급 쌀은 23%, '보통' 등급 쌀은 11%의 프리미엄을 지불할 의사가 있는 것으로 조사되었다. 2015년부터 쌀이 관세화로 개방됨에 따라 정확한 쌀 등급정보를 제공하여 고급 쌀에 대한 프리미엄을 높이는 일은 매우 중요하다. 이와 더불어 소비자는 등급 '미검사' 옵션 없이 쌀 의무등급제를 선호하는 것으로 나타났다. 따라서 정부가 쌀 의무등급제를 도입하면 생산자와 소비자 모두에게 도움이 될 것이다.[23] 소비자들은 국내산 쌀과 수입산 쌀의 품질과 가격을 차별화할 수 있으며, 수출국들도 소비자가 선호하는 쌀 의무등급제에 맞는 쌀을 수출할 수 있을 것이다.

---

23) 한국 정부도 본 연구의 권고대로 쌀 등급표시제를 개정하여 2018년 10월 14일부터 미검사 옵션을 폐지하였다.

경제적 가치평가 매뉴얼

비시장재의 경제적 가치를 평가하는 단계는 경제적 가치평가의 연구 설계, 가치평가 방법론의 선택, 설문조사, 실험설계와 표본 규모 설정, 계량분석, 타당성 분석으로 이루어진다. 첫째, 연구 주제와 연구목적을 선정해야 한다. 연구자는 주제가 이론적 논문인지, 정책분석을 위한 실증적 논문인지를 결정해야 한다. 실험을 통하여 경제이론과 경제행위를 검증하는 것이 목적이라면 유도가치(Induce value)와 주관적 가치(Homegrown value)에 대한 비교실험을 통해 경제이론을 검증할 수 있다. 이를 이용해 가설적 편의, 합리성, 경매 입찰행위 등에 관한 연구가 수행되었다. 이론적 논문은 실험실 실험으로 가능하지만, 외부유효성(External validity)을 갖기 위해서는 현장실험도 병행해야 한다. 정책 분석을 위한 실증연구는 사회경제적 영향이 크므로 실험 결과의 대표성과 현실성을 갖기 충분한 표본을 갖춘 현장실험을 선택해야 한다. 2019년 노벨경제학상 수상자인 바네르지, 듀플로, 크레이머는 빈곤 해결을 위한 정책효과 분석을 위해서 현장실험을 활용하였다.

둘째, 연구목적에 맞는 가치평가 방법론을 선택해야 한다. 진술선호법과 현시선호법 중 연구에 맞는 가치평가 방법론을 선택하여야 한다. 연구목적과 가설검증을 위해 진술선호법과 현시선호법을 동시에 시행할 수도 있다. 실증적 연구논문에 있어서 비시장재를 실험실이나 현장으로 가지고 올 수 없는 상황에서는 진술선호법을 선택한다. 진술선호법 중에서 비시장재의 총가치(예 광우병 의무검사제)를 평가하기 위해서는 가상가치법을 이용하고, 비시장재의 속성(예 저염 통조림 햄)의 가치(부분효용)에 초점을 맞춘다면 선택실험법을 선택하여야 한다. 진술선호법은 가설적 편의을 피할 수 없으므로 이를 최대한 줄일 수 있도록 값싼 대화, 추론가치법, 후속 확실성 질문, 비가설적 가치평가 자료를 이용한 가설적 가치 평가의 사후적 조정 등 다양한 방법론을 활용해야 한다. 경제적 가치평가에 있어서 가능하다면 현시선호에 의한 비가설적 가치평가를 활용해야 한다. 비가설적 가치평가는 실제 시장과 같이 현금과 상품을 교환함으로써 소비자의 선호와 가치를 정확히 추정할 수 있다. 비시장재의 전체 가치를 추계하기 위해서는 실험경매를 선택하고, 개별 속성과 속성 수준의 가치에 초점을 맞춘다면 실질선택실험을 선택한다. 실험경매에 있어서 소유접근법(Endowment approach)과 전체입찰법(Full bidding approach) 중에서 연구목적에 맞는 방법론을 선택해야 한다. 소유접근법은 피실험자에게 한 재화를 주고, 새로운 특정 기술을 갖춘 새로운 재화와의 교환하는 방법이고, 전체입찰법은 복수의 상품에 대해 동시에 입찰하는 방식이다.

셋째, 피실험자에 대한 설문조사는 가치추출을 한 이후에 시행해야 한다. 비시장재의 가치평가에 있어서 지불의사액을 가장 먼저 문의하고, 가치를 추출해야 한다. 설문조사에는 사회경제적 질문은 개인정보(예 주거지, 소득, 학력 등)를 포함하고 있기 때문에 이를 먼저 문의한다면 답변에 부담은 느낀 피실험자가 자신의 선호를 왜곡시킬 수 있기 때문이다.

넷째, 비가설적 가치평가를 위한 실험과 가설적 가치평가를 위한 표본이 설계되어야 한다. 일반적인 표본 규모는 가설적 가치평가에서는 대표성을 갖는 최소 1,000명 이상의 규모가 되어야 하며, 실험에서는 최소 300명 이상이 되어야 한다. 실험을 시행하는 데는 시간과 비용이 많이 소요되어 과거에는 표본 규모에 크게 주의를 기울이지 않았다. 하지만 실험경제학이 발전한 지금은 실험의 표본 규모는 내부유효성과 외부유효성을 확보하기에 적절한 규모로 설계되어야 한다. 대규모 표본의 경우는 처치그룹과 통제그룹에 대한 두 표본 t − 검정(Two sample t−test)을 실시하고, 소규모 표본에 있어서는 초기하분포(Hypergeometric distribution)을 이용한 피셔(Fisher)의 정확성 검정을 실시해야 한다.

다섯째, 경제적 가치평가 결과에 대한 계량경제분석이다. 실험자료는 계량분석보다는 처치그룹과 통제그룹에 대한 무작위배정에 주의를 기울여야 한다. 실험자료에 관한 계량경제적 분석은 일반적인 선형회귀모형(OLS)나 패널분석으로 처리할 수 있다. 실험실 실험이나 현장실험에서 다수의 그룹에 대해 다수의 라운드로 실험이 시행되었다면 패널분석을 실시한다. 실험 데이터에서 피실험자가 응답하지 않은 경우가 많아서 표본분포가 절단된 경우는 토빗패널모형으로 처리한다. 가상가치법은 이중양분선택질문에 대한 최대우도추정(MLE)을 이용해 추정한다. 선택실험법은 이산선택모형(Discrete choice model)으로 다중로짓모형, 조건부로짓모형, 혼합로짓모형, 베이지안이산선택모형 등이 사용되고 있다. 최근에는 상품의 특성에 대한 선호가 응답자에 따라 달라지는 이질성을 고려하기 위한 혼합로짓모형이 많이 사용되고 있다. 연구자는 관찰되지 않은 상품의 특성과 가격과의 내생성 문제를 해결해야 한다. 진술선호에 의한 가설적 가치평가에는 설문조사에 기반을 두고 있으며, 표본규모도 크고 예비조사가 이루어진다. 진술선호법에 의 예비조사 결과를 사전적 정보(Priors)로 본 조사와 함께 이용하는 베이지안 분석도 가치평가의 신뢰성을 제고시킬 것이다.

여섯째, 비시장재 가치평가와 정책효과 분석에 대한 내부유효성과 외부유효성을 평가한다. 비시장재와 상품의 속성에 대한 추정가치의 유효성을 평가하는 것이 중요하다. 경제적 가치평가 결과에 대해서 무작위배정, 실험과 조사규칙 등에 대한 내부유효성을 우선적으로 체크해야 한다. 이와 더불어 신상품에 대한 시장 출시, 새로운 정책의 평가, 환경재 보존 등에 대한 의사결정은 기업의 수익, 정부 재정에 지대한 영향이 미치므로 외부유효성을 검증한 후 시행되어야 한다.

신상품과 비시장재에 대한 경제적 가치평가는 다양한 방법론으로 진행된다. 진술선호법과 현시선호법에 의한 가치평가는 대표성과 현실성을 갖도록 표본을 추출하고, 실험과 설문조사를 설계하고 소비자의 이질성과 내생성을 고려하여 추정하고, 유효성을 검증한 후 활용되어야 할 것이다.

실험경제학의 비판과 과제

실험경제학과 경제적 가치평가 Experimental Economics and Economic Valuations

제1절 실험경제학에 대한 비판

실험경제학은 이론적 접근에 초점을 두어 현실성과 실증분석에 있어 미흡한 신고전학파 경제학을 보완하기 위해 시작되었다. 하지만 실증적 측면에 초점을 맞추다보니 이론적 측면이 부족하고 단순하다는 비판을 받고 있다. 실증방법론에서 구조적 계량경제학은 너무 많은 가정하에서 이론을 수립하고 실증 분석하였다고 비판을 받았다. 이에 대한 대안으로 대두된 실험경제학은 상대적으로 적은 가정을 갖는 실증 분석방법이지만, 이론적으로 부족하다는 비판을 받는 것이다. 앵그리스트와 크루거(Angrist and Krueger, 1999)에 따르면 구조주의 연구는 경제 이론의 기반하에 실증작업을 하지만, 실험경제 연구는 특정 사건이나 상황에 대한 인과관계를 파악하는 것을 목적으로 한다고 하였다.

경제적 실험은 실제로 이론적 모형과 유사하게 내부유효성(Internal validity)과 외부유효성(External validity) 간의 상충관계가 존재한다. 이상적으로 통제된 경제적 실험은 통제된 실험 환경하에서 변수 간 인과관계나 정책효과를 분석할 수 있다. 하지만 경제적 실험은 현장에서 인과관계와 정책효과 분석을 할 때 외부유효성을 충족해야 하는 것이 핵심이다. 내부유효성은 실험자료와 설계가 일관성 있는 인과관계 추론을 가능케 하는가 하는 문제다. 즉, 내부유효성은 올바른 실험설계와 실험통제와 더불어 정확한 실험 자료의 문제이다. 통제된 실험을 이용해서 내부유효성을 충족시키는 것이 실험의 장점이지만, 실험경제학의 단점은 외부유효성을 충족시키기 어렵다는 것이다. 특히 실험실 실험은 실험 조건이 다른 환경 및 복잡한 현실에서 일관성 있는 실험 결과와 인과관계를 실현하기 어렵다. 현장실험을 통해서 현실과 유사한 환경을 설정하더라도, 외부유효성을 충족시키는 표본을 확보하기 어렵다.

전라북도 김제 농가의 쌀 생산성이 강수량에 의해 좌우된다고 가정하자. 모집단인 김제 이외의 새로운 표본(**예** 경기도 이천)의 쌀 생산성도 강수량에 의해 좌우된다고 추론할 수 있느냐가 외부유효성이다. 즉, 외부유효성이 성립하지 않으면, 쌀 생산성과 강수량은 인과관계가 있다고 할 수 없다. 특정한 실험 환경하에서 추론된 인과관계의 결과는 실험자료 간의 모집단이 동일하다면 유효성이 있다. 하지만 현장실험에서 관찰가능한 요인과 관찰불가능한 요인들 모두를 통제하기가 어려우므로 외부유효성을 충족시키기는 쉽지 않다.

경제적 실험을 진행하는 데 있어서 어려움은 다음과 같다. 첫째, 피실험자를 모집하고, 실험 참가비를 제공하여야 한다. 따라서 대규모 실험참가자를 모집하여 실험을 실시하는 데에는 경제적, 시간적 어려움이 따른다. 둘째, 실험 결과를 전국 단위로 일반화하고, 정책적 함의를 도출하는 데 주의를 기울여야 한다. 특히 실험실 실험은 표본이 작고, 일반화하기가 쉽지 않다. 따라서 연구자들이 실험결과에 대해 과대 확신하지 않도록 주의해야 한다. 셋째, 실험, 특히 현장실험에 있어서 참여자들이 무관심하여 실험을 중간에 중단하는 비율이 높은 편이다. 넷째, 실험경매에 있어서 대체품이 존재하지 않을 경우 비시장재에 대한 입찰액이 절단되거나 제한되며, 관심 없는 입찰자들이 제로(0) 입찰을 하는 비율이 높다.

실험은 인위적인 조건이 많을수록 내부유효성은 증가하지만, 외부유효성은 낮아진다. 이와 함께 내생변수와 외생변수에 영향을 미치는 복합적인 요인(Compounding factors)을 통제하기 위해 실험 조건을 조정하면 할수록 실제 분석하고자 하는 목적과는 다른 결과를 얻는다. 정책변화에 따른 한계효과를 분석하는 인과관계는 실험 환경의 변화에 따라 달라진다. 특히 처리집단과 통제집단 간의 동질성, 안정성, 불변성을 충족하지 못하면 일관성 있는 실험 결과를 갖기 어렵다.

실험실 실험에 대한 비판은 다음과 같다. 첫째, 실험실 실험의 결과를 일반화하기 위한 외부유효성이 부족하다. 실험실 조건과 다른 실제 현장이나 시장, 상품, 소비자, 생산자 등 환경이 다를 경우 결과를 일반화하기 어려운 생태적 타당성(Ecological validity)에 문제가 있다. 실험환경이 상이할 경우 피실험자가 생산자나 소비자와 동일한 행동을 한다고 기대하기 어렵기 때문이다.

둘째, 실험실 실험결과의 반복가능한 규칙성에 대한 비판이다. 실험은 통제

가능성과 반복성이 장점이다. 그러나 어떤 실험이나 실증 결과도 동일한 환경에서 규칙성이 지속된다고 보장할 수 없다. 귀납법(Induction)의 추론에 따라 주어진 특정한 조건에서 실험들이 반복가능한 규칙성이 나타난다고 가정하자. 현실에서 실험실 실험과 같은 결과를 얻기 위해서는 실험실 조건들이 현실에서도 성립해야 한다. 이 경우에만 현실에서도 실험과 동일한 결과를 얻을 것이다. 하지만 현실이 실험실과 동일한 조건을 만족시키기는 어렵다는 것이 경제적 실험의 한계이다.

셋째, 실험실 실험에 참여하는 피실험자들이 실험이 진행된다는 것을 인지하면 행동과 특성을 변화시킨다. 피실험자가 자신의 선호를 나타내지 않고, 실험자를 만족시키거나, 실험 결과에 영향을 주도록 전략적 편의를 범한다는 것이다.

넷째, 실험실 실험은 현실성이 부족하다는 비판을 받는다. 특히 실험실 실험은 비현실적이고 인위적으로 통제되었다고 비판받는다. 완전히 통제된 실험실 실험의 단순성은 인과관계를 밝히는 데는 도움이 되지만 현실성이 부족하다. 경제적 실험의 목적은 경제이론을 검증하거나, 이론의 문제점을 밝히는 것이다. 하지만 단순한 실험은 단순한 경제이론을 검증할 수는 있지만, 복잡한 경제 현실을 검증하는 데는 한계가 있다.

다섯째, 실험실 실험은 피실험자가 학생인 것에 대한 비판이 많다. 실험실 실험에서 학생이 피실험자일 경우 현실을 대변하지 못한다. 현장실험과 실험실 실험 모두 비용과 시간이 많이 들기 때문에 학생들이 많이 참여하지만, 피실험자의 숫자(표본 규모)가 적고, 거래 경험도 부족하다는 비판이 있다.[1]

여섯째, 실험실 실험은 현장실험이나 1차 조사자료를 이용한 경제 주체의 행동에 대한 실증분석을 완전히 대체할 수 없다. 실험실 실험은 내부유효성을 충족시키지만, 정책결정자들이 관심있는 외부유효성을 만족시키기는 어렵다. 따라서 경제이론에 대한 정확한 실증분석과 검증을 위해서 실험경제학과 다양한 계량경제분석 방법을 상호 보완적으로 이용해야 한다. 실험경제학에서는 이론경제

---

[1] 실험경제학자들도 비판에 대응하여 학생이 아닌 다양한 경제 주체를 피실험자로 선정하고, 거래 비경험자와 경험자를 실험에 초청했고, 실험 횟수와 피실험자의 숫자를 늘리고, 실험의 현실성을 제고시키기 위해 노력하였다(Fehr et al., 2003; Kagel&Levin, AER 1986; Cameron EI, 1999).

학이나 기존 실증분석에서 해결되지 않은 중요한 주제를 선택하고, 통제된 실험을 통해 이를 규명하였다(예 선물교환 시장, 협력과 처벌, 명목적 관성, 계약). 경제적 실험은 현실성을 제고하고, 경제학 이론에 기반해야 한다.

일곱째, 실험을 통제할 수 있는 실험자가 본인이 의도하는 방향으로 결과를 유도하는 실험자 효과에 대해 비판을 받았다. 실험자는 본인의 실험 결과를 확대 해석하여 일반화하고, 정책건의를 하기도 한다.

실험경제학이 일반화되었다는 근거는 최근 실험을 선호하는 경제학자들과 비이론적인 실험경제학을 선호하지 않은 학자들 사이에 다양한 논쟁이 있다는 것이다. 실험경제학이 비판을 받는다는 것은 실험경제학이 성공적으로 인식되고 있다는 의미인 것이다. 2000년대 이전에는 실험경제학에 대한 비판은 없었고, "경제학은 실험과학이 아니다"라는 주장만 있었다. 실험경제학에 대한 비판 그 자체가 한 실험의 주제가 될 수도 있는 것이다. 베른하임(Bernheim, 2009), 걸과 페센도어퍼(Gul and Pesendorfer, 2009), 루스티치니(Rustichini, 2009), 소벨(Sobel, 2009)은 신경경제학을 비판하였고, 빈모어와 샤케드(Binmore and Shaked, 2010a, b), 페어와 슈밋(Fehr and Schmidt, 2010), 에켈과 긴티스(Eckel and Gintis, 2010)는 불평등회피, 실험방법, 결과보고에 대해 비판한 바 있다.

실험경제학자들 사이에서의 논쟁은 실험실 실험과 현장실험의 비교 우위에 관한 것이다. 실험실 실험은 현장실험과 비교해 볼 때 실제 시장에서의 적용이 어렵다는 비판이 있다. 하지만 현장실험도 국소적 평균처치효과(Local average treatment effect)가 일반화될 수 있는가에 대해 계량경제학자로부터 비슷한 비판을 받았다(Deaton, 2009; Heckman and Urzua, 2009). 팔크와 헤크만(Falk and Heckman, 2009)은 "실험실 실험은 사회과학 지식의 원천이다"라고 주장했다. 실험실 실험과 현장실험은 상호 보완적이어야 한다. 실험실 실험은 현장성은 낮지만, 현장실험보다 높은 통제를 통해 이론을 검증할 수 있다. 이와 더불어 실험실 실험은 상대적으로 다양하고 많은 실험을 통해서 현장실험을 보완할 수 있기 때문이다. 경제학의 핵심인 처치효과, 인과관계의 분석을 위해서는 통제된 변화가 필요하다. 최근 경제학자는 물론 다수의 사회과학자들은 어떤 형태의 통제된 변화가 바람직한가에 대해 논쟁을 벌였다.

2020년 노벨경제학상을 받은 바네르지 교수와 듀플로 교수는 무작위통제실험에 대한 경제학자들의 비판과 정책적 활용에 대한 비판을 논하고 이에 대응하였다. 바네르지 교수는 무작위통제실험(RCTs), 현장실험에 대한 경제학자들의 주요 비판을 4가지로 요약하였다. 첫째, 경제학은 일반화된 지식을 유도해야 한다. 하지만 현장실험은 특정한 개입에 대한 효과를 추정하는 데 초점을 맞춘다. 현실 세계를 접근하는 데는 다른 방법을 이용해야만 하지 않는가? 둘째, 경제학은 큰 문제를 해결하고자 한다. 하지만 무작위통제실험은 본질적으로 아주 작고, 특정한 문제에 대한 해결책을 제시한다. 어떻게 경제학적 분석과 무작위통제실험 결과의 차이를 줄일 수 있는가? 셋째, 경제학은 새로운 증거를 보완하여 기존의 이론을 지속적으로 발전시킨다. 하지만 무작위통제실험은 객관적인 이론으로 발전시키기에는 너무 작은 것을 다루는 것이 아닌가? 넷째, 경제학자들이 무작위통제실험을 할 필요가 있는가? 무작위통제실험을 통계학자나 세계은행에서 더 잘 수행할 수 있지 않은가?라는 비판이 그것이다.

듀플로 교수는 작은 범위의 정교한 무작위통제실험의 결과가 대규모로 집행되는 정책에 활용되기 어렵다는 비판을 4가지로 구분해 설명했다. 첫째, 실험 결과는 실험내용에 매우 의존적이다. 둘째, 실험 결과가 좋지 않을 경우 연구자가 결과를 숨겨서 선택적 편의가 발생한다. 셋째, 잘 통제된 현장실험이라도 일관성 있는 결과를 얻기 어렵다. 현장실험의 표본이 작아서 정확한 결론을 도출하기 어렵고, 처치그룹 배정이 안 지켜지고, 피실험자가 실험을 중간에 중단하고 사라진다는 것이다. 넷째, 소규모 무작위통제실험에서 영향이 없던 결과가 대규모 정책을 시행하면 영향이 나타난다. 실제 정책 실행에 따라 가격이 변화하면 정책에 참여하지 않는 사람들이 영향을 받고, 정치경제의 반응이 정책효과를 변화시킨다는 것이다. 다섯째, 정책담당자들의 정치노선에 맞지 않으면 연구자의 제안에 관심을 기울이지 않는다는 비판이다. 이 같은 사실은 소규모 실험 결과를 일반화시키는 것을 방해한다는 것이다.

바네르지와 듀플로 교수는 실험경제학에 대한 비판은 오늘날 경제학이 실제로 무엇을 하며, 무작위통제실험에서 나온 지식이 어떻게 활용되는지에 대한 오해에서 비롯되었다고 한다. 최근 경제학의 변화에 대해 앵그리스트와 피쉬케

(Angrist and Pischke, 2010)는 무작위통제실험의 지속적 발전을 신뢰성의 혁명이라고 칭했다. 무작위통제실험은 단순한 접근을 통해 일반화를 이끈다. 다양한 현장실험의 결과를 통계적 모형과 적절히 조합해 일반화한다. 많은 개도국에서 소액대출사업이 가구 소득에 미치는 영향이 상당히 유사하게 나타났다. 현장실험의 일반화 과정을 통해 정책효과를 정확히 분석함으로써 경제이론을 발전시킬 수 있다.

제2절 실험경제학의 과제

    실험경제학은 경제이론을 검증하고, 신상품이나 비시장재의 가치를 추출하고, 인간의 비합리성과 같은 행동경제학 연구에 활용되었다. 경제적 실험은 실험실을 넘어 현실 경제문제를 해결하기 위해서 현장실험으로 발전해 왔다. 하지만 실험경제학은 실제 시장과 현실의 경제문제를 해결하는 데 외부유효성(External validity)에 한계가 있다는 비판을 받았다. 경제이론이 실험을 통해 검증되고, 실험이 경제이론과 부합된다면 경제이론과 실험이 모두 발전할 것이다. 실험은 경제이론만으로 설명할 수 없는 시장 움직임과 경제 주체의 행동을 설명하는 데 유용하다. 특히 실험은 다양한 실험설계를 통하여 경제이론을 검증할 수 있다. 실험의 장점 중 하나는 실험 환경을 통제하여, 이론을 검증하도록 설계할 수 있다는 것이다. 경제학자들은 실험경제학을 통해 단순한 통계적 유의성을 넘어 경제학적 의미를 평가할 수 있다. 경제이론과 실험은 특정 실험환경을 넘어 일반화가 가능해야만 의미가 있다. 따라서 경제학과 실험은 상호 보완을 통하여 발전해 나가야 한다.

    실험경제학의 과제는 경제이론에 기초한 실험을 수행하고 내부유효성과 외부유효성을 충족시키는 것이다. 이를 위해서 실험경제학자는 경제이론에 기초하여 검증하고자 하는 현실과 정책 이슈에 대해 실험을 디자인하고 분석해야 한다. 특히 중요한 현실 문제와 정책 방향을 제시하기 위해서는 시간과 돈이 들더라도 실험실 실험과 현장실험을 결합하여 실험의 유효성을 철저히 검증하여야 한다. 현장자료, 조사자료, 실험실 실험과 현장실험을 분석하기 위한 계량경제학적 방법은 경제학 발전에 기여할 것이다. 처치효과나 정책효과의 객관적 분석에 있어서 어떤 특정 실증방법이 우월하다고 볼 수 없다. 주관적 가정보다는 객관적이고 일반화된 사실에 기초해 결론을 도출하는 데 실험적 증거가 중요하다. 실험은 복합효과를 제거하여 처치(정책) 효과에 의한 인과관계 분석에 기여하였다.

실험이 경제학 분야에 도입된 이후 실험경제학은 계속 발전하였다. 실험경제학은 응용경제학 연구에 다양하게 적용되었다. 실험경제학자들은 경제주체들의 시간선호, 위험선호를 추출하는 연구, 행동경제학과 연계하여 비합리성, 믿음, 선택 조건에 대한 연구, 사회적 영향, 정책이슈나 공공선택과 관련된 식품과 건강에 관한 연구들 진행해 왔다. 실험은 경제학, 경영학, 심리학, 신경과학을 비롯한 다양한 학문 분야와 연계되고 있으며, 기존 실증경제학의 한계도 보완하고 있다. 실험실 실험도 현장 자료와 경제 이론과 같이 독자적인 장점이 있다. 실험실 실험은 높은 통제가 필요한 경제학 연구에 필수적이다. 실험경제학은 앞으로 기능적 자기공명영상(Functional MRI: fMRI), 시선추적(Eye tracking)을 활용하는 신경경제학과 연계하여 발전할 것이다. 실험경제학은 현실의 자원 배분 문제를 해결하고자 실험방식을 설계하고, 집행함과 동시에 재화와 서비스의 가치 형성과 변화, 공공선택과 정책에 관한 응용 연구에 활용될 것이다.

최근 새로운 빅데이터 환경이 조성됨에 따라 실험을 통한 이질적인 경제주체에 대해 보다 정확한 경제적 가치평가와 정책평가도 가능해질 것이다. 빅데이터나 다양한 실험자료를 연계 분석하는 실증분석방법도 계속 개발될 것이다. 특히 빅데이터가 자동시스템으로 수집되고 관리됨에 따라 자연적 현장실험도 크게 진전되고, 현장실험의 일반화가 가속화될 전망이다. 객관적인 실험데이터와 주관적인 데이터를 연계하는 베이지안 분석과 많은 공변량과 실험 내용에 관한 이질적인 처치(정책)효과를 분석하기 위한 머신러닝이 활성화될 것이다. 현장실험에 있어서 동태적 처치(정책)효과를 고려한 최적의 정책설계에 관한 연구가 지속적으로 추진되어야 할 것이다. 실험경제학은 이제까지도 상당한 발전을 이루었지만 새롭게 대두되는 경제사회적 문제 해결을 위한 객관적이고 현실성이 있는 정보를 제공할 수 있도록 지속적으로 발전할 것으로 기대된다.

참고문헌

김경필, 이지용, 어명근, 한정희, 2011. "러시아 소비자의 한국산 감귤 선호도 분석," 농촌 경제 34(4): 83－102.

김성태, 유도일, 2017. "GAP인증 학교급식 농산물 선호도 분석: 충북지역 영양사의 식용 사과 소비를 중심으로," 농업경제연구 58(4): 21－46.

배정환, 강혜정, 조광호, 정해영, 2011. "동물 복지를 고려한 축산물에 대한 지불용의액 추 정," 농업경제연구 52(1): 49－70.

신용광, 이상영, 박민수, 2001. "쇠고기에 대한 도시가계 선호분석: 컨조인트 분석을 중심 으로," 농업경제연구 42(2): 17－32.

유진채, 여순식, 서상택, 2015. "선택실험법을 이용한 수박 꼭지의 경제적 가치 추정," 농 업경제연구 56(3): 46－67.

이지용, 한두봉, 2018. "소비자들은 방사선조사 육류를 선호하는가?: 부정적 가치의 중요 성," 식품유통연구 35(2): 49－68.

이지용, 한두봉, 이상현, 2018. "쌀 등급 표시에 대한 소비자 후생 분석," 농업경영·정책연 구 45(2): 255－275.

추성민, 이상원, 안동환, 김혁주, 김관수, 2018. "기능성 매실 가공품의 구매의사 영향 요인 분석: 순천 매실 사례를 중심으로," 농촌경제 41(2): 35－60.

Aadland, D., and A.J. Caplan. 2006. "Cheap talk reconsidered: New evidence from CVM." *Journal of Economic Behavior & Organization* 60: 562－578.

Abadie, A. and M.D. Cattaneo. 2019. "Econometric Methods for Program Evaluation." *Annual Review of Economics*: 465－503.

Abeler, J., Falk, A., Goette, L., & Huffman, D. (2011). Reference points and effort provision. *American Economic Review*, 101(2), 470－92.

Allenby, M., N. Arora, L. Ginter. 1995. "Incorporating Prior Knowledge into the Analysis of Conjoint Studies." *Journal of Marketing Research* Vol.32, No.2(May, 1995), pp. 152－162

Alfnes, F., A.G. Guttormsen, G. Steine, and K. Kolstad. 2006. "Consumers' willingness to pay for the color of salmon: a choice experiment with real economic incentives." *American Journal of Agricultural Economics,* 88: 1050－1061.

Alfnes, F. and Rickertsen, K. 2007. Extrapolating experimental−auction results using a stated choice survey. *European Review of Agricultural Economics* 34(3): 345‑363.

Alpizar, F., F. Carlsson, and O. Johansson−Stenman. 2008. "Does context matter more for hypothetical than for actual contributions? Evidence from a natural field experiment." *Experimental Economics* 11: 299−314.

Alvin E. Roth. 1988. "Laboratory Experimentation in Economics, A Methodological Overview." *The Economic Journal* vol.98. No.393. 974−1031.

Alviola IV, P. A., Nayga Jr, R. M., Thomsen, M. R., Danforth, D., & Smartt, J. (2014). The effect of fast−food restaurants on childhood obesity: a school level analysis. *Economics & Human Biology*, 12, 110−119.

Andreoni, J. 1989. Giving with impure altruism: applications to charity and Ricardian equivalence. *Journal of Political Economy* 97(6): 1447‑1458.

Astor, P. J., Adam, M. T. P., Jahnig, C. et al., 2013. The joy of winning and the frustration of losing: a psychophysiological analysis of emotions in first−price sealed−bid auctions. *Journal of Neuroscience, Psychology, and Economics* 6(1): 14‑30.

Ausubel, L. M. 2004. "An efficient ascending−bid auction for multiple objects." *American Economic Review* 94(5): 1452‑1475.

Ausubel, L. M. 2004. An efficient ascending−bid auction for multiple objects. *The American Economic Review* 94(5): 1452−1475.

Banerjee, Abhijit V. 2020. "Field Experiments and the Practice of Economics," *American Economic Review* 110(7): 1937−1951.

Belot, M. and James, J. 2014. A new perspective on the issue of selection bias in randomized controlled field experiments. *Economics Letters* 124(3): 326‑328.

Benjamin, D.J., J.J. Choi, and A.J. Strickland. 2010. "Social Identity and Preferences." *American Economic Review 100*

Berry, S. J. Levinsohn, and A. Pakes, "Automobile Prices in Market Equilibrium," *Econometrica* 63(4), 1995.

Blumenschein, K., G.C. Blomquist, M. Johannesson, N. Horn and P. Freeman. "ELICITING WILLINGNESS TO PAY WITHOUT BIAS: EVIDENCE FROM A FIELD EXPERIMENT." *The Economic Journal* 118: 114‑137.

Bollinger, B., Leslie, P., & Sorensen, A. (2011). Calorie posting in chain restaurants. *American Economic Journal: Economic Policy*, 3(1), 91−128.

Bonnet, C., & Simioni, M. (2001). "Assessing consumer response to Protected Designation of Origin labelling: a mixed multinomial logit approach". *European Review of Agricultural Economics*, 28(4), 433−449.

Borghans, L., Duckworth, A. L.,Heckman, J. J. et al., 2008. The economics and psychology of personality traits. *Journal of Human Resources 43(4)*: 972-1059.

Borghans, L., Duckworth, A. L., Heckman, J. J. and Ter Weel, B., 2008. The economics and psychology of personality traits. *Journal of human Resources*, 43(4), pp.972−1059.

Boxall, Peter C., Wiktor L., Adamowicz, Joffre Swait, Michael Williams, and Jordan Louviere 1996. "A comparison of stated preference methods for environmental valuation." *Ecological Economics* 18: 243−253.

Briz−Ponce, L., Pereira, A., Carvalho, L., Juanes−Méndez, J. A., & García−Peñalvo, F. J. (2017). "Learning with mobile technologies-Students' behavior." *Computers in Human Behavior*, 72, 612−620.

Brocas, Isabelle, and Juan D. Carrillo. 2008. "Theories of the Mind." *American Economic Review* 98(2): 175−180.

Brown, T.C, R. Gregory. 1999. "Why the WTA-WTP disparity matters." *Ecological Economics* 28: 323-335.

Bulte, E., S. Gerking, J.A. List, and A. Zeeuw. 2004. "The effect of varying the causes of environmental problems on stated WTP values: evidence from a field study." *Journal of Environmental Economics and Management 49(2005)* pp. 330−342

Bushong, B., King, L. M., Camerer, C. F. *et al.*, 2010. Pavlovian processes in consumer choice: the physical presence of a good increases willingness−to−pay. *American Economic Review* 100(4): 1556-1571.

Burnham, T. C., D. Cesarini., M. Johannesson., P. Lichtenstein., and B. Wallace. 2009. Higher cognitive ability is associated with lower entries in a p−beauty contest. *Journal of Economic Behavior & Organization72*(1): 171−175.

Camerer, Colin, Dean Mobbs. 2017. "Differences in Behavior and Brain Activity during Hypothetical and Real Choices," *Trends in Cognitive Sciences* 21(1): 46−56.

Canavari, Maurizio, Andreas C Drichoutis, Jayson L Lusk, Rodolfo M Nayga, Jr. 2019. "How to run an experimental auction: a review of recent advances," *European Review of Agricultural Economics* 46(5): 862-922.

Capra, M. C., Meer, S. and Lanier, K. 2010. The effects of induced mood on bidding in random n^{th}−price auctions. *Journal of Economic Behavior & Organization* 75(2): 223-234.

Card, David and Alan B. Krueger. 1994. "Minimum Wages and Employment: A Case Study of the Fast−Food Industry in New Jersey and Pennsylvania." *American Economic Review* Vol. 84, No.4, 772−793.

Carpenter, J., M. Graham., and J. Wolf. 2013. Cognitive ability and strategic sophistication. *Games and Economic Behavior80*. 115−130.

Carson R.T. 2012. "Contingent Valuation: A Practical Alternative when Prices Aren't Available." *Journal of Economic Perspectives* 26(4): 27-42.

Carson, R.T,. and T. Groves. 2007. "Incentive and informational properties of preference questions" *Environ Resource Econ* 37: 181−210.

Casari, M., Ham, J. C. and Kagel, J. H. 2007. "Selection bias, demographic effects, and ability effects in common value auction experiments." *American Economic Review* 97(4): 1278-1304.

Chang, J.B., J.L. Lusk, and F.B. Norwood (2009) "How closely do hypothetical surveys and laboratory experiments predict field behavior?" *American Journal of Agricultural Economics* 91(2): 518-534.

Chen, Y., Katuscak, P. and Ozdenoren, E. 2009. Why can't a woman bid more like a man? *Games and Economic Behavior* 77(1): 181-213.

Cherry, T., Frykblom, P., Shogren, J., List, J. and Sullivan, M. 2004. "Laboratory testbeds and non−market valuation: The case of bidding behavior in a second−price auction with an outside option." *Environmental and Resource Economics*, *29*(3): 285−294.

Cherry, T., D. Crocker, F. Shogren. 2003. "Rationality spillovers." *Journal of Environmental Economics and Management* 45: 63−84

Choi, Young Woon, Ji Yong Lee, Doo Bong Han, Rodolfo M. Nayga, Jr., 2018, "Consumers' Valuation of Rice－grade Labeling," *Canadian Journal of Agricultural Economics* 66: 511－531.

Clithero, John A., Dharol Tankersley, and Scott A. Huettel. 2008. "Foundations of Neuroeconomics: From Philosophy to Practice." *PLoS Biology.* 6(11): e298.

Cooper, D. J. and Fang, H. 2008. Understanding overbidding in second price auctions: an experimental study. *The Economic Journal* 118(532): 1572-1595.

Corgnet, B., & Hernán González, R. (2014). "Don't ask me if you will not listen: The dilemma of consultative participation." *Management Science*, 60(3), 560－585.

Corrigan, J.R., A.C. Drichoutis, J.L. Lusk, R.M. Nayga, Jr. and M.C. Rousu. 2011. "Repeated rounds with price feedback in experimental auction valuation: an adversarial collaboration." *American Journal of Agricultural Economics* 94(1): pp.97－115

Corrigan, J.R., D.P.T. Depositario, R.M. Nayga, X. Wu, and T.P. Laude. 2009. "Comparing open－ended choice experiments and experimental auctions: An application to golden rice." *American Journal of Agricultural Economics* 91: 837－853.

Corrigan, J.R., and M.C. Rousu. 2006. "Posted Prices and Bid Affiliation: Evidence from Experimental Auctions." *American Journal of Agricultural Economics* 88(4): 1078－1090

Croson, R. 2005. The method of experimental economics. *International Negotiation*, 10(1), 131－148.

Croson, R., Gachter, S. 2010. "The Science of Experimental Economics." *Journal of Economic Behavior and Organization* 73(1): 122－131.

Cummings, Ronald G., Glenn W. Harrison and E. Elisabet Rutström, 1995. "Homegrown Values and Hypothetical Surveys: Is the Dichotomous Choice Approach Incentive－Compatible?" *The American Economic Review*, Vol. 85, No. 1, pp. 260－266.

Cummings, R.G,. and L.O. Taylor. 1999. "Unbiased Value Estimates for Environmental Goods: A Cheap Talk Design for the Contingent Valuation Method." *The American Economic Review*, Vol. 89, No. 3 (Jun., 1999), pp. 649－665.

de－Magistris, T., A. Gracia, and R.M. Nayga. 2013. "On the Use of Honesty Priming Tasks to Mitigate Hypothetical Bias in Choice Experiments." *American Journal of Agricultural Economics* 95: 1136－1154.

Demont, M., Fiamohe, R. and Kinkpe, A. T. 2017. "Comparative advantage in demand and the development of rice value chains in west Africa." *World Development* 96: 578-590.

Dickinson, D. L. and Bailey, D., 2002. Meat traceability: Are US consumers willing to pay for it?. *Journal of agricultural and resource economics*, pp.348－364.

Diggle, P., Diggle, P. J., Heagerty, P., Liang, K. Y., Heagerty, P. J., & Zeger, S. (2002). Analysis of longitudinal data. Oxford University Press.

Ding, M. 2007. "An Incentive－Aligned Mechanism for Conjoint Analysis." *Journal of Marketing Research*, Vol. 44, No. 2 (May, 2007), pp. 214－223

Ding, M., R. Grewal, J. Liechty. 2005. "Incentive－Aligned Conjoint Analysis." *Journal of Marketing Research,* Vol. 42, No. 1, pp. 67－82

Drichoutis, A. C. and Lusk, J. L. 2014. Judging statistical models of individual decision making under risk using in－ and out－of－sample criteria. *PLoS ONE* 9(7): e102269.

Drichoutis, A. C., Nayga, R. M. J., Lusk, J. L. *et al.*, 2012. "When a risky prospect is valued more than its best possible outcome." *Judgment and Decision Making* 7(1): 1-18.

Drichoutis, A. C., A. Vassilopoulos and J. L. Lusk 2014. Consumers' willingness to pay for agricultural products certified to ensure fair working conditions. Report to the John S. Latsis Public Benefit Foundation. https://perma.cc/LFP7－XBJM.

Drichoutis, A.C., A. Vassilopoulos, J.L. Lusk, and R.M. Nayga Jr (2015) "Reference dependence, consequentiality and social desirability in value elicitation: A study of fair labor labeling." In *143rd Joint EAAE/AAEASeminar, March 25－27, 2015, Naples, Italy*. European Association of Agricultural Economists.

Duflo, Esther, 2020. "Field Experiments and the Practice of Policy," *American Economic Review* 110(7): 1952－1973.

Dyer, D. and Kagel, J. H. 1996. "Bidding in common value auctions: how the commercial construction industry corrects for thewinner's curse." *Management Science* 42(10): 1463-1475.

Ehmke, M.D., J.L. Lusk, and J.A. List. 2008. "Is hypothetical bias a universal phenomenon? A multinational investigation." *Land Economics* 84: 489−500.

Fisher, R. A. (1925, July). 'Theory of statistical estimation.' In Mathematical Proceedings of the Cambridge Philosophical Society (Vol. 22, No. 5, pp. 700−725). Cambridge University Press.

Fox, J.A., Shogren, J.F., Hayes, D.J. and Kliebenstein, J.B. 1995. "Experimental Auctions to Measure Willingness to Pay for Food Safety." *Valuing Food Safety and Nutrition, Westview Press* 115−128.

Fox, J.A., J.F. Shogren, D.J. Hayes, and J.B. Kliebenstein. 1998. "CVM−X:calibrating contingent values with experimental auction markets." *American Journal of Agricultural Economics* 80: 455−465.

Friedman, Daniel, Shyam Sunder. 1994. "Experimental methods: A primer for economists." Cambridge University Press.

Friedman, M. (1953). "The Methodology of Positive Economics." *Essays In Positive Economics,* The University of Chicago Press.

Gill, D., and V. Prowse. 2016. Cognitive ability, character skills, and learning to play equilibrium: A level−k analysis. *Journal of Political Economy124*(6): 1619−1676.

Gine, X., D. Karplan, and J. Zinman. 2010. "Put Your Money Where Your Butt Is: A Commitment Contract for Smoking Cessation", *American Economic Journal: Applied Economics* 2: 213−235.

Gneezy, A. 2016. Field experimentation in marketing research. *Journal of Marketing Research* 54(1): 140-143.

Gracia, A., M.L. Loureiro, and R.M. Nayga. 2011. "Are valuations from non−hypothetical choice experiments different from those of experimental auctions?" *American Journal of Agricultural Economics* 93: 1358−1373.

Grebitus, C., Lusk, J. L. and Nayga Jr, R. M., 2013. Explaining differences in real and hypothetical experimental auctions and choice experiments with personality. *Journal of Economic Psychology*, 36, pp.11−26.

Green, Paul E., V. Srinivasan. 1978. "Conjoint Analysis in Consumer Research: Issues and Outlook." *Journal of consumer research* 5(2): 103 – 123.

Green, Paul E., V. Srinivasan. 1990. "Conjoint Analysis in Marketing: New Developments With Implications for Research and Practice." *Journal of marketing* 54(4): 3 – 19.

Green, P. E., A. M. Krieger, and Y. J. Wind. 2001. Thirty years of conjoint analysis: Reflections and prospects. *Interfaces,* 31 S56 – S73.

Gul, Faruk, and Wolfgang Pesendorfer. 2005. "The Case for Mindless Economics." *mimeo.* 1 – 48.

Ham, J. C. and Kagel, J. H. 2006. Gender effects in private value auctions. *Economics Letters* 92(3): 375‒382.

Hanley, Nick, Jason F. Shogren, Ben White. 2007. "Environmental Economics: In Theory and Practice: Second Edition." Palgrave Macmillan.

Harrison, G.W. and J.A. List. 2004. "Field Experiments." *Journal of Economics Literature* 42: 1009‒1055.

Harrison, Glenn W., Ronald M. Harstad, and E. Elisabet Rutström. 2004. "Experimental Methods and Elicitation of Values." *Experimental Economics* 7: 123 – 140.

Harrison, Glenn W. 2008. "Neuroeconomics: A Critical Reconsideration." *Economics and Philosophy.* 24(3): 303 – 344.

Hartley, N., Jason F. Shogren, Ben White. 1997. *Environmental Economics: in Theory and Practice,* MACMILLAN press.

Hellyer, N., Fraser, I., Haddock – Fraser, J., 2012. Food choice, health information and functional ingredients: An experimental auction employing bread. *Food Policy.* 37(3), 232 – 245.

Hensher, David A., John M. Rose, William H. Greene. 2015. "Applied Choice Analysis: Second Edition." Cambridge University Press.

Hoffman, S.D., G.J. Duncan. 1988. "Multinomial and Conditional Logit Discrete – Choice Models in Demography." Demography 25(3): 415 – 427.

Hoffman, Elizabeth, Dale J. Menkhaus, Dipankar Chakravarti, Ray A. Field and Glen D. Whipple. 1993. "Using Laboratory Experimental Auctions in Marketing Research: A Case Study of New Packaging for Fresh Beef." *Marketing Science* 12(3): 318 – 338.

Horowitz, J.K. 2006. "The Becker – DeGroot – Marschak mechanism is not necessarily incentive compatible, even for non – random goods." *Economics Letter* 93: 6 – 11.

Horowitz, J.K., and K.E. McConnell. 2002. "A review of WTA/WTP studies." *Journal of Environmental Economics and Management* 44: 426 – 447.

Hwang, J., D.R. Petrolia, and M.G. Interis. 2014. "Consequentiality and Opt – out Responses in Stated Preference Surveys." *Agricultural and Resource Economics Review* 43: 471.

Imai Min Jeong Kang Colin F. Camerer. 2019. "When the Eyes Say Buy: Visual Fixations during Hypothetical Consumer Choice Improve Prediction of Actual Purchases." *Journal of the Economic Science Association* 5(1): 112 – 122.

Jacquemet, N., R. Joule, S. Luchini, J.F. Shogren. 2009 "Earned wealth, engaged bidders? Evidence from a second – price auction." *Economic Letters 105*: 36 – 38.

Johnston, R.J., Boyle, K.J., Adamowicz, W., Bennett, J., Brouwer, R., Cameron, T.A., Hanemann, W.M., Hanley, N., Ryan, M., Scarpa, R., Tourangeau, R., Vossler, C.A., 2017. "Contemporary guidance for stated preference studies." *J. Assoc. Environ. Resour. Econ.* 4(2): 319–405.

Kagel, J. H., Harstad, R. M. and Levin, D., 1987. Information impact and allocation rules in auctions with affiliated private values: A laboratory study. Econometrica: *Journal of the Econometric Society* 55(6): pp.1275 – 1304.

Kahneman, D., J.L. Knetsch, and R. Thaler. 1986. "Fairness as a Constraint on Profit Seeking: Entitlements in the Market" *American Economic Review* 76(4): 728 – 741.

Kahneman, D., J.L. Knetsch, and R.H. Thaler. 1991. "Anomalies: The endowment effect, loss aversion, and status quo bias." *Journal of Economic Perspectives* 5(1): 193 – 206.

Kang, M.J. et al., 2011. "Hypothetical and real choice differentially activate common valuation areas." *J. Neurosci.* 31, 461–468.

Kang, M.J. and Camerer, C.F. 2013. "fMRI evidence of a hot – cold empathy gap in hypothetical and real aversive choices." *Front. Neurosci.* 7, 104.

Karlan, Dean, John A. List. 2016. "Field Experiments." Continuing Eduction, *American Economic Association.*

Kechagia, V. and Drichoutis, A. C. 2017. The effect of olfactory sensory cues on willingness to pay and choice under risk. *Journal of Behavioral and Experimental Economics* 70: 33-46.

Kemper, N., R.M. Nayga Jr, J. Popp, and C. Bazzani. 2016. "The Effects of Honesty Oath and Consequentiality in Choice Experiments." In *2016 Annual Meeting, July 31 — August 2, 2016, Boston, Massachusetts.* Agricultural and Applied Economics Association.

Kingsley, D., Thomas C. B. 2013. "Value learning and the willingness to accept-willingness to pay disparity." *Economics Letters* 120: 473-476.

Knetsch, Jack L., "Derived Indifference Curves," working paper, Simon Fraser University, 1990.

Kremer, M. 2020. "Experimentation, Innovation, and Economic," *American Economic Review* 110(7): 1974—1994.

Kupper, L.L. and Hafner K.B. 1989. "How Appropriate are Popular Sample Size Formulas?" *The American Statistician* 43: 101—105.

Landry, C.E., and J.A. List. 2007. "Using ex ante approaches to obtain credible signals for value in contingent markets: evidence from the field." *American Journal of Agricultural Economics* 89: 420—429.

Lee, Ji Yong, Doo Bong Han, R.M. Nayga, Jr., J.M. Yoon, 2014, "Assessing Korean consumers' valuation for domestic, Chinese, and US rice: Importance of country of origin and food miles information," *China Agricultural Economic Review,* Vol.6. Issue 1

Lee, Ji Yong, Doo Bong Han, R.M. Nayga, Jr., S. Lim, 2011, "Valuing traceability of imported beef in Korea: an experimental auction approach," *Australian Journal of Agricultural and Resource Economics*, Vol. 55, No. 3.

Lee, Ji Yong, J. A. Fox, R. M. Nayga, Jr., Doo Bong Han, 2018. Hypothetical Bias and Substitutes in Stated Preferences Survey: The Case of Irradiated Meat. 농업경제연구 59(3): 139—155.

Lee, J. Y. and Fox, J. A. S., 2015. Bidding behavior in experimental auctions with positive and negative values. *Economics Letters*, 136, pp.151—153.

Lee, J. Y., Nayga, R. M. J., Deck, C. et al., 2017. Cognitive ability and bidding behavior in second price auctions: an experimental study. Munich Personal RePEc Archive No. 81495.

Lee, J. Y., Nayga Jr, R. M., Deck, C. and Drichoutis, A. C., 2020. Cognitive ability and bidding behavior in second price auctions: An experimental study. *American Journal of Agricultural Economics*, 102(5), pp.1494−1510.

Lerner, J., Small, D. and Loewenstein, G. 2004. Heart strings and purse strings: carryover effects of emotions on economic decisions. *Psychological Science* 15(5): 337−341.

Lee, Sang Hyeon, Doo Bong Han, R.M. Nayga, Jr., "Effect of Calorie Information on Restaurant Menus on Food Choices," Working Paper, 2018.

Lee, Sang Hyeon, Doo Bong Han, Vincenzina Caputo, R.M. Nayga, Jr., 2015, "Consumers' Valuation for Reduced Salt Labeling: A Non−hypothetical Choice Experiment," *Canadian Journal of Agricultural Economics*, Vol. 63, No.4

Lee, Sang Hyeon, J.Y. Lee, Doo Bong Han, R.M. Nayga, Jr. 2015, "Are Korean consumers willing to pay a tax for a mandatory BSE testing programme?" *Applied Economics*, Vol. 47, No. 13

Lee, Sang Hyeon, Ji Yong Lee, Doo Bong Han, R.M. Nayga, Jr., 2014, "Assessing Korean Consumers' Valuation for BSE−Tested and Country of Origin Labeled Beef Products," *Journal of Rural Development*, Vol. 37, No.3

Levin, I. P., S. L. Schneider, G. J. Gaeth. 1998. "All Frames Are Not Created Equal: A Typology and Critical Analysis of Framing Effects." *Organizational Behavior and Human Decision Processes* 76(2): 149−188.

Lewis, K.E., C. Grebitus, and R.M. Nayga. 2016. "US consumers' preferences for imported and genetically modified sugar: Examining policy consequentiality in a choice experiment." *Journal of Behavioral and Experimental Economics* 65: 1−8.

Lewis, K. E., Grebitus, C. and Nayga, R. M. 2016a. The impact of brand and attention on consumers' willingness to pay: evidence from an eye tracking experiment. *Canadian Journal of Agricultural Economics/Revue Canadienne d'Agroeconomie* 64(4): 753-777.

Lewis, K. E., Grebitus, C. and Nayga, R. M. 2016b. The importance of taste in experimental auctions: consumers' valuation of calorie and sweetener labeling of soft drinks. *Agricultural Economics* 47(1): 47-57.

Li, S. 2017. Obviously strategy−proof mechanisms. *American Economic Review* 107(11): 3257-3287.

Li, X., K.L. Jensen, C.D. Clark, and D.M. Lambert. 2016. "Consumer willingness to pay for beef grown using climate friendly production practices." *Food Policy* 64: 93−106.

Liebe, U., K. Glenk, M. von Meyer−Hofer, Achim Spiller. 2019. "A web survey application of real choice experiments." *Journal of Choice Modelling* 33: 1−9.

List, J.A. 2001. "Do Explicit Warnings Eliminate the Hypothetical Bias in Elicitation Procedures? Evidence from Field Auctions for Sportscards." *The American Economic Review*, Vol. 91, No. 5 (Dec., 2001), pp. 1498−1507

List, J.A. 2003. "Does Market Experience Eliminate Market Anomalies?" *The Quarterly Journal of Economics* 118(1): 41-71.

List, J.A. 2004. Neoclassical theory versus prospect theory: evidence from the marketplace. *Econometrica* 72(2): 615-625.

List, J.A., 2004. Substitutability, experience, and the value disparity: evidence from the marketplace. J*ournal of Environmental Economics and Management* 47: 486-509.

List, J. A., C.A. Gallet. 2001. "What Experimental Protocol Influence Disparities Between Actual and Hypothetical Stated Values?," *Environmental and Resource Economics* 20: 241-254.

Loomis, J. 2011. "What's to know about hypothetical bias in stated preference valuation studies?" *Journal of Economic Surveys* 25: 363−370.

Loomis, J.B. 2014. "Strategies for Overcoming Hypothetical Bias in Stated Preference Surveys." *Journal of Agricultural and Resource Economics* 39: 34−46.

Loureiro, M. L., McCluskey, J. J., & Mittelhammer, R. C. (2001). Assessing consumer preferences for organic, eco−labeled, and regular apples. *Journal of Agricultural and Resource Economics*, 404−416.

Loureiro, M.L., A. Gracia, R.M. Nayga, Jr. 2006. "Do consumers value nutritional labels?" *European Review of Agricultural Economics* Vol 33(2) pp. 249−268

Louviere, Jordan J., Terry N Flynn, Richard T Carson. 2010. "Discrete Choice Experiments Are Not Conjoint Analysis." *Journal of Choice Modelling* 3(3): 57−72.

Lusk, J.L. 2010. Experimental auction markets for studying consumer preferences. In: S. R. Jaeger and H. MacFie (eds), *Consumer−Driven Innovation in Food and Personal Care Products, Woodhead Publishing Series in Food Science, Technology and Nutrition.* Woodhead Publishing, 332‒357.

Lusk, Jayson. 2017. "Conducting Lab Experiments in the Field." *Agricultural and Applied Economics Association.*

Lusk, J.L. and D. Hudson. 2004. "Willingness−to−Pay Estimates and Their Relevance to Agribusiness Decision Making." *Review of Agricultural Economics* 26(2): 152−169.

Lusk, J.L., T. Feldkamp, and T.C. Schroeder. 2004. "Experimental Auction Procedure: Impact on Valuation of Quality Differentiated Goods." *American Journal of Agricultural Economics* 86: 389‒405.

Lusk, J.L., J. Fox, T. Schroeder, J. Mintert, M. Koohmaraie. 2001. "In−Store Valuation of Steak Tenderness." *American Agricultureal Economics Association Econ. 83(3) (August 2001):* pp. 539−550

Lusk, J.L. and Fox, J. A. 2003. Value elicitation in retail and laboratory environments. *Economics Letters* 79(1): 27‒34.

Lusk, Jayson L., John M. Crespi, Brandon R. McFadden, J. Bradley C. Cherry, Laura Martin, Amanda Bruce. 2016. "Neural antecedents of a random utility model." *Journal of Economic Behavior & Organization.* 132: 93−103.

Lusk, Jayson L., Jutta Roosen, Jason F. Shogren. 2011. "The Oxford Handbook of The Economics of Food Consumption and Policy." Oxford University Press.

Lusk, J.L., and Norwood, F.B. 2009. "An inferred valuation method." *Land Economics,* 85(3), pp. 500−514.

Lusk, J.L. and J. Shogren. 2007. Experimental Auctions: Methods and Applications in Economic and Marketing Research. Cambridge, UK: Cambridge University Press.

Lusk, J.L., and T.C. Schroeder. 2006. "Auction bids and shopping choices." *Advances in Economic Analysis & Policy* 6.

Lusk, J.L. 2003. "Effects of cheap talk on consumer willingness−to−pay for golden rice." *Journal of American Agricultural Economics* 85 pp. 840−856

Marín−Guerrero, A. C., Gutiérrez−Fisac, J. L., Guallar−Castillón, P., Banegas, J. R., & Rodríguez−Artalejo, F. (2008). "Eating behaviours and obesity in the adult population of Spain." *British journal of nutrition*, 100(5), 1142−1148.

Maxwell, S., P. Nye, N. Maxwell. 1999. "Less Pain, Same Gain: The Effects of Priming Fairness in Price Negotiations." Psychology & Marketing Vol. 16(&): pp. 545−562

Mckay, R., C. Efferson, H. Whitehouse, and E. Fehr. 2011. "Wrath of God: religious primes and punishment." *The Royal Society* 278 pp. 1858−1863

Meas, T., W. Hu, M. Batte, T. Woods, and S. Ernst. 2015. "Substitutes or Complements? Consumer Preferences for Local and Organic Food Attributes." *American Journal of Agricultural Economics* 97: 1044−1071.

Michaud, C., D. Llerena, and I. Joly. 2013. "Willingness to pay for environmental attributes of non−food agricultural products: a real choice experiment." *European Review of Agricultural Economics* 40: 313−329.

Milgrom, B.R., and R.J. Weber. 1982. "A Theory of auctions and competitive bidding." *Econometrica*, Vol. 50, No. 5(Sep., 1982), pp. 1089−1122.

Mischel, Walter, Ebbe B. Ebbesen, Raskoff Zeiss, Antonette 1972. "Cognitive and attentional mechanisms in delay of gratification." *Journal of Personality and Social Psychology.* 21 (2): 204-218.

Mitchell, R.C. and Carson, R.T. 1989. Using Surveys to Value Public Goods: The Contingent Valuation Method. Resources for the Future, Washington DC.

Montag, C., M. Reuter, B. Newport, C. Elger, B. Weber. 2008. "The BNDF Val66Met polymorphism affects amygdala activity in response to emotional stimuli: Evidence from a genetic imaging study." *NeuroImage.*

Moore, J.F., and O.S. Mitchell. 1997. "Projected Retirement Wealth and Savings Adequacy in the Health and Retirement Study" NBER Working Paper No. 6240

Morgan, J., Steiglitz, K. and Reis, G., 2003. The spite motive and equilibrium behavior in auctions. *Contributions in Economic Analysis & Policy*, 2(1), pp.1－25.

Murphy, J.J., Allen, P.G., Stevens, T.H., Weatherhead, D., 2005. "A meta analysis of hypothetical bias in stated preference valuation." *Environ. Resour. Econ.* 30(3): 313-325.

Nanga, R. M., R. Woodward, and W. Aiew. 2006. "Willingness to Pay for Reduced Risk of Foodborne Illness: A Nonhypothetical Field Experiment." *Canadian Journal of Agricultural Economics* 54(2006) pp. 461－475.

New Economics Foundation. 2005. Behavioral economics: seven principles for policy－makers.

Nicholson, W,, Snyder, C., Luke, P., Wood, M. 2008. Microeconomics. London South Bank University, Published by Cengage Learning.

Niederle, M. and Vesterlund, L. 2007. "Do women shy away from competition? Do men compete too much?" *The Quarterly Journal of Economics* 122(3): 1067-1101.

Nikiforakis, Nikos and Robert Slonim. 2019, "Editors' Preface: Trends in experimental economics." *Journal of the Economic Science Association* (2019) 5: 143-148.

Norwood, F. Bailey, Jayson L. Lusk. 2008. "Agricultural Marketing and Price Analysis." Pearson Prentice Hall.

Norwood, F.B, and J.L. Lusk. 2011. "Social desirability bias in real, hypothetical, and inferred valuation experiments." *American Journal of Agricultural Economics Econ* 93(2): pp. 528－534.

Ogaki, Masao, Saori C. Tanaka. 2017. Behavioral Economics: Toward a New Economics by Integration with Traditional Economics. Springer.

Orquin, J. L., Perkovic, S. and Grunert, K. G. 2018. Visual biases in decision making. *Applied Economic Perspectives and Policy* 40(4): 523-537.

Parkhurst, G. M., Shogren, J. F. and Dickinson, D. L., 2004. Negative values in Vickrey auctions. *American Journal of Agricultural Economics*, pp.222－235.

Pearson, M. and Schipper, B. C. 2013. "Menstrual cycle and competitive bidding." *Games and Economic Behavior* 78: 1-20.

Penn, J.M., Hu, W., 2018. "Understanding hypothetical bias: an enhanced meta−analysis." *Am. J. Agric. Econ.* 100(4): 1186-1206.

Plott, C.R. 1982. "Industrial Organiation Theory And Experimental Economics" *Journal of Economic Literature* Vol. XX: 1485−1527.

Randall, A., Stoll, J. R., 1980. "Consumer's surplus in commodity space." *Am.Econ. Rev.*70(3): 449-455.

Reeves, S., Wake, Y., & Zick, A. (2011). Nutrition labeling and portion size information on children's menus in fast−food and table−service chain restaurants in London, UK. *Journal of nutrition education and behavior*, 43(6), 543−547.

Revelt, D., & Train, K. (1998). "Mixed logit with repeated choices: households' choices of appliance efficiency level." *Review of Economics and Statistics*, 80(4), 647−657.

Rihn, A. L. and Yue, C. 2016. "Visual attention's influence on consumers' willingness−to−pay for processed food products." *Agribusiness* 32(3): 314-328.

Roe, B. E. and Just, D. R. 2009. "Internal and external validity in economics research: tradeoffs between experiments, field experiments, natural experiments, and field data." *American Journal of Agricultural Economics* 91(5): 1266-1271.

Roider, A. and Schmitz, P. W. 2012. "Auctions with anticipated emotions: overbidding, underbidding, and optimal reserve prices." *The Scandinavian Journal of Economics* 114(3): 808-830.

Roseman, M. G., Mathe−Soulek, K., & Higgins, J. A. (2013). "Relationships among grocery nutrition label users and consumers' attitudes and behavior toward restaurant menu labeling." *Appetite*, 71, 274−278.

Roth, Alvin E. 2010. "Is Experimental Economics Living Up to Its Promise?" Fréchette. G., A. Schotter (Eds.) The Methods of Modern Experimental Economics, Oxford University Press.

Rubinstein, Ariel. 2001. "A theorist's view of experiments." *European Economic Review* 45(4−6): 615−628.

Rubinstein, Ariel. 2008. "Comments on Neuroeconomics." *Economics and Philosophy*. 24: 485−494.

Samuelson, P.A. 1948. "Consumption theory in terms of revealed preference". *Economica*. New Series. 15 (60): 243-253.

Samuelson P.A. 1954. "The pure theory of public expenditure." *Rev Econ Stat* 36: 387-389.

Shefrin, Hersh, Statman, Meir. 1985. "The Disposition to Sell Winners Too Early and Ride Losers Too Long: Theory and Evidence." *The Journal of Finance* 40 (3): 777-790.

Shogren, Jason F. & Margolis, Michael & Koo, Cannon & List, John A., 2001. "A random n^{th}−price auction," *Journal of Economic Behavior & Organization*, Elsevier, 46(4): 409−421.

Silva, Andres, et al., "Revisiting cheap talk with new evidence from a field experiment." *Journal of Agricultural and Resource Economics* (2011): 280−291

Smith, Vernon L., 1976. Experimental economics: induced value theory. *Am. Econ. Rev.* 66 (2), 274-279.

Smith, Vernon (1980). "Experiments with a Decentralized Mechanism for Public Good Decisions." *American Economic Review* 70: 584−99.

Smith, Vernon L. 1982. "Microeconomic Systems as an Experimental Science." *American Economic Review* 72(5): 923−955.

Smith, V.L., 2010. "Theory and experiment: what are the questions?" *Journal of Economic Behavior and Organization* 73: 3-15.

Sousa, Y. F. D. and Munro, A. 2012. Truck, barter and exchange versus the endowment effect: virtual field experiments in an online game environment. *Journal of Economic Psychology* 33(3): 482-493.

Stock, James H., Mark W. Watson. 2019. Introduction to Econometrics: 4th Edition. Pearson.

Tang, D.W., Han, J. E., Rangel, A. et al., 2011. "Ghrelin administration in humans increases bids for food items while decreasing bids for non−food items." *Appetite* 57: S42.

Thaler, R.H., and C.R. Sunstein. 2003. "Behavioral Economics, Public Policy, and Paternalism Libertarian Paternalism" *American Economic Review* Vol. 93 No.2 pp. 175－179.

Thaler, R.H. 1980. "Toward a Positive Theory of Consumer Choice." *Journal of Economic Behavior and Organization* 1 pp. 39－60.

Thaler, R.H., S. Benartzi. 2004. "Save More Tomorrow: Using Behavioral Economics to Increase Employee Saving" *Journal of Political Economy* Vol. 112, no.1, pt.2.

Tom Tietenberg, Lynne Lewis. 2009. Environmental & Natural Resource Economics. Pearson International Edition.

Train, K. 2009. Discrete Choice Methods with Simulation, 2nd Edition, Cambridge University Press.

Train, K., & Sonnier, G. 2003. "Mixed logit with bounded distributions of partworths. Applications of Simulation Methods" in Environmental Resource Economics, edited by A. Alberini and R. Scarpa. New York: Kluwer Academic.

Vecchio, R. and Borrello, M. 2018. "Measuring food preferences through experimental auctions: a review." *Food Research International.* 116: 1113-1120.

Vlaev, I. 2012. "How different are real and hypothetical decisions? Overestimation, contrast and assimilation in social interaction." *Journal of Economic Psychology* 33: 963－972.

Vossler, C.A., M. Doyon, and D. Rondeau. 2012. "Truth in consequentiality: theory and field evidence on discrete choice experiments." *American Economic Journal: Microeconomics* 4: 145－171.

Vossler, C., S. Watson. 2013. "Understanding the consequence of consequentiality: Testing the validity of stated preferences in the field." Munich Personal RePEc Archive

Whitehead, J. C., T. L. Cherry. 2007. "Willingness to pay for a Green Energy program: A comparison of ex－ante and ex－post hypothetical bias mitigation approaches." *Resource and Energy Economics* 29: 247-261.

Wilkinson, Nick, Matthias Klaes. 2012. "An Introduction to Behavioral Economics: 2nd Edition." Palgrave Macmillan.

Wisdom, J., Downs, J. S., & Loewenstein, G. (2010). "Promoting healthy choices: Information versus convenience." *American Economic Journal: Applied Economics,* 2(2), 164−78.

Zhao, J., Kling,C.L., 2004."Willingness to pay, compensating variation, and the cost of commitment." *Econ.Inq.* 42: 503−517.

부록

부표 1

현장실험 설문지 1

ID	A-1
시간	
일자	

설문에 참가해 주셔서 감사합니다. 설문은 무기명으로 진행됩니다. 이 설문은 고려대학교 식품자원경제학과에서 수행중인 식품소비 연구용으로만 사용됩니다. 가능한 한 정확하게 답변해 주세요. 모든 질문에 답변하시면, 진성미 식당의 식사 쿠폰－6,000원을 드리겠습니다.

1. 귀하의 키는 몇 cm 입니까?

   _____ cm

2. 매일 외식을 하십니까?

   1) 예   2) 아니오

3. 한 주에 평균 외식 횟수는 얼마입니까?

   _____회 /주

4. 외식을 어느 시간대에 주로 하십니까?

   1) 주중 점심 2) 주중 저녁 3) 주말 및 휴일 점심 4) 주말 및 휴일 저녁

5. 외식은 주로 누구와 하십니까?

　　1) 혼자　2) 가족　3) 친구　4) 직장동료　5) 기타

6. 외식할 때 혼자 식사하는 비율이 얼마나 됩니까?

　　1) 10% 이하　　2) 10-30%　3) 30-50%　4) 50-70%

　　5) 70-90%　　6) 90% 이상

7. 한 주에 평균 몇 시간 운동하십니까?

　　_____시간/1주

8. 집에서 저녁식사를 준비하는데 걸리는 시간은 평균 얼마입니다?

　　_____시간 _____분

9. 저녁식사를 하는데 평균 몇시간 사용하십니까?

　　_____시간 _____분

10. 얼마나 자주 몸무게를 측정하십니까? (아래 네 문항 중 하나에 답해 주세요.)

　　(　　　　　)회/일　　　(　　　　　)회/주　　　(　　　　　)회/월

　　(　　　　　)회/년

11. 귀하의 성별은 무엇입니까?

　　1) 남　　　　　2) 여

12. 귀하의 연령은 어떻게 됩니까?

　　만 _____세

13. 귀하는 결혼하셨습니까?

    1) 기혼   2) 미혼

14. 귀하를 포함한 가족 구성원은 몇 명입니까?

    _____명

15. 귀하는 자녀가 있습니까?

    1) 예   16번으로 이동

    2) 아니오   17번으로 이동

16. 자녀의 연령대별 수는 어떻게 됩니까?

    1) 10세 미만   _____명

    2) 10세 이상~20세 미만   _____명

    3) 20세 이상~30세 미만   _____명

    4) 30세 이상~40세 미만   _____명

    5) 40세 이상   _____ 명

17. 귀하의 몸무게는 몇 kg입니까?

    _____ kg

18. 귀하의 직업은 무엇입니까?

    1) 전업주부   2) 학생   3) 회사원   4) 공무원/공공기관

    5) 자영업   6) 전문직 7) 아르바이트 8) 무직

19. 귀하의 학력은 어떻게 됩니까?

    1) 중졸 이하 2) 고졸   3) 전문대졸   4) 대학교 재학(   )학년

    5) 대학교졸   6) 대학원졸

20. 귀하의 어머님의 학력은 어떻게 됩니까?

    1) 중졸 이하   2) 고졸   3) 전문대졸   4) 대학교 재학(   )학년

    5) 대학교졸   6) 대학원졸

21. 월 평균 주거비(집세 등)와 학비를 제외한 소비지출액(식비, 교통비, 문화활동비 등)은 얼마입니까?

    1) 10만원 이하   2) 10~20만원   3) 20~30만원   4) 30~40만원

    5) 40~50만원   6) 50~60만원   7) 60~70만원   8) 70~80만원

    9) 80~90만원   10) 90만원 이상

22. 귀하의 월 평균 세금 전 총 소득(세금 포함)은 대략 얼마입니까?

    _____만원/월

23. 귀하의 주소지는 어디 입니까?

    _____도 _____시/군 _____구/면 _____동

24. 귀하는 지금 얼마나 배가 고픈지 아래 중 하나를 선택해 주세요.

    1) 굶어서 집중 할 수 없고, 어지럽다.

    2) 매우 매우 배고파서 짜증이 난다.

    3) 매우 배고프다.

    4) 배고파서 식사할 때다.

    5) 배고픔을 느끼기 시작했다.

    6) 적절하게 배부른 상태이다.

    7) 조금 과식한 상태이다.

    8) 거북 할 정도로 배부르다.

    9) 매우 거북하며, 피곤할 정도로 배부르다.

    10) 배가 아플 정도로 배부르다.

25. 각 문장이 귀하의 성향과 얼마나 부합하는지를 아래 척도에 따라 체크해 주세요.
    1) 나는 유혹에 잘 넘어가지 않는다.

    전혀 그렇지 않다   그렇지 않다   보통이다   그렇다   매우 그렇다
    1 ——————— 2 ——————— 3 ——————— 4 ——————— 5

    2) 나는 나쁜 습관을 잘 이겨내지 못한다.

    전혀 그렇지 않다   그렇지 않다   보통이다   그렇다   매우 그렇다
    1 ——————— 2 ——————— 3 ——————— 4 ——————— 5

    3) 나는 게으르다.

    전혀 그렇지 않다   그렇지 않다   보통이다   그렇다   매우 그렇다
    1 ——————— 2 ——————— 3 ——————— 4 ——————— 5

    4) 나는 부적절한 말을 하는 편이다.

    전혀 그렇지 않다   그렇지 않다   보통이다   그렇다   매우 그렇다
    1 ——————— 2 ——————— 3 ——————— 4 ——————— 5

    5) 재미만 있다면 내게 해로운 것들을 할 수 있다.

    전혀 그렇지 않다   그렇지 않다   보통이다   그렇다   매우 그렇다
    1 ——————— 2 ——————— 3 ——————— 4 ——————— 5

    6) 내게 해로운 것은 거부한다.

    전혀 그렇지 않다   그렇지 않다   보통이다   그렇다   매우 그렇다
    1 ——————— 2 ——————— 3 ——————— 4 ——————— 5

7) 나는 지금보다 더욱 강한 자제력을 원한다.

전혀 그렇지 않다　　그렇지 않다　　보통이다　　그렇다　　매우 그렇다
1 —————— 2 —————— 3 —————— 4 —————— 5

8) 사람들은 내가 강인한 자제력을 가졌다고 이야기할 것이다.

전혀 그렇지 않다　　그렇지 않다　　보통이다　　그렇다　　매우 그렇다
1 —————— 2 —————— 3 —————— 4 —————— 5

9) 즐겁고 재미있는 것 때문에 가끔 일을 끝마치지 못한다.

전혀 그렇지 않다　　그렇지 않다　　보통이다　　그렇다　　매우 그렇다
1 —————— 2 —————— 3 —————— 4 —————— 5

10) 나는 집중하지 못한다.

전혀 그렇지 않다　　그렇지 않다　　보통이다　　그렇다　　매우 그렇다
1 —————— 2 —————— 3 —————— 4 —————— 5

11) 나는 장기적인 목표를 향해 효율적으로 일할 수 있다.

전혀 그렇지 않다　　그렇지 않다　　보통이다　　그렇다　　매우 그렇다

전혀 그렇지 않다　　그렇지 않다　　보통이다　　그렇다　　매우 그렇다
1 —————— 2 —————— 3 —————— 4 —————— 5

12) 잘못되었다는 것을 알면서도 나 자신이 그것을 멈출 수 없을 때가 있다.

전혀 그렇지 않다　　그렇지 않다　　보통이다　　그렇다　　매우 그렇다
1 —————— 2 —————— 3 —————— 4 —————— 5

13) 나는 종종 다른 모든 대안들을 생각하지 않고 행동한다.

전혀 그렇지 않다   그렇지 않다   보통이다   그렇다   매우 그렇다

1 ——————— 2 ——————— 3 ——————— 4 ——————— 5

26. 아래 문항에서 귀하의 성향과 맞는 정도를 체크해 주세요.

	매우 그렇다	대체로 그렇다	약간 그렇다	전혀 그렇지 않다
1. 외향적이다	1	2	3	4
2. 도움이 된다	1	2	3	4
3. 변덕스럽다	1	2	3	4
4. 체계적이다	1	2	3	4
5. 자신 있다	1	2	3	4
6. 친절하다	1	2	3	4
7. 따뜻하다	1	2	3	4
8. 걱정이 많다	1	2	3	4
9. 책임감이 있다	1	2	3	4
10. 강압적이다	1	2	3	4
11. 활기차다	1	2	3	4
12. 배려한다	1	2	3	4
13. 과민하다	1	2	3	4
14. 창의적이다	1	2	3	4
15. 적극적이다	1	2	3	4
16. 부지런하다	1	2	3	4
17. 상상력이 많다	1	2	3	4
18. 마음이 여리다	1	2	3	4
19. 침착하다	1	2	3	4
20. 노골적이다	1	2	3	4
21. 지적이다	1	2	3	4
22. 호기심 많다	1	2	3	4
23. 활동적이다	1	2	3	4

	매우 그렇다	대체로 그렇다	약간 그렇다	전혀 그렇지 않다
24. 부주의하다	1	2	3	4
25. 마음이 넓다	1	2	3	4
26. 동정적이다	1	2	3	4
27. 말이 많다	1	2	3	4
28. 심오하다	1	2	3	4
29. 모험적이다	1	2	3	4
30. 지배적이다	1	2	3	4

27. 답변하신 질문지에 이해 정도에 대해서 답변 해주세요.

매우 쉽다	쉽다	보통이다	어렵다	매우 어렵다
1 ———	2 ———	3 ———	4 ———	5

28. 아래 음식 중 드시고 싶은 메뉴에 동그라미를 쳐주세요. (A-1)

새우볶음밥	왕돈까스	된장찌개	부대찌개	김치찌개	돌솥비빔밥	육개장	순두부찌개
가격 6,000원							

29. 당신은 다른 음식과 비교했을 때 당신이 선택한 음식의 칼로리를 개략적으로 알
고 계십니까?

1) 예   2) 아니오

※ 소중한 시간을 내 주셔서 대단히 감사합니다.

부표 2 현장실험 설문지 2

(28번 외의 모든 질문은 설문지 1과 동일함.)

ID	B-1
시간	
일자	

28. 아래 음식 중 드시고 싶은 메뉴에 동그라미를 쳐주세요. (B-1)

성인 1일 권장 칼로리: 남성 2,200 − 2,600 Kcal, 여성 1,800 − 2,100 Kcal

돌솥비빔밥	김치찌개	된장찌개	부대찌개	왕돈까스	육개장	새우볶음밥	순두부찌개
가격 6,000원							

부표 3

현장실험 설문지 3

(28번 외의 모든 질문은 설문지 1과 동일함.)

ID	C-1
시간	
일자	

28. 아래 음식 중 드시고 싶은 메뉴에 동그라미를 쳐 주세요. (C-1)

부대찌개	된장찌개	김치찌개	육개장	새우볶음밥	순두부찌개	왕돈까스	돌솥비빔밥
1025kcal	437kcal	589kcal	642kcal	873kcal	566kcal	980kcal	802kcal
가격 6,000원							

설문지 조사 유의사항

1. 설문지 유형은 음식 칼로리 정보 유무 및 성인 1일 권장 칼로리 정보 유무에 따라 크게 4가지 유형(A타입, B타입, C타입, D타입)으로 나뉜다. 설문지 A타입과 B타입은 설문지는 총 8장이며, C타입과 D타입은 총 7장이다.

2. 대학원생 1명과 학부 생 2명이 1개의 조가 되어 설문을 진행한다.

3. 설문조사 시 다수의 응답자가 동시에 설문에 응할 경우, 다수의 응답자에게 모두 같은 유형의 설문지를 나눠줘야만 한다. (주의사항: 이때, 다수의 응답자 각각이 설문 문항을 답하는 동안 서로 어떠한 얘기도 주고 받게 해서는 안 된다.)

4. 설문조사를 시작할 때, 설문조사지 첫 페이지 왼쪽 상단에 있는 시간에 설문시작 시간, 설문을 하는 데까지 걸리는 시간, 설문을 마친 시간을 각각 모두 기록해야만 한다.

5. 설문을 마친 후, 설문지의 모든 문항을 빠짐없이 응답하였는지를 체크하고 만약 응답이 누락된 부분이 있을 시에는 응답자에게 누락된 질문의 응답의 체크를 부탁해야만 한다.

6. 설문지에 있는 메뉴선택에 상응되는 음식메뉴 쿠폰에 해당 설문지 응답자가 응답한 설문지 ID를 반드시 기입하고 쿠폰 사용 시 점심 또는 저녁 시간 체크를 부탁해야만 한다.

통조림 햄에 대한 실질선택실험법 설문지

고급 햄캔 구매시 결정 요인 조사 [A]

이 설문지는 돼지고기만을 사용하는 고급 햄캔에 대한 소비자의 구매 성향에 대한 조사하기 위한 목적입니다. 햄캔은 4,000억이라는 큰 시장을 국내에서 형성하고 있으며 매년 10%가 넘는 성장세를 유지하고 있습니다. 특히 햄캔은 용도에 따라서 다양하게 쓰이고 있으며 보관과 취식의 편리성으로 인하여 소비자들에게 애용되는 제품입니다. 본 설문에서는 고급 햄캔의 여러 속성에 대하여 여러분들이 느끼는 중요도와 경제적인 가치를 분석하고자 합니다. 응답해주시는 내용은 조사와 분석용으로만 사용예정이며 연구 목적 이외에는 사용하지 않을 계획입니다. 또한 개인정보는 소중하게 보호됩니다. 각 문항은 정답이 없으므로 귀하께서 생각하는 바를 솔직하게 말씀하여 주시기 바랍니다.

과거에 수행된 많은 식품 구입시 소비자 지불의사를 묻는 설문조사 결과에 따르면 설문응답자들이 특정 상품에 대해서 실제 자신들이 지불할 의향이 있는 금액보다 높은 지불의사금액을 제시하는 경향이 있습니다. 이러한 현상은 설문지를 통한 식품 구입 시 지불의사에 대한 조사가 응답자들이 실제로 지불할 필요가 없는 가상적인 상황에 대한 지불의사를 물었기 때문입니다. 본 설문지에서 귀하는 실제로 구입 가능한 다양한 속성들이 조합된 햄캔을 제시받게 됩니다. 여러 유형의 햄캔 중에서 귀하가 구매하고자 하는 햄캔의 유형을 선택하시기 바랍니다. 유의하실 점은 시장에서 실제 구매하신다고 생각하시고 신중하게 선택하여 주시기 바랍니다. 본 설문에 응하시는 분께는 5,000원 상당의 실물과 현금이 참가비로 제공될 것입니다. 예를 들어 선택한 제품 판매가가 3,000원이라면 선택한 제품과 현금 2,000원이 참가비로 지급될 것입니다.

바쁘신 중에도 시간을 허락해 주시고, 귀한 의견주시고 설문에 응하여 주셔서 감사합니다.

[소비자 선택을 위한 고급 햄캔 속성 정보]

• 고급 햄캔 브랜드는 시장에서 구매 가능한 <u>4 종류의</u> 햄캔입니다.

• 고급 햄캔의 원료인 돼지고기의 원산지는 <u>수입산과 국내산</u>으로 구분됩니다.

• 고급 햄캔의 포장지에 <u>저염(짠맛이 약함) 표시 유무</u>를 식별합니다.

• 모든 시장가격은 <u>1캔에 340g을 기준으로</u> 제시됩니다.

연구기관 : 고려대학교

Ⅰ. 고급 햄캔의 구매 결정 A-1

아래에는 고급 햄캔 구입에 대한 8개의 질문이 제시되어 있습니다. 각 질문의 <u>선택사항 중 구매하고자 하는 햄캔을 선택하십시오</u>. 만약 구매를 원하지 않으면 보기3번 아무것도 구매하지 않음을 선택하여 주십시오. 8개의 질문에 모두 답해주십시오.

	리챔	로스팜	아무것도
질문1	저염 표시 없음	저염 표시 있음	구입하지
	수입산	국내산	
	3,900원(340g/1캔)	3,600원(340g/1캔)	않음
해당항목 체크하세요	☐	☐	☐

	리챔	스팸	아무것도
질문2	저염 표시 있음	저염 표시 없음	구입하지
	수입산	수입산	
	3,000원(340g/1캔)	3,300원(340g/1캔)	않음
해당항목 체크하세요	☐	☐	☐

	스팸	리챔	아무것도
질문3	저염 표시 있음	저염 표시 없음	구입하지
	국내산	수입산	
	3,900원(340g/1캔)	3,600원(340g/1캔)	않음
해당항목 체크하세요	☐	☐	☐

	로스팜	목우촌	아무것도
질문4	저염 표시 없음	저염 표시 있음	구입하지
	국내산	수입산	
	3,000원(340g/1캔)	3,900원(340g/1캔)	않음
해당항목 체크하세요	☐	☐	☐

	목우촌	스팸	아무것도
질문5	저염 표시 있음	저염 표시 없음	구입하지
	수입산	국내산	
	3,000원(340g/1캔)	3,900원(340g/1캔)	않음
해당항목 체크하세요	☐	☐	☐

	스팸	리챔	아무것도
질문6	저염 표시 없음	저염 표시 있음	구입하지
	국내산	수입산	
	3,000원(340g/1캔)	3,900원(340g/1캔)	않음
해당항목 체크하세요	☐	☐	☐

	목우촌	로스팜	아무것도
질문7	저염 표시 있음	저염 표시 없음	구입하지
	국내산	국내산	
	3,600원(340g/1캔)	3,900원(340g/1캔)	않음
해당항목 체크하세요	☐	☐	☐

	로스팜	목우촌	아무것도
질문8	저염 표시 있음	저염 표시 없음	구입하지
	국내산	수입산	
	3,900원(340g/1캔)	3,600원(340g/1캔)	않음
해당항목 체크하세요	☐	☐	☐

II. 위험 선호 조사

귀하의 고급 햄캔 구매성향을 조사하기에 앞서 개인의 위험에 대한 태도를 조사하기 위한 설문에 참가하게 됩니다. 제시된 두 가지의 대안 중 귀하가 보다 선호하는 한 가지 대안을 선택하여 주십시오.

참고)
• 대안 A: 고정금액 15만원
• 대안 B: 50%의 확률로 30만원 또는 50%의 확률로 0원을 받게 되는 복권

첫 번째 열부터 마지막 열까지 차례로 선택하여 주십시오. 각각의 열에 제시된 두 가지 대안 중에 선호되는 한 가지 대안을 선택하여 주십시오.

모든 열의 복권은 동일하며, 다만 변동이 없는 고정금액의 금액만 후 순위의 열로 갈수록 증가됩니다.

위험 선호 선택지 (하나의 빈칸에 체크해주십시오)

대안 A   대안 B

[1] 50%의 확률로 30만원 또는 50%의 확률로 0원을 받게 되는

복권 [ ] 또는 [ ] 고정금액 0원

[2] 50%의 확률로 30만원 또는 50%의 확률로 0원을 받게 되는

복권 [ ] 또는 [ ] 고정금액 1만원

[3] 50%의 확률로 30만원 또는 50%의 확률로 0원을 받게 되는

복권 [ ] 또는 [ ] 고정금액 2만원

[4] 50%의 확률로 30만원 또는 50%의 확률로 0원을 받게 되는

복권 [ ] 또는 [ ] 고정금액 3만원

[5] 50%의 확률로 30만원 또는 50%의 확률로 0원을 받게 되는

복권 [ ] 또는 [ ] 고정금액 4만원

[6] 50%의 확률로 30만원 또는 50%의 확률로 0원을 받게 되는

복권 [ ] 또는 [ ] 고정금액 5만원

[7] 50%의 확률로 30만원 또는 50%의 확률로 0원을 받게 되는

복권 [ ] 또는 [ ]   고정금액 6만원

[8] 50%의 확률로 30만원 또는 50%의 확률로 0원을 받게 되는

복권 [ ] 또는 [ ]   고정금액 7만원

[9] 50%의 확률로 30만원 또는 50%의 확률로 0원을 받게 되는

복권 [ ] 또는 [ ]   고정금액 8만원

[10] 50%의 확률로 30만원 또는 50%의 확률로 0원을 받게 되는

복권 [ ] 또는 [ ]   고정금액 9만원

[11] 50%의 확률로 30만원 또는 50%의 확률로 0원을 받게 되는

복권 [ ] 또는 [ ]   고정금액 10만원

[12] 50%의 확률로 30만원 또는 50%의 확률로 0원을 받게 되는

복권 [ ] 또는 [ ]   고정금액 11만원

[13] 50%의 확률로 30만원 또는 50%의 확률로 0원을 받게 되는

복권 [ ] 또는 [ ]   고정금액 12만원

[14] 50%의 확률로 30만원 또는 50%의 확률로 0원을 받게 되는

복권 [ ] 또는 [ ]   고정금액 13만원

[15] 50%의 확률로 30만원 또는 50%의 확률로 0원을 받게 되는

복권 [ ] 또는 [ ]   고정금액 14만원

[16] 50%의 확률로 30만원 또는 50%의 확률로 0원을 받게 되는

복권 [ ] 또는 [ ]   고정금액 15만원

[17] 50%의 확률로 30만원 또는 50%의 확률로 0원을 받게 되는

복권 [ ] 또는 [ ]   고정금액 16만원

[18] 50%의 확률로 30만원 또는 50%의 확률로 0원을 받게 되는

복권 [ ] 또는 [ ]   고정금액 17만원

[19] 50%의 확률로 30만원 또는 50%의 확률로 0원을 받게 되는

복권 [ ] 또는 [ ]   고정금액 18만원

[20] 50%의 확률로 30만원 또는 50%의 확률로 0원을 받게 되는

복권 [ ] 또는 [ ]   고정금액 19만원

Ⅲ. 시간 선호 조사

귀하는 개인의 시간에 대한 태도를 조사하기 위한 실험에 참가하게 됩니다. 제시된 두 가지의 옵션 중에 귀하가 보다 선호하는 한 가지 옵션을 선택하여 주십시오.

참고)
• 대안 A: 1개월 후 받을 수 있는 금액 10만원
• 대안 B: 13개월 후에 받을 수 있는 15만원

첫 번째 열부터 마지막 열까지 차례로 선택하여 주십시오. 각각의 열에 제시된 두 가지 옵션 중에 선호되는 한가지 옵션을 선택하여 주십시오. 모든 열의 1개월 후 받을 수 있는 금액은 10만원으로 동일하며, 다만 13개월 후에 받을 수 있는 금액만 후 순위의 열로 갈수록 증가됩니다.

시간 선호 선택지 (하나의 빈칸에 체크해주십시오)

	대안 A			대안 B
[1] 1개월 후 10만원	[ ]	또는	[ ]	13개월 후 10만 2,500원
[2] 1개월 후 10만원	[ ]	또는	[ ]	13개월 후 10만 5,000원
[3] 1개월 후 10만원	[ ]	또는	[ ]	13개월 후 10만 7,500원
[4] 1개월 후 10만원	[ ]	또는	[ ]	13개월 후 11만원
[5] 1개월 후 10만원	[ ]	또는	[ ]	13개월 후 11만 2,500원
[6] 1개월 후 10만원	[ ]	또는	[ ]	13개월 후 11만 5,000원
[7] 1개월 후 10만원	[ ]	또는	[ ]	13개월 후 11만 7,500원
[8] 1개월 후 10만원	[ ]	또는	[ ]	13개월 후 12만원
[9] 1개월 후 10만원	[ ]	또는	[ ]	13개월 후 12만 2,500원
[10] 1개월 후 10만원	[ ]	또는	[ ]	13개월 후 12만 5,000원
[11] 1개월 후 10만원	[ ]	또는	[ ]	13개월 후 12만 7,500원
[12] 1개월 후 10만원	[ ]	또는	[ ]	13개월 후 13만원

[13] 1개월 후 10만원   [ ]   또는   [ ] 13개월 후 13만 2,500원

[14] 1개월 후 10만원   [ ]   또는   [ ] 13개월 후 13만 5,000원

[15] 1개월 후 10만원   [ ]   또는   [ ] 13개월 후 13만 7,500원

[16] 1개월 후 10만원   [ ]   또는   [ ] 13개월 후 14만원

[17] 1개월 후 10만원   [ ]   또는   [ ] 13개월 후 14만 2,500원

[18] 1개월 후 10만원   [ ]   또는   [ ] 13개월 후 14만 5,000원

[19] 1개월 후 10만원   [ ]   또는   [ ] 13개월 후 14만 7,500원

[20] 1개월 후 10만원   [ ]   또는   [ ] 13개월 후 15만원

Ⅳ. 소비 행동 질문

1. 귀하는 가정용으로 햄캔을 구매하여 드신 적이 있습니까?
    1) 예 —————— 1-1번으로 이동
    2) 아니오 —————— 6번으로 이동

1-1. 귀하는 햄캔을 얼마나 자주 구매하십니까?
    _____회/ 1개월

1-2. 한 번에 구매하는 양은 얼마입니까? (1캔의 중량은 340g입니다. 예를 들어
    1캔이면 1이라고 입력하세요)
    _____캔/ 1회구입시

1-3 햄캔을 구매할 시 브랜드를 보고 구매하십니까?
    1) 예 —————— 2번으로 이동
    2) 아니오 —————— 1번으로 이동

2. 브랜드를 보고 구매하시면 어떤 브랜드를 주로 구매하나요?
    1) 스팸   2) 리챔   3) 로스팜   4) 목우촌   5) 기타

3 귀하는 햄캔을 구매시 수입산과 국내산을 구분하나요?
    1) 예 —————— 4번으로 이동
    2) 아니오 —————— 5번으로 이동

4. 다음 중 돼지고기 원산지 중 선호하는 원산지는 어디입니까?
    1) 국내산   2) 관계없음   3) 수입산

5. 햄캔을 주로 무슨 용도로 구매하십니까?

   1) 가정용

   2) 선물용

   3) 여행용

6. 선물용으로 구매한 적이 있으면 가장 선호하는 세트를 아래 예시에서 순서대로 골라 주세요

   1순위_____   2순위_____   3순위_____   4순위_____

   ┌───┐
   │ [예시]   │
   │ 1) 과일   2) 한우   3) 인삼 4) 햄캔 5) 유지류 6) 한과   │
   │ 7) 참치캔 8) 조미김 9) 생활용품 10) 주류   │
   └───┘

7. 선물용으로 구매한 적이 있으면 한 번에 몇 세트를 구매하나요?

   _____세트 / 1회구매시

8. 여행용으로 햄캔을 구매한 적이 있으면 몇 캔을 (340g기준) 구매하십니까?

   _____캔 / 1회 여행시

9. 햄캔 구매 시 고려하는 속성 4가지는 무엇입니까?

   1순위_____   2순위_____   3순위_____   4순위_____

   ┌───┐
   │ [예시]   │
   │ 1) 가격   2) 원산지   3) 브랜드   4) 염도   │
   │ 5) 식감   6) 편리성   7) 용도   8) 시식경험   │
   └───┘

V. 고급 햄캔 소비에서의 위험인지도와 위험태도

1. 고급 햄캔을 소비하면 나는 위험에 노출될 것이다.

전혀 동의하지 않는다	동의하지 않는다	보통이다	동의한다	매우 동의한다
1	2	3	4	5

2. 내가 고급 햄캔을 먹는 것은 위험하다.

전혀 동의하지 않는다	동의하지 않는다	보통이다	동의한다	매우 동의한다
1	2	3	4	5

3. 나에게 있어서 고급 햄캔을 먹는 것은 위험하지만 가치가 있다.

전혀 동의하지 않는다	동의하지 않는다	보통이다	동의한다	매우 동의한다
1	2	3	4	5

4. 나는 햄캔을 먹는 데 발생하는 위험을 기꺼이 받아들일 것이다.

전혀 동의하지 않는다	동의하지 않는다	보통이다	동의한다	매우 동의한다
1	2	3	4	5

VI. 건강관련 질문

1. 귀하의 키는 몇 cm 입니까?

＿＿＿＿＿cm

2. 귀하는 패스트푸드(햄버거, 치킨, 피자 등)를 주 몇 회 이용하십니까?

＿＿＿＿＿회

3. 귀하의 주당 평균 운동시간은 어떻게 됩니까?

＿＿＿＿＿시간 / 일주일

4. 귀하는 가족과의 외식빈도는 월 몇 회 입니까?

＿＿＿＿＿회 / 월

5. 귀하는 가공식품 구매 시 영양표시를 보고 구매하십니까?

1) 예　　　　　2) 아니오

6. 귀하는 저녁식사를 준비하는 데 얼마나 걸리십니까?

＿＿＿＿＿시간 ＿＿＿＿＿분

7. 귀하의 몸무게는 몇 KG입니까?

＿＿＿＿＿ kg

8. 귀하는 저녁식사를 하는 데 평균 소요하는 시간이 얼마나 되십니까?

＿＿＿＿＿시간 ＿＿＿＿＿분

VII. 인구 통계학적 질문

1. 귀하의 성별은 무엇입니까?

   1) 남   2) 여

2. 귀하의 연령은 어떻게 되십니까?

   1) 20대 미만 2) 20대   3) 30대   4) 40대   5) 50대   6) 60대 이상

3. 귀하의 결혼여부는 어떻게 되십니까?

   1) 결혼   2) 미혼

4. 귀하를 포함한 가족 구성원은 몇 명입니까?

   _____명

5. 귀하는 자녀가 있습니까?

   1) 예 —————————— 6번으로 이동
   2) 아니오 ————————— 7번으로 이동

6. 귀하의 자녀의 나이는 몇 살입니까?

   1) 10세 미만   _____명
   2) 10세 이상~20세 미만   _____명
   3) 20세 이상~30세 미만   _____명
   4) 30세 이상~40세 미만   _____명
   5) 40세 이상   _____ 명

7. 귀하의 직업은 무엇입니까?

   1) 전업주부 2) 학생 3) 회사원 4) 공무원/공공기관
   5) 자영업   6) 전문직

8. 귀하의 학력은 어떻게 됩니까?

    1) 중졸 이하   2) 고졸   3) 전문대졸   4) 대학교졸   5) 대학원졸

9. 가구 총 소득은 월 평균으로 얼마나 되십니까?

    1) 백만원 이하   2) 1~2백만원   3) 2~3백만원   4) 3~4백만원

    5) 4~5백만원   6) 5~6백만원   7) 6~7백만원

    8) 7백만원~8백만원   9) 8백만원 이상

※ 귀하의 소중한 시간을 내 주어서 대단히 감사합니다.

쌀 등급표시제 조사 안내문

<쌀 등급표시제에 대한 소비자 의견조사>

참가자번호 _____

안녕하세요? 쌀 등급표시제에 대한 귀하의 의견을 파악하기 위하여 설문조사를 하고 있는 고려대학교 식품자원경제학과 대학원생입니다.

본 설문지의 목적은 소비자가 좋은 쌀을 잘 선택할 수 있도록 정부에서 추진하고 있는 쌀 등급 표시에 대한 인식 및 경제적 가치를 평가하기 위함에 있습니다.

참여해 주신 내용은 우리나라 식생활 향상을 위한 귀중한 자료로 사용될 것이며, 통계적 목적으로만 사용될 것임을 말씀 드립니다. 귀하의 협조에 감사드립니다.

동의서

귀하는 쌀 제품에 대한 지불의사 실험에 참가하고자 합니다. 귀하의 참여에 대한 다음과 같은 동의가 요청됩니다.

귀하의 실험참여는 전적으로 자발적이며, 귀하의 권리가 침해된다면 언제라도 실험에서 탈퇴하실 수 있습니다. 또한, 실험을 통해 도출된 통계자료는 엄격하게 비밀이 보장될 것이며, 실험 중 기재된 성명 또는 개인정보사항은 실험이 종료되는 이후 모두 삭제될 것입니다.

귀하께서 이 실험참여에 동의하신다면 아래에 서명해 주시기 바랍니다.

본인은 위 내용에 관하여 충분히 설명을 듣고 정확하게 이해하였으며, 실험 참가자로서의 행동을 준수하는 데 동의하므로 본 동의서를 작성합니다.

서명란_____   날짜_____

<table>
<tr><td colspan="3" align="center">참가자 번호: 1</td></tr>
<tr><td colspan="3" align="center">연 습 경 매</td></tr>
<tr><td align="center">제품 1</td><td align="center">제품 2</td><td align="center">제품 3</td></tr>
<tr><td align="center">입찰금액
₩_____</td><td align="center">입찰금액
₩_____</td><td align="center">입찰금액
₩_____</td></tr>
</table>

<table>
<tr><td colspan="4" align="center">참가자 번호: 1</td></tr>
<tr><td colspan="4" align="center">1 라운드</td></tr>
<tr><td align="center">쌀 제품 1</td><td align="center">쌀 제품 2</td><td align="center">쌀 제품 3</td><td align="center">쌀 제품 4</td></tr>
<tr><td align="center">입찰금액
₩_____</td><td align="center">입찰금액
₩_____</td><td align="center">입찰금액
₩_____</td><td align="center">입찰금액
₩_____</td></tr>
</table>

<table>
<tr><td colspan="4" align="center">참가자 번호: 1</td></tr>
<tr><td colspan="4" align="center">2 라운드</td></tr>
<tr><td align="center">쌀 제품 1</td><td align="center">쌀 제품 2</td><td align="center">쌀 제품 3</td><td align="center">쌀 제품 4</td></tr>
<tr><td align="center">입찰금액
₩_____</td><td align="center">입찰금액
₩_____</td><td align="center">입찰금액
₩_____</td><td align="center">입찰금액
₩_____</td></tr>
</table>

<table>
<tr><td colspan="4" align="center">참가자 번호: 1</td></tr>
<tr><td colspan="4" align="center">3 라운드</td></tr>
<tr><td align="center">쌀 제품 1</td><td align="center">쌀 제품 2</td><td align="center">쌀 제품 3</td><td align="center">쌀 제품 4</td></tr>
<tr><td align="center">입찰금액
₩_____</td><td align="center">입찰금액
₩_____</td><td align="center">입찰금액
₩_____</td><td align="center">입찰금액
₩_____</td></tr>
</table>

부표 7

쌀 등급표시제 실험경매 입찰용지

쌀 등급표시제의 안내문

※ 다음은 쌀 등급표시에 대한 설명입니다. 설문조사 전에 읽어 주시기 바랍니다.

쌀 등급표시의 목적은 소비자가 쌀 구입시 좋은 쌀을 잘 선택할 수 있도록 품질에 대한 알 권리를 충족시켜 우리 쌀의 신뢰도를 높이는 것입니다.

현행 쌀 등급표시는 제품포장에 3등급(특, 상, 보통)과 '미검사'로 표시할 수 있습니다. 즉, 쌀 제품에 '특', '상', '보통' 으로 표시된 제품은 품위기준에 따른 등급검사를 시행한 쌀 이고, '미검사'로 표시된 제품은 등급검사를 하지 않은 쌀입니다. '미검사' 항목이 포함된 배경에는 첫째 쌀 품위에 따른 등급표시가 쌀 가공업자(미곡처리장, 도정업자 등)에게 있어 고가의 분석장비 설치, 검사인력 확보 등의 투자가 필요하여 비용 상승을 초래하고, 둘째로 소비지 품질검사에서 표시등급과 다른 등급이 나올 경우 표시위반에 대한 엄격한 제재(영업정지 등) 등 부담이 존재한다는 것이었습니다.

쌀 등급이 결정되는 세부기준은 쌀 전량에 수분, 싸라기(평균길이보다 짧은 낱알), 분상질립(가루성질의 낱알), 피해립(병충해 등으로 오염된 낱알), 열손립(열에 의해 변색 또는 손상된 낱알), 기타이물(돌, 플라스틱, 유리, 쇳조각, 이종곡립 등) 등이 어느 정도 포함되어 있느냐에 따라 등급이 결정되고 있으며, 등급에 따른 최고한도 비율(%)은 다음과 같습니다.

항목 등급	최 고 한 도 (%)					
	수분	싸라기	분상질립	피해립	열손립	기타이물
특	16.0	3.0	2.0	1.0	0.0	0.1
상	16.0	7.0	6.0	2.0	0.0	0.3
보통	16.0	20.0	10.0	4.0	0.1	0.6
미검사	등급검사를 하지 않음					

2014년 12월 국립농산물품질관리원에서 조사한 결과에 따르면, 현재 시중에 판매되고 있는 쌀 제품 중 '미검사' 표시가 75.2%를 차지하고 있다고 보고되었습니다. 따라서 현재 쌀 품위에 따른 등급표시는 제대로 이루어지지 않고 있는 실정이며, 소비자는 쌀 제품 구매 시 품질에 따른 등급정보를 얻기 힘든 상황입니다.

국내 쌀 품질에 대한 신뢰를 회복하고 소비자의 알 권리를 충족하기 위해서는 쌀 등급표시에서 '미검사' 항목을 삭제하여 제도를 정비하는 것이 시급합니다. 그러나 이를 제대로 시행하게 된다면 쌀 제품의 가격이 상승할 수 있어 소비자에게 부담이 가중될 수 있습니다.

부표 9 쌀 의무 등급표시제에 대한 가상가치법 설문지

설 문 지

본 설문에 대한 귀하의 응답내용은 철저히 비밀이 보장될 것이며, 조사내용은 통계적 목적으로만 사용될 것입니다. 해당되는 사항에 기재 또는 ✓해 주십시오.

A. 본인의 쌀 제품 지불의사

아직 시장에 출시되지 않은 제품들(예를 들어 항암효과가 있는 기능성 쌀 등)이 시장에 출시될 경우를 가정하여 소비자들에게 지불의사를 묻는 설문조사를 수행 할 경우, 일반적으로 응답자들은 실제로 본인이 구입할 경우 또는 지불할 경우보다 좀 더 과장되게 진술하는 경우가 많습니다. 선행연구들의 분석결과를 살펴보면, 약 80%의 사람들이 신규제품이 출시되면 반드시 구입을 하겠다고 진술하나, 실제로 구입하는 경우는 43%에 지나지 않는다고 합니다. 이러한 차이를 우리는 가설편의라고 말합니다.
따라서, 앞으로 진행하는 조사에 있어서도 참가자들께서 정말로 실제 상황이라고 가정하고 솔직한 응답을 해주시는 것이 매우 중요합니다.

A1. 현재 국내 시판중인 쌀 1kg 제품의 평균가격은 4,000원 수준입니다. 만약 정부가 쌀 등급표시에서 '미검사' 항목을 삭제하여 제도를 운영할 경우, 귀하께서는 '미검사' 항목이 없는 1kg의 쌀 제품에 대하여 평균가격 4,000원보다 200원을 추가적으로 더 지불하실 의향이 있습니까?

① 예 (1−1번으로 이동) ────── ② 아니오 (1−2번으로 이동)

1-1. 그렇다면, 추가적으로 400원을 추가적으로 더 지불하실 의향이 있습니까?

　① Yes　　　　　　　　　　② No

1-2. 그렇다면, 추가적으로 100원을 추가적으로 더 지불하실 의향이 있습니까?

　① Yes　　　　　　　　　　② No

B. 쌀 등급표시제에 대한 인식

귀하의 생각을 가장 잘 나타내고 있는 사항에 ✓해 주십시오.

B1. 본 조사 이전에 쌀 등급표시제에 대해 어느 정도 알고 계셨습니까?

　1. 매우 잘 알고 있음

　2. 잘 알고 있음

　3. 조금 알고 있음

　4. 잘 알지 못함

　5. 전혀 알지 못함

　6. 확실하지 않음

B2. 쌀 구입시 쌀 등급표시를 어느 정도 확인하십니까?

　1. 매번 확인함

　2. 60~80%

　3. 40~60%

　4. 20~40%

　5. 10~20%

　6. 전혀 확인하지 않음

B3. 쌀 등급표시제에 관한 기사나 관련정보를 읽거나 들어보신 적이 있습니까?

　　1. 전혀 없음

　　2. 많지 않음(1~2회 수준)

　　3. 어느 정도(3~5회 수준)

　　4. 많은 수준(5회 이상)

　　5. 확실하지 않음

B4. 쌀 등급표시제에 대한 정보를 어떤 경로를 통해 접해보셨습니까? (접해보신 분만 응답)

　　1. TV 또는 라디오

　　2. 인터넷 웹사이트

　　3. 신문 또는 잡지

　　4. 홍보물(정부 또는 공공기관)

　　5. 공개토론회 또는 포럼(정부기관 또는 소비자단체)

　　6. 주변에서 전해 들음(농업인, 판매자, 주위 아는 사람 등)

　　7. 연구논문, 학술지 등을 통해 접함

　　8. 학교 등에서 토론 등을 통해 알게 됨

　　9. 기타(직접 기재) ＿＿＿＿＿＿＿＿＿＿＿＿＿＿＿＿＿＿＿＿＿＿＿＿

B5. 귀하는 쌀 품질 향상을 위해 제대로 된 쌀 등급표시의 필요성에 대해 얼마나 동의하십니까?

　　1. 매우 필요하다

　　2. 필요하다

　　3. 보통이다

　　4. 별로 필요 없다

　　5. 전혀 필요 없다

　　6. 잘 모르겠다

B6. 귀하는 소비자 알 권리를 위한 제대로 된 쌀 등급표시의 필요성에 대해 어느 정
도 동의 하십니까?

1. 매우 필요하다

2. 필요하다

3. 보통이다

4. 별로 필요 없다

5. 전혀 필요 없다

6. 잘 모르겠다

C. 쌀 소비 성향

다음은 귀댁의 쌀 구매행태에 대한 질문입니다.

C1. 쌀을 얼마나 자주 구입하십니까? (월 단위)

(월 ＿＿＿ 회)

C2. 일반적으로 1회에 구입하는 쌀의 량은?(포장 단위)

(＿＿＿＿＿ kg)

C3. 주로 쌀을 어디서 구입하십니까?

1. 동네 식료품점(또는 슈퍼마켓)

2. 할인마트(이마트, 롯데마트 등)

3. 백화점

4. 온라인쇼핑몰

5. 생협 등 체인점(한살림, 아이쿱, 두레생협 등)

6. 직거래(매장)

7. 기타(＿＿＿＿＿＿＿＿)

C4. 일반적으로 구입하는 쌀의 가격대는?(20kg 기준)

0. 32,000원 이하

1. 32,000~35,000원

2. 36,000~38,000원

3. 39,000~41,000원

4. 42,000~51,000원

5. 52,000~61,000원

6. 62,000원 이상

7. 기타(_____)

C5. 다음은 현재 귀댁에서 보유하고 계신 쌀의 종류에 대한 질문입니다. 최대한 생각나시는 만큼 기재해 주시기 바랍니다.

1. 포장 단위는? _____kg / □ 잘 모르겠다

2. 가격 대는? _____원 / □ 잘 모르겠다

3. 쌀 브랜드는? _____ / □ 잘 모르겠다

4. 쌀의 품질등급은 ? ① 특 ② 상 ③ 보통 ④ 미검사 ⑤ 잘 모르겠다

D. 인구통계학적 질문

D1. 귀하께서 태어나신 연도는?

19 ____ 년

D2. 귀하께서 현재 거주하시는 지역은?

서울시 _____ 구 / 기타(기재) _____

D3. 귀하의 최종학력은?

    1. 무학 또는 초등학교 중퇴

    2. 초등학교 졸업

    3. 중학교 졸업

    4. 고등학교 졸업

    5. 전문대/2~3년제 대학 졸업

    6. 대학교/4년제 대학 졸업

    7. 대학원 졸업 이상 (석사 ___   박사 ___)

D4. 귀하의 현재 일자리 고용형태는?

    1. 파트타임 시간제 근무(주 40시간 미만)

    2. 전일제 근무(주 40시간 이상)

    3. 자영업

    4. 전업주부 또는 무직

    5. 기타   _____

D5. 결혼여부?

    0. 미혼

    1. 기혼(배우자 동거___ 비동거___)

D6. 현재 귀댁에서 함께 살고 계신 가족 수는?

    (총 ___ 명)

D7. 귀댁의 월평균 가구소득(급여, 이자소득, 임대소득 등 포함)은 다음 중 어디에 해당되십니까? (함께 살고 계신 가족구성원의 모든 소득을 합하여 기재해주시기 바랍니다.)

0. 100만원 이하
1. 100만원~199만원
2. 200만원~299만원
3. 300만원~399만원
4. 400만원~499만원
5. 500만원~599만원
6. 600만원~699만원
7. 700만원~799만원
8. 800만원 이상

설문에 끝까지 응답해주셔서 진심으로 감사드립니다.

부표 10

쌀 의무 등급표시제에 대한 추론가치법 설문지

(일반소비자의 쌀 제품 지불의사를 제외한 모든 질문은 부표 9와 동일함.)

B. 일반소비자의 쌀 제품 지불의사

C1. 현재 국내 시판중인 쌀 1kg 제품의 평균가격은 4,000원 수준입니다. 만약 정부가 쌀 등급표시에서 '미검사' 항목을 삭제하여 제도를 운영할 경우, 귀하께서는 귀하가 아닌 다른 일반적인 소비자가 '미검사' 항목이 없는 1kg의 쌀 제품에 대하여 평균가격 4,000원보다 <u>1,000원</u>을 추가적으로 더 지불할 의향이 있을 것이라고 생각하십니까?

① 예 (1−1번으로 이동) ② 아니오 (1−2번으로 이동)

1−1. 그렇다면, 추가적으로 <u>2,000원</u>을 추가적으로 더 지불할 의향이 있다고 생각하십니까?

① Yes ② No

1−2. 그렇다면, 추가적으로 <u>500원</u>을 추가적으로 더 지불할 의향이 있다고 생각하십니까?

① Yes ② No

INDEX 색인

🔘 국문

⏺ 영문

A

B

C

W

Y

Z

한두봉

고려대학교 식품자원경제학과 교수

Texas A & M University, Ph.D. in Agricultural Economics

이지용

강원대학교 농업자원경제학과 조교수

Kansas State Univeristy, Ph.D. in Agricultural Economics

이상현

고려대학교 식품자원경제학과 부교수

Texas A & M University, Ph.D. in Agricultural Economics

서상택

충북대학교 농업경제학과 교수

Texas A & M University, Ph.D. in Agricultural Economics

제2판
실험경제학과 경제적 가치평가

초판발행	2021년 8월 5일
제2판발행	2023년 3월 10일
지은이	한두봉·이지용·이상현·서상택
펴낸이	안종만·안상준
편 집	전채린
기획/마케팅	김한유
표지디자인	이영경
제 작	고철민·조영환
펴낸곳	(주) **박영사**
	서울특별시 금천구 가산디지털2로 53, 210호(가산동, 한라시그마밸리)
	등록 1959. 3. 11. 제300-1959-1호(倫)
전 화	02)733-6771
f a x	02)736-4818
e-mail	pys@pybook.co.kr
homepage	www.pybook.co.kr
ISBN	979-11-303-1732-8 93320

copyright©한두봉·이지용·이상현·서상택, 2023, Printed in Korea

정 가   26,000원